新世纪高等学校教材

哲学基础课系列教材

美学概论

MEIXUE GAILUN

张 法 主 编

北京师范大学出版集团
BEIJING NORMAL UNIVERSITY PUBLISHING GROUP
北京师范大学出版社

图书在版编目(CIP)数据

美学概论/张法主编.—北京：北京师范大学出版社，
2009.6（2022.9重印）
（哲学基础课系列教材）
ISBN 978-7-303-09907-8

Ⅰ.美… Ⅱ.张… Ⅲ.美学－高等学校－教材　Ⅳ.B83

中国版本图书馆 CIP 数据核字（2009）第 046996 号

营 销 中 心 电 话　010-58802181　58805532
北师大出版社高等教育分社网　http://gaojiao.bnup.com
电 子 信 箱　gaojiao@bnupg.com

出版发行：北京师范大学出版社　www.bnup.com
　　　　　北京市西城区新街口外大街12-3号
　　　　　邮政编码：100088
印　　　刷：天津旭非印刷有限公司
经　　　销：全国新华书店
开　　　本：730mm×980mm　1/16
印　　　张：18.5
字　　　数：295 千字
版　　　次：2013 年 7 月第 2 版
印　　　次：2022 年 9 月第 13 次印刷
定　　　价：30.00 元

策划编辑：祁传华　　　　责任编辑：祁传华
美术编辑：毛　佳　　　　装帧设计：毛　佳
责任校对：李　菌　　　　责任印制：马　洁

版权所有　侵权必究

参编作者(按拼音顺序)

陈龙海(华中师范大学文学院)

胡　泊(四川美术学院)

黄柏青(长沙理工大学设计学院)

贺志朴(河北大学艺术学院)

李简瑗(西南交通大学艺术与传媒学院)

宁海林(中国计量学院艺术设计系)

刘三平(中国戏曲学院)

刘志中(内蒙古大学文学院)

林　早(贵州大学文学院)

罗卫平(中山大学哲学院)

王莉莉(中华女子学院)

余开亮(中国人民大学哲学院)

曾　军(上海大学文学院)

张　法(四川外语学院、中国人民大学哲学院)

目　录

第一章
什么是美学

第一节　从美到美学

对于人来说，美无处不在，但美学却并非处处皆有。世界上第一个欲从美建立美学的人，是古希腊的哲学家柏拉图（Plato，前427—前347），他想从众多的具体的美（美罐、美匙、美女、绘画、雕塑……）中总结出一个统一的关于美的规律，从哲学的角度为美下一个本质性的定义。经过一番艰苦的理论探索后，在他的《大希庇阿斯篇》中不得不以一声长叹结束了自己的研究：美是难的。

美学之难，大概应当从美之难说起。

美，是人类最平常而又最奇异的现象。说最平常，因为人人皆知世界有美，人人均怀爱美之心，"山川之美，古来共谈"，选美之举，历代有之；说最奇异，是因为人类对美一直难以从知识和理论的角度予以明晰的把握。美是最值得人追求的，多少人愿意为之牺牲；美又是最令人憎恨的，从红颜祸水到玩物丧志。美的意义何在？一直伤透了理论家的心。人类很早就有了美的观念，四万年前的西欧穴画，六千年前的中国彩陶，三千年前的埃及塔庙，这些无不显示了人类对美的追求。这种追求更鲜明地体现在反映人类观念的文字符号上。人类的文字千差万别，但都有"美"存在，中文有"美"字，印度梵文有lavanya，阿拉伯文有jamil，古希腊文有Kaov，古罗马文有pulchrum。古往今来，美一直是人类各种文化中最重要的问题之一，同时又是人类最难理论化的问题之一。在现实中，我们知道什么是美，在理论上，却不知道美在何处。中国宋代文人苏轼，描写了自己在对音乐进行理论化时的困难：

> 若言弦上有琴声，
> 放在匣中何不鸣？
> 若言声在指头上，
> 何不于君指上听？

美的问题与这一问题类似，而且比之更难。的确，当我们说，这姑娘身高一米七，每个人都必须承认这一事实；当我们说，这姑娘长得很白，每个人也必须承认这一事实；当我们说，这姑娘很美，有人却可以说不美。而我们不能说他（或她）错了，顶多说他（或她）的审美观与我们不同。

由此可知，人之美，从严格的理论上来说，不在于人有何种身高、何种肤色、何种体态，总之，不属于自然科学范围内的客观存在，而是由一种更复杂的因素决定的。

正因为如此，美的理论化，一直是人类的难题。在世界文化中，只有西方文化，才在使美成理论方面做出了成就，开辟出了一个专门的学科来研究美的问题。公元前4世纪，古希腊哲学家柏拉图就提出了什么是美的问题，启动了美的理论化过程，但直到18世纪，在西方走向现代化道路的时候，德国学人鲍姆加登（A. G. Baumgarte，1714—1762）才使美形成一门学科：Aesthetics（美学）①。非西方文化，如中国文化、印度文化、伊斯兰文化、玛雅文化，等等，不是不知道应该对美进行理论把握，而是深知对美形成一种知识体系之难，因此采用了与西方文化不同的方式把握美。这些方式是什么，需要研究，现在姑且暂将之命名为有美无学的美学。西方文化有美有学的美学与非西方文化有美无学的美学并存了数千年，到了17世纪，西方率先进入现代社会，并在全球扩张，把现代文化带向世界，作为把美理论化的美学这一学科，才随着现代性的全球化而成为世界性的学科。在世界现代性进程的数百年中，西方文化呈强势，非西方文化处弱势，非西方文化在跟进现代化的过程中也采用了西方的知识体系，从而这一知识体系中的美学对美的把握方式，也成为一种世界性的共有方式。于是，一个世界性的美学在这一共有方式中形成，但同时又带着各自的本土特色在进行演化。

前面说了，美是难的，美学更难，即便在率先形成美学的西方文化中，也充满艰辛，这在西方文化对美学的命名过程中就显示出来了。美学，作为美的理论化，其西文的原意，并不是美之学，而是感受学。科维奇（Francis J. Kovach）说，对美学的学科命名，西方文化曾有过多种思考和选择。第一个选择就是与中文里的美学最为对应的 callology（callo 是"美"，logy 是"学"），第二种选择是用 philocaly（爱 philo，美 caly）来命名美学，正如哲学（philosophy）是爱（philo）智（sophy）一样。还有的选择如 calleoaesthetics（美的感性）、calleopgily（爱美的另一词汇），等等。然而，最终的结果不是 callology（美之学），不是 philocaly（爱美之学），而是 aesthetics（感受学）成为关于美的学科的正式名称。西方文化，

---

① 鲍姆加登是用拉丁文写作的，对美学这一学科，他用的是拉丁文 Aesthetica，其词来源于希腊文 Aisttesis，在德文里为 Asthetik，在英文里为 Aesthetics。

从古希腊开始，就有主客二分的传统，现代科学和现代哲学更是强化了这一传统，按这一思维方式，美必然是客观世界之美，美的理论化，就是对我们每天所见所感的客观世界之美做理论把握。然而，面对一个客体（一个人、一朵花、一幅画、一个物），我们从对象上找不出美的分子、美的原子来，因此，当我们感到客观对象之美，又不能在客观对象中找到使它成为美的某种因素的时候，就容易认为美的原因是在于感到美的"感"。因此，美之学，从本体论上说，不是客观之物在何种因素上决定其成为美之学，而是何种因素让我们感受到客观之物成为美。总之，美之学，其核心在于"感"，因此，aesthetics（感受学）成为美之学的正式名称。

Aesthetics（感受学）之所以能够成为美学的学科的正式名称，除了其逻辑的必然性外，还在于时代的普遍精神。西方文化史家普遍认同这一观念：古代西方（古希腊罗马、中世纪），哲学以本体论为主，近代西方（17世纪至19世纪末20世纪初），哲学以认识论为主，现代西方（20世纪以来），哲学以语言论为主。这一认定大体上是不错的。在现代性起步的近代西方，要求认识一个新的客观世界，而认识一个新的客观世界的前提是：人是否具有认识这样一个客观世界的主体能力。讲到主体能力，古希腊以来对人主体的知、意、情基本结构的划分，进入到这一新的知识范畴中来：知，是人的认识，属逻辑学；意，是人的意志，属伦理学；情，是人的感觉，属美学，美就是人感受客观之美的能力。当现代性在西方兴起并向全球扩张时，美，又是人建立一个使人感受到美的新世界的能力。因此，感受学（aesthetics）之所以成为美学的正式名称，包含了多方面的内容。

然而，从主客二分的思维传统来说，感受学（aesthetics）作为美学的正式名称，在西方学科的精确性上，又是有问题的。感受所面对的是一个广大世界，学科应该面对一个具体的领域，西方传统的艺术观念正好有利于美学作为具体学科的建立。在古希腊，艺术和技术是不分的，绘画、建筑是艺术，裁缝和剃头的技术也是艺术，他们都遵循一定的规律、法则和技巧。在中古时期，艺术又与高雅的科学相关联。塔达基维奇（W. Tatarkiewicz）在其《西方美学概念史》中，讲了艺术一词在古代和中古的复杂演化①，到文艺复兴时期，建筑、雕刻、绘画、音乐、舞蹈、戏剧、诗歌开始脱离技术和科学。到18世纪，查里斯·巴托《论美的艺术的

---

① 参见［波］塔达基维奇：《西方美学概念史》艺术一章，北京，学苑出版社，1990。

界限与共性原理》把这些艺术与技术和科学相区别，称为美的艺术，并被普遍接受。这七门艺术既然同为艺术，就应该有统一的性质，即追求美。艺术是一种美的对象，这种美是客观之美的最典型体现，可以说，掌握了艺术这一典型，也就掌握了美的本质性东西，而艺术又是一个具体的领域，最适于对之作一学科把握。因此，对于相当一部分西方学人来说，美，在其代表性和本质性上，就是艺术；美学，在其学科性上，应是艺术哲学。德国哲学家黑格尔在《美学》中，开章明义就表达了对"感受学"的不满和对"艺术哲学"的支持：

> 这个讲演是讨论美学的；它的对象就是广大的美的领域，说得更精确一点，它的范围就是艺术，或者毋宁说，就是美的艺术。
>
> 对于这种对象，伊斯特惕克（Asthetik）这个名称实在是不完全恰当的，因为"伊斯特惕克"的比较精确的意义是研究感觉和情感的科学。就是取这个意义，美学在沃尔夫学派之中，才开始成为一种新的科学，或者毋宁说，哲学的一个部门；在当时德国，人们通常从艺术作品所应引起的愉快、惊赞、恐惧、哀怜之类情感去看待艺术作品。由于"伊斯特惕克"这个名字的不恰当，说得更精确一些，很肤浅，有些人想找出另外的名称，例如，"卡力斯惕克"（Kallistik）①。但这个名称也还不妥，因为所指的学科所讨论的并非一般的美，而只是艺术的美。因此，我们姑且仍用"伊斯特惕克"这个名称，因为名称本身对我们无关宏旨，而且这个名称既已为一般语言所采用，就无妨保留。我们的这门科学的正当名称却是"艺术哲学"，或者更确切一点，"美的艺术的哲学"。②

面对美学被普遍接受，黑格尔也感到无力回天，但黑格尔等人的努力，以及使他做这样努力的文化氛围，使艺术哲学不是成为美学的代名词，就是成为美学的主要内容。美学与艺术哲学的名称之争，内蕴着美学的复杂内容，美学应该是美之学，但在西方的学术体系中，却不得不将之进行学科化。学科化，按照西方的文化体系和思维规律，包含两个方面：一是用一种学术逻辑将一门学科放到学术体系的整体中的一个合适位置上去；二是

---

① 希腊文 Kallo 即美，Kallistik 即美学，区别于感受学。
② ［德］黑格尔：《美学》，3～4 页，北京，商务印书馆，1979。

让这一学科在本身之中形成一个逻辑整一的结构体系。把西方文化在美的学科化问题上的漫长历史演化归纳为简要之点，基本上是从三个方面进行的：一是从哲学的角度，二是从主体心理的角度，三是从艺术的角度。

从哲学的角度看，世界上的美纷繁多样，但在这些纷繁多样的美的后面有一个共同东西，即美的本质，决定了这些各不相同的东西为美。哲学的角度就是运用现象—本质这种思考方式，去思考美的本质，再用美的本质来解释各种美的现象。这一方式是古希腊哲学家柏拉图正式提出的，成为影响西方美学成型的一个重要模式：本质—现象。一个客观性的本质是其逻辑起点，现象是本质的丰富展开，从本质到现象上的诸大类和诸小型，形成美学的学科体系。

从主体心理的角度看，美的出现是与一个感受美的主体相关的，只有联系到这个主体，美才能得到解释，美从主体的知情意结构中得到基本定位（这一工作在鲍姆加登的《美学》中得到完成），又进一步在情感和感性中具体定位（这一工作在康德的《判断力批判》中得到完成），正是这种定位成为影响西方美学成型的另一个重要模式：主体—客体。通过一种主体的性质来确定美的本质，然后通过主体面对不同客体的不同反映来确定美的类型，由此展开一个体系。

从艺术的角度看，客观世界之美和主体感受之美，都本质地体现在艺术上。艺术作为美的典型，内含了美的本质，艺术的类型和历史展开则体现了美的历史和类型展开。从而，把握住了艺术，也就把握住了美的本质和美的现象。因此，美学就是艺术哲学。艺术哲学成为影响西方美学的一个重要模式，它的方法论基础是：一般—典型。

这三种模式的出发点和着重点不同，但都具有将美进行学科化的能力，这三种模式既有所不同，又相互交叠，构成了西方美学互为补充的整体。在这三种模式中，美，与哲学相连，与主体相连，与艺术相连。在与哲学相连中，西方人沉思：现象中的美是由怎样一种高于现象的东西，或者说在现象后面的东西，即美的本质，而成为美的？在与主体相连中，西方人沉思：当人感受到美时，究竟是怎样一种特殊的情感？这样一种情感的意义何在？在与艺术相连中，西方人沉思：艺术何以成为美的载体？艺术之美对人的特殊的意义何在？

在这三种模式中，美之学得到了丰富的展开。美是一种感受，但这种感受不是一般的感受（sense），而是一种美感（sense of beauty），要用一种专门的词来表达这种美感，就是审美之感（aesthetics），这种美之感，就是美之学，即美学（aesthetics）；人在艺术中得到的人类最完美最典型的美感，美学（aesthetics）也就是艺术之学，即艺术哲学（philosophy of art）；正是美感这种特殊之感，让人沉思一种美的本体，进入通向本体论的大全，从而美学又被讲成一种关于美的哲学（philosophy of beauty）。这三种相互交叠的模式，或三个相互交叠的方面，构成了美学的研究范围，当然也构成了我们从学科上和理论上思考 20 世纪中西美学的基础和框架。虽然这一框架在 20 世纪既在理论上受到各种哲学流派的猛烈冲击，又在现实上受到大众文化和生活世界的严重挑战，但这两方面的挑战都尚未影响到这一基本框架在美学上的主流地位。在第一种模式中，有德索《美学与艺术理论》（1906）这样的著作；在第二种模式中，有桑塔亚纳《美感》（1896）这样的著作；在第三种模式中，有黑格尔《美学》这样的著作。因此，这一框架对 20 世纪世界美学产生了重大影响。

第二节　美学：西方与非西方的不同表述方式

　　世界美学发展可以大致分为四大阶段：一是从四万年前仪式和艺术的出现到六千年前埃及文明和苏美尔文明出现的原始时代，这一时期人类关于美的观念是以艺术为表达方式的。二是从埃及和苏美尔文明开始的五大文明（埃及、两河、印度河、中国夏商周、前玛雅文明）到公元前 700 年至前 200 年的轴心时代的神庙文化时期，这一时期人类关于美的观念是以宗教和艺术来表现的。三是从两千年前的轴心时代到 17 世纪现代性开始的时期，这时各大文化，包括希腊、希伯来、波斯在内的地中海，中国，印度，后来的基督教思想和伊斯兰思想等，实现了哲学突破，用一种理性的思想来看待人和世界，开始用理论形式来讲述美学，其中，西方文化从柏拉图追求美的本质开始，建立了一种谈论美的学科形式。四是从现代化以来至今的四百多年历史，这时，一方面西方文化的美学以自身的逻辑不断演化，另一方面，非西方文化在西方这一世界主流文化的影响下，学习西方，按照西方的学科方式建立起了自己的美学，构成了西方美学与非西方美学之间的互动。在这四大阶段中，第一和第二阶段是前美学阶段，从学科角度可以忽略不计，重要的是第三和第四阶段。这两个阶段的美学演进，构成了世界美学的历史主线和整体风貌。

　　从轴心时代到现代性开始的这一时期，西方美学在希腊思想的基础上，通过对美的本质的追求，形成了美学的学科形式，这是一种西方的理论形式。形成这种理论形式的基础是西方文化的实体型宇宙观，它把宇宙的本原看成是一个实体，整个宇宙表现为两种结构：一是实体与虚空的结构，实体存在于虚空之中，实体有意义，虚空无意义；二是实体之间的结构，实体之中有一个本体，这就是逻各斯，或上帝，或物质。由本体这一基始实体，生成出世界的一切实体。实体中的一类，形成一种实体群，宇宙就是由一个基始实体和由之产生的各种实体群所组成。西方的学科体系，就是按照基始实体/实体群/众实体这样一个宇宙图景，把一个个实体群形成一个个学科，然后用学术体系把各个代表众实体群的学科组成一个学术整体。西方美学之所以能以学科的形式出现，主要就是，在一个实体世界中，可以把各种具体的具有实体性的美的事物组成一个整体，可以在这一整体中找到一种实体性的美的本质，可以用实体性的逻辑将美的实体群组织起来，并将实体性理论化。正是这四个"实"，实体性基始、实体性群体、实体性个体、实体性逻辑，形成了西方美学的学科形式和理论话语。

非西方文化，中国、印度、伊斯兰，虽然各有自己的特色，但是在与西方文化的对比中，有一点是共同的：在这些文化中，实体有意义、虚空也有意义。有与无之间不是意义和非意义、生命与非生命的关系，而是互生互存互动的关系：有无相成，虚空相生，色空互化。更为重要的是，在实体与虚空的结构中，虚、无、空具有根本性的意义。《老子》说："道可道，非常道。"中国文化中不可言说的本体性的"道"就是无，"天下万物皆生于有，有生于无。"① 印度文化的最高本体是梵，"我们应该把虚空理解为梵"，因此"一切事物产生于那最高的梵"与"一切事物确实产生于虚空"，言异而义同。② 伊斯兰文化的真主是存在的，但又是不可见的，因此"虚空既是真主超越性的象征，又是真主存在于一切事物中的象征"③。因此，伊斯兰"艺术中的空成为神圣呈现的同类物"④。中国的道，是不可言说的无；印度的梵，是不可言说的空；伊斯兰的真主，也是一个与其他东方文化类同的"无"。这样，在一个有无相成、虚实相生、色空互化的宇宙中，不可能出现一个完全以实体为结构的学科形式，实必然是与虚相连的，

① 《老子》第四十章。

② 姚卫群编译：《古印度六派哲学经典》，254 页，北京，商务印书馆，2003。

③ Seyyed Hossein Nasr, *Islamic Art and Spirituality*, Albany, State University of New York Press, 1987, p.186.

④ Ibid., p.187.

而且在本质上是由虚决定的。各种非西方文化把宇宙组成一个整体的逻辑不是实体性的，从而把一个由虚实合一的个体组成为在一起的虚实合一的群体，所用的逻辑也是与西方的实体性逻辑不同的另一种逻辑：在中国是阴阳五行相克相生的圆转逻辑；在印度是因明逻辑；在伊斯兰，虽然其本源于与西方同一的地中海文化，并且与之分离后一直与西方文化保持着密切关联，因而受了西方的很大影响，然而其东方性也使之突出了一种强调虚实合一、有无互转的逻辑。因此，中国、印度、伊斯兰文化在自己独特的宇宙观的基础上，形成了自己的美学形态。张法在《走向全球化时代的文艺理论》一书中曾谈过伊斯兰、印度、中国三大文化的美学理论形态，这里重点突出了前书中没有涉及的三大文化中美学理论的虚实合一性。①

伊斯兰文化有辉煌的建筑、精美的图案、漂亮的书法、动人的诗歌、优美的故事、独特的音乐，一句话，有可以大书特书的文艺精品存在，以及蕴涵于其中对于艺术和美的看法、观点和思想。阿波斯夫（Boris Behrens-Abouseif）的《阿拉伯文化的美》（*Beauty in Arabic Culture*，1998）从阿拉伯文化的各种文献资料中整理出了其对该文化中各门艺术（建筑、装饰、图案、书法、文学）的看法、观点、思想。只是这些看法、观点、思想不是以理论系统的方式，而是以零散的话语方式呈现出来的。纳赛尔（Seyyed Hossein Nasr）的《伊斯兰的艺术与精神》（*Islamic Art and Spirituality*，1987）对伊斯兰的艺术，从书法到建筑、从诗歌到音乐、从伊斯兰的神圣建筑到波斯的神圣艺术，一一进行了清理和论述，引用了从《古兰经》、圣训到各种文献。虽然作者从现代学术的角度进行了系统化和理论化的阐述，但其所引用的资料却来自于历史，只是这种资料是零散的、因时因景而发的话语。这两部著作的成就已经表明，伊斯兰文化历史上关于美的话语本身就可以被组成一种"理论"。瑞纳德（John Renard）的《进入伊斯兰的七道门》（*Seven Doors to Islam*，1996）中，就有一道门是美学。这美学当然也是用一种伊斯兰自己的话语方式组织起来的。只是当现代学者去组织伊斯兰的古典美学时，把本来虚实合一中的虚的一部分填实了，形成了一个被西方人理解的完整的实体性美学，但在这一经过现代学术改造过的美学中，我们仍然可以看到原来虚实合一的韵味。

印度文化有令世界惊叹不已的神庙、石窟、雕塑、壁画、诗歌、戏剧、

---

① 参见张法：《走向全球化时代的文艺理论》，38～44 页，合肥，安徽教育出版社，2003。

音乐、舞蹈，同样也有体系性的文艺理论著作，只是这些体系著作是断断续续地出现的。首先是公元前后出现的《舞论》，然后是 7 世纪产生的《诗庄严》和《诗境》，到 8 世纪 9 世纪间出现《韵光》，到 11 世纪，又有《韵光注》和《舞论注》。这断续中的"断"是虚，"续"是实，这是一个虚实合一的、充满空白和韵味的印度美学整体。但要从西方学术的实体整体去看，从时间上说，历史的完整性不够；从空间上说，文艺的领域性不全。因此，为了把印度古典的虚实合一的美学转变成具有现代学术标准的完整美学，一定要作这两方面的补充。帕德（K. C. Pandey）的《印度美学》（1959）以上面的理论为经，以印度的主要艺术门类——戏剧（含诗歌）、音乐、建筑（含绘画）——为纬，进行了历史的理论清理和补充，形成了一个具有西方学术面貌的美学整体。苏蒂（Pudma Sudhi）的《印度美学理论》（1988）则主要从各个时期的文艺作品中去提炼美学思想，包含跋娑、马鸣、首陀罗迦、迦梨陀娑作品中的美学思想被细细地清理出来，形成了另一种形态的具有西方学术整体性的印度美学。但通过这些著作，仍然可以回到一个虚实合一的印度型理论。

与伊斯兰和印度相比，中国文化既注重历史感又注重文字书写和理论总结，因此有从不间断的历史记录和自成系统的美学理论，但这自成系统的"系统"，是虚实合一的，它以如下四种类型表现出来：一、同时论述几个审美领域的著作，如刘熙载的《艺概》（把文学各类和书法并在一书中讲）、李渔的《闲情偶寄》（把戏曲、建筑和各种生活审美放在一起讲）。这类体系，一方面较合于西方式的体系，另一方面用西方的体系标准看，又是不完全的。实际上，这类体系只有放在中国文化虚实合一的结构特征中，才能被更深理解。二、部门艺术专著，如荀子的《乐论》、刘勰的《文心雕龙》、孙过庭的《书谱》、石涛的《画语录》。这类体系，在内容范围上，相同于西方式的专论；但在表达形式上，又是与西方大为异趣的，不理解建立在中国文化虚实结构上的详略观，就难于理解这类著作的深意。三、以诗品、画品、书品这类特殊形式表达的理论，其中又有两类，一是如谢赫《古画品录》，形式松散但论题集中，是专门的"品"；二是如欧阳修的《六一诗话》，形式和论题全都松散，是闲适的"话"。这类著作已经完全不同于西方式的理论形态，只有理解了中国文化中的虚实合一型的逻辑形式，才能理解这类著作的理论意蕴。四、以诗论诗，如杜甫的《戏为六绝句》和司空图的《诗品》。这类著作使中国美学的理论特色得到了很好的凸显，特别是在司空图的《诗品》中，中国美学的虚实结构和理论特色得到了淋漓尽致的展现。

《诗品》含 24 品：雄浑、冲淡、纤秾、沉着、高古、典雅、洗练、劲健、绮丽、自然、含蓄、豪放、精神、缜密、疏野、清奇、委曲、实境、悲慨、形容、超逸、飘逸、旷达、流动，每一品都有一种风格类型，这一风格类型的标题所采用的方式，用西方文化的标准来看，是一种范畴，用来本质性地定义一种类型，体现着实体的原则；用中国文化的眼光来看，是一种精练性词组，用来以少总多地体会一种类型，体现着虚实合一的原则。① 《诗品》的 24 品，每品为一首四言诗，每诗共 12 句，这正是一组自然宇宙运转的数字，四为四季之数，十二为 12 月之数，二十四为一年的 24 个节气之数，《诗品》代表着宇宙自然的时间流动。最后一品《流动》：

> 若纳水輨，若转丸珠。
>
> 夫岂可道，假体遗愚。
>
> 荒荒坤轴，悠悠天枢。
>
> 载要其端，载同其符。
>
> 超超神明，返返冥无。
>
> 往来千载，是之谓乎。

它总结性地告诉人们，宇宙的时间，就像地轴和天枢一样，周而复始地旋转，日往则月来，冬之后又是春；宇宙的空间，由地轴天枢所生成，像 24 品一样地多样性展开，有无明灭，与时转换。更重要的是，它以总结性的语言，呈现了中国文化的虚实一体的结构。《诗品》对每一品，用诗来解说，表明了中国文化的定义不是只重实体的明晰，而要在虚实一体中通过实去体会虚。对虚的体会，诗是最好的方式，对虚的表达，诗也是最好的方式。在《诗品》中，诗不完全是诗，还是一种理论的表达方式，即一种类似性感受的方式。张法在《中国美学史》中说过："精练性词句在把握审美对象特点时也把握住了它的神、情、气、韵。但审美对象的神、情、气、韵又有非词汇概念所能穷尽的一方面，为了把非词汇概念所能穷尽的方面更进一步地表现出来，中国美学用了另一套方式：类似性感受……所谓类似性感受，就是某人的形象、神态、风韵给人的感受与某种自然物、自然

---

① 关于精练性词组，参见张法：《中国美学史》，124～127 页，上海，上海人民出版社，2000。

景色、某种事物或场景给人的感受类似，就以物、以景评人。对风、神、气、韵的感受是难以言传的，通过类似性感受的描绘，就不落窠臼地把对风、神、气、韵的感受真切而深刻地传达了出来。"① 《诗品》每一品的标题，是精练性词组，而每一品的内容，则是类似性感受。二者的结合，形神兼备地把中国文化虚实合一的特点表现了出来。既用精练性词组本质性地点出了某一风格的内核，又用类似性感受非概念地表达出这一风格是什么。比如"典雅"一品，什么是"典雅"呢？

> 玉壶买春，赏雨茅屋。
> 坐中佳士，左右修竹。
> 白云初晴，幽鸟相逐。
> 眠琴绿荫，上有飞瀑。
> 落花无言，人淡如菊。
> 书之岁华，其曰可读。

又比如"绮丽"一品，什么是"绮丽"呢？

> 神存富贵，始轻黄金。
> 浓尽必枯，浅者屡深。
> 露余山青，红杏在林。
> 月明华屋，画桥碧阴。
> 金樽酒满，伴客弹琴。
> 取之自足，良殚美襟。

《诗品》不是让你去把握一个定义、一个解说，去琢磨艺术之言，而是让你迅速由言入意，由言入境，直接在境中去感受、去体味、去心领。入一品之境，是为了让你知道该品是什么。因为用概念、解说、定义都达不到事物的深处，而用类似性感受之境就达到了深处，"不着一字，尽得风流"。它说了，又什么都没有说；它没有说，你却能通过鲜活的景象心领到其底蕴，这是一种虚实相生之美。

通过对《诗品》这类以诗论诗型理论的解说，很容易体会到中国美学

---

① 张法：《中国美学史》，127～128 页。

虚实合一的特性，扩而大之，中国美学的四类著作，其实就是四种虚实合一的形式。这种虚实合一之美，要用一句话来概括，不妨借笪重光《画筌》中的名言："虚实相生，无画处皆成妙境。"

大而观之，每一种文化都有自己独特的理论形态，但随着现代社会在西方兴起并向全球扩张，西方文化成了世界主流文化，世界形成了西方与非西方的二元对立，多样性的理论形态已经在西方的主流话语中以及在西方与非西方的紧张关系中，简化为两种基本的形态，即西方的实体性美学和非西方的虚实一体美学。对于西方文化来说，特别是在现代性的近代阶段①，前者是科学的、理性的、文明的、先进的；后者是非科学（迷信）的、非理性（愚昧）的、非文明（野蛮）的、落后的。随着现代性的演进，西方与非西方两种形态在价值上的高下定义，在现代性的现代阶段和后现代阶段，才或多或少或快或慢地被纠正。然而，有两个重要点，还既未被西方文化所完全认识，也未被各非西方文化所完全认识：一是非西方文化的多样性，特别是各大非西方文化的独特性，在西方与非西方的二元对立中被不同程度地遮蔽着；二是作为非西方共性和特色的虚实合一形态，在西方作为主流话语的世界，还没有从本质上得到认真深入的研究。而这两点，对于全球化时代的世界美学来说，是非常重要的。

自西方率先进入现代性并扩张于全球以来，各非西方文化在西方的挑战、催逼、激励中，或先或后或快或慢地走上了现代化道路，俄国奋力赶上，与西方列强共逐天下；日本奋力赶上，与德、意一道问鼎世界；俄国由十月革命而成苏联，终成与以美国为代表的西方共霸宇内的强大势力；20世纪80年代以来，亚洲四小龙（韩国、中国台湾、中国香港、新加坡）经济崛起；20世纪90年代以来，中国和印度显出了快速上升势头。非西方文化在全球现代化的历史舞台上，演奏出了五彩缤纷的乐章。然而，自现代性以来，西方文化成为世界的主流文化，一切非西方文化必须在一个以西方文化为标准的学术构架中重新建立适合于现代世界的新文化，各非西方文化都采用了西方的学术体系作为建立自身新文化的基础，于是西方美学的横向移置，成了各非西方文化建立自己现代美学的主要方式。我们看到了苏联美学、日本美学、中国美学、印度美学的建立，伊斯兰美学、韩

---

① 张法在总结西方诸理论思想的基础上，把现代性以来的西方历史分为近代、现代、后现代三个阶段。具体论述请参见张法：《20世纪西方美学史》，2～4页，成都，四川人民出版社，2003。

国美学、非洲美学的出现。在现代化历史的演变中，形成了西方与非西方的二元并立，呈现了西方与非西方的两条演进路线。在这个二元格局中，西方具有主流文化的典型性，它一方面按照自己的逻辑演进，另一方面又在与广大非西方文化的互动中演进。这两方面的合一，构成了西方文化的演进逻辑。同样，各非西方文化一方面按自己的文化逻辑演进，另一方面又在与西方文化的互动中演进。这两方面的合一，构成了各非西方文化的演进逻辑。中国，作为一种非西方文化，在现代性的演进中，一方面在各非西方文化之间具有自己的特殊性，另一方面，在与西方文化的互动中又具有一种非西方文化的典型性，这是一个有数千年辉煌历史的文化，这是一个在现代性遭遇中力争上游的文化。而在中国讲美学，主要体现为以中国和西方为主和以全球各大文化为背景的美学。

第三节　美学：西方与中国的进路

　　虽然世界文化各有自己的美学，但西方美学是有美有学的美学，各种非西方美学是有美无学的美学。从 17 世纪到 20 世纪，西方美学随西方文化向全球扩张而世界化，西方扩张所到之处，各种非西方文化为了应对现代化的挑战，或先或后或快或慢地在接受西方的学科体系的同时，接受了西方型的美学。这样，包括中国在内的各种非西方文化，在自己传统的基础上、西方的示范下、周邻文化的互相影响下，开始了自己美学的现代时期。其中一个显著的标志就是，把自己本来的有美无学的美学转换成有美有学的美学，也就是非西方文化的美学由"有美无学"的隐性美学，转变成了"有美有学"的显性美学。在这一世界性的美学演化中，中国的现代美学是怎样伴随着全球化进程和中国文化的现代化进程而产生和发展的呢？

　　中国接受西方文化有三条主线，一是西方本土，二是日本，三是苏联。对美学来说，日本的贡献最重要的是中江肇民（1847—1901）用汉字"美学"翻译 aesthetics。虽然在 1873 年德国传教士花之安（Ernst Faber）的中文著作中出现了"美学"一词，但在中国现代化转变关键时期的维新变法和清末新政中，中国主要接受的是日本知识界的影响。因此中国学人运用美学一词（如康有为在 1897 年，沈翊福在 1900 年，夏偕复、吴汝仑在 1901 年，都在美学的意义上使用了"美学"一词）和"美学"一词正式进入中国的教育体制和学术体系（"1904 年 1 月，张之洞等组织制定了《奏定大学堂章程》，规定'美学'为工科'建筑学门'的 24 门主课之一，1906

年初，王国维发表《奏定经学科大学文学科大学章程书后》一文，主张文科大学的各分支学科除历史科之外，都必须设置美学课程。"①），都主要被认为是日本的影响。从道理上讲，美学一词因为有了日本学界的现成榜样，在进入中国学界就没有了争议，而 aesthetics 的其他译法，如英国来华传教士罗存德 1866 年所编的《英华词典》（第一册），该词典译为"佳美之理"和"审美之理"；1875 年，在中国人谭达轩编辑出版、1884 年再版的《英汉辞典》里，被译为"审辨美恶之法"；1889 年，在颜永京对译自美国约瑟·海文（Joseph Haven）的《心灵学》中，被译为"艳丽之学"，这些译法都被搁置一旁了。

前面讲了美在西方成为学科，其名称不是 callology（美学）而是 aesthetics（感受学），中文用"美学"来译对不对呢？从现代汉语把美与美感区分开来这一点来说，这种译法是有所偏颇的，会引起美学自身建构的许多困惑，如 20 世纪五六十年代美的本质的大争论，就和美与美感的区分而产生的误导有关。但从古代汉语看，美字既用于对象的美（人之美），又用于主体的美感（目之于色，有同美焉），还用于创美行为（美教化），美字兼有名词、形容词、动词三种词性，把这种一而三、三而一的"美"与"学"连起来，构成美学一词，比西方 aesthetics 更能得到这门学科的精髓。而且因美在古代汉语中的宽容内涵，更有助于解决关于美学的深层次问题。中国学界普遍承认了"美学"作为 aesthetics 这一学科的名称，本身就包含了中国文化的特性和中国现代文化面对外来文化时的一种态度。西方美学，在古代希腊发源，于近代德国得名，迎合了西方文化现代化过程中的两种需要：一是现代学术体系的建立要求美学作为一个具体学科出现，表现为一种黑格尔式的美学结构，这主要是一种学科性的需要；二是现代人的宇宙宏图要有一个人性整体，美感作为对现代化以来在概念分工和技术分工下遭遇分裂的人进行全面整合的一种方式，表现为康德式和席勒式的美学。在这一意义上，美学是在现代性的历史发展和自我矛盾中产生的。从而，美学产生和包含的问题，不仅是西方文化的问题，而且是走向现代性的人类所共同面临的问题。因此，王国维作为在中西文化冲突中最深刻地体会传统与现代的矛盾的人，最先从理论上把美学引入中国的学术研究之中，成为中国美学第一人。然而，王国维的美学主要不在于他对一些美学概念

---

① 黄兴涛：《"美学"一词及西方美学在中国的最早传播——近代中国新名词源流漫考之三》，载《文史知识》，2000（1）。

（如美学、美感、审美、美育、优美、壮美等）的引入，也不在于用一种西方味很浓的观点来解释《红楼梦》，并用一种西方味较淡的观点来说诗词之美等在具体的美学问题上进行先行者式的探索，而更在于由王国维身上体现出来的，一是他对历史、人生、学术的一种态度，这是一种由美学所凸显出来的，具有现代性包含的复杂而深广的意蕴；二是王国维的学术地位使美学这一外来学科中国化，并使美学成为这一学科的正式命名。在这两点上，王国维最先表征了由中国现代性带来的美学性格，又最先体现出美学学科建设与中国现代性的复杂关系。

从王国维开始，美学就进入了一种世界语境中的中国现代学术和现代文化的复杂关系之中。从宏观上说，中国的美学从基本理论的角度凝结为美学原理著作，自1917年萧公弼在《寸心》杂志上连载《美学概论》到2002年共出版262本①美学原理著作。中国现代性的发展阶段性特别明显，从而美学原理的写作也总显出一种时代的特征。不同阶段有关于中国现代性不同的宏大叙事，从而也有不同的美学写作。民国时期有代表性的美学原理著作有朱光潜的《谈美》（1932）和蔡仪《新美学》（1951）；代表共和国前期美学体系结构的有王朝闻主编的《美学概论》（1982）；改革开放以后，有李泽厚的《美学四讲》（1989）作为实践美学的代表性著作，有杨春时的《美学》（2002）作为后实践美学的代表性著作，有朱立元作为实践美学的发展，有张法的《美学导论》（2004）力图以全球图景（特别是中国资源）重新讲述美学原理。

前面讲过，古典美学的三面是以三套逻辑来运作的，第一面是现象—本质模式，从美的本质到各类具体的审美现象；第二面是主体—客体模式，把美的客观类型与美的主体感受不可分割地结合起来，由快感与不快感来展开美学的论述；第三面是一般—典型模式，以艺术美作为美的本质的直接体现和丰富展开，把艺术门类与审美类型及其历史发展结合起来。美学三面本有不同的缘起根据，在逻辑上又相互交叠，难以整合。美学家们总是根据自己的知识背景和学术气质，或主论美的本质，或专究审美心理，或重在艺术哲学。但这三类之为美学又在于它们都以美的本质来统率自己的体系。

古典美学的三面充满矛盾，美学作为一个整体，本可以向方方面面延

---

① 详细书目参见张法：《20世纪中西美学原理体系比较研究》，276～490页，合肥，安徽教育出版社，2007。

展，作为一个学科，在西方的学术体系之中，又必须把自己学科化。要达到学科化，就必须克服三面之间的矛盾，寻求一种逻辑上的统一。然而，20世纪西方文化的走向不是在三面之间寻求统一，而是摧毁了三面之中的最为重要的一面，美的本质。回看这一摧毁的过程，从美学自身说，可以看到心理学美学对美的本质的拒斥和转换；自然主义美学在现实和艺术中对美和美感的泛化；分析美学、存在主义、精神分析、神学美学对美的本质的致命打击。

在心理学美学那里，从距离说、直觉说，到内模仿说、移情说，都认为美的本质就是主体心理，在于主体心理中的一种状态，有了这种状态，就有了美，没有这种状态，就不存在美。按照这种逻辑，没有必要去追求一个客观的美的本质，而应该在主体心理中寻到一种使客观事物成为美的因素。这样，一方面，美的本质被搁置起来，另一方面，一种心理因素在功能上成为了类似于美的本质的东西。

在自然主义那里，杜威认为，美就在人类的经验之中，这从打球者的优雅姿态对观众的影响，从家庭主妇栽花时的喜悦，从她丈夫料理屋前那片草坪时的专心与欢情中就可以体会出来。桑塔亚纳认为，审美感官不像古典美学所认为的那样，只在高级感官（眼、耳）上，而是"人体的一切机能，都对美感有贡献"①。五种感觉（视、听、嗅、味、触）和三种心灵能力（知、情、意）都是造成美感的材料，连体内的血液循环、新陈代谢、喉头和肺部的感受、呼吸吐纳都是形成美感的力量，至于恋爱激情之类对美感的影响就更不用说了。人是一个有机体，它的每一部分都对美感的发生有着自己特定的贡献。以上还只是从人的自然生理层面讲，从人是社会动物这层看，人的家庭之爱、祖国之爱、社交趣味，都是生长美感的土壤。"例如，家在社会意义上是一个快乐的概念，如果具体化为茅屋一椽，小园一角，它就变成一个审美概念，变成一件美丽的东西，快感客观化了，事物也就美化。"② 按照这种逻辑，美就在现实层面的经验之中，外在事物无一不可以成为美，主体内因素无一不可以促生美，自然主义把美这样无限制地泛化，泛化得没有理论可以明晰把握的外延，同时也就拒斥了寻找一个超验的美的本质。

在分析学派那里，一方面通过图像与事物的关系，论证了美的本质的

① ［美］桑塔亚纳：《美感》，36页，北京，中国社会科学出版社，1982。
② 同上书，43页。

无意义。古典美学总是一开始就问：美是什么？从而得出一个美的本质定义，再由这个定义推出整个美学体系。对此，分析哲学劈头就问："美是什么"属于哪一类命题？命题是对事物或世界的陈述，是事物或世界的图像。图像与世界是对应的，这种对应性决定了命题的可证实性。一切命题都可以分为可证实的和不可证实的。可证实的命题，与事物或世界是对应的，是有意义的；不可证实的命题，就没有对应物，是无意义的。在美学上，所有关于美是什么的命题，都是属于不可证实的形而上学命题，都是无意义的。另一方面，通过"用法即意义"，看到一种本质上的语言运用到一个个具体事物上，把一类事物集合起来，实际上用的是一种"家族相似"的方式，一个家族所有的成员都相似，但不是集中在某一点上，他与他，眼睛相似；他与她，鼻子相似；另一个她与她，身材相似。在对全部家族成员进行巡礼时，共同点不断出现和消失。当你把某一点总结为该家族的特征时，会发现很多其他成员完全没有这些特征。因此，你不可能用一个共同的本质来定义它。美的世界就是这样一个相似的家族。因此，美的本质是没有意义，有意义的是对每一具体的美作事实的具体描述，对一组组类型的美作家族相似的结构描述。

在存在主义那里，海德格尔通过对存在与存在者的关系的分析，指出无法用科学和逻辑的方式证明美的本质这样一种问题。西方哲学的核心问题，本体的存在（being）、现象上的存在者（beings）、是（to be）和是什么（to be something，something 就是 beings 之一），是以相同的语言形式表现的，在"美是什么"的提问中，不仅要为"美是什么"找一个精确的界定，同时还要对"什么"的意思给出一个解释。这个解释一出来，就成了不是存在意义上的美的本质，而是存在者意义上的对美的本质的规定。每当人们按"美是什么"的方式进行提问时，这个"什么"都要被重新决定，但新的决定无非是以一个新的存在者来代替旧的，以一个对美的新的规定来代替旧的规定。结果只能是存在者在而存在却不在，美的具体规定在而美却不在。因此，关于美是什么的思考方式本身就是错的。

从上面的论述可以发现，20 世纪各派美学在美的本质上有了基本的共识。为什么会这样呢？从文化层面来说，牛顿的科学权威、黑格尔的绝对理念、基督教的上帝，遭到了根本的否定。美的本质，正是建立在西方古典科学、哲学、宗教的思想权威和思维方式上的。当美的本质这一统领美学体系的总部被否定而消失之后，却没有另一个类似于美的本质的权威来重建美学，美学作为一个学科遭遇到了一种困境。从学科性来说，它的体系结构是通过一种退缩的方式来实现的，这种退缩表现在三个方面：一、从艺术哲学自身来重构体系，像苏珊·朗格的象征符号学那样；二、从审美心理学自身来重构体系，像克罗齐的表现主义美学那样；三、结合审美心理学和艺术来重构体系，像杜夫海纳的现象学美学那样。20 世纪的文化发展对美学的影响，造成了美的本质的消失，而促成这一结果沿着科学和逻辑的路向，用西方文化的明晰性和可证性来拒斥美的本质的，是分析美学。分析美学在摧毁美的本质的同时，用一种哲学的方式来替代，这就是对美学领域内的主要概念进行语言分析。如果说，西方古典美学在美的哲学方面，主要是对美的本质下一个定义，那么，在 20 世纪西方美学的分析主潮中，美的哲学则呈现为对美学概念的分析。在分析美学中，对美学概念的分析本身，就构成了一种美学体系，它用不着再进入到美的具体现象中去。正如布洛克在《艺术哲学》中用表格所表明的：

对解释和概念的分析	美学家的工作
对经验的解释形成概念	艺术批评家等的工作
经验	艺术等审美现象

美学以前的范围现在被分成了三大块，艺术等审美现象是一块，与美学和美学家无关；对艺术等审美现象用理论的、逻辑的、学科的方式进行谈论、解释，将之理论化形成关于这些现象的概念，这是艺术批评家、艺术教育家、艺术史家、艺术教师或其他审美批评家的任务；而美学家的任务，则是对上述那些所形成的概念进行分析，使这些概念科学化、明晰化、系统化，在这一过程中，要对形形色色的伪概念进行清洗，使之扫地出门；要对不成熟的概念进行加工，使之完善；要对正确的概念进行鉴定，使其合理性得到学术肯定。这样，美学与审美现象无关，与审美理论无关，而成了对审美理论进行哲学论证和理论鉴定的最高法院，而且它自成一个系统，一个与审美心理和艺术理论都有很大不同的哲学美学系统。这个系统，用分析美学家迪基的话来说，叫"形而上批评"。正如在美的本质消失后，审美心理学和艺术哲学通过一种退缩方式来架构自己的美学体系一样，分析美学式的美的哲学同样是以一种退缩方式来架构自己的美学体系的。这样，20 世纪西方美学可以说也是一个三面美学：分析型的美的哲学、以审美主体为核心的审美心理学、以艺术为对象的艺术哲学。

纵观 20 世纪的西方美学史，在流派史上，这三部分基本上是各自为政，当然也有把三部分进行综合的，如前面说的现象学家杜夫海纳综合了审美心理和艺术两部分，迪基的《美学导论》则综合了三个部分。在学科美学上，三部分同样是各自为政，只因美学主潮、时代主潮的不同，而学科美学呈现为这一种或那一种美学形态。当然，由于学科自身要求通识，因此，在学科美学上，综合型的更多一点。然而，无论其美学形态是以一种为主，还是综合两种三种，20 世纪西方美学的这三大部分都自外于广大的审美世界。而 20 世纪的文化发展又创造了新的美学领域，如技术美学、媒介美学、运动美学、设计美学、环境美学、大众美学、身体美学、电脑美学，等等。这些美学很难进入到一个由退缩而形成的美学原理的体系中去。这样，美学与广大世界的联系，在本质上被削弱了。

我们看到一个个从审美心理学出发建立起来的美学原理体系，实验心理学的、思辨心理学的、精神分析学的、格式塔心理学的；也看到一个个从艺术哲学建立起来的体系，形式主义的、结构主义的、原型批评的、表现主义的；又看到把审美心理与艺术哲学结合在一起建立起来的美学原理体系，如现象学的、分析哲学的、自然主义的、实用主义的；还看到把分析美学、心理美学、艺术哲学结合在一起的美学原理体系，如奥尔德里奇的《艺术哲学》、迪基的《美学导论》。这样一来，当把 20 世纪美学与古典美学的原理体系加以对照的时候，可以说，古典美学的美学原理体系是一种具有中心性的三面美学（美的本质、审美心理、艺术哲学），而且这三面还可以与广大的美学领域密切相连，如黑格尔在建构一个艺术哲学体系时，也忘不了把自然美纳入其中并给予恰当的说明。而 20 世纪的美学原理体系则是一种没有中心性的三面美学（概念分析学、审美心理学和艺术哲学），所谓无中心，主要是指这三面美学是与广大的审美领域隔开来的。

如果说，美学既有其学科性的一面，体现为美学原理，又有超出其学科的一面，不包含在美学原理之中，如居室之美、服饰之美、科学之美、道德之美、性爱之美，那么，这些超出原理的形形色色的美，在古典美学之中，仍为美的本质所统领。因为从理论上人人皆知，美的本质决定一切美的具体现象。而在 20 世纪美学中，同样，一方面是三面美学，另一方面，超出三面的美仍然存在，而且有的已经形成了一种学科的规模，如技术美学、环境美学、都市美学、广告美学、大众美学，然而，由于没有了美的本质这一美学总管，这些美的领域无法进入到美学原理体系中来。在这一意义上，美学作为一个学科在 20 世纪的具体存在方式，造成了美的分裂，而这种分裂，在一定的程度上又造成了美学在 20 世纪西方学术体系中的边缘化。

　　20 世纪西方美学原理，有五本著作是其代表：第一本，德索的《美学与艺术理论》(1906)，是 1900 年以来美学原理中统美学和艺术理论为一体的典型；第二本，朗费德的《审美态度》(1920)，是 1900 年以来美学原理中审美心理学的典型；第三本，苏珊·朗格的《情感与形式》(1953)，是 1900 年以来美学原理中艺术哲学的典型；第四本，杜夫海纳的《审美经验现象学》(1953)，是 1900 年以来美学原理中把审美心理与艺术结合起来融为一体的典型；第五本，迪基的《美学导论》(1997)，是 1900 年以来美学中把美的哲学（概念分析）、审美心理、艺术结合起来的典型，同时也是把美学史与美学理论结合起来论述的典型。这五本书，体现了 1900 年以来西方美学原理的五种样态，尽管都具有流派美学的性质，但都是按照学科美学的标准和范式来书写的。

第四节　美学原理面临的挑战

　　作为学科的美学，从西方到全球，经过一百多年的互动和演化，在西方美学与非西方美学两方面都面临着学科转型的挑战。

　　首先是环境美学对西方美学原理的挑战。

　　西方美学，从 17 世纪建立之日起，基本上就是一种艺术美学，尽管有审美心理学流派对审美心理的开拓，但审美心理学也主要是建立在艺术美学上的，西方美学讲的审美经验主要就是艺术经验。按照阿诺德·伯林特的总结，西方的艺术美学主要是建立在三个原则之上的：一是非功利观，二是心理距离，三是纯形式美感。只有我们从现实的功利意识中摆脱出来，对对象进行一种审美的静观，对象才能成为审美对象。这种审美的静观，就是一种拉开事物的内容而只对事物的形式进行观赏。因为事物的内容总是与现实功利结合在一起的，而事物的形式则可以与现实的功利脱离开来。因此，非功利的观赏总是意味着一种与现实拉开距离（实用距离和日常距离）的欣赏，在这一意义上，非功利说与距离说紧密地联系在一起。而对现实保持心理距离的非功利欣赏，就是一种纯形式的欣赏，这样，非功利说、心理距离说也与形式美感说联系在一起了。从这一个角度看，从鲍姆加登的知情意的区分，到康德的非功利的美感，到布洛的距离和贝尔的有意味的形式，整个西方美学初看来是在审美心理上深入，而实际上是在艺术美学上深入。非功利、心理距离、形式美感，是在什么上最鲜明地体现出来呢？就是在艺术上。一幅艺术化的美人图，我们知道这不是现实中的美人，而只是一张绘画作品，因此，不会对之起一种现实性的感受，而是对其美的形式进行欣赏。一栋建筑物，我们要达到对它的审美欣赏，一定会忽略掉它的具体实用的居住性质，只是从一种形式美的角度对之进行观赏，唯其如此，美感才会产生。总之，西方艺术观念中的艺术不是现实，而是虚构，是美的创造，西方美学与艺术紧密地联系在一起。可以说，西方文化的整个美学观，是从艺术中得出来的，欣赏艺术的方式成为了西方文化欣赏一切美的基础。特别是在20世纪的西方美学家看来，如果美学要分为三大部分，即美、美感、艺术的话，那么，这三大部分其实都建立在艺术的基础上，都服务于一种艺术美学原则。

美学作为学科在西方兴起的时候，出现了两个重要的概念：美与崇高。这两个概念显示了现代化兴起之后，人在世界中的位置，人面对着两个不同的世界，美是人已经占领了、征服了、把握了的世界，人在这个世界里感受到了自己完全的力量，感受到了绝对的安全，从而世界成为一个美的世界。崇高则是一个与人敌对的世界，人尚未占领、征服、把握这一世界，因此，对于这一世界，人有一种崇高感，即首先是痛感，由自己的无力和渺小而产生的痛，然后诉诸人的整体的力量、人的道德勇气、人一定能最后胜利的信心，把痛感转化成快感。然而，正如海柏（Walter John Hipple）指出的，近代美学兴起的时候，不是两种基本美学范畴（美与崇高），而是三种基本的美学范畴，美、崇高、如画（picturesque）。这三个范畴要处理的是两类不同的问题，美与崇高处理的是人面对两种不同世界时的两种不同审美态度和审美结果，如画要讨论的则是另一问题，是人如何看待艺术之外的事物之美的问题，在18世纪，特别是自然美的问题。人看待自然，不是按照自然本身的样子去看待自然，而是按照艺术的方式来看待自然，所谓的"如画"，就是说，自然的美在于其与艺术（画）一样。可以说，"如画"这一美学范畴之所以重要，就在于它告诉并教会了人们欣赏艺术之外事物之美的欣赏方式。有了"如画"的观念，我们就知道艺术之外的事物，特别是自然，是如何成为美的，我们是怎样可以欣赏到艺术之外的事物（特别是自然）美在何处的。如画这一美学范畴，不仅仅在于让人们把美的欣赏扩大到艺术之外，更主要的在于它固定了一种以艺术为中心的美学体系。它使西方美学基本上成为一种艺术美学，特别是 20 世纪以来，把美学看成艺术哲学已经成为西方美学的主流。而 1900 年以来的西方美学原理体系的演化，从一定的意义上说，也就是一种艺术美学的美学原理体系的演化。而环境美学的提出，正是要从根本上反对这一艺术美学的美学观。

环境美学要把美学从艺术美学中解放出来，它的领域不是艺术，而是人的环境，包括未受人类影响的自然环境，如原始森林、天空、大海；受人类影响的环境，如旅游景观、农村景色；人类所建构的环境，如城市、建筑、器物，等等。原来的以艺术美学为核心的美学也要讨论现在环境美学所讨论的一切范围，但是，对于这些属于环境的美，它是用艺术的眼光和标准去看的，而且认为只有具备了艺术史和艺术批评实践的知识，才能够欣赏环境的美。杜夫海纳《审美经验现象学》中，关于艺术与其他生命客体、自然客体、功用客体、意指客体在本质上的区分，正代表了艺术美学的基本观点。从艺术美学的观点看，非艺术的对象作为审美对象是偶然的，而且是没有"深度"的。环境美学要求把对环境的审美从艺术审美的性质中，主要是从属于艺术原则和从属于艺术标准中，解放出来，获得自己的独特地位。这一特点在对自然的态度上得到最鲜明的体现。环境美学的第一声号角，是从自然这一角度开始的，这就是赫伯恩（Ronald W. Hepbum）的论文《当代美学及其对自然美的忽视》（1966）。环境美学的一个基础原则，就是自然美不能用艺术美的方式（非功利、距离、形式）去欣赏，而要按照自然自身的方式去欣赏。卡尔松（Allen Carlson）在《自然与景观》中引用了桑塔亚纳的一段话来突出环境美学与艺术美学的交汇点：

> 自然景观是一个无定形的对象，它几乎经常包含着充足的多样性，使得我们的眼睛有极大的自由去选择、强调以及组织其元素，而且自然景观寓意深刻、情感刺激而又含意丰富。一处予以观赏的景观必须加以组织……只有这样我们才能感觉到这处景观是美的……混杂的自然景观不能够从其他任何方式上得到这种美的享受。①

① ［加］艾伦·卡尔松：《自然与景观》，23 页，长沙，湖南科技出版社，2006。

自然要被欣赏必须加以组织，问题在于，用什么方式组织，是艺术美学的"对象模式"（即把自然看作一种形式对象）和"景观模式"（即用如画的方式去组织景观）呢，还是用环境美学的按照自然本身的方式来欣赏自然？这里的一个更深的根本的分歧，就是用人文科学的方式来看自然，还是用自然科学的方式来看自然，或者说，是用人类学的方式来看自然，还是用生态学的方式来看自然。用约·瑟帕玛（Yrjo Sepanmaa）举的例子来说，经过一座山和一片沼泽，我们往往因山的宏伟和崎岖而给予较高的审美评价，因沼泽的单调而给予较低的评价。对于一匹走马和一只河马，我们因走马的运动而生美感，因河马的迟缓而生丑感。这是一种以人类学为基础的美学。而如果以生态学为基础，沼泽因其自身的生态原因而有自己的魅力，河马因其自身的生态原因而生特殊的美感。在这里重要的是把自己的立场转换过来，从艺术美学转到环境美学，从人文科学转到自然科学，从人类学转到生态学。在这两种对立的美学中，也包含了在一个普遍城市化的世界里，对世界的一个基本的美学标准：是用人类化了人造自然（景观）的标准和眼光来看人类未经接触的自然（原初自然），还是用人类未经接触过的自然（荒野）的标准和眼光来看待人类化了的自然（人造景观）？前者是艺术美学的标准和眼光，后者是环境美学的标准和眼光。为了把这一问题凸显出来，也可以说，前者是人类在人的历史演化中体悟和创造出来的一套艺术美学原则，后者是自然在宇宙的进化中按照一种更加内在的规律，用亿万年的时间在地球生态演化中创造出来的一套自然美学原则。后者正是环境美学用来对抗艺术美学的强大的思想武器。正是从这一建立在宇宙自然原则上的环境美学的原则出发，环境美学发掘出了随现代以来一直与艺术美学相对抗的宇宙美学观念。这就是在世界上只有两种风景是可以接受的，一种是人类尚未接触过的原初自然，一种是人类化但达到了与自然和谐的人造景观。

在环境美学对艺术美学的根本对立中，艾伦·卡尔松把众多新潮人物的思想总结成为环境美对自然欣赏的新法则：第一，万物皆可欣赏。只要不从人的立场而从宇宙的立场，艺术的独尊地位就下降为可欣赏的万物之中的一种。第二，如同自然般加以限定。即按照自然自身的本性和以自然的方式总结出自然美的法则（拒斥艺术美学的搬用）。第三，本真性的直觉知识。这是从自然本性中直接出来的，比如，把云的轮廓想象成一篮洗涤的衣物，我们得到一种人类学的相似的愉快，但如果了解积云中气体的紊乱状态，以及在内部和周边决定着积云结构和可见形式的气流，从这种方式形成的如其自然的本真直觉，同样有一种美感。这是一种环境美学的美感。第四，客观化的诉求。即对自然的观赏，不是从距离而取得非功利，而是从把自然事物的直觉形象与其本有的关联（知识的和功利的）结合起来，让知识和功利增加审美的愉快。第五，走向一元化的美学。环境美学与艺术美学虽然在很多方面是对立的，但它从一种更深的原则上提出的美学却是可以与艺术美学相汇通的，并在两种美学的对话中，达到一种更高程度上的一元化的美学。

环境美学于 20 世纪 50 年代初发生，于 20 世纪 80 年代崛起，于 20 世纪末开始有国际性的影响，到 21 世纪，已经召开过五次国际环境美学会议，已经在一系列非艺术的主题，如森林、水、湿地、民居、农业等问题上，展开了自己的思想。西方美学原理的建构，这一次可能不会像对待技术美学、生产美学、设计美学等新起的美学分支那样，对之不予理睬，因为环境美学已经涉及了美学的根本问题，而不仅是原有的艺术美学在不同领域的应用问题。从这一角度看，西方美学原理体系在新世纪已经遭到了环境美学的巨大挑战。业已成体系的西方美学原理如何回应环境美学的挑战，将是一个十分值得关注而又饶有趣味的问题。

其次是中国特性对中国美学原理的挑战。

中国美学原理，最初是在对西方美学的移植中建立的，这就是朱光潜的《谈美》；接着是在苏联美学的影响下建立的，这就是王朝闻主编的《美学概论》；然后，在苏联美学的余晖与西方美学的新光中进行重新建构，这就是李泽厚的《美学四讲》；不久，西方的思想对中国美学原理的重设获得了主导的地位，杨春时的《美学》可以作为一个代表；最后，张法的《美学导论》摆了一个向多元文化敞开的手势。20 世纪 20 年代以来，中国美学原理体系不管怎么变化，无论呈现出来的美学原理在思想上、结构上、范畴上、逻辑上凸显出全是西方的、是苏联的，还是西方与苏联合一的，在建构一个中国美学原理体系时，始终要运用中国的学术资源，而且这些资源还要占一个相当大的比重。在上面五本中国美学原理著作中，引用中国资源库的具体数据如下：

	先秦	汉	六朝	唐	宋	元	明	清	现代	不详	总　计	全书总引百分比
朱光潜												
人	12	11	9	15	9	1	1	7	0	2	142	67％
次	21	18	15	38	14	1	1	11	0	2	121	71％
王朝闻												
人	10	5	9	10	17	4	8	8	11		82	47％
次	16	6	23	19	26	7	12	20	45		174	27％
李泽厚												
人	9	1	2	7	1	0	1	1	17		39	38％
次	17	2	3	9	2	0	1	6	39		79	36％
杨春时												
人	6	1	3	8	2	1	8	3	14		46	32％
次	22	3	12	17	4	3	19	31	23		134	22％
张法												
人	18	9	22	28	41	5	11	16	24		174	53％
次	111	16	62	89	78	5	21	24	55		461	60％
总计											483	969

上面表中，可以看到两个特点：一是五本著作对中国资源在引用上的全面性，从先秦、汉魏六朝到唐宋元明清再到现代，基本都有引用。二是对中国资源的引用与非中国资源的引用相比，比值并不低，中国资源的引用在人数上，《谈美》占总引人数的67％，《美学概论》占47％，《美学四讲》占38％，《美学》占32％，《美学导论》占53％。中国资源的引用在出现的频率上，《谈美》占总引证次数的71％，《美学概论》占27％，《美学四讲》占36％，《美学》占22％，《美学导论》占60％。

如此全面地引用中国资源，又占有相当的引证数量，这说明了什么呢？首先，表明了民族文化在民族现代化过程中重建现代学术的必然性和重要性。其次，中国资源的出现与美学原理体系形成了一种固定关系。如果美学原理体系完全是非中国的，那么，中国资源的大量出现能够被纳入进去，证明了美学理论的普适性。这一非中国来源的美学原理体系的普适性在两个方面得到证明，一是作为例证，一条美学原理，两个中国例证，中国例子能够说明和说清非中国的道理，本身就表明这一道理放之中国而皆准。从这一点来说，举中国的例子与举西方的例子是大不相同的。西方的例子，可以说明西方理论放之西方而皆准，还不能说明放之西方之外的文化也能准。二是作为理证，所谓理证，就是一个西方的理论，在中国也可以找到相同的理论。如在《美学导论》中，西方的距离说与中国的虚静心，西方的格式塔的力的式样与中国神骨肉结构中的气的理论。这样，西方有这样的理论，中国也有这样的理论，恰恰说明这一理论本身的普适性。当非中国的美学理论的中国化在例证和理证两个方面都得到了相当程度的融合时，一个现代性的既与世界主流文化相一致，又与中国自身的理论传统相一致的美学原理就产生出来了。在上面五本美学原理的著作中，前四本在中国资源的运用上，主要是以例证为主，《美学导论》则开始出现了一种加强理证的趋向。

然而，众所周知，中国文化在基本性质上与西方文化或其他文化不一样，这种不同会在引用中国资源的时候显示出来，但当中国美学原理把中国资源只是作为一种非中国的美学原理的例证或理证的时候，中国资源自身的特色就基本上消失了，至少当人们读完了这些中国资源仅仅作为例证或理证的美学原理之后，在这一美学原理固定的思想、结构、范畴、叙事的主导下，基本上感受不到中国资源中的中国特性。这里必须区分一下，中国资源应该分为两个部分：古代和现代。古代资源与西方思想距离远一些，现代资源本来就是在西方思想或苏联思想的影响下成长起来的，因此与西方思想和苏联思想有一种亲和性。但我们可以看一看在五本中国美学原理著作中，古代与现代中国资源的分量。

	朱光潜		王朝闻		李泽厚		杨春时		张　法		总数
	人	次	人	次	人	次	人	次	人	次	
古代	63		71		22		32		150		338
		119		139		40		108		405	811
现代	0		11		17		14		24		66
		0		45		39		23		55	162

从上表中可以看出，中国古代资源的引用大大多于现代资源的引用，这意味着，在中国美学原理的写作中，不但现代中国的资源用来证明着非中国的美学原理，而且古代中国的资源也是用来证明着非中国的美学原理。

在五本美学原理著作中，引证得最多的人和作品如下：

> 朱光潜：王昌龄（12）、陶渊明（6）、庄子（5）、杜甫（5）、《诗经》（5）、李白（4）和《红楼梦》（4）
>
> 王朝闻：鲁迅（28）、毛泽东（10）、《红楼梦》（10）、刘勰（9）、《红岩》（7）、杜甫（5）
>
> 李泽厚：毛泽东（9）、《红楼梦》（6）、孔子（5）、康有为（5）
>
> 杨春时：《红楼梦》（29）、刘勰（9）、杜甫（6）、孔子（5）、庄子（5）、《水浒传》（5）
>
> 张　法：《左传》（20）、《周易》（15）、杜甫（14）、老子（13）、李白（13）、王维（13）、司空图（12）、刘义庆（11）、孔子（10）、刘勰（10）、苏轼（10）、李泽厚（10）、朱光潜（9）

将这些引证得最多的人和作品，作一古与今的区别，呈现为下面的表格：

	朱光潜	王朝闻	李泽厚	杨春时	张　法	总　数
古代	7	3	2	6	11	29
现代	0	3	2	0	2	7

从上表可见，在引证频率上，古代资源仍然是大大多于现代资源。这样一来，本来与西方美学或苏联美学完全不同的中国古代资源，被用来对一种以西方为主导的美学原理进行证明，中国资源自身的特色必然地被遮蔽了起来。这样的后果之一，是对中国美学史写作的阻碍性影响。我们知道，中国美学原理的著作是 20 世纪 20 年代就开始出现的，而中国美学史的著作则是在 20 世纪 80 年代才开始出现的。中国美学史著作出现比美学原理的出现晚了 60 年，虽然有很多原因，但其中一个重要的原因就是，当中国古代资源被用来对西方原理进行证明时，这些资源自身特点被遮盖。当全面地运用西方的美学原理去系统地组织中国资源的时候，困难就显得特别多了。

这里提出这样一个问题：在建构中国式的美学原理时，是以西方理论为基础，让整个中国资源都或为例证或为理证地去证明西方式的理论呢，还是把中国资源作为一种不同理论系统的资源，通过强调自身的特性去与西方式的美学原理进行对话？如果说，用中国资源去理证西方的美学原理，已经形成了一种对话，那么，理证方式还是一种较为浅层次的对话，深层次的对话则是把中国资源作为中国理论系统的资源，去与西方型的美学原理进行一场真正的对话，正如上一节所讲的西方环境美学与作为主流的艺术美学进行的对话那样。

说到这里，就出现了一个理论上的问题：正如原理一词所暗含的那样，有没有一个普适性的美学原理？现在只能这样假设，如果有一个普适性的美学原理的话，那么，西方文化在自己的审美实践基础上形成的西方型的美学原理，只是这个普适性的美学原理的一种显现，而不是这个普适性的美学原理本身。同样，中国文化特殊的审美实践应该有自己的美学原理。其他文化，如印度文化、伊斯兰文化、玛雅文化，也都在自己的审美实践的基础上可以形成自己的美学原理，只有当这些美学原理都明晰地呈现出来的时候，一种普适性的美学原理才会真正产生。对于中国人来说，应该在参照西方美学原理的基础上，从中国资源中发现和建立中国型的美学原理。

从这一角度去看，1900 年以来的中国美学原理的建构，基本上还处在模仿和消化西方美学原理的基础之上，从朱光潜的《谈美》、王朝闻的《美学概论》、李泽厚的《美学四讲》、杨春时的《美学》，到张法的《美学导论》，基本上还没有从一种西方式的美学原理中摆脱出来，基本上还没有在美学原理中突出一种中国文化独有的审美特色和理论特色。而中国的美学原理体系如果不在这一方面下工夫的话，中国式的美学原理就无法建立起来。在这一意义上，我们说，如何在美学原理中凸显中国特色，是对新世纪以来中国美学原理的巨大挑战。

再次是多元文化对中西美学原理的挑战。

如果说，对于西方的美学原理来说，重大的挑战是环境美学的出现；对于中国的美学原理来说，最大的挑战是如何在美学原理建构中突出中国特征，那么，中国和西方的美学原理面临的共同问题，就是如何面对多元文化的挑战。如果说，西方文化的美学原理是在西方人的审美实践中产生出来的，带有很大的西方特性；中国的美学原理应该是在总结中国人的审美实践的基础上建立起来，突出一种中国的特性，那么，其他文化如果需要美学原理的话，应该是怎样的呢？这是一个建立在自己文化基础上的美学原理，为了检验自己的美学原理究竟有多大的普适性，同时也是为了把自己的美学原理进一步推向更大的真理时，所必须面对的问题。

这意味着中西美学原理都应当向其他文化的美学理论开放，也意味着，中西美学原理必须在一种比较美学中去重思自己。

比较美学的"比较"一词，已经决定了讨论的基本定式：把两个或两个以上的美学理论进行区分和比较，这个美学理论怎样，那个美学理论怎样，第三个美学理论又怎样，以此类推。在这一基本框架中，产生了两种不同方式。第一种为：这个是这样，那个也是这样，另一个还是这样。第二种为：这个是这样，那个是那样，另一个又是另一个样。

采用第一种方式，意味着美学理论有一个共同的规律，真理只有一个，只是其在各个美学理论里表现得有所不同，这"不同"是与显现的强弱有关、发展的程度有关、价值的定位有关，而与根本的性质无关。通过这一比较，于是知道了正确的美学理论形态应该是怎样的，人类历史上各种各样文化中的美学理论应该怎样来进行比较。简略地说，这种比较方式，是求同比较（comparison）。

采用第二种方式，意味着文化具有多样性、丰富性、独特性，通过比较显示出各种文化中的美学为其他文化中的美学所不能替代的独特性。而美学真理是在各种文化的美学的独特性中分别表现出来的。这种方式建立在两个基本原理之上，一是美学真理与具体美学理论之间形成有无结构，二是各种美学理论之间形成互补结构。美学真理是无，具体文化中的美学理论是有，无只有成为有才显示出来，但有又不是无，而且必然小于无。每一具体文化中的美学理论既是普适性的美学真理某一方面的体现，是对具体文化中的美学理论的肯定，同时又因仅是美学真理某一方面的体现，而成为对这一文化中的美学理论的限定。古往今来，各种文化中出现的美学理论，从这一方面或那一方面，在这一点或那一点上呈现了美学的真理，但又没有穷尽美学的真理。因此，美学真理与具体美学理论的关系，是有与无之间的关系。具体文化中的美学理论之有，作为美学真理之无的显现，不是以一种简单的方式、直线的发展方式显现，而是以一种丰富展开的方式、曲折复杂的演化呈现出来。因此，一种文化中的美学理论与另一种文化中的美学理论之间，不是以田径场上的接力赛方式，而是以量子力学的互补方式，呈现出来。这种比较方式，是求异比较（contrast）。在西方近代模式中的美学比较，多是求同的比较，也就是以西方美学为指标，去指认各非西方文化的美学，将之排列到以西方为中心的结构中；而自西方现代以来，多用求异的比较，力求从有无结构和互补原理去理解各文化中美学理论的多样性、丰富性、独特性。

谈到多元文化中的美学，就让我们进入到了丰富多彩的人类文化史。从人类历史的宏观视角看，人类文化有五个层级，这就是：一、原始文化阶段；二、神庙文化阶段；三、轴心文化阶段；四、现代性文化阶段；五、全球性文化阶段。这五个层级，同时又构成了人类文化的大类。每一个高的层级出现，都意味着人类的一个新方向的出现。同时，高层级的文化在现实的生存竞争中，相对于仍处在此前层级上的文化，具有质的优势。但这并非意味着，处于更高阶段的文化在本体论上拥有更高的文化真理，只是意味着在生存论上具有质的优势。区别这两点，对于思考文化的发展是重要的。然而，发展的层级对于文化的分类，具有重要的意义。由文化层级而来的大类，有一个时间上的开始，有一个类型上的特征，列表如下：

文化层级	代表性文化	发生时间	类型特征
原始文化	安德尼人	5 万年	仪式突破
神庙文化	埃及、巴比伦、印度、中国商代	前 3000～前 1500 年	宗教突破
轴心文化	印度、中国、地中海	前 700～200 年	哲学突破
现代文化	西方	17 世纪	科学突破
全球文化	西方	20 世纪 60～90 年代	信息突破

这个表，建立在人类文化的历史和类型的总和上，既注重文化类型的多样（以五大类为基点展开），又关切文化演化的层级性（抓住五大类型），还注重文化所呈现的精神深度（突出类型特征）。更具体更集中地说，这五个层级，提供了人类文化展开的丰富多样的类型基础，又呈现了人类文化向上演化的历史主线，还提出了把握人类文化的类型和历史特征的综合指标。这个表的五大阶段是以历史演化为主划分出来，但一旦划分出来以后，又将之作类型上的处理。而对类型的划分，是以演化等级来标志的，因此，表中的划分是时间性、类型性、等级性的统一。

从表中可知，从文化相对于自然这一定义出发，文化的起源可以定在仪式的出现上。在中国文化中，"文"字的本义就是仪式中的文身之人，仪式的出现标志了人类有了一套文化制度和观念，经过几百万年演化的人类（原始人类）由此进入了文化（原始文化）。因此，原始文化从时间上说，始于安德尼人的葬礼仪式；从类型上说，那些还停滞在以原始仪式为社会核心的文化，如美洲、澳洲、非洲的诸文化，无论处在 19 世纪、20 世纪，还是 21 世纪，都属于原始文化。

神学文化从时间上说，以公元 3000 年前美索不达米亚和埃及的原始文化为起点；从类型上说，文化在原始仪式中发展出某种宗教形态作为社会的核心，具体来说，历史学上四大文明古国（埃及、巴比伦、古印度、中国商代）是其典范。因此，只要是处在同一类型上的文化，无论处在历史的哪一阶段，美洲的玛雅文化、欧洲的卡尔特文化、亚洲的西藏文化，都属于神学文化。

轴心文化，起源于公元前 700～前 200 年，当时中国、印度、地中海三大区域同时出现的哲学突破，构成了人类文化史上新的发展轴心，哲学突破就是轴心文化的等级指标。以后只要出现具有同一哲学内涵的文化都属轴心时代文化，如公元 7 世纪出现的伊斯兰文化、10 世纪皈依东正教之后的俄罗斯文化。

现代文化，其时间起点是 17 世纪现代社会在西欧的兴起，其类型指标是科学突破，科学和理性成为社会的核心。随着西方文化在全球扩张和非西方文化迈向现代，以后凡是吸收现代文化指标，并成为自己社会中重要因素的文化，如俄罗斯、日本、中国、印度、伊斯兰世界等都进入或正在进入现代文化。现代文化的出现是人类文化发展的高峰，它从三个方面显示出来：第一，世界成了一个真正的统一体。如果说，此前人类文化的发展，基本上在分散的世界史中进行，各自互不干扰地按照自身的文化规律运转，那么，现代化则把世界上一切文化全都卷进了一个统一的世界史之中，正是因为这一"统一"的特征，沃勒斯坦的"世界体系"的历史效应才开始发生作用。各类现代以前层级的文化，已经不能像在任何前现代时期那样，自由自在地游离于历史主潮之外，而是完全被"组织"进以主流文化为首的世界一体化进程之中，并按照其为之提供的一个结构而重新呈现"意义"。第二，文化打破了以自然为主的人与自然的平衡，导致了人与自然的冲突。如果说，现代性以前的文化，文化之人与自然基本处于平衡与和谐之中，那么，现代性以后，文化之人打破了这一平衡，人与自然开始了质的冲突，并不可逆转地向前迈进。第三，与自然不同的文化性得到了凸显。如果说，在前现代的文化中，每一种文化都认为，文化就是自然，文化的规律就是自然的规律，那么，现代文化在凸显文化与自然的冲突、创造前所未有的环境危机和生态危机时，文化不是自然这一本质凸显了出来，必须重新思考文化是什么和自然是什么。

当现代性的这三方面内容以自觉的意识得到质的提升，现代文化从科学主导转到了信息主导，一个全球时代来临了。如果说，现代文化把世界在地理、政治、经济上拼组成了一个整体，那么，全球性文化则以卫星电视、互联网、跨国资本、文化工业、国际旅游、联合国、世贸组织等，把世界组织成了一个紧密的整体。在这一整体中，人类再也不像以前的各个时期那样，从各自的文化去思考人、文化、宇宙的究竟，而是从人类的整体、从文化的总和中去重思人、文化、宇宙的本质。在全球化时代，每当一个文化中的人思考这些重要问题的时候，他总会情不自禁地想，其他文化中的人怎么思考这一问题呢？

如今我们已经身不由己地来到这个全球化的时代，这是一个必然要用比较文化学的方式去重思文化的时代。前面的图表已经指出了比较文化学的基本方式，一是从五种历史类型进行进化类型比较，这一比较呈现出的是文化的进化图式；二是以五大类型为基点，进行同一类型之内的比较，这一比较显示的是文化的多样展开。当比较文化学把历史与类型综合为一体进行研究的时候，在整体图景上显出了如下的特点：

第一，起源性的点由多到少。原始文化，虽然从文化起源基质——人的起源来说，有两种理论，一是由一而来的，从非洲到全球；二是多元发生，两种理论随着考古学的进展此起彼伏。倘若人类的一元发生理论最后被证实了，对文化的产生来说，这种由一到多意味着什么，尚须研究。但可以知道仪式是由这由一到多的人所创造的，因此，在作为文化起源的仪式突破的多元性里，有一些共同的因素在起作用，是这些因素决定了原始文化的统一性。倘若一元发生理论被证伪了，一种生物进化、地球渐变、宇宙演化的总规律仍然支撑着多样现象后面的一，在作为文化起源的仪式突破的多元性里，仍然可以看到一些共同的因素在起作用。但是，作为文化起源的仪式突破，就现在的考古学材料来说，确实是多元发生的，它零星散布在全球各处，基本上互不相干。正是这种原始文化的多样性和丰富性，构成了以后时代的文化多元性。到神学文化这一级，起源点就相对少了，在汤因比选出的 21 种文明中，有 12 种属于神学文明①，对这 12 种文明再作一些归纳，只有五个系统，埃及、两河、印度、中国、美洲。在此之外，还应加上西欧的卡尔特文化，共为六点。然后由这六个点向四周扩散。汤因比列举的 12 种神学文化，基本上是由六点扩散后的图景。因此，

_____

① 汤因比的 12 种属于神学文明的是：埃及、苏美尔、米诺斯、赫梯、巴比伦、叙利亚、中国、印度、玛雅、安第斯、尤卡坦、墨西哥文明。

可以说神学时代是六点扩散出来的彩图。轴心时代，是三个点，即地中海、印度、中国，这三个点各自扩张形成了自己的文化区域。中国文化影响了整个东亚地区，即越南、朝鲜、日本；印度文化影响了南亚、东南亚、中亚；地中海文化则向整个周边扩散。在轴心时代的文化扩散中，印度与中国这两个文化区都得到了整合，而地中海以希腊思想、希伯来思想、波斯思想为中心，则未完成文化整合，逐步演化为相互斗争的三个文化区域，即天主教文化区、东正教文化区、伊斯兰教文化区。现代文化率先在西方出现，然后向全球扩张，是由一点扩张，再对全球进行整个的技术覆盖。从现代性进入到全球化，是由西方文化中最强大的美国兴起，然后扩向全球。因此，人类文化的五级跃进的原点，从原始文化的多点，到神学文化的六点，到轴心时代的三点，到现代文化和全球文化的一点，构成了思考文化比较的多重角度。

第二，高一级文化，建立在初一级文化的基础之上，其扩张就变成了文化冲突与文化融合的不同模式。从原始文化向神学文化的跃进过程，是高级文化影响低级文化的过程。这里的高低，主要包括三个方面：工具—经济形态、制度—组织形式、思想观念形式。当一个点上发生升级变革，升了级的文化就会向未升级的文化扩张，于是造成文化间的冲突，然后是以高一级的文化为主的文化融合。已升级文化的性质不同，其扩张的方式不同，文化冲突的方式就不同，文化融合的方式也就不同。在原始文化向神学文化的升级中，既是由石器向铜器的升级，也是由部落向国家的升级，还是图腾向主神的演变。在神学文化向轴心文化的升级中，既是由铜器向铁器的升级，也是由国家向一种大一统（帝国）的升级，由神学向哲学的演进。在轴心文化向现代文化的演变中，不仅是由铁器向机器的升级，也是由大一统向民族国家和世界体系的转变，还是由宇宙论的古代哲学向主体性的现代哲学的转变。在现代文化向全球文化的升级中，不但是由机器到电器的升级，民族国家向世界治理的演化，还是由现代思想向后现代思想的转变。以上讲的是升级的共同性，在这些共同性中又有差异性，从原始文化向神学文化转化的过程中，四大河域形成核心的典型，四大河域的不同文化形成了文化冲突与融合的不同形式。地中海的两大河域在地理上的接近，以及与周边原始文化的复杂关系，构成了一种斗争型的组合；中国文化以黄河为中心形成一种夏商周的天下共主观念；印度河域升了级的神学文化与周边原始文化的关系资料不足，但从轴心时代的演变，可以由后猜测其以前的基本框架。从神学文化向轴心时代转变的过程中，地中海文化同时产生了三大思想，波斯的索罗亚斯德教、希伯来的犹太教、希腊哲学思想，后来又产生了伊斯兰教。四方的先知和哲学家在这里进行思想上的拼斗，未能统于一尊，却形成了独特的地中海文化演进模式。轴心时代的印度文化在外来的征服者与本土人融合的基础上产生，形成了一种独特的心灵关怀的印度模式，这种模式决定了印度文化对周边的巨大影响是以和平方式进行的。轴心时代的中国文化以家/国/天下一体构成政治—社会形态，以儒道互补、儒法互用、儒墨互持的形式，铸成思想上的和合性，以夷夏观念和朝贵体系形成了独特的天下观。当现代文化在西方兴起，西方文化建立在地中海文化的斗争性上，决定了现代文化向全球扩张的形式。当这种扩张进入到与之不同的其他文化中时，其激荡起的冲突是不一样的，其产生出的现代文化形式也是不一样的。一方面，西方现代文化的扩张形成了一种世界体系的景观；另一方面，这个世界体系中的具体构成，即各大文化在轴心时代已形成不同模式，而形成了各种不同的现代性历程，进而形成不同的现代性模式，如俄罗斯的、日本的、中国的、印度的、伊斯兰的、拉美的，等等。从现代文化到全球文化，一方面，西方文化经过与各种非西方文化的 400 年交往，在主导现代性和走向全球化的过程中，不断反省自身；另一方面，各种非西方文化在走向现代化的历程中，体验形形色色的困难，积累了相当的经验，取得了各具特色的成就。当全球化的到来要求各文化有一个新的组合时，400 年的现代性历程构成了全球重新组合的基础，同时也提供了重新组合的多种模式。从原始文化到全球文化的漫长历程中所提供的冲突与融合模式，为思考文化比较提供了多重角度。

第三，文化在进化中越是走向高的层级，低层级文化就越是难以存活。在原始文化时期，人类的文化形态，从求同的方面来说，是相对类同；从审异的方面来说，又是多种多样的，"1915 年，人类学家算出了 650 种各种类型不同的文化"①。到高级文化时期，只有大类 6 种，亚型 10 多种了。到轴心时代，大类则减为 3 种，亚型不到 10 种。到现代文化兴起之前，前两个时代中曾辉煌过的文化，好多都已经灭亡了，如埃及、两河、卡尔特、维京、希腊、罗马文化。但在现代性以前，神学文化和轴心文化的灭亡，只是在这些文化的高级形式的演化中，进行了新的融合，如希腊、罗马、卡尔特、北欧诸文化，融合进了基督教文化之中。但与之并存的各种原始文化还处在神学文化和轴心文化的边缘，以及更远的地带。现代社会开始

---

① ［美］威廉·麦克高希：《世界文明史》，31 页，北京，新华出版社，2003。

以后，玛雅、阿兹克、印加文化灭亡了，这种灭亡是未能融入现代社会造成的灭亡。同时，还有更多一直与神学文化、轴心文化并存的原始文化在现代性的全球扩张中，也纷纷危殆和消失了。文化的层级进化，首先是生存性的。由于优胜劣败是生存性的，那么，这优只是工具性的，这劣也只是以工具衡量的。这样一来，工具价值成了衡量文化进化的标准。然而，文化的本质不仅是工具，而且有更多的内涵。如果说，一种文化是对人类某一方面的独特性发展，那么，一种文化的灭亡就是人类这一方面独特性的灭绝。然而，在很长的时间内，这一文化的本质，从现代社会兴起之时，就没有被世界的主流文化认识到。在西方文化的全球扩张过程中，这种文化灭绝都被看成是好事。因为文化被做了价值分级，这种文化是野蛮的/愚昧的/低级的，那种文化是文明的/理性的/高级的，野蛮/愚昧/低级的文化应该灭亡。只是在这一灭绝文化的过程进行了几百年之后，西方文化对这一问题才有质的省悟。

谈了这么多人类文化的多样性，是为了说明建立在文化多样性上的审美实践和美学理论的多样性，对于建设一种真正具有普适性的美学原理的意义（如果一种普适性美学原理是可能的话），同样为建立一种本土性的美学原理提供一个有益的参照。总之，在几千年人类文化的丰富性和多样性中，产生了丰富而又各具特色的审美实践和美学思想。当全球化时代把文化的丰富性展示出来，从而把各文化审美实践和美学思想的丰富性展示出来时，仅在自己文化中建构一种美学原理已经远远不够，一种多元文化的美学比较是新的美学原理的前提。然而，我们看到，西方和中国的美学原理建构对这样一种多元文化的美学比较尚未作好准备，而这正是中西研究美学原理的学人即将面临的巨大挑战。

第五节　本书的内容和结构

美学正处在一个转型过程之中，作为一本大学教材，一方面要洞释学科的历史动向，吸收最新的学术成果，另一方面又需要一种稳健的态度，按新的精神把在美学史上经过历史检验的主要内容予以介绍，从某种意义上说，美学的创新建立在对美学历史的主要内容的融合之上。因此，本书把美学中的六大方面作为主要讲授内容：一、审美心理基础；二、美的范畴类型；三、美的社会类型；四、美的艺术类型；五、美的文化类型；六、形式美。

第二章
审美现象描述

第一节 从审美心理学到审美现象学

Aesthetics（美学）这一学科名词本身，突出的就是审美感受。当一个人说某物美，首先是他从此物中感到了美，也就是说，人有了美感，从自己的美感中确定所感对象的美。当别人说某物美，而你在面对此物时，却并没有获得美感，从而你并不以该物为美。因此，从这一角度说，美是以美感来确证的。进一步说，客观的美的出现（或事物之为美）是以主体的美感的出现为基础的，是以一种人能获得感受美的心理结构为基础的。正因为如此，美学（aesthetics）首先是一种感受学（aesthetics），确切地说，感美学（人怎样感受到美之学或美被人感受之学）。当从这一视角得出美感的重要性时，审美心理学成为了美学中的一个重要组成部分。19 世纪末 20 世纪初的审美心理学流派（距离说、直觉说、内模仿说、移情说等等），甚至认为美就是美感，美学就是审美心理学。但美感又总是意味着对某物之感，主体之感与所感的对象是不能分开来的，而正是这一由美感所确定的对象之美，构成了美的世界的客观内容。因此，aesthetics 不能被狭义地理解为感美学，而要被恰当地理解为美学。因为美感不能离开所感之美，而这被感的对象之美，才构成人的对象世界，也是美学研究的对象世界。因此，审美心理学真正要研究和呈现的，不是审美心理本身，而是主体心理如何在对对象的感受中产生出美感，也就是说，主体心理一直是与客体对象相关联的。正是在这一意义上，审美心理学其实是审美现象学。不从纯粹主体的心理角度而从主体心理与客体对象互动的现象学角度考虑，美学的核心问题："事物何以呈现为美"，才能得到正确的理解。可以说，审美现象学包含了审美心理学。

审美现象学就是分析人面对客体时产生审美观照的具体过程，并从这一审美过程中，得出美和美感何以产生和怎样产生的理论说明。

让我们从人面对一朵花、一棵松、一幅画、一首诗等开始审美现象学分析。当我们面对花、松、画、诗的时候，这花、松、画、诗是怎样成为美的呢？借鉴朱光潜的例子：人面对一棵青松，可以采取多种态度，认识的、功利的、宗教的、道德的、审美的等等，在讲解美学时，先取三种态度进行比较就可以了：一、认识态度；二、功利态度；三、审美态度。

先看认识态度。一看见青松，就问："这是什么树？"然后根据自己的知识，或询问同在的行家，或查询口袋中的词典，知道了这是松树。一般人知道这树的名字就够了，他又认识了一种树，以后还可以教别人认。对有求知欲的人来说，他不但要从小的方面知道这松树属于我国松科现存的 10 属 84 种中的哪一属哪一种，还要从大的方面知道松科属乔木，属植物，属生物，它由哪些生物分子成分构成。这还是属于西方科学知识体系，如果是中国古代知识体系，松不但属植物，还属五行中之"木"，它与所有属"木"的事物，如色彩中的"青"、乐音中的"角"、味道中的"酸"、内脏中的"肝"、五官中的"眼"都有内在的本质联系。如果你肝脏有病，采用气功治病，对着树木做气功比不对着树木做，效果就好得多。如果你眼睛有病，中医开一药方，内有猪肝二两作为药引，因为肝有益于眼。在原始文化中，松和其他树一样，都是有灵的。松精柏怪，在整个神灵系统中有其特定地位和变换法则。认识态度，一言以蔽之，只是想知道这是什么，要获得的是关于对象的知识。

再看功利态度。一看见青松，就想：这种树如此材质，主体树干适合于做家具，虽然没有楠木、白木高贵，然而在价格上有更大的竞争性；枝干可以做铁路枕木、工业原料，近来正是价格看涨；松果可以榨油，其用途正在得到广泛开发，前景看好。另外，这一片青松长在这样一带好地上，适宜于开发出来做旅游区，算一算它可能符合哪些人群的趣味，吸引哪些地区的人在何种季节来游玩，年收益大概在几位数。功利态度，一言蔽之，只是想知道它有什么用，要获得的是关于对象的实用价值。

最后看审美态度。一看见青松，不管它叫什么名字，是松是柏是杨是柳；也不管它有什么用，做床做柜变原料搞加工；只感到它形状挺立，枝干遒劲，针叶如蠶，油油绿绿，深浅如染；一种松味，淡淡闲闲，若有若无；微风徐来，松叶作响，音韵天成。审美态度，一言以蔽之，只关注对象呈现给主体的形象本身。"形象"在现代汉语中，对应于西文的 image，容易被误解为视觉形象。在古代汉语中，"形"强调实在的视觉外形，"象"则重在外形形成的效果，合形与象的形象，是形、色、声、味、态的统一体。

对同一事物，主体可以有至少三种态度：认识态度、功利态度、审美态度。反过来，说明同一事物至少有三种属性：知识属性、实用属性、审美属性。同时也说明了三种属性的人类学基础：知识在于物的物理性，实用在于物的可用性，审美在于物的形象性。谈论这个问题之初，其背景是我们对美是什么尚未弄清楚，又未加定义地引出"审美态度"中的"审美"。进行到现在，可以得到如下结论：

1. 人常用的"美"这个词，从学术严格性的角度，比较物的各种情况时，最适合用在物的形象性上。

2. 人常用的"审美"这个词，从学术严格性的角度，最适合指对物形象性的观赏。

基于此，可以用物的形象性来初步规定美。这个初步规定并不是回到美是事物的客观属性、或形式、或典型的旧路上去。因为它不是像旧论中只用一种属性，或只把人引入一种属性的思考，而是用多种属性来描述事物。这样就把"美是物的形象性"的思考引入一个新场地：一、美是物的形象性这一规定，是在与物的物理性和有用性的比较中出现的，三者各不相同，从而使形象性有了不同于其他二者的独特维度，有了自由展开的可能。正是在这里，美将得到进一步的规定。二、美是物的形象性这一规定，既有自由展开自己的向度，又与物的物理性和可用性处于同一物中。集多种属性于一体中的事物，其形象性是如何脱离其他属性而展开自己的呢？这种脱离是如何可能的？脱离之后是怎样展开的？展开的结果是怎样的？正是在这里，物的形象性才开始真正通向美，美才获得了自己的真正规定。

通过比较认识、功利、审美三种观看，已经引出了物的三种属性。人以哪一种态度去观看事物，事物的哪一种属性就向人呈现出来。反推回来，事物的哪一种属性向人呈现，与人用哪一种态度去看密不可分。在这一意义上，事物形象性的呈现，离不开人的审美态度。也就是说，事物之所以不以知识性、实用性及其他方面，而仅其形象性的一面呈现出来，完全在于人的审美态度。这里已经涉及了由美学揭示出的人（主体）与物（客体）的一种特殊关系：虽然事物形象性的一面是其固有的，但只有当人用审美态度去看它的时候，它才展现出来。这里，可以初悟美学的一个谜，何以美学总是要引入主体的研究，总是屡兴审美心理的浪潮。这就可以理解为什么美学史上有人说美在于美感，也有人说美等于美感。详细的推理应该是：

1. 物是多种属性的统一，其中包括形象性。只有当人以审美态度去看物时，物的形象性才得以呈现出来。

2. 物的形象性是物固有的，有形象性的物并不是美。只有物的形象性脱离物的其他属性呈现出来，才是美。一棵有形、色、味、声的松树并不就是美，只有松树的形、色、味、声等脱离松树的其他属性而以其形象性本身呈现出来时，才是美。

3. 形象性之所以能单独地呈现出来而成为美，是审美态度的结果。审美态度是美感主动性的凸显。因此，仅从这一角度看，也可以说审美活动使物成为美，美感使物成为美。物本身不是美，物的形象性本身也不是美，只有在美感中，物的形象性脱离了物的其他属性，而成为美。也就是说，在现象上，只有美感出现，美才出现。反过来，只有美出现，美感才出现。实际审美活动中，可以美先出现，也可以美感先出现，一个出现必然引起另一个出现，因此孰先孰后无意义。忽略其非本质的先后，就其本质性而言，美与美感同时产生，也会同时逝灭。正是这种美与美感同时性和共在性的事实，成为"美等于美感"的基础。

这里，我暂时修改了美学史上关于美等于美感的内容。美等于美感是20世纪初审美心理学各流派的共识。克罗齐提出的直觉理论（《美学》，1902），浮龙·李（《美与丑》，1897）和谷鲁斯都（《审美欣赏》，1902）倡导的内模仿理论，闵斯特堡（《审美教育原理》，1905）主张的抽离理论，布洛（《作为一个艺术要素和美学原理的心理距离》，1912）提出的心理距离说，立普斯（《空间美学与几何学》，1897；《论移情作用》，1903；《再论移情作用》，1905）提出的移情说，从不同角度共同论述了美即美感的命题。它们都是从主体方面进行论述的。从历史角度看，在美的本质已被悬搁和批判的氛围中，它们要从主体心理方面重新寻找美学的基础。将其思路归结一下可以为：

在壮美的罗浮宫前，在秀丽的莱茵河畔，有的人已经陶醉了，有的人却无动于衷，有的人甚至讨厌这些景致。谁都有与此类似的经验。因此，任何客体，只有你感到它美，它才美。它美，并非它本身美，而是你感到它美，因此，美实质上就是美感。美感不仅意味着一个主体，而且也意味着一个客体，感就是对某物之感。不过，对于审美心理学诸流派来说，重要的不是在于对物之感，而在于感物时，是什么因素使这感成为美感。这个因素当然不可能在客体上面去找，如果这个因素在客体上面，那么就应该永远使人感到它，不可能一会儿美，一会儿不美，这人感到美，那人感到不美。这个因素只能从主体心理找，这个存在于主体的因素不能是个人性的，而必须是普遍的、对一切人都有效的。这种心理因素，谁有了它，谁就可以感到美，而且谁愿意，谁就能够获得它。这个因素就是美感的本质，也就是美的本质。因此，美感等于美。不过，这个因素究竟是什么，各个流派说的又不一样，这就是前面提到的距离、抽离、直觉、内模仿、移情。

现在，我们把偏重于从主体心理立论的美即美感转到主客体关系上来，即把审美心理学问题转为审美现象学问题。接前面的逻辑理路，审美态度使物的形象性单独地呈现出来。审美心理诸流派的理论正好可以用来对审美态度做进一步细说，进而对整个美感过程细说。朱光潜在 1930 年出版的《谈美》中就曾把距离、直觉、内模仿、移情组织成了一个完整的美学理论体系。70 多年后的今天，西方美学的进展和中国古代美学精华的发现，使我们可以在多方面的争辩中重审审美心理学诸流派的理论，将其合理部分结合现象学美学、格式塔美学、中国古代美学等多种美学资源，从具体的审美现象中探求美。

综前所述，我们从三个规定去把握"美"：一、美关系到物的形象性，但不是物的形象性本身，而是形象性的独立呈现；二、美依赖于美感；三、美与美感是同时共在的。这三个规定有一种逻辑递进关系。这种方式是为了使美以大家都能懂的方式呈现出来，但这种呈现只是初步的规定。下面，我们将以审美心理学流派的几个重要概念为主线，同时吸收世界众多美学资源，对美进行新呈现和新规定。

第二节　心理距离

人面对物时，物的形象性之所以能脱离其他属性而呈现出来，是由于人用审美态度去看，这审美态度就是心理距离。"心理距离"一词强调了主体方面，在审美心理学流派中，被认为是一个纯心理的内容，但实际上它包含了主客两方面的内容。主体的心理距离，其目的是朝向客体的，即朝客体的形象性呈现的。因此，从主客体的两个方面考虑，更能揭示出心理距离的实质，也更能使美得到真正的呈现。

细讲之前，须交代一个语言的误会。在汉语中，客体与对象似乎有一些差别，好像客体是客观存在，而对象是主体的对象。因此，有人把审美客体和审美对象分开来讲。但在英文里，客体和对象是同一个词 object，审美客体就是审美对象。客体只能是主体的客体，没有主体，就无所谓客体；对象只能是主体的对象，没有主体，也无所谓对象。因此本书为了行文的语感，同时保留了对象和客体，其意为一，都是 object。

心理距离，首先是指主体的心理活动。人是多种属性的统一，有认识、功利、审美等多种属性。心理距离，用一个现象学的术语，就是人把自己心理中的其他属性暂时"悬搁"起来，或者用另一个现象学的术语，就是把心理中的其他属性用括号括起来，只剩下审美属性（现象学"加括号"

的大意是自我把自己的个人性、阶级性、时代性、民族性、文化性统统括起来，使自我回到无一丝一毫个人性的偏见和局限的"纯粹的自我"，这里暂把它用于审美的小意义）。正是心理距离这种加括号的现象学悬搁，使人（主体）在这一时刻成为审美之人（审美主体）。心理距离的加括号，用普通的心理学术语来说，就是人专心凝神于某一方面，而忘记其他方面；用中国古人的话来讲，就是"虚静"。虚静从老庄开始，就有由人心返回道心的大意义，然而也有操作性的功能意义，如《荀子·解蔽》讲的"虚一而静"："心未尝不藏也，然而有所谓虚，心未尝不两也，然而有所谓一，心未尝不动也，然而有所谓静。"加括号和虚静是心理排除其他属性，保持一种属性的功能，这种持一守一的一心一意可以用于任何朝向，哲学的、神学的、科学的，当然也可以是美学的。现象学美学就是通过加括号而进入审美的本质直观。中国人无论是审美欣赏还是艺术创造，都强调虚静的作用：

> 无事在身，并无事在心，水边林下，悠然忘我，诗从此境流出，那得不佳！①
>
> 乃知点墨落纸，大非细事，必须胸中廓然无一物，然后烟云秀色，与天地生生之气，自然凑泊，笔下幻出奇诡。②
>
> 溯石楼，历雪堂，问津斜川之上。万虑洗然，深入空寂，荡元气于笔端，寄妙理于言外。③

在这些话中，虚静都包含了两个阶段：首先，排除一切心中所"藏"（先存观念）、心中之"两"（杂多思想），全然已无；然后，审美之境呈现出来。加括号和虚静用得最多和最好的就是美学朝向，但加括号和虚静更像专家们的特有智慧和操作技术。布洛的心理距离专论审美心理，"距离"一方面确实能更突出加括号和虚静在审美运用上的特质，另一方面又使人很自然地进入审美态度。用布洛的经典例子说明，海上航行的轮船遇上大雾，船上的人知道船极有可能出事，担心自己的生命安全，对身边眼前之景很少能产生美感；而岸上的人望着海上的船，在雾中时隐时现，显出一种平常少见的景观，觉得特别有诗情画意，美感油然而生。船在雾中是一

---

① ［清］徐增：《而庵诗话》。

② ［明］李日华：《恬致堂集·书画谱》。

③ ［金］元好问：《陶然集诗序》。

样的，但船上人与现实利害太近，不可能产生美感；岸上人离现实利害很远，从而产生美感。距离使人（主体）成为审美的人（审美主体）。人是多种属性的统一，但在现实中，主要属性是为生活而忙碌。因此，认识和功利构成了现实人生的常态，功利的人、认识的人是人的常态。在日常生活和工作中，人并不要求、也不可能亦无必要让自己成为审美的人，但人在某些时候有使自己成为审美之人的要求，这也是人之为人的本质必然要求。人在某些时候转化为审美之人的条件，就是心理距离，就是加括号。心理距离主要是与功利态度和认识态度拉开距离，加括号主要是对功利态度和认识态度加括号。在采取心理距离和加括号之后，人的心由"虚"、"空"、"静"而转为审美之"一"，人之心灵和感官都由此而成为审美的心灵和感官。清代李渔说："若能实具一段闲情，一双慧眼，则过目之物，尽在画图，入耳之声，无非诗料。"① 这"闲情"就是与平时人生忙碌拉开距离之闲适心情，这"慧眼"就是把功利和认识打算都括起来之后的审美之眼，用审美之心体物，用审美之眼观物，物的审美方面自然向人呈现出来。倘若没有距离和未加括号，人虽看物，也看见了物，但是看不见美。清人袁枚诗云："鸟啼花落，皆与神通，人不能悟，付之飘风。"现实中的多少美不也是这样被人一次次地错过了吗？不对日常俗心采用心理距离，不把日常感受括起来，人不能转化为审美之人，当然也无法感受到美。苏轼《记承天寺夜游》讲的也是这个意思：

> 元丰六年十月十二日，夜，解衣欲睡，月色入户，欣然起行，念与无乐者，遂至承天寺寻张怀民。怀民亦未寝，相与步于中庭。庭下积水空明，水中藻荇交横，盖柏竹影也。何夜无月？何处无柏竹？但少闲人如吾两人耳！

只有当苏轼与张怀民两人在月夜的美感（乐）追求中，转成审美的"闲人"，具有了"闲情"、"慧眼"，月之美、柏竹之美才呈现出来。

现在，对心理距离使人（主体）成为审美之人（审美主体）及其结果，我们可以作一逻辑概括：

1. 心理距离/加括号/虚一而静，意味着人（主体）从自身的复杂性中摆脱出来，与内部的各种需求、欲望（功利的、认识的等等）拉开距离，

① ［清］李渔：《闲情偶寄》。

成为纯粹审美的人（审美主体）；

2. 主体的变化，使现实事物（客体）本来与人（主体）十分丰富的关系，变成只剩下审美关系；

3. 其结果是：客体的所有非审美属性也被括起来，拉开了距离，只向主体作纯形象外观的呈现，使物（客体）成为美（审美客体）。

这三点逻辑意味着：心理距离的功能是双向的，人（主体）自身把自己的功利态度、认识态度及一切非审美态度加上括号括起来的同时，也就把物（客体）的功利属性、认识属性及一切非审美属性也加上括号括了起来。人（主体）与物（客体）就在一种审美关系的场效应中呈现，人成为审美主体，物成为审美对象。这里三种"成为"——人成为审美主体，物成为审美对象，主体与对象的关系成为纯粹的审美关系——都是审美现象学中的"完形转换"。

这里给人一个印象，好像现实物成为审美对象，纯粹是主体采用心理距离进行加括号的结果。其实，现实事物之所以能成为审美对象，是有自己的客观根据的。距离本来就是使事物成为审美对象的内在原因。事物离现实功利越远，就越容易引起审美知觉。现实中，自然事物就比社会事物更易引起审美兴趣。青山白云、彩霞流水、春花秋月，易牵诗情画意；商店橱窗、街头广告、雄赳赳的警察、身披白衣的医生，容易使人引起实用反映。这与事物本身和现实功利的距离远近程度相关。社会里，物比人更容易引起审美兴趣，一种物品无论你怎么看都可以，而多看两眼别人，别人就会对你有意见，自己也觉得不礼貌。这也关系到物和人与日常功利距离的远近。你沿着河边散步，岸上的人、树、房也许不会引起你的欣赏兴趣，但这些人、树、房在水中的倒影往往引发人的审美情感。倒影像天然形成的括号，使物象完全与实用世界拉开了距离，成为纯粹的形与色的世界。现实中房舍檐头上的瓦当，引起审美欣赏的情况不多，现代人很容易用审美的眼光去打量秦汉的瓦当。它已经与当年的房舍完全脱离了联系，时间距离形成了天然的括号，使它作为纯粹形象来呈现。同理，现实中的人物、事件、活动，你参与其间时，不能采用审美态度，而时过境迁，它们作为与现实实用无关的东西在回忆中浮现时，往往成为审美对象。现实中各种人和事、物与景、行动、心理等在艺术里成为审美对象，也是由于一种客观的距离的作用。

因此，正确地说，距离是事物成为审美对象的内在因素之一，也是人成为审美主体的内在因素之一。在现实审美中，往往是人先由心理距离而成为审美主体，当人已带着欣赏的目的来看待事物时，已经距离化、加括号而成为审美主体。这种距离化了的主体要求距离化、加括号的客体，要求审美对象。因此，其表现形式就成为：与审美主体不和谐的现象事物在审美主体的作用下，也距离化、加括号而成为审美对象，达到与审美主体的一致。从这一现象来看，可以描述为，审美对象从心理距离中产生。但也有不少时候，事物先成为审美对象：窗外突然传来小鸟的叫声，一声、两声、三声，断续有致，高低韵长；岸上白墙黑瓦静静地倒影在绿水中，微风暗起，玉影轻摇；收工了，农人荷锄而归，披一身晚霞，不知谁哼起了乡土的歌谣。这些时候，物象突然以审美的形式展示出来，而人也一瞬间从现实的经验中顿留下来，失落在美感的恬静里。人在审美对象的作用下，成为审美主体，达到了与审美对象的一致，主客一道形成了一次审美现象（事件）。

客体转换在先的审美现象是以电光石火的速度发生的，从理论上说，它仍有逻辑上的三段：一、物（客体）成为审美客体；二、在审美客体的刺激下，人迅速产生心理距离，成为审美主体；三、主客以审美主体和审美对象的角色一道进入审美事件。这里需要解释的是，既然审美只是主体的客体，只有在主体的观照中，它的形象性才能以独立的形式呈现出来，那么，在主体产生心理距离而成为审美主体之前，客体成为审美客体是如何可能的？答曰：审美客体的物质承担者是客体形象性，审美主体的物质承担者是主体的感官，客体的形象性虽然在内容上有多种关联（作为知识、功利等等的识辨外形），但是这些关联是与主体的理性对接的，而客体形象的直接对应者，是主体的感官；如果感官不通过理智，那么，它直接感受到的是客体的形象本身。而客体成为美，就在于不与客体其他内容相关的形象本身。因此，主体在未产生心理距离成为审美主体之前，仍有可能在短暂的时间内，未进行理性思考时，在客体形象的强烈刺激下，只感受到客体的形象，并由这形象的强烈而迅速产生心理距离，在主体成为审美主体后，维持了客体的纯形象呈出，继而成为审美对象。

现在，我们已经可以对美如何在具体的审美现象中产生作一个小结了：

1. 物（客体）本有成为美（即成为主体的审美对象，物的形象性以独立方式呈现出来）的内在能力，而在审美现象（或事实、或事件）中，这种能力成为外在现实。人（主体）本有感受美（即成为对象的审美主体，人之心成为纯粹的审美之心，人的感官成为纯粹的审美感官）的内在能力，而在审美现象（或事实、或事件）中，这种能力成为外在现实。

2. 审美事件的发生，最关键的是主体心理距离的作用。其表现形式有二：一是主体通过心理距离成为审美主体，然后使对象成为审美对象，主客都成为审美之体，达到审美事件的正式开始；二是客体首先成为审美对象，刺激审美主体产生心理距离，使主体成为审美主体，主客都成为审美之体，达到审美事件的开始。

3. 在主客向审美主客体的转化中，无论主体转化在先，还是客体转化在先，心理距离都是使审美转换得以完成的最基本和最重要的环节。审美是人的活动，主体在先，通过心理距离而使主体成为审美主体，必然会使客体成为审美对象。客体在先，如果不能使主体产生心理距离，主体无法成为审美主体，客体的形象性马上就会转化为其他非审美的外形，审美事件无法产生。因此，可以说：审美事件基于心理距离。

4. 心理距离的具体内容和过程：一、是现象学加括号，既把主体的非审美属性括起来，也把客体的非审美属性括起来；二、主客体双向加括号的结果，是主体的虚静，即主体心理转换的完成；三、主体心理转换完成的结果，是主客体双方的完形转换，即主体成为审美主体，客体成为审美客体。由此，达到审美事件的开始。

5. 主客体成为审美之体是为了进入审美事件，只有在审美事件中，主客体才成为审美之体，主体才感到美感，客体才成为美。主体的美感与客体的美都是在审美事件中出现的，当主体有美感的时候，正是客体呈现为美的时候。反之亦然，当客体是美的时候，正是主体感到美感的时候，美和美感是同时出现的。美与美感的共时共生性是审美现象的基本特征。

6. 美与美感的同时共生性可以表述为：美并非仅是客体的形象性，而是客体的形象性加上主体的美感；美感也并非仅是主体的愉快，而是主体的快感加上客体的美。列式如下：

$$美＝客体形象＋主体的美感$$
$$美感＝客体的美＋主体的快感$$

美的难以形求、难以实指、难以言说，就是从这一复杂关系中产生的。美与美感既是有分别的，又是纠缠在一起的。在审美事件中，人们说："真美啊！"既是指客体的美，也是指主体的美感。但是我们还不能说美就是美感，二者分别由客体和主体在心理距离中演化而来，它们各自的理路是清楚的，它们还存在区别也是显然的。我们可以说美基于心理距离，也可以说美感基于心理距离，但还不能说美等于美感。这样对整个由心理距离所产生的审美现象不能有一个言简意赅的概括。为了概括，现在还不得不引入一个既照顾到美，又照顾到美感的概念——审美事件。这样我们可以画出审美现象学的基本图表：

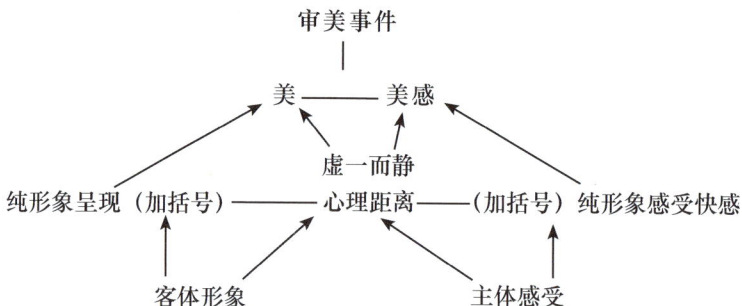

审美事件
|
美 —— 美感
↗ ↑ ↑ ↖
虚一而静
纯形象呈现（加括号）—— 心理距离 ——（加括号）纯形象感受快感
↑ ↑ ↑
客体形象 主体感受

　　用"审美事件"虽然在此节解决了照顾主客体两方面的问题，但在总体目标上，却偏离了本节"美，基于心理距离"的主题。这是否意味着本章主题本就有错？这里先不怀疑主题思想，而进行一下微调来使本小节的概括符合主题思想，这个微调就是对"美"进行一下新规定。"美，基于心理距离"包含两个不同层次的含义：一是客体因心理距离而呈现为美；二是整个审美事件因心理距离而产生。第一含义是偏于对客体作纯客观存在的假定，它只是说明了审美事件中的一部分情况，即客体方面的情况。第二含义是对整个审美事件的说明。第一含义乍一看来很清楚，仔细一想不全面；第二含义乍一看来太含混，仔细一想既全面又清楚。审美心理学诸流派之所以把美等于美感，其理论好处即在于此。因此，在美的两种不同层次的规定中，本节更应使用第二种规定，美即审美事件。

　　在专为审美目的而生的艺术中，美基于心理距离是最明显不过的。电影院、音乐厅、美术馆、阅览室的门，就是一道标志明显的"距离符号"，它清楚地提醒人，你是去看电影、听音乐、赏绘画、读小说，它让你与现实功利、科学认识拉开距离，把各种非审美的意识暂时用括号括起来，进入美（审美事件）。各门艺术的物质媒介本身，也是一道标志鲜明的"距离符号"。绘画以其画布和颜料、电影以其屏幕、音乐以其乐器和音响、文学以其白纸黑字，清楚地提醒人：不是处理现实、与世俗生活打交道，而是在欣赏艺术，要把各种非审美之心用括号括起来，只以审美之眼去看、审美之耳去听、审美之心去感受、去思想、去体悟。中国古代建筑中的门、窗、栏、廊所起的作用，也是心理距离。

　　在这一节中，我们有了关于美的两个初步规定：一、美等于审美对象，它是与美感等于审美主体相对应的。二、美等于审美事件，它包括美（客体）和美感（主体）于其中。由于心理距离只是美产生的初始条件，因此，从心理距离对美的规定也只是一种初步规定，随着审美事件的进展，还会对美作进一步的规定。

第三节 直觉形象

美是客体的纯形象性的呈出，这种纯形象的呈出只有在主体的审美态度上才能发生，只有在主体的审美知觉中才能出现，因此，美＝客体纯形象＋主体审美知觉。这个规定是对现象学美学家杜夫海纳对审美对象定义的化用，但这种表述方式略烦琐，须细解。比较起来，化用克罗齐的直觉论更为简明。由心理距离产生的主客体双方加括号的结果，就是客体形象成为主体直觉中的形象，简言之，成为直觉形象。

什么是直觉呢？

克罗齐这位意大利美学家认为，直觉是认识的初级阶段，概念是认识的高级阶段。两阶段各有各自的对象世界，直觉产生个别意象，概念产生普遍意象。这显示了直觉的两个特点：一、它是个别的具体意象；二、它是还没有上升到概念、与概念没有关系的意象。直觉意象具有尚未被概念和实用系统把握和规范的原初直接性和鲜活感性。对美来说，无须上升到概念，上升到概念就是非美的逻辑之物了。另一方面，克罗齐又把直觉区别于感受，"在直觉线以下是感受，无形式的物质，这物质究其单纯的物质而言，是心灵永远不能察觉的，心灵要察觉它，只有赋予它以形式，把它纳入形式才行。"[①] 直觉是一种形式把握。这种形式把握既不同于简单的感受，也与概念无涉。

法国哲学家柏格森则把直觉看成是最高的认识。它超越了由现实的功利目的而来的概念系统，它破除了把现实简单化的实用目的，清除了把事物作为功利主义的象征符号。直觉是让我们直面事物本身。对柏格森来说，直觉不是还未上升到概念的认识，而是挣脱了概念系统的人为限制，达到了对客体本真的提示和主体的解放。

从两人的理论，可以进一步予以美学方面的解说。直觉是彻底拒斥概念（加括号）之后，主体经过完形转变成为审美主体后的感受，这不是一

---

① ［意］克罗齐：《美学原理·美学纲要》，11～12 页，北京，外国文学出版社，1983。

般的感受，而是审美主体的直觉。直觉还未上升到概念，可以说明审美向非审美的转化；直觉是对概念的超越，可以说明非审美向审美的转化。主体成为审美的主体，也就是成为具有直觉的主体。和心理距离理论一样，直觉理论是从主体立论的。因此，按本书的逻辑，像对心理距离说一样，我们把直觉理论从审美心理学转入审美现象学，从偏重主体转入主客体的相互关系。现在，我们回到本小节的理论原点：心理距离对主客双方加括号的结果是产生直觉形象。

直觉形象，包含了主客体两方面的内容。

从客体方面讲，客体以纯形象呈现出来，这个纯形象只能在向审美主体呈现中，只是在主体的美感、也就是直觉中才是可能的。因此，客体形象成为美，也就是成为直觉形象。因此，上一小节关于美的公式可以进一步补充为：美＝客体形象＋主体美感＝直觉形象。

从主体方面讲，主体成为审美主体，意味着它面对着一个作纯形象呈现的客体，主体的美感只能是对一个审美对象，即呈现出纯形象的客体之感。因此，美感本身就意味着对形象的直觉，美感就是形象直觉。因此，上一小节关于美感的公式可以作进一步补充：美感＝客体的美＋主体的快感＝形象直觉。

形象直觉与直觉形象是一回事，一个强调的是主体，是主体直觉中的形象；一个强调的是客体，是客体形象呈现在主体直觉中。二者都是主客观的统一。这样，实质变成：

$$美＝直觉形象＝形象直觉＝美感$$

上一小节中，"美"偏于客体，不能解说以心理距离为关枢的整个审美活动，只有引入"审美事件"一词来表述审美现象学。现在，这种情况就可以避免了，其图表就可以变为：

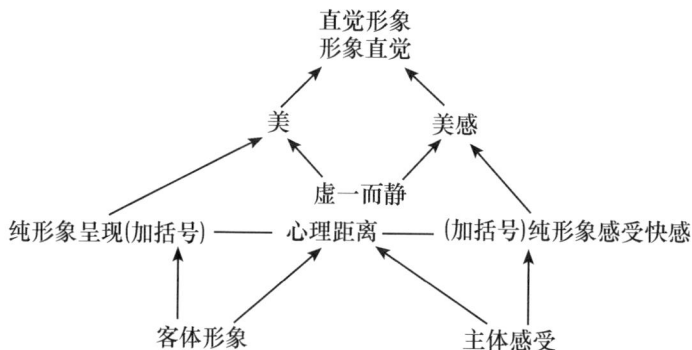

　　直觉形象就是审美对象，但避免了说"审美对象"一词时容易将其等同于纯粹客观对象的流弊，而是鲜明地突出了，它一定是与审美主体不可分割的，是直觉中的形象。客体的形象不一定是美（审美对象），它完全可以是知识的外观、政治的象征、功利的符号；直觉形象则必定是美的，它是在审美之心和审美之眼观照中的形象。

　　形象直觉就是美感，但它避免了说"美感"一词时容易将其等同于纯主观性的流弊，而且鲜明地突出了，它一定是审美对象不可分割的、是客观化了的、有着对象纯形象的直觉。只说"美感"很容易将其混淆于快感，经常被混同于认识的、功利的、政治的、口腹的等非审美快感，就在于它没有联系到审美对象，而形象直觉则必然是对一个对象形象的直觉，必然是真正的美感。

　　在形象直觉中，美与美感的同一性呈现出来了。美不等于美感，是对的，它是就其来源、其载体的不同而说的；美等于美感，也是对的，它是就审美的特质而说的。只有坚持美不等于美感，才能对美有一个清晰的逻辑解说；只有明白美等于美感，才能洞悉美与客体和美感与主体的辩证关系。

　　心理距离是美产生的条件。在心理距离中，可以看到美和美感如何分别从客体和主体中产生，又如何纠缠在一起。直觉形象则是美的形成。在直觉形象中，美和美感已经浑然一体了。美呈现为直觉形象：

　　　　蝉噪林愈静，鸟鸣山更幽。①
　　　　大漠孤烟直，长河落日圆。②
　　　　疏影横斜水清浅，暗香浮动月黄昏。③
　　　　更阑静，夜色衰，月明如水浸楼台，透出了凄风一派。④

以上形象，都是客体的纯形象的呈现，不导向认识，无关于功利；又都是向主体直觉呈现的形象，是在主体的直觉中的形象。王籍的诗写的是以听觉为主的直觉形象；王维的诗写的是以视觉为主的直觉形象；林浦的诗是

---

① ［唐］王籍：《入若耶溪》。
② ［唐］王维：《使至塞上》。
③ ［宋］林浦：《山园小梅》。
④ 明代戏曲《焚香记》。

视觉与嗅觉相映生辉的直觉形象；《焚香记》这段曲写的是听觉、视觉、肤觉交织一体的直觉形象。从这些诗曲中，不难体会出直觉形象即美与美感。明人沈周《听蕉记》也是关于直觉形象的生动说明：

> 夫蕉者，叶大而虚，承雨有声。雨之疾徐、疏密、响应不忒。然蕉何尝有声也，声假雨也。雨不集，而蕉亦默默静植；蕉不虚，雨亦不能使之为声。蕉雨故相能也。蕉静也，雨动也，动静夏摩成声，声与耳又相能而入也。迨若區區，剥剥滂滂，索索渐渐，床床浪浪，如僧讽堂，如渔鸣榔，如珠倾，如马骤。得而象之，又属听者之妙也矣……

雨打芭蕉，产生一种特殊的音响效果，这特殊的音响效果是在听者（一个已经由现实之人转为审美之人）的耳（直觉）中出现的。听者之妙（直觉），是直接以雨打芭蕉产生的特殊的音响为对象的。没有听者，雨打芭蕉不能成为直觉形象（美）；没有雨打芭蕉，听者也不能得到形象直觉（美感）。因此：

（雨打芭蕉）美＝直觉形象＝美感（听者之耳）

在《听蕉记》中，还包含着对直觉形象的具体言说：一、客体物象包括芭蕉与雨的契合，构成客体的整体形象；二、客体的整体形象与主体听觉结合，形成直觉形象。第二点现在已经熟悉了，第一点却似乎属于直觉形象的前阶段。但理解第一点有助于从一个更宽广的范围来理解直觉形象，对此讲得较好的，是中国美学中的"意境"理论。

在意境理论中，客体形象有两个概念：物与景。物是单体之物，景是两个以上的单体之物形成的整体，如《听蕉记》中芭蕉与雨的组合。作为整体性的"景"，有两种含义：一是诸事物自身的天然组合，它们的高低远近、形、色、声、味的客观关系；二是物象在主体知觉中的组合。第二种含义虽然有了一个主体视域，即带着各自的形、色、声、味的高低远近诸物合成怎样一种"景"，是与特定的知觉位置和主体状态相联系的，但这种与主体状态内在相关的"景"仍然被指认为客观之景。因为"景"不含主体的个人性主观因素，而是只要一个纯知觉处某一位置，客观诸事物必然向主体形成此种远近高低形色声味的组合。主体换成任何人，这种组合关系都不变。因此，景强调事物组合的客观性。客观之景在知觉的主动性中向主体呈现，意境理论用"境"这一概念。境，本义是界、域，用于形象，指一个范围起来的独自的形象世界。境，因佛教而成为中国文化的重要概念。境，是由人的眼、耳、鼻、舌、身、意（六根）去感受外界的色、声、臭、味、触、法（六识）而产生的；境是客观之景因主体的观照而产生出的，而且只与主体相接而生之境；境，用主体知觉给客观之景划了一个范围，主体进入客体，主体的知觉范围就是客体进入境中的范围，客体进入主体知觉，客观之景成为知觉之境。境是主客观的合一。正像现象学的本质直观不仅用于美学，也用于其他方面一样，佛学之"境"也是不仅用于美学，还用于其他方面。但中国美学的意境理论，一旦将"境"用于审美，境就成了包含主客体于其中的孤立绝缘（对非审美因素加了括号）的直觉形象。由西方美学来的直觉形象一词，虽然用直觉来限定形象，但除了"直觉"让人知道形象进入主体直觉、在直觉中出现之外，没有突出直觉形象与客观形象的差异。而中国美学用主客合一之"境"来区别客观之"景"，让人鲜明地感到二者的差异。明人祝允明《送蔡子华还关中序》说："身与事接而境生。境与身接而情生。"第一句讲境是主体（身）与客体（事）结合的产物，即现实之景经主客的相互作用而成为审美之境，我们已经清楚；第二句则讲主观合一之境产生后的情况，境在主体直觉上还会发生什么变化呢？主体（身）继续在境中起作用，"情"产生了。这就进入了审美的另一阶段，是下一节要讲的内容。不过，在进入下一节之前，先把意境理论讲完。意境理论既是对下一节内容的铺垫，又是对直觉形象理论的最后完成。作为主客合一之境是一个边界：境的一边是客观之景；客观之景进入审美之境后，在主客合一的基础上，虽然有了审美上质的转变，但仍以景的形式呈现，仍是景，是境中之景；同时主体产生了情，就构成了境中情与景的关系。中国美学自唐宋以来至明清大量讨论的情景问题，都是境中的情景问题。因此，意境理论可作图如下：

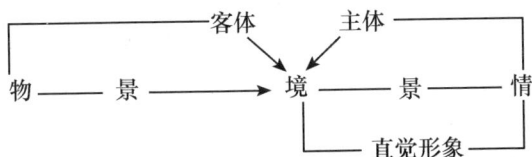

$$
\begin{array}{ccccccc}
& & \text{客体} & & \text{主体} & & \\
& & \searrow & & \swarrow & & \\
\text{物} & \longrightarrow & \text{景} & \longrightarrow & \text{境} & \longrightarrow & \text{景} \longrightarrow \text{情} \\
& & & \text{直觉形象} & & &
\end{array}
$$

要补充一点，境中之景虽然已在主体直觉之中，但只有在艺术作品中，才与现象之景有质的区别。中国美学的情景理论几乎都是讨论艺术审美之境，而在现实审美中，境中之景却与现实之景有一种丰富的辩证关系。下面就讨论直觉形象的进一步发展。但先对直觉形象作几点规定，以结束本节：

1. 直觉形象相当于中国美学的"境"，是主客体的统一；但不是一般的主客体统一，而对主客体作审美转换，并完成了这种转换，从而是审美主客体的统一。

2. 直觉形象是主体直觉中的形象，有了直觉形象就有美，也就有美感；没有直觉形象就无美，也无美感。

3. 直觉形象是一种完形形象。什么是完形？这正是下一节的内容。

第四节　内模仿与移情

心理距离是客体成为审美客体和主体成为审美主体的初始条件，但它并不能保证从主客体自身的转换、从审美主体促成客体的转换或者从审美客体促成主体的转换，能够无阻地成功。直觉形象则是主客体完成转换的标志。在心理距离中，虽然主客在审美的场效应中走向审美的同一性，但主客体的分别和差异还是明显的。在直觉形象中，主客已经浑然一体，直觉虽有，但已直觉到了形象；形象虽存，但已是直觉中的形象。由于直觉，形象成了审美形象（美）；由于形象，直觉成了审美直觉（美感）。这种合一，还很笼统。具体深入地讲，这种合一是怎样进行的呢？在中国美学中，其机制是审美主体之情与审美客体之景开始的审美对话："目既往还，心亦吐纳……情往似赠，兴来如答。"① 其现象是"景中情"、"情中景"，等等。在西方美学中，就是内模仿理论、移情理论和完形理论。西方人的特点是讲得细。因此，本节借鉴以上三种理论和概念构成主线，参考其他美学资源进行一种新的言说。先说明一下，既然是在直觉形象之境的前提下论说，这"境"就是一种整体性质的完形转换。既然"境"意味着完全进入审美之境，那么在其中，一切实体和相关术语，"主体"、"客体"，主体的"感觉"、"知觉"、"情感"等，客体的"物"、"景"、"形"、"色"、"声"、"味"等都不言而喻是审美的。

在审美直觉中的形象，被知觉按照多种方式加以组织，这里举三种完形心理学方式。

1. 分离方式。一处风景，如房、树、路、人、天空等，本来是在主体

---

① ［梁］刘勰：《文心雕龙·物色》。

以视觉为主的知觉中，以焦点透视和散点环视的方式，作为一个静的或者动的整体来观照的，但知觉总是可以把这些物象分离为不同的层次，然后将之组成一个等级排序：

> 枯藤，老树，昏鸦。
> 小桥，流水，人家。
> 古道，西风，瘦马。
> 夕阳西下，
> 断肠人在天涯。①

散曲中，物象被分离为明显的不同层次，缠绕在老树身上的枯藤与老树明显地区分开来，老树上昏鸦也明显地与老树区分开来。区分是按照知觉主体的意向进行的，区分后的组合也是按照知觉主体的意向进行的。曲中，一幅完整的流动景致按照三大类进行组合，藤、树、鸦一类，桥、溪、房一类，路、马、人、风、夕阳一类。直觉形象中，主体对知觉中的客体进行怎样的分离，又进行怎样的重组，决定了主客体在各自性质的相互作用下，形成怎样一种美的情韵。正因知觉的分离方式不保证客体物象的纯客观性，才能形成直觉形象的审美性。

2. 分类方式。在对客观对象进行观看中，那些相互之间距离近的物象，或在某些方面相似的物体，或其出现在时间上隔得很近的事物和音响，很容易被分归到一类，而被组织到一个单位中。同样，那些将一个面围起来的线，具有简洁性和连续性的轮廓线，朝向同一个方向因而看上去似乎有相同命运的线，也容易被归为一类，不管它们本来是否一类。试看图1：

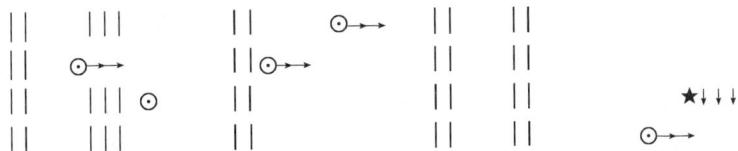

图 1

在图1中，四个两条竖线，虽然隔得较远，还是会被认作同质的一组。同理，四个⊙→→隔得也远，仍因其同形被视为一组。而★↓↓↓因为与一

---

① ［元］马致远：《天净沙·秋思》。

个 ⊙ →→相邻，也可被认为一组。至于客观物象是否确实是以这种方式分类的，并不重要。它们在知觉中必然要被组织成这种或那种方式。正因为知觉的分类方式不能保证客体物象的纯客观性，才能形成直觉形象的审美性。

3. 完美方式。在对客观对象进行观看时，主体知觉有一种倾向，不自觉地要改变对象，将之完美化。在这种方式下，知觉在需要的时候，会放大、扩展对象适宜的特征；在需要的时候，也会取消和无视那些阻止或妨碍其完美的特征。例如，一个成 85 度或 95 度的角，其少于或多于 5 度的角，就会被忽略不计，从而被看成是一个直角；轮廓线上有中断或缺口的图形，往往会被自动补足，成为一个完整连续的整体；稍有一点不对称的图形，往往被看作对称的；即使那些不能在知觉阶段被加以有效纠正的不规则图形（如圆形、三角形、正方形），也会被看成是一个规则标准的图形，或者由这些标准完美的图形而来的变形。例如，一段中间有一个缺口的线条，不是被看成本来就是两段前后相随的线条，而是同一线条的暂时中断；一个 abc 的英文系列中的 b，当与 5 和 7 相连，就会被认成是阿拉伯数字"6"，如图 2：

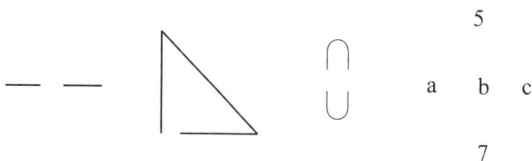

図2

正因为完美方式不能保证客体物的纯客观性，才能形成直觉形象的审美性。

知觉三方式都表现出了，审美之"境"为什么不同于现实之"景"。审美之境中的主体与客体的关系具有特殊的方式。客体形象在知觉中会按知觉的方式"变化"，这种"变化"对客观形象的"不客观"正是知觉活动的"客观性"，这正是审美之境里主客体相互作用走向合一的基础。

真正显示主客合一的是内模仿和移情。内模仿是指当主体面对客体时，人的知觉会按照客体的性质进行模仿活动。人面对 S 形曲线的女神塑像进行欣赏时，不可能保持笔直的体态。同样，面对高耸的哥特式建筑进行凝注时，不可能弯曲自己的身体。因为高耸建筑必然使他模仿对象的向上耸立，但这模仿并不在形体上明显表现出来，而是一种内模仿。首先是视知觉随着对象的形体作向上升腾的视运动，随着视知觉同时进行的是身体运动，人在哥特式建筑前身体不自觉地挺立，就是身体内模仿的结果。内模仿的"内"强调的是在体内进行，意识不易察觉。但在节奏感较强的音乐中，身体会明显地随音乐摆动。审美心理学派主要强调身体运动中的筋肉运动，其实是身体中各个系统，内脏、分泌、血液、筋肉各部分共成一种形式。只是随不同客体的特点和个人类型的特点，内模仿的身体运动有的在这一方面突出，有的在那一方面明显。浮龙·李举的一个例子可以说明身体内模仿时较全面的运动：观看一个花瓶，眼睛注视瓶底时，脚就紧踩地上；视觉从瓶底向上移动时，身体也随之向上升起；看到瓶腰逐步扩大时，微觉头部有一种压力，向下垂引。瓶是左右对称的，两肺的活动也因而左右平衡；瓶腰的曲线左右同时向外突出，眼光移到瓶腰最初部分时，即做吸气运动；看到曲线凹入时，随即做呼气运动，于是两肺同时松懈起来；一直看到瓶颈由细转粗时，又微做吸气运动。瓶的形状还使观者左右摆动以保持平衡，看左边的曲线时把身体的重心移到左边，看右边的曲线时又把身体的重心移到右边。观看瓶的形象，身体各相关系统同时产生一串极匀称的内模仿运动。内模仿这个词表明它的核心在身体运动上，但随着身体运动，同时产生一种相应的情感，模仿高大建筑时，视角上仰和筋肉的升腾运动会产生相应的敬仰或敬畏之情。

对内模仿可以归纳如下：

1. 内模仿是知觉——身体——心理的三位一体的运动，但以筋肉运动为主。突出筋肉运动，一方面使前面讲的知觉方式进一步深化，另一方面从身体到心理情感，使内模仿与移情理论联系起来。从心理距离、形象直觉到知觉方式，着重论述的都是美（美感）基于客体和主体，但又不等同客体和主体。从内模仿开始，就指出了美感产生的物质载体——身体的内模仿。知觉活动引向审美，就是引向内模仿；同时又指出了内模仿的来源——客体的客观形象。

2. 内模仿讲的主体模仿客体，突出了客体的作用。这正好与前面知觉方式突出主体形成辩证关系。知觉方式强调对客体的改变，内模仿突出对客体的遵从与模仿。身体运动的性质是由客体的性质决定的。宏伟的景色，必然产生强式的内模仿，如古人登高望远：

仰观宇宙之大，俯察品类之盛，游目骋怀，信可乐也。[1]

---

[1] ［晋］王羲之：《兰亭集序》。

天高地迥，觉宇宙之无穷。①

登万仞之崖，自然意远。②

柔性客体，必然产生弱式的内模仿，如古人对荷花的吟咏：

江南可采莲，莲叶何田田。鱼戏莲叶东，鱼戏莲叶西，鱼戏莲叶南，鱼戏莲叶北。③

轻轻姿质淡娟娟，点缀圆池亦可怜，数点飞来荷叶雨，暮香分得小江天。④

南轩面对芙蓉浦，宜风宜月还宜雨，红少绿多时，帘前光景奇。⑤

以上两类，虽然没有从内模仿上谈，但可以感到，对不同的景致，其内模仿是完全不同的。

3. 内模仿突出了主体与客体的动态联系。"写气图貌，故随物以宛转，属采附声，亦与心而徘徊。"（刘勰）内模仿这种主客动态联系，本身就是审美表征。如果说身体模仿运动说明了何为美感，那么主客体的动态联系，则说明了主体（美感）和客体（美）的同一是怎样同一的。

内模仿的身体运动必然产生相应的心理情感，但这种情感产生之后，并不是停留在主体之中，而是把它投射到客体上面，使客体具有了主体内心感觉到的情感。从这里开始，就进入了审美心理学移情理论论述的内容。

移情理论对移情现象有具体细分，移情之一，是给无生命的静止客体灌注以生命。当主体观照线条的时候，赋予它的不仅是平衡、方向，还有投掷、抗拒、紧张、感情、意图、性格。比如书法中，"横，如千里阵云"，不动的线条就有了云的动感；"点，如高峰坠石"，静止的一点就有了巨大的力量；"竖，如深林之乔木；屈折，如钢勾；转折之势，如飞鸟空坠；棱侧之势，如流水激来"⑥。这种运动感和生命感都是主体移情于对象后的感

---

① ［唐］王勃：《滕王阁序》。

② ［唐］张怀瓘：《书断》。

③ 南朝民歌《江南曲》。

④ ［金］完颜寿：《池莲》。

⑤ ［宋］陈与义：《菩萨蛮·荷花》。

⑥ ［晋］卫夫人：《笔阵图》。

受。移情之二，是在对动物、植物和非生物进行观照时，通过移情将之拟人化。在移情中，我们觉得高山似仁者，无言而长寿；流水如智者，欢快而温和；风在细语，树在低吟，"有情芍药含春泪，无力蔷薇卧晚枝"（秦观）。移情之三，是心情外射，人把自己心中的情感认为是客体具有的情感。一曲音响的流动，我们感到它是悲哀的或者欢乐的；一大片绿色，我们说它是宁静的；几团蓝色，我们说它是忧郁的；"平林漠漠烟如织，寒山一带伤心碧"（李白），伤心碧是李白移情的结果；"细看来，不是杨花，点点似离人泪"（苏轼），杨花成了泪珠，是苏轼移情的结果。移情之四，是把人的外貌当作内心表征的移情。"太尉神姿高彻，如瑶林琼树，自然是风尘外物"；"见山巨源，如登山临下，幽然深远"；"夏侯太初，肃肃如廊庙中，不修敬而人自敬"①。别人的内心也许并不如此，但我们观人外貌时，移情于他，好像他就是如此。其实，移情不用分类，总之是把自己心中的情感移入对象之中，仿佛客观对象有了这种情感。从本书的观点，可以将移情归纳如下：

1. 移情是以内模仿为基础的。它从内模仿的完结处开始，虽然表现为一种主体的主动性，但主体把什么样的情感移入对象，是受对象的形象制约的。在蓝色中，人只会移入忧郁或宁静或其他类似情感，在于主体观照客体时的身体内模仿只会产生这类情感；在红色中，只会移入或热烈、或欢快、或亢奋、或血腥暴力的情感，同样在于这类情感是由内模仿产生的。当然，主体面对客体可以有自己的本已潜在的情感，只要这种情感不是处在非常时期，激烈得要向外冲泄，淹没一切，那么这种潜在情感只会暗中决定主体观照对象时，会注意客体中最与它相通的部分。如面对青山，因个人心情不同，可仰视其高耸之壮势，可近观其林木之幽致，可凝神于山石之嶙峋，可注目于花草之柔美。然后，在与客体的交流中，因内模仿而生相应之情，再把这情移到客体之中。

2. 移在客体上面的情感的性质，总与客体自身的性质或性质的某些方面有同质之处。这是在任何移情现象中都会看到的，细察上面所举之例，无不如此。

3. 移情讲的是由主体移向客体，突出主体的作用。这正好与内模仿突出客体作用形成一种辩证关系。与内模仿一样，移情显出了美感的特殊载体和性质，有了主体的向外移情，主体就感受到了美感；有了情感的移入

---

① ［南朝］刘义庆：《世说新语》。

客体，客体就成了美的客体。但这是冷静细析，对移情来说，只讲了理论原因，还未涉及现象结果。

4. 移情是主客体的浑然合一。立普斯说："在对美的对象进行审美的观照中，我感到精力旺盛、活泼、轻松自由或自豪。但是我感到这些，并不是面对着对象或者和对象对立，而是自己就在对象里面。……这种活动的感觉也不是我的欣赏对象……它不是对象的（客观的），即不是和我对立的一种东西。正如我感到活动并不对着对象，而是就在对象里面；我感到欣赏，也不是对着我的活动，而是就在我的活动里面。"①情是主体的，它却外移到了客体之中；客体本是无情的，但我确实感到情就在客体中存在。其结果是，仿佛我就成了客体，客体就是我。这就是中国古人讲的"不知何者为我，何者为物"、"物我两忘"、"物我同一"的境界。正是在移情现象的"物我同一"中，美即美感才得到了真正的实现。情是美感，它又在客体里，是客体之美；客体是美，它变成情本身，成了美感。在移情中，不知何者为美，何者为美感，美就是美感，美感就是美，美与美感同一：

　　　寒山一带伤心碧。②
　　　无边丝雨细如愁。③
　　　试问闲愁都几许，一川烟草，满城飞絮，梅子黄时雨。④

以上三例，难分清何者为景，何者为情；的确，情即是景，景即是情，物即是我，我即是物；情景合一，物我同一。

知觉方式讲了，在直觉形象中，主客形成一种不同于平常情况下的特殊关系。在这种基础上，内模仿和移情显示了美（美感）的特质，前者从客体到主体，以客体为中心形成了主客体的动态关系；后者从主体到客体，以主体为中心形成了主客体的动态关系。这构成美之成美，人之感受美的明显的特征。到此，美是什么，美是怎么产生的，美是怎样一步步实现的，就基本上清楚了：

---

① ［德］立普斯：《论移情作用、内模仿和器官感觉》，参见伍蠡甫主编：《现代西方文论选》，3～4页，上海，上海译文出版社，1983。

② ［唐］李白：《菩萨蛮》。

③ ［宋］秦观：《浣溪沙》。

④ ［宋］贺铸：《青玉案》。

美

（客体）加括号—心理距离—加括号（主体）

直觉形象

审美客体　　　知觉方式　　　审美主体

内模仿

移情

美

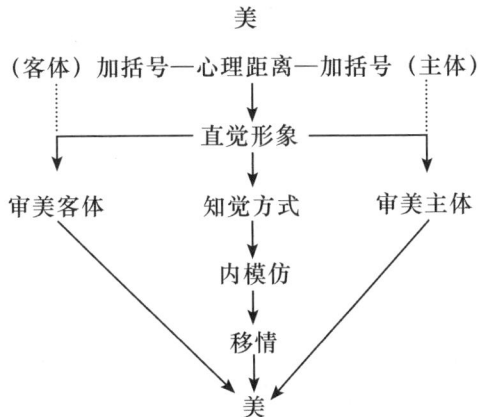

第五节　主客同构

内模仿和移情作为一种现象描述是没有问题的，但作为一种理论还欠深入。作为学理，还有两个解释系统，一是西方完形心理学，二是中国美学的气韵神形理论。西方理论是从科学的可解释性层面立论的，中国美学则是从哲学的可解释性层面立论的。这一节，我们将以完形理论为主线，以中国美学形神论为辅助，来重释审美现象学。

从完形的观点来看，从形象直觉开始，主客体就进入了一个同构过程。什么样的客体，会引起什么样的内模仿，是主客的一种同构；什么样的情感移入什么样的客体，也是主客的一种同构。同构，指的是主客是不同的，然而又在某些方面是相同的。这种相同不是一般的相同，它不是静态的，而是动态的；不是实体的，而是虚体的。何为"静"、"动"、"虚"、"实"，需要解说。

先对直觉形象中的审美主客体进行新的规定。完形心理学讲的任何事物，都有一种力的式样。什么是力的式样呢？我们可以省略大部分细节，用寥寥几笔就画出一个人，又不失该人的神采，这"几笔"就是依照该人的"力的式样"画的。完形理论把客体分为三个层面：表现性、骨架结构、轮廓外形。轮廓外形是客体的外在形象，包括所有细节；骨架结构是由主要特征形成的结构；表现性是本质性的东西，它决定主要特征，也决定所有细节。与以前理论不同，本质性的表现性不是实体的，而是虚体的，它是事物可感而不可形求的生动气韵。表现性、骨架结构、轮廓外貌是一个整体功能，"力的式样"就来自于骨架结构；"力的式样"之"力"是虚而无形的，"式样"却是实而有形的，力的式样来源于表现性，而又反映于轮廓外形。主体是知觉、大脑皮层、心理、身体的统一。知觉对外物的感知方式，在大脑皮层引起电化学反应，构成一种力的式样。外物对人的作用相当于一块石头投进水中，引起层层涟漪，最后完成为力的式样。这种力的式样并不是与客体的全部细节相同，而只与客体的力的式样同构。它对客体的反映，是"笔不周而意已周"①。对直觉形象中的审美观照来说，客体的哪些特征被主体知觉认为是主要特征，从而形成力的式样，是因人因时因地而异的。客体本质性的"神"的虚体性，允许呈现力的式样的多种可能性。客体在知觉方式中形成什么样的力的式样，也决定了主体大脑皮层中会形成什么样的力的式样。与外物同构的大脑皮层中力的式样的形成，在主体内部会产生两个方面的相应反应，一是产生一种心理情感，二是产生一种身体活动。情感和身体都会形成各自的力的式样。按照完形的观点，内模仿是身体运动的力的式样和客体的力的式样同构，移情是情感的力的式样与客体的力的式样同构。

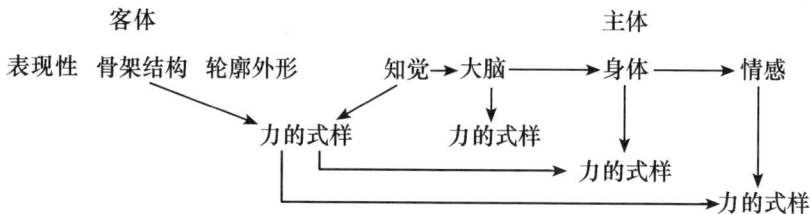

完形理论对内模仿和移情的修正或补充是，身体运动模仿的是客体的力的式样，这种身体模仿的结果是形成力的式样。正是在主客两者力的式样的同构中，美感（美）产生了。移情实际上是形成了情感的力的式样。由于情感的力的式样与客体中力的式样是同构的，仿佛是主体移情于客体。而实际心理体验到的是大脑视中枢里的生理力，客体刺激知觉在大脑中展开生理力的运动，这个活动发生在大脑中，但大脑的电化学运动是按照客体的力的式样进行的，从而被体验为是客体本身的性质。情感本来是在心理中发生的，但被体验为客体的性质。因此，内模仿和移情都是对现象作感受的描述和归纳，而客体、身体、情感的力的式样的同构，才是理论的把握。按照完形理论，柳枝往往与离别的柔情和愁绪相连，不是人移情于

① ［唐］张彦远：《历代名画记》。

物，而是柳枝的力的式样与柔情和愁绪在内心形成的力的式样是同构的：

> 一丝柳，一寸柔情。①
>
> 扬子江头杨柳春，杨花愁杀渡江人。②
>
> 春思春愁一万枝，远树遥岸送相思。③

同构，可以归纳为三点：

1. 两种事物无论有多么不同，只要有内在的同构性，就能归于一类。这里已经透出审美分类不同于科学、哲学、宗教的独特性，导出了一种分类的审美向度。

2. 同构强调了主客的同一不是外形的同一，而是内在的同一；不是内在实体的同一，而是虚体的同一。审美的多样性和生动性在这里显示出来。

3. 同构是交流中的同构：

> 目既往还，心亦吐纳……情往似赠，兴来如答。（刘勰）
>
> 相看两不厌，唯有敬亭山。（李白）
>
> 我见青山多妩媚，料青山见我应如是，情与貌，略相似。（辛
>
> 弃疾）

正是在同构的交流中，主客体离开原有的性质，进入审美的同一。这也就是内模仿和移情所呈现的动态关联，以及在这种关联中的物我两忘和物我同一。

主客同构理论统一了内模仿和移情，因此，美是从心理距离、直觉形象、主客同构中呈现出来的。

但是，从理论的严格性讲，主客同构是怎么可能的？

主客同构的基础是力的式样，它来自于科学，但只是建立在科学观察和实验上的假设，而非科学所能完全证实。在目前科学仪器实验水平的限制下，完形理论无法进行更深的探讨。这里，由中国哲学和中国人体学发展而来的中国美学可以为解释同构提供一个新视野。

---

① ［宋］吴文英：《风入松》。

② ［唐］郑谷：《淮上与友人别》。

③ ［唐］唐彦谦：《柳》。

完形理论中客体的三个层面，完全可以对应中国关于审美对象的神骨肉理论。表现性相当于神，骨架结构相当于骨，轮廓外形相当于肉。中国审美对象理论是以人体学为范式建立起来的整体功能理论。三国时刘邵的《人物志》体系性地运用了中国哲学的气、阴阳、五行思想来解释人体，认为人"含元一（即气，作者注）以为质，禀阴阳以立性，体五行而著形"。人是一个气、阴阳、五行、九方面的整体功能体系。九方面即：神、精、筋、骨、气、色、仪、容、言，即所谓"九征"。九方面可归为三，神与精一类，属神；筋与骨一类，属骨；色、仪、容、气、言一类，属肉。神、骨、肉又可以进一步简化为形与神。这是一个多层结构的动态功能体系，可以由简到繁地多层级多方面把握。人体学在魏晋时期进一步进入审美，多从神、骨、肉三方面来对人之美进行品评。重神的评论，有"神理隽切"、"神矜可爱"、"神锋之隽"之类；重骨的品藻，有"王右军目陈玄伯，垒块有正骨"①、"旧目韩康伯，将肘无风骨"② 之类；重肉的品目，有"蔡叔子云：韩康伯虽无骨干，然以肤立"③。这里重要的是，审美中注重的不是人的质实的外形，而是人物虚灵的姿态、体貌、仪容、神气、风采、气度：

> 王戎云："太尉神姿高彻，如瑶林琼树，自然是风尘外物。"④
> 王公目太尉："岩岩清峙，壁立千仞。"⑤
> 有人叹王公形茂者云："濯濯如春月柳。"⑥
> 殷中军道韩太常曰："康伯少自标置，居然是出群器，及其发言遣辞，往往有情致。"⑦

第一例突出神，第二例突出骨，第三例突出形，第四例突出言辞，但都是既突出特点又包含整个形象的品藻。神骨肉的整体结构理论，很快扩展为一切审美领域的审美对象结构理论：

---

① ［南朝］刘义庆：《世说新语·赏誉》。
② ［南朝］刘义庆：《世说新语·轻诋》。
③ ［南朝］刘义庆：《世说新语·品赏》。
④ ［南朝］刘义庆：《世说新语·赏誉》。
⑤ ［南朝］刘义庆：《世说新语·赏誉》。
⑥ ［南朝］刘义庆：《世说新语·容止》。
⑦ ［南朝］刘义庆：《世说新语·赏誉》。

书法上，王僧虔《笔意赞》说："书道之妙，神采为上，形质次之"，这是从两层谈。卫夫人提出意、骨、肉问题，萧衍《答陶隐居论书》说："肥瘦相和，骨力相称……梭梭凛凛，常有生气"，即生气、骨力、肌肤三层。苏轼《论书》说："书必有神、气、骨、肉、血"，这是神、骨、肉的进一步展开。

绘画上，顾恺之说："四体妍媸，本无关妙处，传神写照，正在阿睹中"，谢赫评晋明帝画说："虽略于形色，但颇多神气"，这是形神两层。张怀瓘评画："张（僧繇）得其肉，陆（探微）得其骨，顾（恺之）得其神"，这是三层。荆浩《笔法记》说："笔有四势，谓筋、肉、骨、气"，是多。谢赫六法，除"传移模写"外，气韵生动，骨法用笔，应物象形，随类赋彩，经营位置，既可为三——气韵、骨法、形色，又可为多——气、韵、骨、形、色、筋。

文学上，刘勰的情与文、风与骨（"辞之待骨，如体之树骸；情之含风，犹形之包气"），是从两层讲。王国维《人间词话》说："飞卿之词，句秀也；端己之词，骨秀也；后主之词，神秀也"，是从三层讲。刘勰论文章："以情志为神明，以事义为骨髓，以辞采为肌肤，以宫商为声气"[①]，姜夔《白石道人诗说》云："大凡诗，自有气象、体面、血脉、韵度"，胡应麟《诗薮》指出，诗有骨肉、气韵、意象、声色，都是展开为多。

人体结构不仅是艺术，谈论一切审美对象皆可运用这一模式。郭熙《林泉高致》论山水时说："山以水为血脉，以草木为毛发，以云烟为神采。故山得水而活，得草木而华，得云烟而秀媚。水以山为面，以亭榭为眉目，以渔樵为精神。故水得山而媚，得亭榭而明快，得渔樵而旷落。此山水之布置也。"不仅是审美对象，连认识思想也可以用这一模式。达摩祖师在中国度过了九年，要回天竺，走之前对门人弟子说："我离去的时间已经到了，现在你们每人各自讲一讲你们的收获，好吗？"道副把自己的心得概括为四句话："如我所见，不执文字，不离文字，而为道用。"达摩说："你得我皮。"一女弟子说："我今所解，如喜庆见阿閦佛国，一见更不再见。"达摩说："你得我肉。"道育说："四大本空，五阴非有，而我见处，无一法可得。"达摩说："你得我骨。"最后慧可上前向达摩施礼，一句话也没有说，然后站到自己的位置上。达摩说："你得我髓。"然后又看着慧可，对他说道："以前如来以正法眼赋予伽叶大士，一代代相传，到了我这里。今天我

---

① ［梁］刘勰：《文心雕龙·附会》。

传赋予你，你要好好护持。"这里（除了肉之下，多了一个皮）肉、骨、髓，正相同于肉、骨、神。

从上可知，正如第一章讲过的，中国文化中，客体是整体功能的，主体心理也是整体功能的，这就构成了审美主客体之间的对应关系。这种对应关系从哲学上讲，在于中国文化的宇宙是一个气的宇宙，整个宇宙充满着气，气化流行，衍生万物，气之凝聚而成实体；实体的气散而物亡，又复归于宇宙流行之气。天上的日月星辰，地上的山河动植，悠悠万物，皆由气生。气构成了宇宙万物的同一性，也构成了具体主客体同构的内在基础：

> 人心之动，物使之然也，感于物而动，故形于声。①
>
> 气之动物，物之感人。②
>
> 春秋代序，阴阳惨舒，物色之动，心亦摇焉。③
>
> 望秋云，神飞扬，临春风，思浩荡。④
>
> 献岁发春，悦豫之情畅；滔滔孟夏，郁陶之心凝；天高气清，阴沉之志远；霰雪无垠，矜肃之虑深。⑤

气的宇宙构成了中国美学心物同态的基础。"态"是虚体的，相当于"力"。因此中国美学对于"力"的同构，可以进行如下的解说：

1. 同构在于宇宙的统一性。这种统一性是虚体的，相当于"气"，可以说它是"无"，但又不是西方式的虚无，而是能生"有"的"无"。它的虚体性是其能无穷演化、无限生成、与时变化的基础。

2. 宇宙间的人与物、主体与客体，都基于宇宙的统一性，其最根本性的东西——完形的表现性或中国的神，也是虚体性的。表现性与宇宙的基本无法对接，神却与宇宙之气有一对应关系，物因气而生，成形则有其"神"，决定着物的具体性。总之，神的虚体性决定了力的式样的生成性和多样性。"力的式样"的"力"是虚，联结着"神"；"式样"是实，决定了

---

① 《礼记·乐记》。

② ［梁］钟嵘：《诗品序》。

③ ［梁］刘勰：《文心雕龙·物色》。

④ ［南朝］王微：《叙画》。

⑤ ［梁］刘勰：《文心雕龙·物色》。

每一次审美的具体情调式样。神、骨、肉的"骨"存在可感而不可见，也有"力的式样"的虚和实兼备性质。由于其"式样"实的一面，它决定着具体的"形"和"肉"。神、骨、肉是一种虚实合一的整体功能的结构。

3. 因此，同构是三个基础的统一：宇宙的统一性（气），万物间的统一性（神、骨、肉），具体相对的因缘性。从第一种视点来看，宇宙皆气，万物各得其气，主客体在三个层面同构。这就是庄子讲的"若一志，无听之以耳而听之以心，无听之以心而听之以气。"① 耳、心、气，是主体与客体同构的三个层面。从另一视点看，宇宙皆理，万物各得其理，主客在三个方面同构。这就是邵雍讲的："夫所以谓之观物者，非以目观也，非观之以目而观之以心也，非观之以心而观之以理也。"② 目、心、理是主体与客体同构的三个层面，气与理是同一东西的两面，都代表宇宙的统一性，耳与目都代表知觉。这不仅是主客各方面的同构，而且要一步步深入最高的体验——人与宇宙的同一——上去。

当说到审美的最高体验时，就进入了另一个问题。

第六节　意义深度

我们知道了心理距离可以产生美，主体成为审美主体，客体成为审美对象，从而主客一道进入直觉形象；知道了在生理内模仿中和心理移情中达到主客体同构，人就得到了美（美感）。现在要问的是：得到美（美感）的意义何在？

不言而喻，美（美感）的体验是不同于功利的、认识的快感，是一种特殊的愉快。现在要问的是：得到这种特殊愉快的意义何在？

美的意义，从一般审美上回答比较困难。而从艺术审美，即对艺术作品作审美欣赏时，最容易呈现出来。从美学的角度，可以把艺术看成是人的现实审美活动的最有深度、最全面、最高级的凝结形式。宇宙间的事物，可以在认识向度上凝结成知识体系，可以在功利向度上形成实用谱系，可以在宗教向度上形成象征体系，也可以在审美向度上形成艺术体系。因此，对艺术审美的研究可以典型地显示出美的意义。但在进入问题之前，需要先就艺术审美与现实审美的关系及其引出的美学基本问题做些澄清。

---

① 《庄子·人间世》。
② ［宋］邵雍：《观物内篇》。

还是接着上节的问题。从心理距离开始到完形同构，怎样获得美，这一审美现象学问题基本解决了。但这只是一种理论上的解决。在多种多样活动交织的复杂现实中，要达到审美的深度是较难的。最主要的原因是，一方面，现实中的事物，无论是自然物还是社会物，并不要求自己成为审美对象。它们的形貌，主要作为认识的外形、功利的符号、政治的标记、宗教的象征；另一方面，现实中的人要应付处理思考各种生活的、功利的、认识的、政治的事务，并不要求自己成为审美主体。正因为这种现实审美的困难，人类选择了艺术作为专门的审美活动，满足人类的审美要求。艺术专门设置了使人达到心理距离的方式，这就是电影院、展览馆、阅览室的"门"，这些"门"使你与现实世界拉开距离，意识到你从现实世界来到了一个艺术世界。艺术世界虽然描写现实世界的一切方面，但却不是真实的现实，而是虚构的世界。因此，艺术世界不需人为的心理努力，它天然就是一个与各种非审美拉开距离的直觉形象世界。从而，艺术天然就具有心理距离和直觉形象。由此，从美学的角度，可以得出两点结论：

1. 在现实中，现实的实用心态占主导地位，人并不要求，也没有必要成为审美主体。同时，社会物和自然物既不主动要求，也基本上没有被作为审美对象。在现实活动中，人要进入审美状态是很困难的。

2. 在艺术中，人们很容易进入审美状态；艺术的目的就是美，是为美而创造出来，并让人欣赏的。

在社会、自然、艺术的比较中，绝大多数西方美学家把社会物排除在审美对象之外，相当部分的美学家把自然物也排除在审美对象之外。这样，美学就可以名副其实地成为艺术哲学了。然而，艺术虽然是为审美的目的而创造出来的，也不必然会成为审美对象。达·芬奇的名画《最后的晚餐》在搬运工的眼中，与其他的搬运物品并无区别；莎士比亚的剧本《哈姆雷特》在语言专家研究语法的使用中，只作为一般的语言资料；就是把文学作品当文学来读，在读《红楼梦》的人中，也如鲁迅所说，是经学家看见《易》，道学家看见淫，才子看见缠绵，革命家看见排满。因此，正像自然物和社会物只有用审美的知觉去感知才会成为审美对象一样，艺术作品也只有用审美知觉去感知，才能成为审美对象。对这一现象进行深思熟虑之后，杜夫海纳得出结论：

1. 社会物和自然物不是审美对象，即它们主要不是为审美而存在的。但是，如果人们用审美知觉去对待它们，它们的形象性在心理距离下独立地呈现出来，它们也会成为审美对象。因此，社会物和自然物成为审美对象是偶然的。

2. 艺术作品是为审美而产生的并且是为审美而存在的，但是，如果人不用审美知觉去对待它，它就不是审美对象。这里审美知觉意味着：一、把艺术作品当作艺术作品，即当作审美对象，而不是当作任何非审美的对象来欣赏；二、按照艺术作品的原意，而不带任何主观性去看艺术作品。这里不带主观性，不是不带客观上不可能不带的历史局限，而是不带在具体的时空中可以避免的主观性。

这两条规定，比较好地解决了社会物和自然物是否属于审美对象的问题，也比较好地解决了美与艺术的联系和区别。

现在可以进入艺术审美了。我们还是从人们面对艺术作品开始。下面是以杜夫海纳的理论为基础，结合中国美学和其他美学资源，画的艺术审美图表：

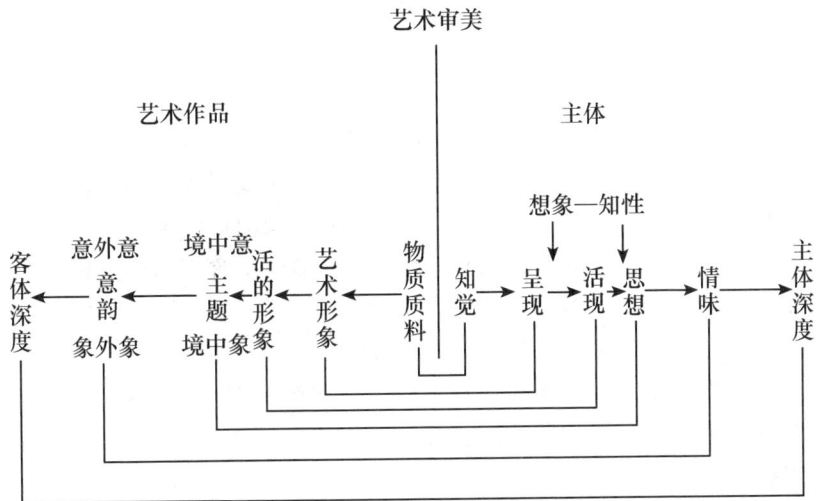

艺术审美

艺术作品　　　　　　　　　　　　　　主体

想象—知性

客体深度 ← 意外意 意韵 象外象 ← 境中意 主题 境中象 ← 活的形象 ← 艺术形象 ← 物质质料 → 知觉 → 呈现 → 活现 → 思想 → 情味 → 主体深度

第一阶段，在客体方面，是艺术作品的物质质料变为艺术形象；在主体方面，是从审美知觉到艺术呈现。人面对艺术作品的时候，艺术作品只是物质质料。于绘画，是画布上的形和色；于雕塑，是石头；于音乐，是组织起来的音响；于文学，是白纸黑字。如果人不以审美知觉去感知，艺术作品就只是也只能是物质质料。人的审美知觉的第一个作用，就是使物质质料转为艺术形象。人不把雕塑认为是石头，而看作是一个人；不把绘画看成颜料色彩，而是看成艺术形象；不把文学看成白纸黑字，而从字中看出形象来。反过来，只有出现了艺术作品，人的审美知觉才得以表现出来，他本有的从物质质料看出艺术形象的能力才得到了显现。因此，在艺术审美中，不管是艺术作品吸引和呼唤人去欣赏，还是人主动地去欣赏，人和艺术作品进行的都是一个双向的运动。既是双向的需要、双向的依赖，也是双向的深入。

第二阶段，在客体方面，是艺术形象形成完整的艺术世界；在主体方面，是从呈现到再现。艺术形象虽然在主体知觉里呈现了，但任何艺术作品的形象，都只能展现形象的一个或一些方面，不可能把它完全展现出来。一幅画中的人物，只能是人物的一个方面，或正面，或侧面，或背面，其他几面看不见的；一个雕塑人像虽然四面都看得到，但它是一个独立的凝固空间，没有环境的说明，没有时间的展开；文学作品不可能把形象的每一方面仔细写全，只能写一些主要特征，总是留下空白。空白是一切艺术作品的特征。主体从呈现到再现，就是使有空白的形象变成完整的活生生的形象，形成如真的形象世界。作品从有空白的形象变成活的形象，是在也只能在主体的心中才得以实现。主体为了使形象在心中活起来，需要想象，是想象使主体填满空白，从而使形象在心中成为活的形象。由于想象的目的是让形象活起来，就是说，是按照作品本来的方式填，不能乱想。因此，它是受知性所管辖的，知性的功能就是让想象按作品本来的方式去想。活的形象虽然是由主体想象的填满空白而出现的，但又是作品本有的。活的形象只能寓在有空白的形式里，有空白的形式本含有活的形象。因此，一方面，形象只能在主体的审美感受中活起来；另一方面，形象能活起来又是作品本有的。从客体讲，形象只有在主体心里才能活起来；从主体讲，主体只有在艺术作品中才能感受到气韵生动的活的形象。没有了一方，另一方就不可能出现。客体呈出活的形象，主体进入活现阶段，是主客体相互作用的结果。

第三阶段，在客体方面，是由活的形象到主题；在主体方面，是由活现到思想。当形象活起来之后，对活的形象的观照将必然归纳为一种主题，即这种形象表现了什么？具有什么样的意义？它包含两层内容：一是境中之象，即深深体会到了这形象的整体，形象是人则感受到一个活生生的人，形象是一组人则感受到这一组人的相互关系；二是境中之意，即对活人形成一种意义中心。把握融合境中之象和境中之意为一体的主题，在主体就表现为思想，即对主题进行一种形象的和抽象的理论把握，即对形象的深刻感受和对这种感受的语言把握。活的形象只有在主体的思想中才形成主题。主体的知性思考使主题成为思想的主题。一方面，没有主体由活现进入思想，活的形象不可能进入主题；另一方面，没有作品由活的形象进入主题，主体的活现不可能进入思想。主题与思想各以对方为基础而同时达到。主题体现的是艺术作品在一定时空中的可显示性；思想体现的是主体在一定时空中的可把握性。作品在一定的时代总要被体验为一种性质，主体在一定的时代总要用一种带有时代性的思想方式去把握作品。思想方式与作品以什么样的主题凸显出来是紧密相关的。然而，活的形象不会被一种主题完全表现，活现也不会为一种思想言说殆尽，于是艺术审美进入下一阶段。

第四阶段，在作品，表现为一种非主题所能穷尽的意韵，即境外之象，境外之景，意外之意，韵外之致；在主体，表现为一种非思想所能穷尽的情味，可感到而难以言说，可意得而难以形求。活的形象不能完全为主题所概括，就形成了象外之象和意外之意。这种韵外之致不是作品自身形成的，而是在主体的情味中形成的，只有当主体从思想进入情味时，才能感受到作品的韵外之致。同样，只有当作品进入韵外之致时，主体才能感受到思想所不能穷尽的情味。二者是同时并进的。作品的韵外之致和主体的味外之味既同时呈现出，又相互交汇，还重叠交融。

作品为什么会有韵外之致？韵外之致是美（美感）的最高特征，正是在韵外之致的美中，艺术与宇宙之道浑然相通了。中国古人讲的"诗者，天地之心也"①，"乐者，天地之和也"②，画"以一管之笔，拟太虚之体"③，都是指这种美的最高境界。这种宇宙之境不是有限的时空所能表现的，只能表现为一种韵外之致。韵外之致就是作品的深度，它蕴涵的是美的超越性，指向一种最高的人性。正是这种最高的超越性的人性深度，构成艺术作品的永恒性和可供一切时空的人的共赏性。

主体为什么会感到非思想所能表达的情外之情、味外之味？味外之味是美感（美）的最高特征，在味外之味中，人感受到了主体的深度，即人的本质。这人性的深度本就内蕴在人之中。只是人存在具体有限的时空中，为其所局限，为时代的主题而奔忙，为日常事务所缠系，感受不到而已。但当艺术作品中的韵外之致出现时，主体也就被激发，感受到味外之味，或者说，使本有的人性深度呈现了出来。

---

① 《诗纬》。

② 《礼记·乐记》。

③ ［南朝］王微：《叙画》。

什么是人的本质呢？人的本质是无。无，不是没有，而是无法定义。人不可能停留在"无"上，而必然要存在于具体时空中，不存在于这一时空，就是那一时空，不可能不存在。人一旦生存于具体时空，一方面是对人的本质的具体确定和实际肯定；另一方面又是对人的本质的一种限定和对人的丰富性的否定。因此，人一方面满意于自己的具体存在，因为人只能存在于具体时空，也只能以这一种或那一种具体方式存在；另一方面又不满意于自己的具体存在，他要求超越自己的局限，渴望更丰富地实现自己，希求实现自己的本质。现实中人忙于俗务，很少有机会来想一想自己的本质，而正是在艺术的韵外之致中，人才感受、体悟、意识到人的本质问题。

艺术的深度本就存在于作品之中，但只有在人的艺术审美的层层深入中，它才显示出来。人性的深度本就深蕴于人的内心之中，但只有在面对艺术作品，在艺术作品的层层激发中，它才显露出来。没有人，艺术作品的深度就无法呈现出来；没有艺术作品，人性的深度也无法呈现出来。

这时，需要解释的是，艺术作品的深度是怎样形成的？艺术是人创造的，它是人现实审美的物态凝结。人在现实审美中只有达到真正的审美深度时，才能够创造出艺术。优秀艺术创造总讲究灵感，灵感的实质是什么？西方美学从古希腊的神赐论——把灵感归结为诗神附体，到近代的天才论——把灵感归为天才创作时对常人意识的超越，到现代的无意识论——把灵感视为创作时无意识对意识的突破；中国灵感理论，无论是突然性的超理性，还是人品论的超常理，性灵派的突破格套，都有一个共同的特点：就是在创造的时候，忘掉了自己的具体存在，超越了具体时空中的常识和理性。其达到的正是被具体存在的常识理性所遮蔽的东西，正是这超越具体存在之物所形成的艺术的象外之象，景外之景，文外之意，韵外之致。

宇宙的本质是无（超绝言象之无），人的本质是无（无法定义之无），艺术的深度是无（韵外之致之无），对宇宙、人生、艺术的最深度的感受就是艺术审美所要给人的东西，这也就是美（美感）的意义。人创造艺术，就是为了给自己提供一个纯粹的审美世界。艺术和人共同支持了人的审美向度，没有人，艺术就只是物质质料，无法展开和实现自己；没有艺术，人就只知日常俗务和其他非审美的活动，而发现不了自己的审美本性，以及蕴藏在审美本性深处的人的本质。

以上论述，是从纯理论的形式进行的。在现实中，如果艺术作品不是按照艺术的目的创造的，而是为宣传、广告、政治、宗教、认识等等非审美目的而制作的，或者，艺术作品没有按照艺术的形式规律来创造，那么它就没有丰富的内容，就是不好的艺术作品。人在对不好的艺术作品审美时就只能达到作品具有的一定层次。主体的审美需求受阻碍，结果是主体"观"不下去。同样，人本有审美的本性，但这本性也需要培养。如果人没有很好的审美修养，那么他即使对优秀的艺术作品也不感兴趣，或即使进行欣赏，也只能达到较浅的层次，优秀作品的超越具体时空的深层意蕴无法显现，甚至对他所处具体时代有意义的主题也无法在他的审美中显示出来，作品的显现受到阻碍。因此，美育的作用就是一方面让优秀作品去突破人的审美遮蔽，使人的心灵向美敞开；另一方面让人去欣赏优秀作品，使作品本有的东西一层层地显现出来。只有艺术的深度显示出来，人的深度才能呈现；只有人具有自己的深度，他才能促使作品的深度呈现。作品和主体的相互依赖、相互刺激、相互突破、相互深入，这就是美的境界。

西方美学偏向于抬高艺术审美而贬低现实审美。很多美学家认为：虽然人用审美知觉去看待社会物、自然物，它们也会成为审美对象，但社会物和自然物成为审美对象只具有浅层次的内容，而没有艺术所具有的"深度"。但中国美学认为，社会、现实、艺术在本质上都是一样的：

> 古之善画者，大都以造化为师。天之所生，即吾之所画，总需一块元气团结而成。①
> 会心山水真如画，巧手丹青画似真。②
> 诗以山川为境，山川亦以诗为境。③

郑板桥的话揭示了现实与艺术的共同本源，自然之物与摹写自然之画，都是一块元气团结而成，都源于宇宙运动不息、生生不已之气。杨慎的话指出，现实与艺术具有相同的深度，山水"会心"即达到了艺术审美中所达到的主客体深度，艺术的"巧手"即达到了现实审美中的深度。董其昌的话说明，现实与艺术是可以互换的。诗师法山水，是师法山水中蕴涵的天地的造化；山水依法诗，是诗已经反映了天地的造化。

当然，现实与艺术也是有所不同的：

---

① 《郑板桥集》补遗。
② ［明］杨慎：《总纂升庵合集》，卷二百零六。
③ ［明］董其昌：《画禅室随笔》，卷三。

以蹊径之奇怪论，则画不如山水，以笔墨之精妙论，则山水不如画。①

江馆清秋，晨起看竹，烟光、日影、露气。皆浮动于疏枝密叶之间。胸中勃勃，遂有画意。其实胸中之竹，并不是眼中之竹也。因而磨墨展纸，落笔倏作变相，手中之竹又不是胸中之竹。②

有地上之山水，有画中之山水，有梦中之山水，有胸中之山水。地上者妙在丘壑深邃，画上者妙在笔墨淋漓，梦中者妙在景象变幻，胸中者妙在位置自如。③

郑板桥的话虽然是讲绘画创作，但客观地指出了眼中之景、胸中之象、手作之画，其意味是不同的。张潮则从审美趣味上明确地讲了现实之景、艺术之境、胸中之象、梦中之形各有其不可替代的审美价值。

从本质上说，现实审美与艺术审美具有共同性。从其统一性上看，可以把本章中现实审美的结构和艺术审美的结构统一起来：

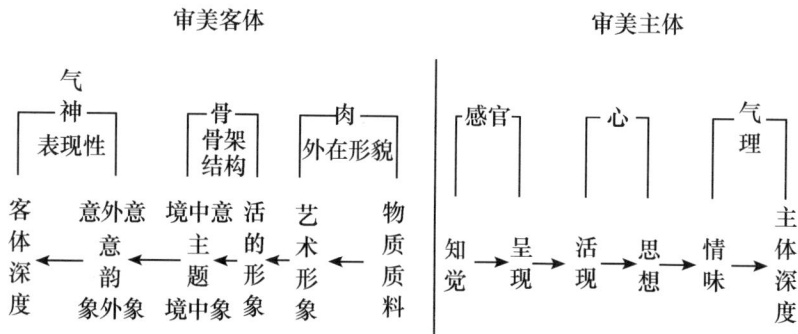

艺术的物质质料和艺术形象相当于肉（外在形貌）；活的形象和主题相当于骨（骨架结构或力的式样）；象外之象（象外之意、韵外之致）和客体深度相当于神。主体方面，知觉和呈现相当于感官知觉；活现与思想相当于"心"（内模仿与移情）；情味与主体深度相当于"气"（理）。观之以眼，听之以耳，即整体感官知觉，对应的是外在形貌；观之以心，听之以心，

---

① ［明］董其昌：《画禅室随笔》，卷四。
② ［清］郑板桥：《题画》。
③ ［清］张潮：《幽梦影》。

即用包括想象、情感、理智在内的整个心灵去体验，对应的是骨（骨架结构或力的式样），是主题，是思想。在这一阶段，其客体主题和主体的心主要是具体时空的，即有个人、阶级、民族、时代、文化特点的。观之以理，听之以气（主体深度），对应的是客体的象外之象、文外之意、韵外之致（客体深度），这里呈出的是美的极致，是具体时空的超越，是人的本质的呈现。

以上过程是一个审美现象学的理论模型，对这个模型还须作三点补充：

1. 在审美现象学中，三个因素是结构性地出现的：审美方式、美、美感。三个因素本就存在，在审美中，同时产生出来，只要任何一个出现，都会带动其他两个出现，从而形成审美活动；但只要其他两个因素的任何一个的出现受阻，审美活动就无法形成，而已经先出现的一个或两个因素就会退回到非审美的原貌上去。

2. 审美三因素——审美方式、美、美感，在审美活动初始之时，是分别地出现的，随着审美过程的进行，三个因素逐渐地相互接连，往复回还，最后融为一体。因此，说美与美感是两回事，是就其起因（美来自客体，美来自主体）讲的；说美就是美感，是就审美活动的高潮讲的，不知何为我（美感），何者为物（美）的情况。

3. 美来源于客体，但并不就是客体。人在客体中找不到美的因子，但在习惯上还是把美体验为客体的客观性质。虽然美感来源于主体，但并不就是主体，不加限定很难区别审美快感与其他快感，但在习惯上还是把美感体验为主体的固有属性。

既然这是一个理论模型，它与现实中每一次具体的审美现象就是有距离的。现实中的审美并不一定按照理论逻辑一步步进行，可能这一次会省略某一阶段，那一次会出现先后次序的不同。但无论这个理论逻辑与具体审美有什么样的不同，它毕竟指出了美的实质。美的本质在于，人们感到了美感，并且在你指认某一对象为美的时候，真的有审美现象产生。

审美现象学的理论是理解美的一个基础，也是理解现实中审美客体的基础。当一个人面对某一对象产生了审美现象，这种现象在他此后面对同一对象又反复产生的时候，他就会把这一对象指认为美的对象，认为美是这一对象固有的性质。这一美的被指认和对象的被命名，用一个理论术语来说，就是美感的客观化和符号化。客观化是指，在感觉和理论上，美都被认为是这一客体固有的性质；符号化是指，在实际上，客体被认为美，不是由主客之间通过审美活动建立起来的。

一个人所认为的美是这样产生出来的，一个民族、文化、时代的美也是这样产生出来的。只是民族、文化、时代的美学符号化过程更复杂。知道了审美现象学和由审美现象学而来的美的符号化，就可以理解不同的民族、文化、时代有不同的美，也可以理解一些客体在一个民族、文化、时代中被指认为美，在另一些民族、文化、时代中却不被认为是美，甚至被认为是丑。美来源于客体，并不就是客体。客体作为美既然是被符号化而建立起来的，当然也可以通过解符号化而成为非美的客体。我们可以通过很多经典的实例个案，呈现出客体是怎样被美学符号化，又是怎样被解符号化的。比如，中国古代的三寸金莲，在五代开始被某些个人符号化为美的客体，发展为在宋代被整个文化符号化为美的客体，三寸金莲作为美的客体存在了一千年以后，于民国初年被解符号化，成为不美的客体。

在具体的民族、文化、时代中，一旦美学符号化完成后，被美感符号化的客体被认为是美就有一种公共的定义性和公认的客观性。不管人们对它是否产生过审美过程，是否有过美感，都会认为它是美的。一旦某一客体获得了这种公共的定义性和公认的客观性，会出现两种现象，一是这一民族、文化、时代中的个人，哪怕自己面对它时从未产生过审美经验，从未从中获得过美感，也都承认它为美，承认这一客体具有不以自己感受为转移的美的客观性。二是这一民族、文化、时代中的个人可以不通过自己的审美体验，只通过一种认识功能就把这一客体指认为美。因为这一客体的美已经被整个民族、文化、时代符号化、客观化了。这种公共定义性和公认客观性的力量，既能够使人通过符号认知而产生美感经验，也能够使人在通过符号认知，虽然没有美感出现，仍认定它为美，从而与整个民族、文化、时代的知识体系相认同。在现实中，当我们说什么是美的时候，往往指的就是这些被符号化了的美的事物。这事物为美，是这一民族、文化、时代知识体系中的一个组成部分。在它被解符号化之前，是一直要美下去的。

总而言之，知道了审美现象学和美感符号学，就基本上知道了美是怎样获得的，又是怎样失去的。但是过分专注于美的获得和失去，会使我们太多地进入美的历史学研究，而忘记了美何以要出现并消失这一问题对人的本体论意义，即美通向意义的深度。

第三章
美的基本类型

第一节　美的基本类型：历史、理论、原则

· ·

　　对美的对象进行分类，主要有三种方式，一是按照自然/社会/文化的整体分为自然美、社会美、艺术美、文化美、形式美等。二是在美的主要对象——艺术美中的艺术门类进行分类：建筑、雕塑、绘画、音乐、文学、戏剧、电影等。三是按照审美的方式分类：美、丑、崇高、滑稽、悲剧、喜剧等。在这三种审美对象分类中，第三种分类对于美学具有核心的意义。它是最容易把美学与其他学科区分出来，让人感受到美学的独有性质的分类。因此，本书将这一分类方式称为美的基本类型。在中国美学论著中，美的基本类型主要有两种称谓，一是审美范畴，这是用得最多的。新中国成立前期的美学讨论用的是审美范畴，改革开放后出的第一批美学原理著作——杨辛、甘霖《美学原理》（1983）就用的是审美范畴，到新世纪杨春时《美学》（2002）还是用审美范畴。当然，审美范畴又被用作"美的范畴"，这正如美学一词也被用作审美一样。二是审美形态。范畴（category）一词在西文里，既有基本概念之意，又有基本类型之意；在中文著作里，特别是在哲学著作里，基本属于概念方面。因此，改革开放后第一本美学论著——王朝闻主编《美学概论》（1983）用的是"美的形态"。到新世纪，朱立元《美学》（2006）和陈望衡《当代美学原理》（2007）仍称"美的形态"，张法《美学导论》（2004）用为"审美类型"。审美范畴（或形态、或类型）在西文中（希腊文 Kategoria，英文 category），既有类型之意，又有范畴之意。在中文里，前者偏于客观物体，后者偏于思想把握。由于中国美学原理主要把它归于审美对象，因此，用作审美形态和审美类型的为多。但是审美 category 自柏克、康德以来，不仅仅是审美对象，而且必须要与主体反应相连，在与主体的互动中，才成为审美的 category。因此，在中文里，一方面用审美范畴，易于与专指概念的审美范畴如神、逸、妙、能等等相混淆；另一方面用作审美类型，又容易忽视其与主体的关联。因此，如何用一个关联到主客体互动的词汇来讲审美 category，仍然是一个尚未解决的问题。本书暂且将之称为美的基本类型。

　　中国美学在关于美的基本类型的体系结构上，主要表现为三种进路：一是从西方古典美学的结构而来的体系（由于改革开放以后的美学从新中国成立前期的美学转变而来，其呈现的是西方古典美学基本类型的结构，包含了苏俄美学）；二是进入到包含西方古典美学和西方现代美学为一体的

类型体系；三是不但把西方古今的类型结合在一起，还力图把西方美学与非西方美学，特别是中国美学中的基本类型结合在一起的类型体系。

中国美学研究自清末民初开始以来，基本上是学西方。西方美学当时影响中国的主要是两个潮流，一是审美心理学，其中的审美基本类型，或是偏于主体心理的抽象与移情，或是把本来具有更多客观因素的审美类型作心理方面的强调，如陈望道《美学概论》（1927）中的崇高、优美、悲壮、滑稽，作为"美底情趣底种种形相"。这样，审美的客观因素没有得到太大的突出。二是西方古典美学中重要美学家的思想，如亚里士多德、柏克、康德、黑格尔，都有关于美的基本类型的研究，中国学者主要进行转述。新中国成立以后，中国美学转而学苏俄，苏俄美学基本框架来自西方传统。由此，经过俄化的西方美学理论中的美的基本类型理论进入中国。美与丑、崇高与滑稽，得到了较大的突出。改革开放后的中国美学正是在这一基础上展开的，改革开放后的第一本美学原理著作——王朝闻主编的《美学概论》讲了四个基本类型：优美、崇高、悲剧、喜剧（滑稽）。这沿袭了民国和新中国成立前期的分类原则，以一种西方古典/苏俄美学为框架，进行一种新的组合与阐释。这一方式为后来很多美学原理著作所仿效，如陈望衡《当代美学原理》仍是美、丑、崇高、悲剧、喜剧。在这一理路里，结构最为对称的，也是出现得最多的是：美（优美）与丑、崇高与滑稽、悲剧与喜剧。

另一方面，西方现代的新类型又进入学人的视野。一是丑的类型在西方现代内涵的扩大和意义转型，二是荒诞作为哲学概念和艺术类型被总结为美学类型。刘东《西方的丑学》（1983）是对"丑"的转意的描述。在20世纪70年代末80年代初关于存在主义哲学和文学、卡夫卡小说、荒诞派戏剧中的荒诞言说的基础上，张法在《审美范畴》（1986）一文中把荒诞作为一个美学基本范畴（类型），周来祥用论文和大部头著作，把西方美学的基本类型发展归结为：和谐（古代）、崇高（近代）、荒诞（现代）。新世纪初，杨春时《美学》把美的基本类型（他用范畴一词）归为：肯定性的三类（优美、崇高、喜剧）和否定性的三类（丑陋、荒诞、悲剧）。如果说周来祥把美的类型作了一个历时归纳，那么，杨春时则把美的基本类型总结为一个共时结构。然而，无论周来祥的历时归纳还是杨春时的共时结构，都建立在西方美学的类型理论基础上。

在审美类型的研究中，清末民初，王国维提出的"古雅"是一个融合中西美学的类型；新中国成立以后，周来祥提出的"和谐"也是一个融合中西美学的类型。中国美学在百年演进中,有优美与壮美之论,中国的壮美不同于西方的崇高;有阳刚之美与阴柔之美,但不适合进入西方的美学原理中的审美类型体系之中。实际上,由于美学原理是以西方美学为主的,美的基本类型也是以西方美学为主的。只要以西方类型美学原理作为美学原理的主体,美的基本类型的理论建构也只有以西方美学为主。马奇在20世纪80年代主持中国人民大学美学原理教材的编写时,曾说:美的基本类型可分为美、悲、喜。张法的《审美范畴》(1986)就是以此为基础,分为三大类九小型:美(优美、壮美)、悲(悲情、悲剧、崇高、荒诞)、喜(怪、丑、滑稽)。张法在后来的《美学导论》(1999)进一步扩展为三大类十小型:美(优美、壮美、典雅)、悲(悲态、悲剧、崇高、荒诞)、喜(怪、丑、滑稽),在美中增加了典雅一型。这里,壮美和悲态是对中国审美类型的呈现,包括了原始文化中的审美类型。

20世纪80年代以来,恐怖作为一个审美类型在西方进入到美学中,由哥特小说、恐怖电影等艺术门类的综合而来。科斯梅亚(Carolyn Korsmeyer)主编的《美学重大问题》(Aesthetics: the Big Problems,1998)谈到审美类型时,提了三种基本类型:悲剧、崇高、恐怖。很明显,悲剧是古代的重要类型,崇高是近代的重要类型,恐怖是现代的重要类型。简达(Ken Gelder)专门编了《恐怖读本》(The Horror Reader,2000)讨论了属于恐怖的11种类型。在恐怖的类型中,怪诞是其中的一个小型。对于怪诞,刘法民写了不少文章,并出版了专著《怪诞艺术美学》(2005)和《怪诞美术名作选讲》(2007)。

在美的基本类型的研究中,如何把以西方美学为基础的类型体系和以中国美学为基础的类型体系,以及其他非西方文化的类型体系,比如印度文化的类型体系和伊斯兰文化的类型体系结合起来,形成一个既具有文化多样性又具有全球普适性的美的基本类型理论,既是中国美学的难题,也是世界美学的难题。对于美的基本类型的研究,中国学人的资料来源不断变化,清末民初以来主要是来自西方的古典资源,民国后期和新中国成立前期加上了苏俄资源,改革开放以后,苏俄资源虽然渐渐淡出,仍在进入,西方资源得到强化。在西方资源里,荒诞类型得到了大量的介绍,恐怖类型正在进入;在苏俄资源方面,涂途和彭修银画出了一个大致的路线图:包列夫《美学范畴》(1959)、《美学基本范畴》(1960);舍斯科塔夫、洛塞夫《审美范畴史》(1965);舍斯科塔夫《作为审美范畴的和谐》(1973)、《审美范畴论》(1983);斯列德尼依《美学重要范畴》(1974);齐斯《艺术与美——传统范畴和现代问题》（1975）；萨维诺娃《美学范畴》（1977）；等等。然而，由于中国改革开放后的学术眼光日益集中于西方，这一苏俄理论地图上的资源并未能详尽地介绍到中国来，因此，在中国美学基本类型的理论建构上，没有产生大的影响。彭修银在《美学范畴的系统化》（1992）一文中，不但提出了上述苏俄资源的大部分，还重绘了西方资源，从德国的康德、黑格尔、德索，意大利的克罗齐，美国的门罗，到法国的夏尔·拉格的《美学概念》（1926）和苏奥里的《美学范畴》（1960）。更重要的是，该文介绍了日本美学大家西克札的《幽玄与哀怨》（1934）、《风雅论》（1940），特别是其百余万字的《美学》，该书下卷为"美学范畴"，把美学范畴分为基本的和派生的，在其分类中力图把西方的美学类型（悲壮、优美、滑稽）与日本的美学类型（玄妙、幽怨、清雅）结合成一个体系。

如果说，中国美学和日本美学的审美类型，都较易与西方的审美类型相结合，那么，印度美学的审美类型要被纳入进来，则是一个难题。张法的《美学导论》（2004）对印度审美类型进行了介绍。婆罗多的《舞论》中提出了八种味①：艳情味、滑稽味、悲悯味、暴戾味、英勇味、恐怖味、厌恶味、奇异味。这八种味与八种常情相对应，不但如此，还与世界的色彩象征和宇宙本体的神祇相连。印度的分类方式与中国和西方都不同，比如"勇"在中西方都不是一种情感，而是一种品格。再看印度人有关情感的结构理论，更可知其独特性。常情为八，具体为：爱、笑、悲、怒、勇、惧、厌、惊；不定情为三十三，具体为：忧郁、虚弱、疑虑、妒忌、醉意、疲倦、懒散、沮丧、忧虑、慌乱、回忆、满意、羞愧、暴躁、喜悦、激动、痴呆、傲慢、绝望、焦灼、入眠、癫狂、做梦、梦觉、愤慨、佯装、凶猛、自信、生病、疯狂、死亡、惧怕、思索。不定情是伴随常情或由常情产生出来的具体情态，这里又可看到印度人对情的把握包括中西人认为的心情本身（如喜悦）、情的表现（如凶猛）、情产生的动作（如做梦）。印度人对情作如此的把握，当然有其自身的逻辑。我们再来看八种真情：瘫软、出汗、汗毛竖起、变声、颤抖、变色、流泪、昏厥。真情在中西人看来，是

---

① 味是印度美学的最高范畴。味（rasa）的本义是植物的汁，在吠陀诗集中，已引申为汁、水、奶。对印度哲学来说，汁是植物的精华，从而是植物的本质。因此，味就是本质。味就成了存在于事物之中，决定事物之为事物，使事物达到最好状态的东西。对事物的本质，不用实体性的"本"、"体"、"质"，而用虚体性的"味"。这是一种印度式的本质观。

动情时最不由自主的真实表现。在印度人看来，情与情的表现有内在本质
关联，而且是情的不可分割的一部分，因此也是"情"。但四十九种情中，
常情是基本的，达到美学类型（味）的是八种常情。在八种常情中，如果
要两分，可以分为正面的和负面的：

正面：爱、笑、勇、惊

负面：厌、悲、怒、惧

如果要三分：可以分为与人一致，正面为爱，负面为厌；高于人的，
正面为惊、勇，负面为悲、惧；低于人的，正面为笑，负面为怒。

然而，对于印度文化来说，不能截然分为正与负，因为印度文化中的
正与负的关系和意义都与中西文化不同；也不能分为三，高于、低于、同
于在印度思想中没有中西文化中的意义。印度文化中佛教的最高境界是涅
槃，以这一思想为背景，后来在八味中加上了寂静味，作为最高的味。
印度文化中印度教的最高境界是湿婆之舞，一种包含了光明与黑暗、个
体与宇宙、主观与客观、正面与负面的合一。八味又被解释为来自湿婆
之舞的八形，湿婆之舞象征宇宙韵律的极乐。以这一思想为背景，味的
极致是喜。喜来自正面情感，在爱、笑、勇、惊中很好理解，来自负面
情感，在厌、悲、怒、惧中不易理解。但从美学来说，正是从负面情感
转为喜，才成为一种审美体验。佛陀的涅槃为静，湿婆之舞为动，一静
一动，体现了印度美学的特色。综上所述，印度美学中的审美类型，是
以主体的情为主，这与西方、中国、日本以客体的形态为主的审美类型
极为不同。因此，如果要建立一个具有世界普适性的审美类型理论，如
何把西方和中国偏重于客观性美学类型与印度偏重于主体心理的美学类
型进行一种综合，是一个值得研究的问题。

对于美学来说，审美类型的一个根本的特点是它建立在两个基础上：
第一，审美对象之呈现为美，不是对象中的某些性质本身就是天然美的，
而是对象在一定的时代/文化环境中被符号化为美的。因此，用审美 cate-
gory（范畴）而不用审美 type（类型）来把握这一现象，强调的正是审美
类型在生成和建构上所具有的主客互动性与合一性。然而，如果不从生成
和建构的角度，而从已经生成和业已建构的角度看，可以说，审美 catego-
ry（范畴）就是审美 type（类型），category 一词本身就含有范畴（主体的
把握）和类型（客观的存在）这两种含义。第二，审美已经不仅是对被时
代和文化认定为美的对象进行划分，如常听到的优美与壮美、阳刚之美与
阴柔之美，而且是当用审美态度去看一切对象，即把一切对象都作为审美

对象来看待和欣赏时，对所有审美对象进行的一种划分。这时，审美对象可以是美的，也可以是丑的，还可以是崇高的、滑稽的。因此，可以说，审美类型是对所有审美对象进行分类。

美是审美对象的核心，其他审美对象都是在有了美这一基本前提下，才展开来的，或者说，是因为有了审美中的审美之"审"，用审美态度、知觉、方式去面对一个非美的对象，才使这些非美的对象成为审美对象的。举例来说，在一个具体的时空中，美与丑已经被客观化和符号化了，有了具体的公认和共感，对美而知其美，对丑而知其丑，这并不是一种审美，而是一种认识。见其美而生爱，感其丑而生厌，这也不是一种审美感受，而是一种日常感受。只有见美时，作审美观赏，深刻体会到美之为美，才是审美感受，美才真正地对他成为美。同样，见丑不仅从认识上知其为丑，而且还对之作一种审美观照。这时，主体得到的将是两种感受，一是对丑的厌感，二是对丑的观赏本身得来的快感。厌感与快感的合一，在这种合一中，快感占有主导地位，构成了主体对丑观赏的审美快感。当人以审美知觉面对各种非美的事物之时，非美事物都能成为审美对象，但是其作为审美对象的特征是，当主体面对这一对象时，审美快感是一种复杂快感。这种复杂快感一般包括两个基本成分，一是对该事物性质而来的感受（非快感），二是审美方式本身带来的感受（快感），二者合一构成特定的审美感受。审美方式使非美的客体成为审美对象，使对非美客体的感受成为审美感受。一旦二者合一为一种审美感受，与之对应的客体也就成审美客体。非美客体成为审美对象，最明显的确证是艺术。一切事物，无论是美的、丑的、强的、弱的、善的、恶的、恐怖的、怜爱的，全都成为审美对象。这些非美的事物成为艺术，本身就相当于进入审美方式之中，一切非美客体都因艺术形式而成为审美对象，也就表明了一切非美事物只要用审美方式去看都可以成为审美对象。正是在这一意义上，可以说，aesthetics（美学）实际上是审美学。另一方面，一切非美客体之所以成为审美对象，在于审美方式的作用，在于最后要把非美的感受转化为审美快感。非美客体在审美方式、美、美感这一套结构性的东西叠加在其上时，才成为审美对象，才引发一种审美感受。在这一意义上，aesthetics（审美学）根本上还是美学。也正是在这一实现中，理论家们才讲"化丑为美"、"越丑越美"，才谈"崇高美"、"滑稽美"、"荒诞美"。因此，现在的问题不是非美的客体怎样成为审美对象，而是：（1）怎样把握各类非美的审美对象，在非美的审美对象之中，还有没有质的区别？（2）在对非美的审美对象的审美中，与对美的审美对象的审美有什么不同？（3）非美的审美对象与美的审美对象怎样组织成一个整体？

美的对象并非一样，可以分为各种类型，有了美的客体和非美客体的区分，美的客体的分类问题当然也会提出来。美有不同的类型，可以涉及两个问题：一是在美的不同类型的审美中会不会有不同的形式？二是这些不同类型有没有等级上的高低？如果有，会不会涉及柏拉图《大希庇阿斯》中提出的问题，一个事物是美的，当遇上一个更美的事物时，它还是美的吗？美的客体有不同类型，美的客体与非美客体有不同类型。由此，产生了美学上的审美类型。

中国、西方、印度、苏俄、日本美学对审美范畴的划分，所依据的宇宙观不同，所指涉的对象范围有宽有窄，所强调的重心有偏于客体形象，有偏于主体心理，所分出的种类有多有少，难以统一。但从理论上恰当地划分审美范畴，对于美学具有重要的意义。这里对审美类型的划分，力求在总结中外美学史的当代美学研究的基础上，对审美类型进行划分，提出以下原则：

1. 在不同文化分类范式中寻求共约性的逻辑统一。

中国理论是以美的客体为基础，展开为阳刚之美和阴柔之美的基本类型，在阳刚阴柔基础上再展开为各种各样美的类型。阳刚阴柔既是各种类的类型的出发点，又是其归宿。因此，中国的美的类型是一个首尾合一的圆。这个圆的核心就是道，就是天，就是气。基本的美（阳刚、阴柔）和多样的美（4、8、24、36、72、108）产生于此又复归于此。印度理论以主体心理为基础，以主体心理（爱、笑、勇、惊、厌、悲、怒、惧）去统率客体形象（紧密、清晰、同一、甜蜜、柔和、易解、高尚、壮丽、美好、三昧），而在主体心理类型中以爱为主，这就决定了印度审美类型的统一性和独特性。印度主体心理虽有二分，但这二分只是一体的两面，显出了印度美学一种特殊的统合方式。印度人的爱是一种宗教的爱，因此，八类的最高境界一是佛教的极致——寂静，一是印度教的最高境界——极乐。这二者一为人生的极致——死，一为人生的极致——爱，爱与死殊途而同归，又共同指向一种宗教超越。可以说，印度美学是一种向上升腾的美学。从八种心类和十种象类来看，它是一种圆，但这种圆有两种循环，一是世俗上的循环，二是世俗与净界的循环。西方理论不妨从弗莱理论①切入。其理论以天堂与地狱的善恶对立展开为基础，与中国和印度比较，它展现了与人敌对的力量在审美对象中的巨大作用。西方近代的崇高理论和当代的荒诞理论所突出的同样是与人敌对的力量。因此，不妨把中国美学中的美的展开作为美的审美对象的展开，把印度美学中爱的展开和升腾作为美的展开，而把弗莱和西方理论作为美与非美的审美对象的展开。从审美对象来对美与非美客体作总的统摄。而这样做，能更好地理解中国美学中数量巨大的"以悲为美"思想和为数不少的"以怪为美"、"以奇为美"、"以大为美"、"以丑为美"的思想，也能更好地理解印度美学中的厌、悲、怒、惧何以为美。

因此，本书以二元对立方式为基本方式，运用西方主流美学常用概念，把审美对象分为美、悲、喜三大范畴。中国美学以二、三、四、八、二十四作为分类的层级，印度美学以二、三、八、十为层级，弗莱理论也有二、四、五、二十四层级。层级再分有利于对审美对象的丰富性加以理解，也有利于对各种审美对象的相互关系作更深入理解。因此，在美、悲、喜大类型下面再分出次级类型，美下面有优美、壮美、典雅；悲下面有悲情、悲剧、崇高、荒诞、恐怖；喜下面有怪、丑、滑稽。

2. 以人在历史实践活动基础上产生的审美对象的历史展开为基础。

美、悲、喜三大类型有一种历史逻辑的递进关系。从历时性上说，首先产生的是美，然后才是悲和喜。只有有了美，悲和喜才能成为审美对象。在共时性上，美、悲、喜一旦成为审美对象，三大类型就处在了一种共时性逻辑结构中。正是这种逻辑结构使美学成为美学。在这一意义上，美学的展开就是审美类型的展开。

3. 以审美主体与审美对象的不同关系为依据。

美、悲、喜分别体现了人与三类审美对象的不同关系。从其词性可知，美体现了人与对象的一种和谐关系；悲体现了人与对象之间的不平等关系，对象大于主体；喜，是西方喜剧性意义上的喜，体现了主体与对象间的另一种不平等关系，主体大于对象。三大范畴分别代表了三类各具特色的审美价值。美、悲、喜体现了人类的三种主要审美方式和审美心态。

---

① 对于弗莱的美的类型理论，参见张法《美学导论》第四章第一节，北京，中国人民大学出版社，2004。

审美的基本类型从逻辑上可以如下图：

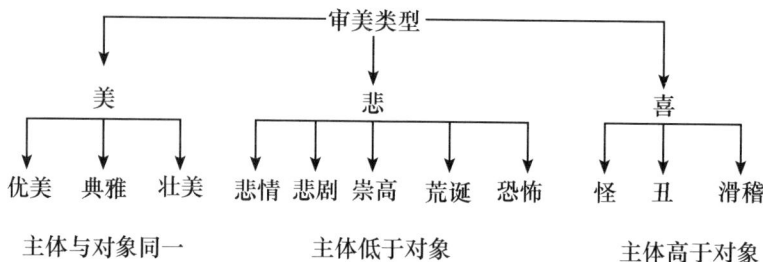

```
                        ┌────────── 审美类型 ──────────┐
            ┌───────────┤              │              ├───────────┐
            ▼           │              ▼              │           ▼
            美          │              悲             │           喜
    ┌───────┼───────┐   ┌─────┬─────┬─────┬─────┬─────┐   ┌───────┼───────┐
    ▼       ▼       ▼   ▼     ▼     ▼     ▼     ▼         ▼       ▼       ▼
   优美    典雅    壮美  悲情  悲剧  崇高  荒诞  恐怖      怪      丑     滑稽

   主体与对象同一           主体低于对象                 主体高于对象
```

第二节　美（优美、典雅、壮美）

一、美是最重要的审美对象

在各种审美对象中，美是最重要的审美对象。说它重要，并不是说，在共时性上，美高于悲和喜，而是就整个审美对象的根本性质，从各种审美对象的统一性，从审美活动的目的来看，只有把握了美的性质，才能把握其他审美对象的性质。正因为美是最重要的审美对象，人们才长期把美等同于审美对象。

从审美发生学看，最初的，从审美意义完全可以称为审美对象的是美。要证明这个观点，必然涉及原始艺术。如果说原始艺术是审美对象的话，那么也只是用今天的眼光看，正如黑格尔《美学》所做的那样，它会属于崇高范畴。而在其原有的时空中，原始艺术作为原始上层建筑的核心，以图腾、巫术、仪式为主要形式，与人尚未展开的本质力量相一致，是宗教、政治、军事、实用、教育、训练、审美的浑然合一。在原始人的实践活动和原始观念的氛围中，原始艺术在社会实践中的位置、在社会生活中的意义和它实际发挥的功能，都使我们不能把它与美学意义上的审美对象等同起来。虽然它包含了审美的因素。只有人的实践力量一步步壮大，作为图腾巫术仪式的"礼"进一步分化为礼、乐、刑、政，原始艺术从上层建筑的核心逐渐向边缘移动，人对观念形态的浑一也随之分化，艺术才慢慢成为审美对象的。如果说美产生的重要历史条件之一是人的本质力量的对象化，人在对象中感到自己的本质力量，体验到人自己的有意识活动的结果，那么在初期原始艺术中，人们更多感到的是图腾和巫术的力量。因此，审美意识虽然内在地隐含在具有浓烈宗教崇高气氛的图腾歌舞中，但却最先从人能够控制的、能够自由自觉地创造的、易于感受到自身实践力量的领域，从工具制造到日用器具的制造领域体现出来。比如，可以假设，它凝结在中国原始社会的彩陶图案上，那柔美的曲线、悠然的波纹、欢快的旋涡纹、饱满的四大圈纹。虽然里面并不排除原始思维的联想和意识形态氛围，但陶罐的制作、彩纹的描绘、彩陶的使用，都易感到自身的力量。对彩陶的观赏，最易成为对自身力量和自由创造的观赏，最易感到人与对象的同一性。人的审美意识就是在这种制造和观照中逐渐地积累起来，积淀下来，建构起来。在审美意识业已建构的基础上，人们用审美方式去观照不美的、丑的、凶恶的对象时，悲的对象和喜的对象才成为审美对象。当然这种"成为"是一种非常复杂相当漫长的历史过程，正如美的形成是一个非常复杂相当漫长的历史过程。总之，审美对象是由美开始的，由美而扩大为悲和喜。从发生学上看，美是审美对象发展和扩大的基础，美中包含着审美对象发展和扩大的潜能。从现象学上看，因为美的参照，其他审美对象悲和喜一方面显出作为审美对象的共性，另一方面又显出不同于审美的对象的个性。如崇高、丑、怪在审美的初始阶段与人的不谐和，给人的不是美感，在审美过程中都有从不谐和转入谐和、从痛感转向快感的固定程式。这种从不美向美的转化，从非快感向快感的转化正是从现象上复演了审美的历史过程。审美历史不仅包括悲和喜从非审美对象转为审美对象的历史，也包括悲和喜的审美对象不断转化美的审美对象的历史。矗立在茫茫沙漠上的巨型狮身人面石像从崇高转为壮美，原始彩陶的人面鱼纹由怪异转为优美。在远古的图腾崇拜中，月亮曾是神秘、威吓、崇高的对象，古以色列人在新月升起的时候，总要在山头举行烽火，怀着神圣和敬畏来迎接它。中国远古时期，与月亮相连的西王母，也曾是身骑猛兽、面目可怖的形象。后来月亮却成为优美的象征。"花好月圆"、"明月晓风"、"月上柳梢头，人约黄昏后"，是人们向往的美好境界。审美现象上痛感向快感的转化，审美历程中悲和喜向美的转化，都表明了美是审美对象的核心，美中包含着人与现实审美关系中的本质性的东西，美是人类审美活动的理想和目的。

二、美的特性

当主体向客体作审美观照时，客体成为美的客体而不是成为悲的客体或喜的客体，在于客体自己的特性。首先，美具有一切审美对象都有的形象可感性。一切非形象、不可感的东西，都不是审美对象。"心灵美"、"思想美"不是从美学意义，而是从修辞学意义上用的，是比喻或是赞誉。当心灵和思想用艺术表现出来时，艺术给心灵以形式，把不可见非感性的东西变为可见可感的时候，它才成为审美对象。一首短小的抒情诗，一支轻快的欢乐曲，都因把心灵呈现出来而成为审美对象。美的形象可感性与非美的形象可感性的不同在于，这种形象可感与人体感官具有内在的契合性，只要人以审美态度去看它，它不需借助思考就令人感到愉悦。这在于美的第二个特点：客体具有物的尺度的完善性。它包含三层逐层递进、缺一不可的含义：（1）是事物的本来面貌。人就是人，不是人面蛇身；鸟就是鸟，不是九头怪鸟。这一点使美区别于怪。（2）是事物的正常尺度。驼背、残废不算正常，未老先衰、少年白发也不算正常，总之，是正常不是畸形。这一点使美区别于丑。（3）是正常中的优秀者。一般人都正常，但不一定美；一般树都正常，但不一定美。维纳斯、掷铁饼者、西施、潘岳才是美，黄山迎客松、西湖垂柳、香山红叶才是美。这一点使美适合于人关于美的理想。虽然这种理想被体验为是客观的，但却是人的历史实践活动的结果。正因这一深层原因，美才具有第三个特点：形式和内容的统一。作为美，其客体形式中必然包含着符合自己形式的内容。这内容是审美活动中人能由表及里、层层感受、不断深入的审美愉快，最后达到象外之韵的高峰体验。李商隐的诗就是形式和内容的完美统一。比如《锦瑟》：

> 锦瑟无端五十弦，一弦一柱思华年。
> 庄生晓梦迷蝴蝶，望帝春心托杜鹃。
> 沧海月明珠有泪，蓝田日暖玉生烟。
> 此情可待成追忆，只是当时已惘然。

优美的意象、华美的辞藻、雅美的典故、工整的对偶、和谐的平仄音韵、缠绵的开端和余音不绝的结尾，与深情的思念、美好的回忆、梦幻的逻辑、人生的惆怅交织在一起，形式与内容的统一使人在审美中感受到无穷的意味。而李商隐的效法者宋代西昆派诗人却只徒有李诗华美的形式，而没有真挚的情感内容。如杨亿的《泪》：

> 锦字停梭掩夜机，白头吟苦怨新知。
> 谁闻垅水回肠后，更听巴猿拭袂时。
> 汉殿微凉金屋闭，魏宫清晓玉壶欹。
> 多情不等悲秋气，只是伤春鬓已丝。

有美的辞藻，有美的典故，也有工整的对仗，然而当主体沿此形式进一步深入时，感受到由一个个悲苦的典故组成的"泪"的主题，但这个主题却是空洞的，仿佛一个没有谜底的谜面。这种形式与内容相悖将使审美活动因客体的原因而不能一层一层深入，从而主体也只滞留在较浅的层次上，导致审美的失败，同时也暴露出对象不美或假美的本质。如果形式和内容本来就不统一是客体本有的特征，那么这就是非美的审美对象。正如黑格尔指出的，形式大于内容是一种类型（象征型），内容大于形式又是一种类型（浪漫型）。从美的审美对象类型自身和非审美的审美对象这两个维度，可以更好地理解美的形式与内容的统一。

美的第四个特点是，美的对象符合人的尺度，与人有由历史实践活动而来的内在同一性。人通过实践活动创造了自己的对象世界，这个对象世界中与人具有同一性的事物就构成了一类客体系统，它们在审美活动中能够成为美，因而被具体时空中的人以认知形式确定为美的客体。中国哲学认为，通天下一气，天上的星辰，地上的山河，主要是气，"天地有正气，杂然赋流形。下则为河岳，上则为日星。于人曰浩然，沛乎塞苍溟。"（文天祥）山河日星与人有内在的同一性，符合人的尺度，从而成为美的对象；人与山河日星有内在的同一性，符合天的尺度，从而成为审美主体。山的高大的形象，与天的崇高与圣人的伟大内在一致，"高山仰止，景行行止，虽不能至，然心向往之。"① 花、草、鱼、虫也因其气韵生动而使人获得审美感受。宋人就常以审美眼光来体味花、草、鱼、虫，对窗前砌上生出的小草感受到造物生意；观看花的开放体悟到自然造化之妙；从盆池中游来游去的小鱼，感受到万物的自得。古希腊人认为，数学关系给宇宙以统一性，天体的运动、人的身体、乐器演奏、建筑的空间、画面的结构，都遵循数的规律，数构成了人与事物内在的同一。在这种同一的基础上，产生了人体的美，以及建筑、绘画、音乐、天体运动的美。

综上所述，美来自于这样一些客体，它既有物的尺度的完善性，又具有人的尺度的完善性。它以符合人已掌握的客观规律的感性形态展现自己，这种展现又完全符合人的目的、愿望、理想、自由。因此，美的对象与人的感性知觉有着直接的适合关系，与人的心理情感有着结构上的同构关系，与人的目的、愿望、理想有着内在的或显或隐的同一性。

---

① ［汉］司马迁：《史记·孔子世家》。

三、优美与壮美

美的具体对象在自然、社会、艺术中显出千万种形态和种类。从大的方面把握，可以分为优美、壮美、典雅三种。优美与壮美常常一道提出，也就是中国理论的阳刚之美与阴柔之美。因此，这里先讲这两种美。优美和壮美的区别大致可以从如下几个方面予以界定。

1. 空间上形体的大与小。壮美一般具有巨大的形体：宽阔的平原、无垠的大海、耸入云霄的高山、身材高大的男子。在绘画上，是荆浩、关仝、范宽的崇山峻岭，是古代石刻画《汉武帝》；在雕塑中，是米开朗琪罗的《大卫》、罗丹的《思想者》；在诗歌中，是李白的"黄河之水天上来，奔流到海不复回"（《将进酒》），是岑参的"塔势如涌出，孤高耸天宫。登临出世界，蹬道盘虚空"①。优美一般都形态娇小：一朵馨香不散的鲜花、一颗晶莹闪烁的宝石、一队放学回家的红领巾。在绘画上就是黄筌、徐熙的花鸟画；在雕塑上就是米洛的《维纳斯》、圣福特的《神灵的启示》；在建筑里，就是苏州园林；在诗歌中就是"山花如绣颊，江火似流萤"（李白），就是"叶上初阳干宿雨，水面清圆，一一风荷举"（周邦彦）。

2. 时间上的疾速与缓慢。时间的行进意味着空间的延长，在一个时间段中，事物的疾速运动比缓慢移动占有一个更宽广的空间。形的大小是一种静的空间，事物运动划出一个动的空间。时间的疾速也形成一种力量，有助于形成壮美："有如兔走鹰隼落，骏马下注千丈坡，断弦离柱箭脱手，飞电过隙珠翻荷。"（苏轼）兔的奔跑之所以与鹰隼疾落有同感，水珠翻荷之所以与闪电有同感，都在其速度和由速度带来的空间、紧张和力量。而那些本来就具有大形体的事物在疾速的时间中就更显其壮美了：自远而近的铁骑奔驰，那顷刻而至的急风骤雨，"黑云翻墨未遮山，白雨跳珠乱入船"（苏轼）。时间的缓慢形成优美，是因为其展示了一个较小的空间，花朵悠悠地坠落；小石投水，水圈慢慢地扩展；家舍上的炊烟袅袅上升，青山中的白云轻轻移动；这些都是中国诗歌中的优美境界："白云依静渚"、"墟里上孤烟"、"泉声咽危石"、"轻罗小扇扑流萤"，等等。

3. 力量上的强与弱。空间的大和时间的疾本身就意味着力量的强，空间的小和时间的缓内在地意味着力量的弱，但力量本身也有独特的功能。形状相同，凝重的青铜器与白色的瓷器摆放在一起，一壮美，一优美。同一个洞庭湖，当"阴风怒号，浊浪排空"的时候，显出一种巨大力量，为

---

① ［唐］岑参：《与高适薛据登慈恩寺浮图》。

壮美；当"春和景明，波澜不惊；上下天光，一碧万顷"的时候，则为优美。"黄河西来决昆仑，咆哮万里触龙门"（李白），这是力量的壮美；"自在飞花轻似梦"、"无力蔷薇卧晓枝"（秦观），这是力柔的优美。

4.性质上的柔与刚。力量的强与弱和性质的柔与刚有联系又有不同。事物的性质本身就决定着其趋向壮美还是流向优美。淡烟、流水、春花、秋月、微风、细雨、小桥、农舍，性本属柔；浓雾、大海、巨石、重铁、高山、暴雨、大教堂，性质显刚。刚与壮美本联，柔与优美一体。牛虽大，性和顺而趋优美："牧童牛背轻吹笛，曲染夕阳晚山红。"豹形体比牛小，性凶猛而趋向壮美。希腊雕塑《掷铁饼者》与《维纳斯》的壮美与优美之分，主要在男女刚柔之别。"岱宗夫如何，齐鲁青未了"（杜甫）的壮景与"日出江花红胜火，春来江水绿如蓝"（白居易）的秀丽，其区别也在性质的刚与柔。

以上区分，仅为了理论上的解剖，在现实中，优美或壮美的客体，往往集多种性质为一体。"飞流直下三千尺，疑是银河落九天"的庐山瀑布，同时具有空间的大、力量的强、质量的重、速度的快、气势的壮。而"风微花离叶，风定花犹落"的境界，同时包含了形体的小、力量的弱、性质的柔、质量的轻、速度的慢。

四、典雅

典雅，是从不同于优美和壮美的角度对美的定义。不是从大小、快慢、强弱、刚柔，而是从与世俗的差异中显出来的，典雅与优美和壮美有交汇，更有不同。典雅中有优美和壮美，世俗中也有优美和壮美。世俗中的优美如艳情小说中的版画插图，浅而俗；像民间年画中的美女娃娃，俗而浅。世俗中的壮美像《水浒》中的黑旋风李逵，口骂粗话，举起板斧，不要命地在敌军中乱砍猛杀；像《三国演义》中的张翼德当阳桥上一声巨吼，吼断了桥梁水倒流。美的三类，可画图表如下：

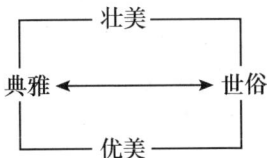

```
         ┌── 壮美 ──┐
典雅 ◄──────────► 世俗
         └── 优美 ──┘
```

典雅与优美和壮美不同，它不像优美那样偏于绮丽温柔，也不像壮美那样充满豪气，它是脱俗的。这种超凡脱俗有多种表现形式：

典雅在西方，就是17世纪法国的宫廷趣味。举止高雅，仪态讲究，谈吐文雅，绝不说粗话，当不得不涉及人体不雅的部分或社会的不雅事情时，也一定不直说，而是用一些文雅的隐喻。其绘画，以布歇为代表，以高贵的帝王、贵妇人、宫廷的高雅娱乐方式为题材。其戏剧，以高乃依和拉辛为主流，描写和塑造理想的人物；叙事结构谨严雅致，遵照理性，没有与情节不相关的插曲；语言准确、明晰、合乎逻辑。其建筑，以凡尔赛宫为代表，按照明晰、对称、理性、精美的几何图形展示出上流社会的高贵和雅致。

典雅在印度，就是舞蹈中对形体详细的动作规定和意义定义。面部的头、眼光、眼珠、眼睑、眉、鼻、颊、唇、颏、颈；肢体的手、胸、肋、腹、腰、大腿、小腿、脚；姿势的站姿、步姿、坐姿、睡姿；每样规定之细，超出非印度文化的想象之外，如头的动作 13 种，眼光 36 种，眉 7 种，鼻 6 种，颊 6 种，唇 6 种，颏 7 种，颈 9 种。且看鼻的 6 种：

紧缩，用于间歇性哭泣和叹泣；

松弛，用于忧郁、焦灼、忧虑和悲伤；

张开，用于闻到怪味、吸气、愤怒和恐惧；

深吸，用于闻到香味和深呼吸；

收缩，用于喜笑、厌恶和忌妒；

自然，用于通常的情状。

动作与意义的固定联系使动作模式化、象征化，同时也典雅化。

典雅在中国，是孔子的一举手一抬脚无不合礼。政治场合，入朝门，显得畏惧而谨慎；上堂提起衣裳下摆，恭敬谨慎，憋住气好像不能呼吸；走出来面色放松，怡然自得。朝廷里说话简洁明晰，与下大夫说话，显得温和快乐；与上大夫说话，显得恭敬严肃。日常生活中，吃饭不说话，睡觉不说话；坐席未摆正，不坐；上车，一定先端正站好，拉着扶手带；在车中，不向内回顾，说话不急，不用手指指画画。① 因此刘勰《文心雕龙·体性》说"典雅"是"熔式经诰，方轨儒门"，典雅体现为宫廷仪式和儒生的礼节。但在政治场中，仪式礼节之雅易于蜕为虚伪做作，也就成了流俗。于是，中国之雅更纯正地体现为士人区别于世俗的隐逸之趣。这就是司空图在《诗品》中写的"典雅"一品：

玉壶买春，赏雨茅屋，坐中佳士，左右修竹。

---

① 参见《论语·乡党》。

　　　白云初晴，幽鸟相逐，眠琴绿阴，上有飞瀑。

　　　落花无言，人淡如菊，书之岁华，其日可读。

好一个"落花无言，人淡如菊"，这就是陶渊明的境界。陶渊明虽只有"方宅十余亩，草屋七八间"，可"倚南窗以寄傲"，观"云无心以出岫"，能"采菊东篱下，悠然见南山"。他"不解音声，而畜素琴一张，无弦；每有酒适，辄抚弄以寄其意"①。

　　典雅更典型地体现在唐宋士大夫的城市园林艺术之中。园在城市之中，面积不大，但却精心建构，通过置石（元结"怪石寒泉近檐下"）、叠山（白居易"堆土渐高山意出，终南移入庭户间"）、理水（李德裕"引泉水萦回，穿凿像巴峡洞庭十二峰九派"）、莳花（李德裕"木之奇者有天台之金松、琪树，稽山之海棠、榧、桧，剡溪之红桂"），形成各种精致高雅的景观，特别是在宋代士大夫之园，不仅追求园中景观的精致，而且讲究园中之趣，琴、棋、书、画、诗、文、茶、文玩都是不可少的。文玩的一个重要内容就是对古器的赏玩，到宋代才形成"学士大夫雅多好之"的局面。欧阳修对"汤盘孔鼎岐阳之鼓，岱山邹峄会稽之刻石，与夫汉魏以来圣君贤士桓碑彝器铭诗序记，下至古文籀篆分隶诸家之书，皆三代以来至宝怪奇伟丽工妙可喜之物……好之以笃"②。李公麟"好学博古，长于诗，多识奇字，自夏商以来钟鼎尊彝皆能考定世次，辨测款识。闻一妙品，虽捐千金不惜"③。古器能引发超越当下的幽思，能表现收藏者的学识，能凝结玩赏者的高雅。它呈现出的是一种胸怀、一样情性、一片趣味、一颗心灵：

　　　（袁文）有园数亩，稍植花竹，日涉成趣。性不喜奢靡，居处服用率简朴，然颇喜古图画器玩，环列是左右，前辈诸公笔墨，尤所珍爱，时时展玩。④

　　　（金应桂）晚居西湖南山中，筑苏壁山房，左弦右壶，中设图史古奇器。客至，抚摩谛玩，清谈洒洒。⑤

---

① 《宋书·陶潜传》。
② ［宋］欧阳修：《集古录自序》。
③ 《宋史·李公麟传》。
④ ［宋］袁燮：《行状》。
⑤ ［宋］厉鹗：《南宋杂事诗》，卷五引。

　　　　吾辈自有乐地，悦目初不在色，盈耳初不在声，尝见前辈诸
老先生多蓄书法、名画、古琴、旧砚，良以是也。明窗净几，罗
列布置，篆香居中，佳客玉立，相映对时，取古文妙迹，以观鸟
篆蜗书，奇峰远水，摩挲钟鼎，亲见商周。端研涌岩泉，焦桐鸣
玉佩，不知身居人世，所谓受用清福，孰有逾于此者。①

　　同文玩一样，茶所表现的也是异于世俗的高雅。茶作为园林的一个部
分，更主要的是作为园林中士人心灵的一个部分，是宋人的创意。士人们
"把《茶经》《香传》，时时温习"（刘克庄），把分茶、着棋、写字、弹琴、
品诗、赏画、玩古视为一律。因此，我们看到陆游"每与同舍焚香煮茶于
图书钟鼎之间"，看到文同"唤人扫壁开吴画，留客文轩试越茶"。品茶是
园林中的雅趣，更是园林中人心灵的一种意境："城居可似湖居好，诗味颇
随茶味长"（周紫芝）。有了诗、词、书、画、乐、茶、文玩，士人之典雅
就流溢出来了。朱长文的乐圃园中"冈上有琴台，琴台之西有吟斋，此予
尝拊琴赋诗于此，所以名云。见山冈下有池，池中有亭，曰墨池，余尝集
百氏妙集于此而展玩也。池岸有亭，曰笔溪，其清可以濯笔。"② 王诜"博
雅该洽，以至弈棋图画，无不妙造。写烟江远壑，柳溪渔浦，晴岚绝涧、
寒林幽谷，桃溪苇村，皆词人墨卿难状之景，而诜落笔思致，遂将到古人
超侠处。又精于书，真行草隶，得钟鼎篆籀用笔意。即其第乃为堂，曰：
宝绘。藏古今书法名画。尝以古人所画山水置于几案屋壁间，曰：要如宗
炳澄怀卧游耳。"③ 在这里可以明显地看到"典雅"所包含的意趣，所呈现
出的人活动在其中的境界。玩给宋人园林带来的动感，使园林成为一种心
园。本来诗、书、画、琴自士人园林呈潮于东晋以来，就是园乐的一个组
成部分。但宋人之园，园的置石、叠山、理水、莳花之实境与人的诗、词、
书、画、琴、茶、文玩之雅态已经以后者为主而交融一体。诗心、词意、
乐情、茶韵、书趣、画境构成了宋代士人园林的主态，也创造了中国文化
独特的典雅之美。

----

① ［宋］赵希鹄：《洞天清录集·序》。

② 《宋史·朱长文传》。

③ 《宣和画谱》，卷十二。

第三节 悲（悲态、悲剧、崇高、荒诞、恐怖）

悲作为审美对象，是人与现实的审美关系达到一定程度的产物。美与人具有同一性，对人有肯定意义；悲则与人有敌对性，与人处于否定意义的关系中。对人有敌对性、否定意义的客体能成为审美对象，在于两个相辅相成的条件：第一，人在历史实践中具备了一定的（经济、政治、社会、思想、宗教）力量。在此基础上，敌对的、否定意义的悲，才不仅是悲，不仅有否定性，而可能成为审美对象。第二，人虽然有了一定的实践力量，但还未强大到对客体的绝对的优势，还不能征服客体。所以客体虽可成为审美对象，但不是成为与人有同一性的肯定的审美对象，而是成为与人有敌对性的否定的审美对象。这构成了悲的二重性和动态性。一方面，悲是人目前还未把握（或征服），还不能把握（或征服），甚至不知能否把握（或征服）的对象，如宇宙时空、狂暴自然、社会中存在的仍很强大的敌对力量等；另一方面，人又处在把握或征服它的过程中，怀着把握或征服它的信心和愿望，甚至不知能否真正把握和征服也仍进行着把握和征服。主体与客体的这种动态性使悲呈现出多种形态，最常见的有四种：悲态、悲剧、崇高、荒诞。

悲是一种普遍的审美现象。中外美学史对悲有大量研究。中国美学对悲的研究主要集中在悲态上，作为美学范畴悲之一的悲态，不同于心理正常的喜怒哀乐中的悲。正常的悲情是与天地人规律合拍的，"喜柔条于芳春，悲落叶于劲秋"（陆机）是人的正常反应，"嘉会寄诗以亲，离情托诗以怨"（钟嵘）也是人的正常反应。美学悲的悲态，是一种偏离的悲，是感到人与社会、人与宇宙对立一面时的悲，是带着询问的哲学高度的悲，是"今人不见古时月，今月曾经照古人"（李白）的深度沉思，是"为问新愁，何事年年有"（冯延巳）的沉痛询问，是"高山有崖，林木有枝，忧来无方，人莫之知"（曹丕）的苍凉迷茫。在中国天人合一哲学中，这两种悲常混在一起，但以美学之眼还是可以将之区别开来。屈原的《离骚》等"皆意有所郁结，不得通其道，故述往事，思来者"的"发愤著书"，韩愈的"不得已而后言，其歌也有思，其哭也有怀"[1] 的"不平则鸣"，李贽"诉

---

① ［唐］韩愈：《送孟郊序》。

心中之不平，感数奇于千载"的"发狂太叫，流涕痛哭，不能自止"，都是说这种美学悲态。

西方美学对悲的研究，主要集中在悲剧、崇高和荒诞上。悲剧一直是西方美学研究的主题。亚里士多德《诗学》为悲剧范畴奠定了主要之点：悲剧性质，写严肃的行动；悲剧人物，比一般人好但又有缺点；悲剧效果，通过人物的毁灭产生恐惧和怜悯，使人得到净化。以后的悲剧理论都围绕着这些基本点进行，悲剧的性质，展开为命运悲剧、性格悲剧、社会悲剧，但又都围绕一个共同点：行动、冲突、失败。悲剧人物也展开为多样，代表伦理的人（黑格尔）、伟大的人（古典主义）、肩负伟大痛苦的人（车尔尼雪夫斯基），还可以是"贫乏与败坏的人"（立普斯），但也围绕着一个共同点：人物要能引起特定的悲剧效果。悲剧效果也众说不一，黑格尔认为悲剧效果是和解，在两种都具有合理性和片面性的力量同时毁灭的后面，是绝对理念的胜利；叔本华认为悲剧效果是揭示出人生的可怕方面，使人自愿退出历史舞台。但也有一个中心点：悲剧给人以强烈的情感震撼，并对宇宙人生有一种深层体悟。

西方的崇高理论可溯源至古罗马的朗吉弩斯，但那时，崇高只是一个文章风格概念。作为美学的崇高始于近代，各种崇高理论纷纷出场，在崇高与美的关系上，以柏克、康德、布拉德雷为代表的崇高理论把崇高与美对立起来，而凯瑞特等人则认为崇高也是一种美；在如何定义崇高上，柏克、康德抓住与人敌对为核心，而布拉德雷的崇高既有与人敌对的，也有与人一致的。然而不管崇高是属于美还是异于美，也不管崇高定义有多少差异，对崇高的感受却是一致的：从痛感到快感。崇高理论主要是西方近代理论，因此，柏克和康德的理论是西方崇高理论的核心。

荒诞是现代西方的主要概念，哲学上的存在主义，科学上的海森堡、莫诺，文艺上的荒诞派戏剧、意识流小说、超现实主义绘画等等，无不在诉说荒诞观念。荒诞是人类历史进入一个关节点时的心灵阵痛。世界自17世纪从分散的世界史进入统一的世界史已有两百多年，20世纪初西方文化全面主导世界，重新建构统一世界史导致文化间的冲突融合使西方重思自己，西方思想从古典向现代的转变导致思维方式的全面批判。半个世纪以来，荒诞从一种哲学思想转为了美学形态。荒诞的核心是人无法解释自己和世界，也无法相信现有的解释世界理论，因此，人看不到生命的意义。加缪的《西西弗的神话》中的一段话较好地反映了现代人的荒诞感："一个哪怕用极不像样的理由解释的世界也是人们感到熟悉的世界。然而，一旦世界失去幻想与照明，人就会觉得自己是陌路人，他就成为无所依托的流放者，因为他被剥夺了对失去的家乡的记忆，而且丧失了对未来世界的希望，这种人与他的生活之间的距离，演员与舞台之间的分离，真正构成了荒诞感。"①

一、悲态

悲态是由人生失意的沉痛升华为对宇宙人生本体询问的感伤情怀。悲态基于对宇宙规律的信仰，源于对宇宙规律正常性的偏离，悲态在偏离中询问的，不是对宇宙规律何以要设置偏离的询问，而是对"为什么是我碰上了偏离"的询问。

离愁别绪，常情之一，古今共有，悲而不伤："海内存知己，天涯若比邻。无为在歧路，儿女共沾巾"（王勃），把离别之悲化解在一种扩大的胸怀中；"浮云游子意，落日故人情。挥手自兹去，萧萧班马鸣"（李白），离别柔肠在与景物的交流共振中，保持了一种忧郁的平静。然而，当离别成为永久的失去，成为有离无合的时候，就变为人生的否定性，离愁别绪也就转为美学的悲态。这就是江淹《别赋》中的"至如一赴绝国，讵相见期？视乔木兮故里，决北梁兮永辞。左右兮魂动，亲宾兮泪滋。可班荆兮憎恨，唯尊酒兮叙悲。值秋雁兮飞日，当白露兮下时。怨复怨兮远山曲，去复去兮长河湄。"所谓"黯然销魂者，唯别而已矣！"当李后主失去了"四十年来家国，三千里地山河"的时候，伤感之情也同样转升为美学的悲态：

> 自是人生长恨水长东。②
> 问君能有几多愁，恰似一江春水向东流。③
> 无限江山，别时容易见时难。流水落花春去也，天上人间。④

人生追求是人生意义的一个重要方面，需要追求的事物，总是闪耀着理想的尽善尽美的光芒。而人对美好事物的追求，在具体的现实条件下，不是都能实现。面对追求不可能实现，有知难而退的人，有明知不能实现而又偏要追求的人，后者就进入了美学的悲态：

---

① ［法］加缪：《西西弗的神话》，6页，北京，三联书店，1987。

② ［五代］李煜：《乌夜啼》。

③ ［五代］李煜：《虞美人》。

④ ［五代］李煜：《浪淘沙》。

我所思兮在泰山，欲往从之梁父艰，侧身东望涕沾翰。美人赠我金错刀，何以报之英琼瑶。路远莫致倚逍遥，何为怀忧心烦劳。

我所思兮在桂林，欲往从之湘水深，侧身南望涕沾襟。美人赠我金琅玕，何以报之双玉盘。路远莫致倚惆怅，何为怀忧心烦伤。

我所思兮在汉阳，欲往从之陇阪长，侧身西望涕沾裳。美人赠我貂襜褕，何以报之明月珠。路远莫致倚踟蹰，何为怀忧心烦纡。

我所思兮在雁门，欲往从之雪纷纷，侧身北望涕沾巾。美人赠我锦绣缎，何以报之青玉案。路远莫致倚增叹，何为怀忧心烦惋。①

这里，美人是美好事物或理想的象征，然而她却远在山山水水之间，散在东西南北之外，作者寻寻觅觅，欲近反远，阻碍很多，路远莫致。追求之情，悲伤之心，与美人一道，在东西南北弥漫，在山山水水追寻，在春夏秋冬流动，愈长愈久愈深，铸成美学的悲态。

伟大的抱负，是人生理想的又一重要方面。伟大抱负使人的各种潜能得以充分展开，人的力量、智慧、情感得以完全发挥，人的实践活动显出迷人光彩。但在现实中，伟大抱负并非总能实现。与宇宙规律、历史发展、社会理想相一致的伟大抱负在现实中的落空，总是激起意气难平的人生悲情。屈原建法立制、富国强民、统一天下的理想在楚怀王的昏聩下落空了，于是有悲愤哀婉的《离骚》；杜甫"致君尧舜上，再使风俗淳"的理想在严酷的现实中落空了，这使他晚年诗歌变得尤为悲凉萧瑟："庾信平生最萧瑟，暮年诗赋动江关。"这是杜甫对庾信的感伤，也是对自己老之已至，抱负落空的自伤。

离愁别绪、追求不得、抱负难展这些日常情感之能上升到人生深悲和美学悲态的高度，从根本上说在于个人人生的有限性，只有在人的有限性、暂时性和不可重复性这一背景上，人生失意才与哲学的本体意义有了联系。短暂人生使离愁别绪的悲触伸到本根上；个人的不可重复性使理想失落的

---

① ［汉］张衡：《四愁诗》。

幽怨带上了永恒性。美学的悲态，其深处包裹的就是个人的有限和宇宙的无限性问题。因此，很多时候，美学悲态直接奔向了天人之问。《晋书·羊祜传》说："祜性乐山水，每风景必造，岘山置酒，言咏终日不倦。尝慨然叹息顾谓从事中郎邹谌等曰：自有宇宙，便有此山，由来贤达胜士登此远望如我与卿者多矣，皆湮灭无闻，使人悲伤。"夜昼交替，春秋移换，没有开端亦无结束的时间，送往迎来，怎不令人感慨良多："生年不满百，常怀千岁忧。"尤其壮志难酬之人，宇宙时空更易激起人生悲情。理想落空的杜甫，最能体会"江边一柳垂垂发，朝夕催人至白头"的滋味；陈子昂怀才不遇的悲怀撞击出《登幽州台歌》这一千古绝唱："前不见古人，后不见来者，念天地之悠悠，独怆然而涕下"；苏轼在《前赤壁赋》中，借吹洞箫者之口，道出了永恒缠绕着人类心灵的悲态："寄蜉蝣于天地，渺沧海之一粟；哀吾身之须臾，羡长江之无穷；挟飞仙以遨游，抱明月而长终，知其不可乎骤得，托余响于悲风。"

美学悲态中的分与离、穷与达、生与死，都因从宇宙人生的高度去感受而有了一种哲学意义。这种意义的实质是人与自然，人与社会的对立。但在悲态中，与人对立的自然和社会不具体化为有形的对象，人说不出离别、失意、死亡应该怪谁，它就是一种自然大化和人生命运。因此，不是一个决裂和拼搏的问题，而是一个理解和顺应的问题。但理解并不能改变其敌对性，从而也不能改变自身的悲态。但因有理解，有对大化命运的理性确认，而使悲带上了柔顺性，成为悲态。理性确认未改变悲态，却加深了悲态的哲学意义。理解虽然不能改变悲态，却可以把握悲态，使情感的深悲通过理性的把握而平静下去。黑格尔说，当给情感以形式的时候，理性就把握住了情感。

二、悲剧

悲态表现的是对人不能把握的东西的一种顺应、一种理解，在顺应和理解中超越对象。悲剧呈现出的则是对不能把握的东西的一种抗争。悲态所面对的一般是无形的必然律，悲剧所面对的一般是有形的、或能够作为有形之物来对待的东西。在希腊悲剧里，《普罗米修斯》的反抗对象完全集中在宙斯身上，《俄狄蒲斯王》中的命运本是无形的，但却以人格化的形象出现，有神谕，能降瘟疫。悲态与悲剧的区别还在于，悲态的对象虽与人敌对，但从根本上说，它在人的主观内心里是善的，至少无所谓善恶，使屈原失意的君王、使杜甫失意的国家，是他们的忠诚对象。因而，他们的悲怨只能是苦恋的柔情之悲。时运际遇使志士仁人黯然销魂，也不在天命本身的邪恶，而是天道正常运行中的盛衰消长。运涉季世、人逢坎坷，虽实可悲叹而又的确可理解，因而深悲中暗蕴着深信。悲剧的对象不仅是与人敌对的，而且是邪恶的。《普罗米修斯》中的宙斯是恶的，《俄狄蒲斯王》中的命运也是恶的。这使悲剧有了与悲态不同的性质：激烈的冲突和坚决的抗争。还有一点也是非常重要的，悲剧要呈现出人自身的有限性，因此，悲剧的冲突双方可能都有片面性，如《安提戈尼》，这提出了一种对人生和社会的更深刻的思考。

作为美学悲类型中的悲剧，在西方艺术发展得最充分。虽然它表现在各艺术门类中，雕刻（如《拉奥孔》）、绘画（如《贺拉斯之誓》）、音乐（如《命运交响曲》）、小说（如《卡门》），但最集中地体现在戏剧中的悲剧类型里。西方理论家把悲剧分为命运悲剧、性格悲剧、社会悲剧。古希腊主要是命运悲剧，把阶级、国家、民族、伦理等冲突以人与命运冲突的形式表现出来，《俄狄蒲斯王》是其典型。俄狄蒲斯注定了有杀父娶母的命运，无论他怎么反抗也逃脱不掉这个命运。文艺复兴时期，主要是性格悲剧。悲剧的原因，不在于敌对力量的强大，而在于悲剧主人公性格上的弱点。《哈姆雷特》中因哈姆雷特性格犹豫，一再拖延，错过了多次复仇良机，最后在比剑中，随同篡位者、皇后、雷欧提斯的死，自己也中毒死去。近代主要是社会悲剧，描写邪恶而强大的社会力量与善良美好的愿望和理想的冲突。易卜生的《人民公敌》中，上层资产阶级只为赚钱而不顾人民健康，反而把坚持正义的斯克托曼医生宣布为人民公敌。奥斯特罗夫斯基的《大雷雨》中，落后的封建家族制度扼杀了美丽善良的卡特林娜的生命。虽然这些划分远未穷尽各类悲剧，但还是大致描绘出了悲剧的主要类型和历史阶段的特征。三类悲剧也有内在的一致性，这种一致性构成了悲剧的总体特征。

悲剧描写社会对立面之间的剧烈矛盾冲突。其中，国家、民族、阶级、集团、制度、伦理、观念的冲突以人与人冲突的形式表现出来。在冲突的双方中，悲剧主人公具有正义性和善良性，如俄狄蒲斯、安提戈尼、美狄亚、哈姆雷特、奥赛罗、安德罗马克、娜拉、斯克托曼等。主人公的对立面带有邪恶性和卑鄙性，《俄狄蒲斯王》中的命运、克瑞翁、伊阿宋、克劳狄斯、埃古、海尔茂，《人民公敌》中的市长等。悲剧的主调是抗争。悲剧主人公面对强大的敌对力量，不因自己的弱小而怯怕，也不因可能的悲剧结局而退缩，表现出正义、善良、弱小的悲剧人物面对邪恶、不义、强大时的大无畏勇气。有了这种勇气，俄狄蒲斯敢于反抗命运，安堤戈尼敢于反抗国君，这也是奥赛罗在蒙蔽中杀妻的勇气和清楚事实后自杀的勇气，这亦是娜拉毅然走出家庭的勇气，凭了这勇气，《人民公敌》中的斯克托曼医生面对众多的恶势力，傲然宣布：最孤独的人才是世界上最有力量的人。悲剧主人公勇敢的抗争和无畏的勇气体现为轰轰烈烈的行动特征。俄狄蒲斯为摆脱杀父娶母的命运，不顾神谕一次又一次地逃避，结果次次难逃；在严厉的追查"凶手"中，不听预言一层层追下去，直到追出了自己的"罪恶"，最后自刺双眼，离国自逐。斯克托曼一个行动失败后又采取另一行动，一心要揭出真相，直到自己被宣布为人民公敌也仍不罢休。

悲剧冲突的结果往往是双方的失败和毁灭。随着安提戈尼的死，是她的未婚夫、克瑞翁之子海蒙的死，然后是海蒙之母、克瑞翁之妻的自杀，克瑞翁坚持自己的无理决定的结果是家破人亡，自己也感到前途无意义。莎士比亚的《哈姆雷特》、拉辛的《安德罗玛克》、奥尼尔的《悲悼三部曲》都同样是尸体加尸体落幕。悲剧主人公斗争、失败、毁灭的同时，就是给敌对力量以摧毁：或是一同毁灭，或是其邪恶、不义、片面被完全暴露出来。悲剧的结局突出了悲剧主人公的崇高性，显现出了对邪恶、不义、片面的巨大冲击力。

抗争、行动、毁灭是悲剧的三要素。抗争内含了双方的力量对比和道德属性。行动是抗争的具体化，这就是理论家一再强调情节重要的原因。毁灭是行动的结果，这是冲突双方力量对比所决定的。由于悲剧的抗争和行动，它是一种刚强的悲；由于这种悲所具有的正义性，悲剧的毁灭是一种趋向崇高的死。正义、抗争、崇高的死构成了悲剧哲学的主要内容。

三、崇高

悲剧是走向崇高的死，崇高却是在崇高中走向生。悲剧多展现社会冲突，人与人的冲突。悲剧作为审美，基本上是通过艺术表现出来的，它在现实冲突本身中几乎难以让人采取审美态度。崇高却不仅限于社会，也不仅在艺术中才被唤起，那无边大海掀起的惊涛骇浪，那骤然而至夹着闪电雷鸣的狂风暴雨直接可以唤起崇高感。悲剧须有一个完整的行动，崇高却可以只是一个场景。

讨论悲范畴中的崇高，应先将它与属于美范畴中的壮美区别开来。崇高与壮美有区别又有联系，有不同又有交叉，特别是在空间巨大的事物上，如耸入云霄的高山和一望无垠的大海，崇高论者和壮美论者都将之划进自己的范畴。根据本书的观点，高山大海都有空间和力量巨大的感性特征，但要划入哪个范畴，则看其在内容上与人的关系如何：看它是与人同一的，还是与人敌对的？同一即壮美，敌对即崇高。壮美是人所把握了的客体，它与人由历史实践而来的心理结构有同构关系。与人的积淀着理性内容的感性知觉有和谐关系。崇高是人尚未把握的客体，与人的心理内容和感官知觉都产生矛盾冲突的客体。壮美感是人对与之同质的雄伟事物的欣赏，是从快感到更大的快感；崇高感却是人因战胜了一个可怖的敌人而产生的快感，是由痛感转进为快感。同样是高山大河，可以按西方的一种观念将之视为与人敌对的，就像康德所讲，延绵无边、高耸入云的高山，人的视觉无法将之作为一个整体来把握，于是深感想象力把握不住客体，感性受到了阻滞，人感到自己的无力与渺小。诗人济慈在《本·尼维斯山》一诗中表达的感受与康德完全一样：

> 诗神哟！从蒙雾的尼维斯山巅，
> 请教我一课，请大声说！
> 我窥视深渊，深渊藏在一片雾中，——
> 人类对地狱所知道的，也就这么一点；
> 我仰望，这一片阴沉的雾，——
> 人类对天堂所能说的，也就这么一点；
> 雾障铺展在大地上，在我脚下，——
> 人看到自己也这般，也这般朦胧！
> 在我脚下是嶙峋的石头，——
> 我就知道这么一点；
> 我踩着个可怜无智的妖精——
> 我眼见的全是大雾和岩，不仅在此山，
> 也在思想的智力的世界里。

登上本·尼维斯山，济慈看到天在雾中，地在雾中，立即感到人对天堂、对地狱、对人本身知道得如此少，无限未知的宇宙与有限渺小的人类形成对比，已知与未知的冲突、人与宇宙的对立油然而生，真是四顾茫然。首先感到的当然是崇高的痛感。

而在中国天人合一的观念里，高山大河是与人合一的"道"的表现，是地理上的自然形态，生于天地间，与天地相参的人对之产生的反映，就是壮美。王维远眺汉江：

楚塞三湘接，荆门九派通。

江流天地外，山色有无中。

郡邑浮前浦，波澜动远空。

襄阳好风日，留醉与山翁。

——《汉江临泛》

知觉上的无限是被理性所把握住的，近接三湘，远连长江，视觉上的浩茫正好应合着哲学上的妙理，感受到的只是山河壮丽。杜甫登泰山，立于山下之时，"岱宗夫如何？齐鲁青未了"，视觉之巨大，感到的是把握住的壮感；登山过程，"造化钟神秀，阴阳割昏晓"，视觉的变化与无穷，引向的是哲学上的感悟；到了山巅，"会当凌绝顶，一览众山小"，触发的是胸怀豁然宽广的豪情。王羲之登兰亭："仰观宇宙之大，俯察品类之盛"，其感受是"游目骋怀，极视听之娱，信可乐也"①。由此可见，人与形体力量巨大的感性客体是同一还是对立，是共振还是排斥，是构成崇高与壮美区别的关键。

由于崇高和壮美的核心内容不同，它们的类集合也不同。把姚鼐关于阳刚之美的系列与柏克关于各种崇高客体的描述比较一下就很清楚。例如，毒蛇只属于崇高而不属于壮美。崇高和壮美的外在形式毕竟有很多相叠，二者常会被混淆在一起。凯瑞特综合各种崇高理论，把崇高看成联系主体感受的动态系统，总结为四个阶段：

第一，引起我们情感的超常的体积或力量；

第二，首先是一个受挫或拒绝的消极状态；然而；

第三，随后，一个自我扩张或者提高，其最后的情感是：

第四，与客体合一的积极情感。②

接着，凯瑞特用这四个阶段的标准查看客体，列出五类：

A. 客体满足第一、第三、第四，但不必有第二，如彩虹、高山。

B. 客体满足第二、第三、第四，但不必有第一，如伦勃朗的《老乞丐》。

C. 客体满足第二、第三，但不必有第一或者第四，如毒蛇、人格化了

---

① ［晋］王羲之：《兰亭集序》。

② E. D. Carritt, *The Theory of Beauty*, London, Methuen, 1914, p. 224.

的贫困。

D. 客体满足第一、第二、第三，但不必有第四，如命运、埃古、地震。

E. 客体满足第一、第二、第三、第四，如耶和华、英雄悲剧。[①]

凯瑞特为了使崇高成为美的下属概念，强调阶段三（情感的自我扩张或提高）贯穿在五类客体中。按照本文的观点，A 类更多地属于壮美，E 类更多地属于悲剧，B、C、D 类都以阶段二为核心，即柏克和康德崇高理论强调的"痛感"，毒蛇和埃古（莎士比亚《奥赛罗》中的坏人）正由此成为崇高客体。柏克和康德的理论是西方崇高理论的主潮。

柏克对崇高客体进行了经验性的广泛描述（须解释一下，崇高客体并不是崇高，而是引起崇高的初始条件，或曰起源）崇高客体，于社会而言是专制政府、异教徒的寺庙。"建立在人们的情感，主要是恐怖情感基础上的专制政府，不使自己的领袖在公开场合露面"[②]，给人一种可怖的神秘性；同理，异教徒的寺庙里，其偶像都处于黑暗之中；于动物，是狮、虎、狼、蛇；于自然，是悬崖、高山、布满星斗的夜空；在艺术里，是维吉尔和密尔顿诗歌中的鬼魔，例如《失乐园》中的冥界君王：

> 似形而非形，肢体迷离
> 似质而非质，有影无迹
> 影非影，质非质
> 他站在那里像黑暗一样
> 其凶残胜十倍复仇女神
> 其恐惧就是一座地狱
> 他舞着杀伐无情的枪矛
> 有物似王冠，盖蔽在头颅一般的矛头上

崇高客体，于色彩，是黑色、褐色、紫色等深暗之色；于音响，是雷霆、大炮、大片人群的叫喊、野兽的怒吼；于气味，是苦味和恶臭；还有太强的光，如强烈的日光、迅速的闪电。"过分的光，通过征服视觉感官，湮没一切客体，具有黑暗相同的效果。"这种种现象，柏克从性质上将其归

---

① E. D. Carritt, *The Theory of Beauty*，pp. 224-225.

② E. Burk, *On Sublime and Beauty*，New York，Collier & Son Cor，1909，p. 52.

类为：晦暗、力量、庞大、无限性、空虚、沉寂、困难、突然性等，所有这些又围绕着一个核心：可怖性和与人敌对性。

柏克说，巨大、危险、恐怖、可怕等是崇高的起源，但这些东西并不是在任何情况下都能成为崇高，要成为崇高，必须是这些东西对人仿佛危险，其实没有危险，也就是说，与人敌对的可怖客体要成为崇高客体，需要主体条件。康德进一步指出，崇高的主体条件是：一、人处于安全地带；二、有一定的文化修养；三、无所畏惧和抵抗的决心。这里其实包含了两个层面，个体境遇层面和人类历史层面，后一个方面对从理论上理解崇高更为根本。洪荒时代，当人类还在从猿到人的漫漫长路中艰难行进的时候，柏克用崇高概念所称谓的客体，对人来说，除了恐怖，还是恐怖，根本没有崇高。只有当人类在与自然的斗争中，不断地认识自然规律，并利用规律改造自然，使自然适合于人的生存，有了人能够直接掌握的领域，在这已知的领域内，人达到了自为的存在，从浑茫无际的大自然中取得了"安全之地"，只有这时，可怖的事物才会因为虽然恐怖未知但往往危及不了人类而逐渐成为人的观照对象。另外，有些事物虽然可怖未知并且时时加害于人类，但人的实践力量使人有保护自己的"完全之地"，有一定与之抗拒的能力，并用从实践活动中产生的、与自己的实践力量相一致的观念来理解这些不可理解的可怖事物，这些事物才逐渐变为不仅仅是可怖的崇高。从人类历史实践来充实柏克和康德的"仿佛危险而实际没有危险"的内容，就比较全面了。简约地说，"安全地带"包括两层含义，一是人的实践带给人的类的力量，二是具体审美情景中单个人的安全和自信。类的力量积淀在个人中，个人具体地表现着类的力量。只有通过具体的审美，才能把深层的类的力量表现出来，只有从类的实践力量看问题，才能揭示具体审美的深层根源。

内容上可怖和与人敌对，感性形式上巨大、有力、晦暗、无限的客体造成对人的感官知觉的强烈刺激，主体感到了痛苦，感到了自己的渺小、无能，经历着一瞬间的生命力的阻滞；但由于人处于安全地带，心里预先装满了一些观念，其实，从根本上说，人是在一定的实践力量的基础上与崇高客体相对的。对可怖敌对的东西，人一回又一回地征服过，一次又一次地显示过自己力量的伟大和崇高，依托着自己已获得的巨大胜利、丰富经验、深厚力量，可怖的与人敌对的客体虽然使人感到阻滞、拒绝、不愉快、渺小、无力，但同时又激起人再一次与之争高下的激情，激发起再一次试验自己虽有挫折而最后获胜的实践力量的愿望。而崇高客体感性形象的巨大、狂暴、重力、粗犷，同时又是对人内心的激情、争斗、勇气、力量、野性的激活，感到自己应该具备对象的力量，甚至能够超过对象。因此，在崇高的审美中，人感到阻滞、拒绝、渺小、无力、刺痛之后，马上是吸引、愉快、心情的提高、生命力的更强烈的喷射，从而使自己达到对象的力量高度，仿佛自己获得了对象的力量，主体和对象之间在力量本质上和巨大本质上获得了同一和共感。在这种同一共感中，甚至会感到自己就在对象里面的不知何者为我、何者为物的境界。

正是这种崇高审美中转换后的吸引、愉快、心情的提高、生命力更强烈的喷射和最后的同一共感，显出了崇高不同于悲态和悲剧的独具特色。悲态和悲剧的美感是在悲和死中对宇宙人生的体悟，崇高则完全从最初的痛感中超脱出来，转化为激情、昂扬、伸展、信心的胜利快感。

以可怖性和与人敌对为核心的崇高客体，其感性形式分为两大类，一是形体巨大，相同于壮美，它的确是随人的实践力量的发展而向壮美转化；二是一般或偏小的形体但力量巨大，如毒蛇、狼，相同于丑、怪、优美，它也的确是随着人的力量的发展而向丑、怪、优美转化。

悲态、悲剧、崇高都是对与人敌对的强大东西的把握，都关涉一个对人有否定意义的东西。但与人敌对的三者性质也是有差别的，悲态主要在无情的规律和自然大化上，悲剧重在社会具体的矛盾冲突中，崇高则遍于自然、社会、艺术中的各种情景。与这种客体性质的差异相应的是主体情感的不同，在悲态中，人无法战胜，甚至无法去战，因而是柔性的顺应的悲；在悲剧中，人虽无法战胜，但可以而且决心去战，因而是壮烈的抗争的死；在崇高中，是由痛感到快感的巨人的心情和精神境界。从悲态到悲剧到崇高，形成了一个从顺应到抗争，从柔到刚，从死到生，从深沉到高昂的演进结构。

四、荒诞

把荒诞放在悲的大范畴下来讲，基于两个理由：一、荒诞的核心仍是与人敌对的东西；二、从历史的发展看，在西方文化中，明显地呈现出从悲剧到崇高到荒诞的逻辑演进结构。与崇高一样，荒诞的对象是与人敌对的东西，但它却不能像崇高那样以表面的可怖显示出来，它的可怖在深层，是看不到可怖的可怖。因此，荒诞不像崇高那样使人从痛感转向快感，因为这里不可能有胜利；与悲剧一样，荒诞展现出最深沉的宇宙人生中的最大矛盾，但它却不能像在悲剧中那样去抗争去战斗，因为这里没有具体的对象；与悲态一样，荒诞中否定的是人无法战胜、甚至根本就无法去战的东西，但它却不能像悲态中那样，对无形之物有一个理性的理解，因为荒诞本就意味着理性的失败。荒诞表现的是与人的趋美本能和美好理想完全相反的宇宙人生的荒诞性。悲态、悲剧、崇高都是建立在理性和规律之上的，不管理性和规律是以科学的名义、哲学的名义，还是以宗教的名义，它都能给世界一种标准、一个理想，从而赋予世界意义。而荒诞则是对理性和规律否定后的产物。没有理性和规律，也就没有标准，人怎么做都行，人彻底自由了，这种自由是摆脱了上帝、历史、规律的自由；没有标准也就没有了理想，人怎么做都不能证明这样做从一个最后的标准来说是对的，因为本身就没有了最后的标准。因此，荒诞中没有崇高的心灵，也无悲剧英雄，也没有悲态中怀着理想信仰而哀叹自己被理想所抛弃的深悲，只有荒诞世界中的荒诞的人。海根·史密斯在他玉润珠圆的散文中写道：

> 当我探索我的思想的根源时，我发现它们来自脆弱的机缘，诞生于一些现在还古怪地从过去向我闪烁的细微的瞬间。使我在十字路口转了这个弯的冲动是微弱的；那次会见平凡而又偶然；那根把我和我朋友联系在一起的线则细如蛛丝。这些都是十分奇怪的；更为神秘的却是那些用翅膀拂过我而又丢下我而去的瞬间；当命运之神召唤我，但我没有看见，当新生命在门槛上颤动了一秒钟；但话没有说，手没有伸，于是那可能的机缘抖了一下就消失了，梦一般的朦胧，湮没在虚无的荒域之中。
>
> 所以，对于日常生活以及其中的会见、言谈和事件，我从来没有不感到它们那种荒诞而危险的魅力。谁知道呢？今天，或是下个星期，我也许听到一个声音，于是收拾好行包，我就随它走向天涯海角。

这里，有荒诞的世界观、生活观、生命观。人的性质、经历、事件、行为已经不能够用逻辑组织起来，也不能用一个规律，无论是外在于人的，还是内在于人的，来予以说明，也没有一个意义可以指导人应该如此还是不应如此。荒诞更明显地流淌在许许多多的现代派艺术中，荒诞派戏剧、黑色幽默文学、超现实主义绘画、偶然音乐、新浪潮电影等。在荒诞派戏剧的经典《等待戈多》中，两个流浪汉爱斯特拉冈和弗拉其米尔在黄昏的荒郊路旁一棵光秃秃的树下等待总是不来的戈多。这情节简单、了无冲突、缺乏故事的戏里，未出场的总是等不来的戈多成了一个主题中心。然而，戈多是谁？象征什么？上帝？理想？生活的意义？戏中的等待者和戏外的观众，甚至剧作者和表演者都不知道。人生、世界、行为、观念的不可理解和荒诞性，从人期待的外在存在是否存在是否值得等待中表现出来。荒诞是存在主义的主要观念，加缪的《局外人》在小说的取名上就标出了荒诞的主题，主人公莫索尔，虽然生在人群、社会、世界之中，但其行为、观念却恍如在人群、社会、世界之外。对一切都觉得无所谓，对自己的母亲、情人，对别人求做的事和自己遇上的事，别人的行为和自己的行为，作伪证、结婚、打架、杀人、入狱，都无所谓，都淡然处之。既然世界人生是荒诞的，那么一切都无意义。这里，人生、世界、行为观念的无意义的荒诞从人的主体形象中表现出来。黑色幽默的代表作《第 22 条军规》中，第 22 条军规无所不在地统治着皮亚诺扎岛上空军人员的生活，按第 22 条军规，精神失常者可以提出申请不完成规定的战斗任务回国，但你提出申请就说明你不是精神失常者，因此你必须执行飞行任务。按第 22 条军规，空军军官执行满 40 次飞行任务就可以回国，但按第 22 条军规，无论何时都得执行司令官叫你做的事，司令官会叫你继续飞行。大兵们说按第 22 条军规把姑娘们赶出住所，但不给人宣读第 22 条军规究竟怎么说的，可以不宣读是按法律，法律之所以这么定，又是按第 22 条军规。谁都不知道第 22 条军规究竟是什么，呈现出了社会生活中的荒诞性。这正如卡夫卡的小说《城堡》中，主人公 K 千方百计想进入城堡，城堡并没有守卫、哨卡、吊桥和大门，但 K 就是进不去。在尤奈斯库的戏剧《秃头歌女》中，人物有三男三女，史密斯夫妇在家闲谈，夫妇本是人的最亲密关系，但二人谈话前言不搭后语，透出了内心的隔膜。接着马丁夫妇来史密斯家做客，夫妇俩进屋后，竟不相识，攀谈了半天，才发现对方是自己的配偶。同样是人与人的隔膜主题。夫妇还可以说久而生厌，剧中第三对男女，史密斯的女佣玛丽和消防队长是恋人，这位队长在玛丽上场半天要讲故事时才认出是自己的恋人。人与人的不了解特别表现在语言上，消防队长讲的故事不伦不类，玛丽朗诵的诗莫名其妙，二人先后被推出房去。两对夫妇的对话同样驴唇不对马嘴，人与人无法沟通，最后变成了用单词、元音、辅音的喊叫。人与人的关系是荒诞的。卡夫卡的另一代表作《变形记》中，人变成了甲虫，变成甲虫的人深刻地体验到了作为非人的甲虫的孤独。在尤奈斯库的戏剧《犀牛》中，人变成了犀牛，人在变成犀牛的过程中，体验了人不得不变成非人的命运。

现代派文艺显出了荒诞的主要之点，在荒诞中：

第一，悲的思考和理性主体（人之为人）的消失，这不悲之中包含着另一种更深沉的悲。

第二，人与人不能沟通，人与社会、与宇宙不能同构，这悲的基础的消失包含着一种无名之悲。

第三，人生宇宙的理性结构的消失，人进入了不可悲之悲的荒诞之中。

崇高建立在悲的基础上而又在最后结果（快感）上从积极方面消灭了悲，荒诞也建立在悲之上但以取消悲的理性基础而从消极方面消灭了悲。与悲态一样，荒诞作为美学范畴正是对不可把握的荒诞的一种把握。

悲的四型，悲态、悲剧、崇高都是在理性和规律基础上的审美思考，而荒诞却是非理性的；悲态、悲剧、荒诞自始至终都是主体小于客体，崇高却是从主体小于客体始，以主体同于或大于客体终；悲剧和崇高指出的是主体终将或已经战胜了客体，悲态和荒诞指出的是主体永远不能战胜客体。悲的四型的复杂关系如下：

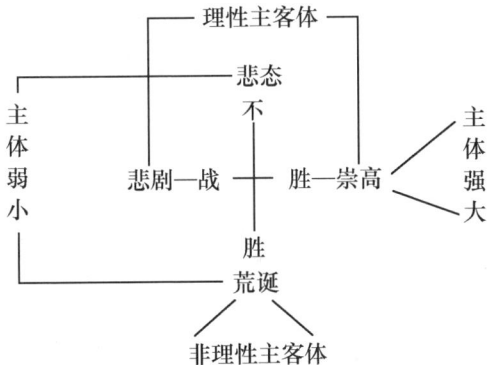

悲的四型，呈现出的是人面对比人强大的客体时的多种复杂关系，同时是对这种关系的一种美学思考。

五、恐怖

恐怖是现代西方的一个审美范畴。如果说，20世纪前半期，荒诞占有主导地位，那么，20世纪末到新世纪，恐怖则成了一个理论热点。如果说，崇高是以理性压过宗教，自然法则成为一种主导法则为背景，而产生出来的一个审美类型，那么，恐怖则是在宗教回潮，重获高位，与科学、哲学达到一种新的平衡和新的互动语境下的产物。在宗教观的回潮中，超自然法则成为一种重要因素决定了对象和事件性质，恐怖成为了一种带有普遍性的审美类型。崇高的对象是在理性之眼中呈现的对象：高、大、广、无限，在崇高对象中呈现的是现代性兴起时的信心；恐怖的对象则是在宗教之眼中呈现的对象：妖魔、鬼怪、变形人、外星人以及未知自然和宇宙，在恐怖对象中呈现的是全球化时代面对人类、心理、精神、宇宙复杂性的新思考。

从审美心理上看，恐怖不同于崇高中的害怕、震惊、可怖，也不同于荒诞中的厌恶、焦虑、畏惧，其关键在于，崇高与荒诞所面对的不仅是一个与人敌对的、比人强大的客体，最主要的是，这些客体再敌对、再强大，也是一个理性世界中的客体，是可以用理性的逻辑去认识和把握的，虽然这理性的逻辑可以是柏克和康德型的（当面对崇高的时候），也可以是海德格尔和萨特型的（当面对荒诞的时候）。而恐怖的客体却被放置到了一个宗教型、神话型、童话型、科幻型的世界中，是妖怪、吸血鬼、毒蜘蛛、外星人。这样，恐怖的客体既敌对又强大，且不能用理性的逻辑去把握。从主体的感受来说，恐怖的情感与柏克的崇高相似，与加缪的荒诞相似，但由于对象的性质不同，因而崇高和荒诞中的情感（震惊、惊奇、害怕、惧骇、焦虑、恶心、畏惧）都因人所面对的与理性世界不同的魔幻世界而具有了新的性质，重新组成了一种心理上的极大的恐惧：震颤、刺痛、惊叫。

恐怖与魔幻世界的对象相连，这一点使之与怪这一审美对象有所相似，但又有所不同。恐怖与怪一样，都是一个与理性世界不同的魔幻世界中的形象，但怪是从原始社会的威严和恐惧转入理性世界，变成被理性所把握的一种东西；恐怖则是在理性占了统治地位之后，超越于理性，为理性所不能把握的东西。在这一意义上，可以说，荒诞是理性对理性世界的失控，又在这一失控中力图去把握这一失控而产生出来的审美类型；恐怖是理性对魔幻世界的失控，又在这一失控中力图去把握这一失控而产生出来的审美类型。

审美恐怖中的主体，是一个理性世界中的主体。因为人类业已进入到了一个以理性为主导的世界，从而作为恐怖类型的主要表现形式（即恐怖艺术）中的主人公，都是一个理性的主体。这一点区别于原始社会中怪的审美类型中的前理性主体，但这一主体面对一个怪异世界时，不能像怪的类型中可以把握怪的世界，从而能够以一种理性的方式对怪进行一种欣赏，而是不能把握怪异世界，于是这怪异世界就变成了魔幻世界。在恐怖类型中，主体明显地感到两个世界（理性所能把握的真实世界和理性不能把握的魔幻世界）的矛盾。魔幻意象突然撞进日常世界中来，打破了现实的理性秩序，只知道自然法则的主体面临了一个超自然的现象。这时，产生了恐怖的情感反应：震颤、刺痛、惊叫、恶心、反感、厌恶、惊悚、战栗、憎恶等。

突然出现的魔幻形象可以来自人间、深山、天空、海底，甚至外星球，它们的形象是对理性分类和类型本质的一种违反和越界。这些恐怖形象的构成，类型很多，这里举重要的四类如下：

第一类，对理性分类中的严格界线予以打破和违反，形成恐怖形象。如鬼魂、僵尸、吸血鬼、木乃伊、弗兰肯斯坦怪物、漫游者梅尔莫斯这类的形象，它们既活而死，死而复活，是对生死界线的违反，从而呈现为一种恐怖；又如鬼屋、人的恶念、机器人，是对生命与非生命界线的违反，本是无生命的物态，却变为一种生命，还具有物的形态，只是这形态显出了恐怖的狰狞。如史蒂芬·金的《克里斯汀》里的那辆车，这个机械体具有了生命的特点：狼人、昆虫人、爬虫人，显现出了一种吓人的恐怖。

第二类，把人的理性分类中不同的两类或两类以上拼合到一起，形成恐怖形象。史蒂文森笔下最出名的怪物海德，被描述为拥有猿猴的特征，是人与猿的混合；霍华德·霍克斯的经典影片《魔星下凡》（*The Thing*）中，吸血怪物头脑聪明，有两条形似胡萝卜的腿，是动物与植物的混型；史蒂芬·金的《死光》（*It*）中的怪物能变成任何其他的类型，是多种类型的混合。这一类型以其超越理性分类的方式出现，显示了人类理性的无力。洛夫克拉伏特（Lovecraft）的《非常规恐怖》（*The Dunwich Horror*）中的怪物，蛋壳一样的壳子比农舍还巨大，全身都是蠕动的触须，数十条腿像十只大桶，全身像凝胶，好似各个蠕动的东西凑在一块儿，周身都是鼓出的大眼睛，几十个大象鼻子似的嘴巴个个有烟囱大小，挂满全身，摆来摆去，身体还顶着半张脸，血红眼睛，雪白头发，没有下巴，如章鱼，如蜈蚣，如蜘蛛，又有点像韦特勒巫师。

第三类，以理性分类中的残缺形象出现，但这残缺显出的不是病态和无力，而是魔力和恐怖。脱离身体的肢体成为恐怖类型中的常见的怪物，比如砍掉的头和单独的手：莫泊桑的《手》和《干枯的手》、拉·芬努（Le Fanu）的《鬼手自诉》、戈尔丁（Golding）的《手的召唤》、柯南·道尔（Conan Doyle）的《赤鬼手》、奈瓦尔（Nerval）的《魔手》、德莱塞（Dreiser）的《手》、威廉·哈维（William Harvey）的《五指兽》都是这一类形象的好例子。克尔特·西奥德马克（Curt Siodmak）的小说《多诺万的大脑》（*Donovan's Brain*）中的那颗装在桶里的大脑和电影《没有面孔的恶魔》（*Fiend Without a Face*）中拿脊髓当尾巴的人脑的怪物，都以残缺的形象呈现出一派恐怖。

第四类，在理性的分类中不可能是有生命的，以无固定形态或气态或凝胶状等形象出现。洛夫克拉伏特和斯乔布（Straub）就通过模糊、暗示、缺失的方式描述怪物。很多怪物确实都被描述为无形体，如史蒂芬·金短篇故事《木筏》中的怪物以油的方式出现，詹姆士·贺伯特（James Herbert）的《雾》中怪物以雾的方式出现，同类的形象还有马修·菲利普·希尔的《紫云》、约瑟夫·佩恩·布伦南（Joseph Payne Brennan）的中篇《史莱姆》、凯特·威尔赫姆（Kate Wilhelm）和特德·托马斯（Ted Thomas）的《克隆》，电影《陨星怪物》和《太空先锋》的怪物也属这一类型。

这类形象之所以恐怖，在于主体是一个生活于自然法则中的理性的人。理性的人与超理性的怪物相对，就产生了恐怖。在前面所讲怪的范畴中，怪的形象与恐怖中的怪物在本质上并无不同，但是在怪的艺术里，当怪物出现时，总有一个比怪物更大的善的力量来降服那些怪物，如《西游记》里的孙悟空，《聊斋》恶鬼邪狐故事中的和尚道士，而这些善的力量正是人类理性的一种喻体，最后总是理性的胜利。在恐怖类型里，没有一种比怪物更强大的神力的形象，只有具有现实理性和科技武器的理性的人，面对恐怖形象的主体成了弱势的一方。在恐怖故事里，一是主体的毁灭，让恐怖之云罩在人们的头上；二是主体的胜利，但这一胜利不是必然的，而是偶然的。因此，虽然胜利了，人还是感受到人类在面对一种超理性的巨大力量时的无力。

恐怖，正如荒诞一样，反映了人对于自己在宇宙中的位置的一种反思。

第四节　喜（怪、丑、滑稽）

喜在这里是指令人发笑的东西。喜的可笑不同于美的愉悦。喜的笑是主体与客体在性质上不平等的结果，主体明显地觉得对象低于自己，是自己笑的对象。美是与人同一的东西，悲是与人敌对、比人强大的东西，喜则是比人低级、卑下的东西。从本质上说，喜是被历史实践否定了的东西，它偏离或低于正常的历史尺度，偏离或低于当代的正常尺度。喜之所以成为审美对象，一个主要的原因是喜的对象总是有一个正常的假象，这个假象把其非正常的本质掩盖了起来，在现象上就表现为用正常来掩盖自己的偏离。因其偏离和低于历史尺度和正常尺度，人不可能用严肃认真的态度去对待；因其总是冒充正常，总是想在已失去存在根据的条件下还要存在下去，人们又不得不严肃认真地对待它。一旦严肃认真地对待，就会猛然发现它不值得严肃认真地对待，于是就产生了笑。这里我们用了"历史尺度"和"正常尺度"，并不等于承认进化论的前提，而只是赞成以历史尺度基础上的"正常"与"偏离"的二元对立作为笑的基础。美学的喜，就是要把对历史尺度和正常尺度的偏离和低下暴露在光天化日之下，将其掩饰和悖理展现在正常的理性之下。一方面使人类能够愉快地与过去诀别，另一方面使人能够更健康地生存。前一方面是从历史进化着眼的，后一方面则是从人类本性与文化模式的辩证关系立论的。

以上的理论建立在从古希腊到现代的唯理主义基础上。当理性在现代取得胜利并暴露出弱点时，笑的理论又从两个方面体现出了对理性的反讽。一是柏格森的理论，他认为，在机械的环境中，当人不知不觉地受其影响而显出机械性的一面时，就显得可笑。这里的笑，是人对自己受到机械性环境的影响而失去人的生命性，呈现物的机械性时的一种嘲笑。二是弗洛伊德的理论，他认为，笑来自对在理性压迫下的紧张的释放，笑来自于无意识本我在意识自我的严管下逃逸出来的胜利。

综合以上两个方面，正如柯柏《美学词典》所说，笑的理论有三个理论传统：

第一，不伦不类的组合（inconguity）理论。康德是其理论的起源与典型，即康德的"期等落空"的乖讹说理论。康德、立普斯、科恩等人主张：笑是某种正常的期待突然落空而产生的。这两种理论并不矛盾，期待落空必然同时意识到对象的低下和自己的优越。叔本华认为，事物与概念之间的不谐被突然感到，笑本身成了这一不协调的表达。这一理论传统代表了启蒙理性（科学和逻辑）与蒙昧（愚昧与无知）的冲突。后来这一流派的理论家认为，笑不在不协调的感受，而在于不协调的效果，他们把笑归于一种客观存在，从而突出理性的伟大。不伦不类的组合的笑具有四种类型：逻辑上的不伦不类（logic impossibility）；问答中的不伦不类（ambiguity）；比例尺度的不伦不类（irrelevance）；范围划定的不伦不类（inappropriateness）。

第二，优越感（superiority）理论。源自柏拉图与亚里士多德，但代表是霍布斯与柏格森。霍布斯生活在近代的殖民氛围里，在他的眼中，优越是欧洲殖民者的优越，低下主要是那些低级的种族和性别。霍布斯、贝恩都认为主体意识到对象的低下和荒唐因而鄙夷他，在此同时，感到了自己的优越，于是产生笑。柏格森生活在现代的氛围里，认为低下是一种与生命相反的机械性。柏格森认为，喜的对象在于机械性的僵硬性，身体、姿势、动作、行动和事件带上了机械性的僵硬性时，就成为滑稽。柏格森说："滑稽与其说是丑，不如说是僵。"① 在笑的优越感里，其实包含了两种不同质的东西，霍布斯代表了人在现代世界中对世界的胜利感，柏格森代表了现代世界给人带来的可笑感。

第三，紧张感释放（release）理论。主要为弗洛伊德所主张，他认为，笑是一种心理紧张的释放。如果说前两种传统理论是对人的理性中好的一面的弘扬，那么，弗洛伊德的这一传统则是对理性中压迫性一面的表达。笑中有自己从理性认同的强制性中一时逃离出来的优越感。

这样，笑包含了三个理论。一、上述第一种理论和第二种理论中的霍布斯型理论，对人的胜利的自豪和对不符合历史尺度（即当代尺度）的可笑；二、柏格森型理论，人在当前世界中不自觉地要陷入可笑（笑中突出了对当代尺度的无奈）；三、弗洛伊德型理论，笑是对理性和当前世界的一时逃逸，从笑中，显现出了人的一个更真实的处境。这三个理论既显出了理性与权威给人带来的好处，也显出了理性和权威给人带来的坏处。这二种理论，归纳起来主要是两方面，一是从喜的对象的客观性质本身进行，二是联系主体对客体的反应进行。在客体方面，早在古希腊，亚里士多德《诗学》第五章说："喜剧是对比较坏的人的模仿，然而'坏'不是指一种恶而言，而是指丑而言，其中一种是滑稽，滑稽的事物是某种错误或丑陋，不致引起痛苦或伤害。现存的例子是滑稽面具，它又丑又怪，但不使人痛苦。"② 总之，丑而与人无害，就是滑稽，就是喜的对象。梅瑞斯狄认为，喜源于客体的乖讹，即一种不伦不类的组合。这几种理论都涉及喜的客体是偏离和低于历史正常尺度的事物。在讲究健美身体和健全心灵统一的古希腊，丑是低于正常尺度的。在认为宇宙和生命的本质就是不断地运动、流动、创造的柏格森看来，机械和僵硬就是对正常的偏离，而不伦不类的组合更是有悖于正常尺度。当这一机

---

① ［法］柏格森：《笑：滑稽之研究》，18 页，北京，中国戏剧出版社，1980。

② ［古希腊］亚里士多德、贺拉斯：《诗学·诗艺》，16 页，北京，人民文学出版社，1962。

械性的客体世界不仅是人周围的世界，而且成为人的意识世界时，笑就成了人对周围世界的主体意识世界的一种逃离式度越。神学家尼布尔说："笑是绝望和信心之间的一块净土。凭借嘲笑生活表面上的种种荒谬，人类使自己的心智得以保全。"① 这与弗洛伊德的理论有相似之处，但在弗洛伊德的理论中，笑是保持心理平衡的一种合理宣泄，是本我在现实中以合理方式进行的心理释放，然而毕竟是有不合理性的，在紧张感的释放中，一方面由于无意识的胜利而有一种快感，另一方面又因为无意识不符合理性和理想而有一种低下感。正是在这里，构成了笑的复杂性。

历史上喜的理论基本缺乏一种宏观的、历史的眼光，落实到具体问题上往往纠缠不清。我们对喜的研究从美学类型的历史联系和转化来进行，从与喜密切相连的怪和丑开始，最后达到喜的核心——滑稽。

一、怪

怪是对正常的物的尺度的一种变形，即不是按事物的本来面貌，而是以一种不可能有的、变了形的面貌出现。这种变形不是集中化、典型化、概括化、简括化，甚至抽象化，如西方现实主义（巴尔扎克、库尔贝等）、浪漫主义（雨果、德拉克瓦等）和现代主义（卡夫卡、康定斯基等）所创造的那样，而是各种夸张和古怪的组合。变形包括：一、事物的变形。如绘画上的人面蛇身，雕塑上的千手观音，小说和电影中的各类怪物。二、事物关系的变形。如阿里斯多芬的《和平》中人骑甲虫上天，鬼神故事中的人神之变。三、整个世界图景的变形。如《西游记》的神魔人互联的世界，《格列佛游记》里大人国小人国与正常人互相交错的世界，当代西方电影中的外星人与地球人交往和冲突的世界。

怪虽然存在于几乎一切时代的观念和艺术中，却只是各时代观念和艺术整体中的一个次要的部分，只有在原始艺术中怪成为艺术的根本特征。这是与原始人的实践水平相一致的原始思维的产物。在普遍的图腾崇拜中，人不是被认为来源于人本身，而是源于某一动物、植物或自然现象（日、月、风、云），因而，兽面人身，画面纹身，拔牙穿颊，形状凶、丑、怪的雕塑绘画遍于全球。原始神话无一例外均是一个个变形世界，盘古开天、女娲补天、夸父追日、玄鸟生商，当北欧众神之王奥定坐在宝座上的时候，他的肩头站着两只大雕，脚下蹲着两条猛犬。在原始思维互渗规律的支配下，一切都是活灵的、有生命的，山有山神、水有水神，雷公、电母、风

① ［美］莫恰：《喜剧》，12页，北京，昆仑出版社，1993。

伯、雨师，有掌管天堂的，有掌管冥界的，每一部落都有自己的崇拜神，整个世界就是一个变形的人、神、灵共在的世界。融生产、生活、政治、宗教、军事、艺术为一体的原始巫术仪式——原始歌舞就是一种变形的"百兽率舞"。

历史地说，以怪为主要特征的原始艺术不是怪，怪相对正常而言。在原始人那儿，万物有灵的人、神、灵共在和互渗的世界再正常不过了，丝毫不怪。正是这一套一套的神话系统，使神秘、浑茫、可怖的宇宙有了秩序，有了可以理解的因果关系，得到了可以理解的说明。宇宙成了"为人"的，或者说"人化"的，更正确些说被人符号化了的宇宙。怪在原始社会的正常在于，它与原始人弱小的实践力量相一致，它标志着人的认识发展的最初阶段。原始的变形世界反映了客体真正内容的模糊和因认识模糊而产生的威吓可怖，比如有首无身、可怖狰狞的青铜饕餮，古埃及形体巨大的狮身人面和两河流域赫然屹立的兽身人面。这些形象本身又体现了主体对变形世界的认真、严肃、虔诚、敬畏。正是在用今天的眼光来看的变形之怪和从历史的眼光来看的正常这二者的统一上，黑格尔把原始艺术称为象征型艺术，它的特点是崇高。象征就是指其理念内容的模糊和形式的夸张、变形和怪诞；崇高就是指其严肃、威吓和具有的无比力量。

以变形为特征的原始艺术由正常转成为怪，是在人的理性精神普遍弘扬以及美和审美产生之后实现的。在理性的光芒中，在美的映衬下，脱离了历史威吓内容、离开了历史合理性的变形，就成为怪。只有在与理性时代的正常之美相比较映衬下，变形的怪才成为一个特定的美学范畴。

与理性的优美和壮美相比，变形的怪展现为一个奇异和荒诞的世界。想想我们的梦，想想在朦胧的黄昏和黑夜中世界呈现给人的视象，就知道心灵本有的制造变形形象的机能。原始艺术的怪反映了人对自己还不能正确认识的世界、一个异己的威吓恐怖的世界的认识。同样，在理性化以后，当人还被恐吓不安抓住的时候，怪就从消极方面表现出来。这就是西方中世纪的神秘剧，就是中国话本故事中的地狱和魔鬼的描写。在这一意义上，荒诞也与怪大有相交之处。从本节的观点看，卡夫卡的《变形记》、尤奈斯库的《犀牛》等，展现的就是荒诞变形的怪的世界。从心理和理论本质看，理性时代以后的怪，是原始艺术的复演。这里，主体没有优越感和自信心，变形客体强大而与人敌对，因而，引出的不是笑，而是痛感与悲感。这种怪，流向崇高与荒诞。由于人类始终处在从过去向未来、从已知向未知的发展过程中，矛盾斗争进退循环高低起伏是人类历史的节奏，在人类的生理—心理基础和社会—历史规律的双重作用下，怪始终会不时浮出，在人类世界和审美世界中占有一定的位置。

当人类理性把握了变形，理解了变形，把变形作为一种心理现象来赏玩，作为一种艺术法则来运用，怪也可以成为人类心灵的奇妙表现。这就是《聊斋志异》中奇异美丽的鬼狐故事，《西游记》里的人神仙魔世界。《西游记》中，孙悟空和猪八戒，一只猴子一头猪，都是充满喜剧形象的怪。你看孙悟空：

> 猴王真个在耳朵里拿出，托放掌上，叫："大！大！大！"即又大做斗来粗细，二丈长短，他弄到欢喜处，跳上桥走出洞外，将宝贝托在手中，使一个法天象地的神通，把腰一躬叫声："长！"他就长得万丈高，头如泰山，腰如峻岭，眼如闪电，口如血盆，牙如剑戟，手中那棒，上抵三十三天，下至十八层地狱，把那些虎豹狼虫、满山群怪，七十二妖王，都唬得磕头礼拜、战战兢兢、魄散魂飞。（第三回）

这里是怪出威风来了。孙悟空每每对猪八戒的戏弄，如"猪八戒吃西瓜"之类，戏弄者与被戏弄者都充满喜剧味和人情味。如果说《西游记》里包含着多种怪的形象，那么，在猪八戒身上则集中体现了以怪为喜的特征，即滑稽性。外形的猪人合一是笑的滑稽，性格上贪吃、好色、懒惰也是滑稽的基质。怪脱去了历史的威吓内容就转成丑与畸形，偏离正常，因偏离而显出滑稽。宫廷里的侏儒就是以外形和丑怪的滑稽来取娱于人，汉塑像中的说书俑也是以形体变形的丑怪活泼令人笑悦。从怪演化为丑和滑稽，透出了一点喜的实质，喜是被历史否定了的东西，它既不符合物的正常尺度，也不符合人的正常尺度。

怪具有各种形态，之所以都被称为怪，因其有共同的形象结构特征——变形。由于变形之怪所包含的内容不同，也分为不同类型的怪。但从历史发展和宏观角度看，怪的主要流向是丑和滑稽。现实矛盾斗争的丰富性不断使新的怪的艺术形态产生，而历史的发展又不断地使怪转为丑与滑稽。怪的另一流向——恐怖，这在前面已经讲过了。

二、丑

丑是对事物正常尺度的偏离。怪主要是变形，丑主要是畸形。变形重在对正常的巨大扭曲和夸张，畸形则是对正常的略微偏离。丑与怪一样，是人对正常这一概念有了理性尺度以后的产物。在原始图腾观念里，那些模仿反刍动物把门牙拔掉的部落，那些把鸟的羽毛插入自己的嘴唇、耳朵、鼻中隔的部落，并不以此为丑。只有理性之日东升，阿波罗、维纳斯式的希腊雕像征服人心，"手如柔荑，肤如凝脂，领如蝤蛴，齿如瓠犀，螓首蛾眉，巧笑倩兮，美目盼兮"的美女显出优美可人，"高余冠之岌岌兮，长余佩之陆离"的威武君子显出壮美，人们才知道什么是丑，才羞于为丑。

丑的畸形与怪的变形的区别还在于，变形是人的一种主动追求，畸形则是人不情愿的遭遇和无可奈何的结果。鲍姆加登说：外形的"不完善就是丑"①。克罗齐说："丑是不成功的表现。"不成功的表现意味着丑的产生是在知道何者为美的前提下，在追求美中出现的意与人违的结果。正如陆机《文赋》感叹的，写文章"常患意不称物，文不逮意"。不完善点出了丑的基本特征：与美的形式法则不合或者相反。例如按照人的正常发育，头部与全身的比例应是1：7，但侏儒身材特别短小，看上去像是一个成年人的头安放在小孩身上，这种畸形体态使人感到不协调，就是丑。戏曲《望江亭》中低俗的花花公子杨衙内冒充风雅，谭记儿为嘲弄他，要他作一首赏月诗，首尾两句要带"月"字，杨苦想半天才一句句挤出来："月儿弯弯照楼台，楼高又怕栽下来。下官牵衣忙下跪，子曰：学而时习之。"这是一首意思残缺，韵律不合的极丑的诗。

丑的感性形式是畸形，但随内容的不同，丑又有多种流向的可能。丑加上邪恶的力量就转为崇高和怪。柏克就是把丑作为引起痛感的崇高客体。委拉斯开兹的画《教皇英诺森十世像》就是带上邪恶的力量的丑，画上"教皇那斜视的三角眼，紧缩而微竖的眉头，鹰钩形的鼻子，表现出教皇的阴险、狠毒和威严，双手扶着椅子，左手拿着一张签署的纸条，表现出教皇的权势。"② 列宾的画《祭司长》也是带上邪恶力量的丑。"他那大腹便便的肚子，扶在胸前的肥胖的右手，还有那在黑色袈裟和无边帽衬托下的整个面孔，浓密的白胡子，使面部显得狭小，加上两道竖眉，活像一头刚刚吞食了野兽的狮子，左手挂着笏杖象征着教会的权力。"③ 丑加邪恶转为可怖的崇高，是因邪恶的内心使丑的外形充满了杀气和凶气，令人可怕。

---

① 北京大学美学教研室编：《西方美学家论美和美感》，102 页，北京，商务印书馆，1980。

② 杨辛、甘霖：《美学原理》，82 页，北京，北京大学出版社，1983。

③ 同上书，83 页。

同样，内在的善和心灵的智慧也必然从形象的神采、气度、风姿上反映出来。因此，丑的外形也可因其内在的充实而压倒其丑，超越其丑。庄子在《人间世》和《德充符》中描写了很多身体残缺和外貌奇丑的人物，如支离疏、兀者王骀、兀者申徒嘉、兀者叔山无趾、哀骀它、支离无唇等等，他们皆因"德有所长"而超越了丑。例如哀骀它，容貌极丑，天下闻名。但男人与他相处，都舍不得离开；女人见了他，请求父母说，不愿做别人的妻，而愿做这位先生的妾；鲁哀公听见哀骀它的之名，召见他，果然是丑人。但与他相处一个月，就觉得他有过人之处，不到一年，就完全信任他了，要委以国事，他却淡淡然无意承应，漫漫然未加推辞。当鲁哀公终于委以相位之后，他却离国而去，使得鲁哀公忧闷得很，好像失落了什么东西似的，仿佛国中再也没有人能使他快乐了。超越丑不是说外形就不丑了，鲁哀公对哀骀它的丑虽然已有心理准备，但见面时还是被他的丑吓了一跳。超越丑是指内在的品质使人不以丑为意，不因丑而生厌恶感，甚至完全忘掉他的丑，即"德有所长而形有所忘"。美的效果就是使人不自觉地愿意与之交往，与美的人在一起使人感到愉悦。当形丑者的德有所长而达到如美人一般的效果、甚至超过美人的效果时，在这一意义上已经完全"化丑为美"了。鲁哀公失去哀骀它很惆怅，这是不是心灵美压倒外形丑了呢？这说法有对的一面，也有引起误解的一面，仿佛心灵与外形是两个东西，像在科学实验室中化学分解一样。在审美中，一切都是活的整体，如果说在《庄子》中仅是粗略描述的话，那么，魏晋人物品藻就呈现得很清楚：

世目李元礼：谡谡如劲松下风。

山公曰：稽叔夜之为人也，岩岩若孤松之独立，其醉也，傀俄如玉山之将崩。

王公目太尉：岩岩清峙，壁立千仞。[1]

人的内在精神、格调，绝不仅停留在内部而必然要表现为人物的神采、风度、气韵。如孟子所说："君子所性，仁义礼智根于心，其生色也睟然，见于面，盎于背，施于四体，四体不言而喻。"[2] 用人物品藻的理论来评品哀骀它，似可曰：道心内充，逸骨爽然，神胜其形，淡淡乎使人亲近，终

---

① ［南朝］刘义庆：《世说新语》。

② 《孟子·尽心上》。

遂忘其陋形。这就是丑之为美。丑之为美，其实是一种意味、一种意境，扩而充之，艺术中多有此境界。园林之中，"米元章论石，曰瘦、曰绉、曰漏、曰透，可谓尽石之妙矣。东坡又曰：石文而丑，一'丑'字则石之竿千状万态，皆从此出。彼元章但知好之为好，而不知陋劣之中有至好也。东坡胸次，其造化之炉冶乎！燮画此石，丑石也，丑而雄，丑而秀。"①

丑，就其根本而言，是对正常的负方向偏离。丑带上恶须有条件，丑转为美是很艰难的过程，丑要掩盖其丑是一种无意识的自然倾向，丑炫耀其丑是想强行化丑为美的自欺心态。当丑要掩盖和炫耀其丑之时，丑就成了滑稽。丑从其对正常的偏离上就具备了滑稽的因素。"驼背不是给人以一个站不直的人的印象吗？他的背好像养成了一种不良的习惯……他要僵着于某一姿态，同时——如果可以这样说的话——他是要让他的身体做鬼脸。"② 假面也因其本具滑稽的因素而选为笑料。亚里士多德和车尔尼雪夫斯基都认为，丑就是滑稽。亚氏说："滑稽是某种错误或丑陋，不致引起痛苦或伤害。"③ 车氏说：丑乃是滑稽的根源和本质。只有当丑自炫为美的时候，丑才变为滑稽。亚氏谈丑为滑稽，提出无害，排除了丑转为恶；车氏提出自炫，排除了丑转为美。确实，当丑要掩盖和炫耀自己的丑时，丑就成为滑稽。《阿Q正传》里，阿Q的癞是丑，但他竭力掩盖、忌讳，以致连"光"、"亮"都不容，就成了滑稽。阿Q的自轻自贱是丑，但因自己的自贱第一，状元也是第一，从而高兴起来，这就成了滑稽。丑的主要流向是滑稽。

三、滑稽

滑稽，从感性形式讲，是事物、事件、言行不伦不类的组合；从内容上讲，是被历史否定了的东西，它偏离或低于正常的历史尺度。怪和丑的主要流向是滑稽，但还有其他流向，从而不全都是喜的对象，怪和丑成为喜也主要在其显出滑稽。滑稽则全都是喜，是纯粹的喜。滑稽可以分为三类：

第一，意识到偏离而不由自主地产生了偏离。如一个身体健壮灵活的成人在街上不小心跌了一跤。成人是不该跌跤的，跌跤者本人也知道这一点，但因不留神不由自主地跌倒了，造成了成人实体和小孩行为的不伦不类的组合。一位演说家正说到激动人心的地方，突然打出一个喷嚏，也因不伦不类的组合而引人发笑。柏格森的《笑》中的很多例子皆属此类。对

---

① 《郑板桥集·题画》。
② ［法］柏格森：《笑》，14～15页。
③ ［古希腊］亚里士多德、贺拉斯：《诗学·诗艺》，16页。

当事人来说，这种偏离是偶然的，但其原理却是普遍的，各类喜剧艺术因此而产生。

第二，意识不到自己的偏离，而把偏离作为正常的东西显示出来。如康德举的例子，野蛮人看见啤酒泡从酒坛里大量冒出来，吃惊地问：我不奇怪它何以能冒出来，我只奇怪它是怎样被装进去的。这疑问表明他缺乏起码常识，低于历史尺度而不自知，反而一本正经将它作为一个问题提出，造成了问题的可笑和提问的严肃的不伦不类的组合。物理老师给学生讲振动和共鸣，为了让学生明白，问："如果我向鱼塘扔一块石头，会发生什么现象？"学生回答："罚款五元！"这里是回答与提问形成不伦不类的组合。堂·吉诃德把风车当巨人，把羊群当军队也是明显地意识不到自己的偏离，把偏离作为正常来进行。

第三，明知自己的偏离却要掩盖自己的偏离，甚至炫耀自己的偏离。例如：

约翰：我求你一件事，你能替我保密吗？

大卫：当然可以。

约翰：近来我手头有点紧，你能借我些钱吗？

大卫：不必担心，我就当没听见。

大卫知道约翰有难相求，自己不肯帮忙的吝啬之心是对朋友之谊的偏离，因而借约翰的前一句话来掩盖自己的偏离，造成语言亲热与内心冰冷之间不伦不类的组合，显出滑稽。民间故事中怕老婆的男人躲在床下不敢出来，老婆嚷道："有本事出来。"他厉声回答："男子汉大丈夫说不出来，就不出来。"这是用炫耀来掩盖自己的偏离，造成行为和语言不伦不类的组合。那些把假的、丑的、恶的东西当作真的、美的、善的东西来进行，必然要用一种本质的假象把自己真正的本质掩盖起来，必然也只能表现为内容与形式的错乱、现象与本质的背离，表现为不伦不类的组合。

在滑稽三类中，不知自己的偏离而将偏离作为正常来进行，和知道自己的偏离却要掩盖自己的偏离这两种是最具喜剧性的，前者造就了《堂·吉诃德》等喜剧形象，后者展现了《吝啬人》、《伪君子》等喜剧世界。

滑稽对象偏离和低于历史尺度，在本质上是虚弱的。因此，人们不会用严肃的悲剧态度去对待它，而只能是笑。但另一方面，由于对象是认真的，以正常的外形、姿态、行动表现出来，而且力图要求人们也按正常来

121

严肃地对待它。当主体以正常的历史尺度来严肃认真对待它时，结果总会猛然落空，突然发现对象本质的低下、滑稽、可笑。对象对历史正常尺度的偏离一下暴露出来，形式与内容、现象与本质的不伦不类一下呈现出来。期待落空的一刻，主体感到了自己的优越，感到了自己站在历史和现实高度上的自豪，于是开怀大笑。

对正常尺度的偏离分为三种滑稽，对滑稽的笑也相应地呈现出三类。对知道何为偏离而不由自主发生的偏离，笑主要是善意的幽默；对不知偏离而把偏离作为正常来进行，笑主要是善意的戏谑；对明知偏离而掩盖或炫耀自己的偏离，笑主要是犀利的讽刺。诚然，幽默中本包含戏谑和讽刺，戏谑中本蕴有幽默与讽刺，讽刺中本内含幽默与戏谑，这样划分主要是指出其强调重点的不同。

把喜与美和悲加以比较，可以理解喜的作用。

美是主体在客体上体会到人与对象在宇宙中的根本同一，人依凭对象一步步地进入审美的深度，同时人在审美中把自己提高到宇宙的深度。在优美中体会到爱的柔情，在壮美中感受到宏大的胸怀，在典雅中悟出了高雅的韵味。悲是主体在客体上体会到人与对象在宇宙中的根本对立，人在对象中暴露出了自己的弱小无力，同时又把自己提高到与对象同一有力的高度。在悲态中，人在感到自己悲的必然性的同时，通过对这种必然性的体认而把握和超越了这种必然性，用悲态的形式对抗住了这种必然性；在悲剧中，人在感受到毁灭的必然性的同时，通过对这种毁灭的观照而超越了毁灭；在崇高中，主体在感到无力的痛感之后，就升腾到与对象同一有力的高度；在荒诞中，主体在感受到宇宙荒诞的同时，因认识了荒诞而超越了荒诞。喜是主体在客体上体会到自己的优越，它凭着对象突然暴露出来的低下，而深刻地认识到了自己的历史高度。悲与喜在感受模式上正好相反，悲是从对象的高而把自己提高到高，喜是由对象的低而认识到自己的高。因而，悲是严肃的，喜是欢快的；悲是严重的，喜是轻松的；悲有深沉感，喜有自豪感；悲是压力，喜是优越。

第五节　审美分类的意义

美就在于人与对象的同一。从历史上说，只有进化到人感到了与对象完全的同一时，人才获得美；从现象上讲，只有当人完全感到了与对象的同一时，他才不是从认识论上（文化所教，习俗所认）和功利观上（受强烈的欲望驱动）感受到对象的美，而是从美学角度体验到对象的美。反过来，只有对象完全符合人的理想尺度，人才可能达到与对象合一的美感深度。在人与对象同一的基础上达到审美的高峰体验时，人既从这一体验中感受到了美的本质，同时又感受到了美即美感的真谛。审美的高峰体验必然是一种不知"何者为我，何者为物"的物我同一境界。审美的高峰体验（美即美感）和在高峰体验中对美的本质（人与对象同一，其基础是人与宇宙同一）的感受是一个人、一个阶级、一个民族、一个时代把对象指认为美的基础。正是在这些对象上，人们可以产生这种体验；正是这种体验，使人们确认了这些对象的美的性质。对审美高峰体验的内在需要使文化将这些对象变成客观的审美对象，并在知识论层面给予正式的承认，这一符号化和谱系化的行动使美变成了客观上的审美对象。从历史来说，它是被客观化的，但从现象上来看，它却已经是客观的，并被体验为客观的。因此，美等于审美对象。人有审美需要时，再也不需进行艰难的试错性寻觅，只要根据文化提供的符号谱系可以很快地找到审美对象。正因为各文化在长期的实践中已经形成了自己的审美知识谱系，因此，美是客观的，它就是（被文化确认和符号化了的）审美客体（对象）。

美等于美的本质具有历史起源上的意义，即客观对象是怎样成为美的。美等于美感具有审美现象上的意义，美对人的意义不是对文化提供的审美客体进行知识论上的指认，而是要真正获得超审美知识的审美体验。美等于美感，用美感来确立美，是审美对象变化和前进的基础，是美通向审美超越的关键。美等于审美对象具有现世的意义，它是文化与人的自我确证，并在审美的高峰体验中感受了文化与现实的本体论和宇宙论的根据。美等于审美对象具有非常重要的历史性意义，它意味着人已经把客观对象变成了与人同一的对象，这里面蕴涵着非常丰富的内容。美等于审美对象中的美，即与悲的对象和喜的对象不同的审美对象，具有绝不低于美等于审美对象的重要历史性意义。它意味着：

第一，审美对象的扩大。这扩大不是在与人同一的性质上，而是在与人不同一（高于或低于人）的性质上。它使得审美对象的核心特征——与人同一——更为突出。

第二，人的胸怀的扩大。不仅与人同一的美可以成为审美对象，与人不同一的对象也可以成为审美对象。审美的重要性已经不在客体，而在主体，说明人已经有了一个固定的而且是能动的审美心理结构，人可以运用这个结构去看待一切对象。

　　第三，非美的对象成为审美对象而不是审悲对象和审丑对象，其要义在于，人要使这些非美的对象趋向并成为"美"。对于高于人的对象，人要使之成为与人同一的对象。正是这个同一的目标，使人从低升腾向"高"，与之同一，使高于人的对象成为审美对象。对于低于人的对象，人从中意识到自己现在的历史高度。人今天的历史高度来源于漫长的实践进化过程，人来源于动物，也摆脱不掉自己的动物性。作为审美核心的与人同一是与历史高度同一，当人用审美态度去观照比自己低的对象，就是用人的历史高度和理想尺度去看的。因此，当人看到比自己低的对象（包括自己身上的低于历史高度和理想尺度的行为）时，他意识到自己与宇宙本质和历史规律相一致的历史高度和理想尺度。因此，无论是悲的对象还是喜的对象，都是以与"人"同一为基础的。

第四章
美的生活类型

第一节　在美学分类中的生活美

前面讲过，美的分类主要有三种大的方式，其中一种是按照自然/社会/文化的整体分为自然美、社会美、艺术美、文化美、形式美。在这一大的分类里，艺术美是美学中的一个大领域，门类众多，本身又要进行艺术门类的进一步划分；文化美也是美学中的一个大领域，文化众多，也需要予以进一步的划分；形式美还是美学中的一个大领域，法则纷呈，也需要进行专门的细讲。这三个领域在美学中存在的地位，都是一说即明的，而自然美与社会美在美学研究中却充满争议。本书把自然美和社会美总归为区别于艺术的现实生活的美。

从美学史上看，古希腊美学，柏拉图理论中出现的美的小姐、美的马儿、美的陶罐、美的汤勺、美的制度，都是属于生活之美。近代美学，法国的伏尔泰把美也分成两种：一种是只打动感官的，即外表美或形式美；另一种则是向人诉说的美，即道德美或行为美。这两种都是生活美。法国狄德罗依据"美在关系说"把美分为三种："实在的美"（又称为"在我身外的美"）；"见出的美"（又称为"与我有关的美"）；"虚构的美"（即艺术美），前两种也属于生活的美。英国的柏克和德国的康德讲崇高与美时，举的各种实例，高山、大海、小溪、田野、美女、图案等，都属于生活之美。俄国的车尔尼雪夫斯基将美分为现实美与艺术美，提出了"美是生活"的命题，强调现实生活的美是最重要的美。在中国美学原理著作中，杨辛、甘霖的《美学原理》(1983)、王杰主编的《现代美学原理》（1996）、王明居的《通俗美学》(2001) 等，把美分为社会美、自然美、艺术美，这里社会美和自然美都与生活美相通；刘叔成主编的《美学基本原理》(1984 初版、2001 三版)、卢善庆的《美学基本原理》(1996) 等把美分为现实美和艺术美，这里现实美就是生活美；杨恩寰主编的《美学引论》（1992）、王德胜主编的《美学教程》(2001)、陈望衡的《当代美学原理》(2007) 等把美分为自然美、社会美、艺术美、科学美、形式美、技术美、城市美、综合美等，这里除了艺术美之外其他的美，都可以归为生活美。科学美和技术美之所以作为生活美，在于科学技术在现代社会中，以工业设计、产品设计、环境设计的方式，大量进入生活领域，成为生活美的一个重要组成部分。20 世纪后期，西方美学界兴起的环境美学和日常生活审美化的潮流，可以说都属于生活美。正是这两股潮流，让美学重新思考生活美的问题。

在第二章中，我们知道，人面对世界时，只要采用审美的眼光去看，主体就会成为审美主体；同时，对象就会成为审美对象。从审美的角度来说，只要人用审美的眼光去看自己周围的生活世界，这一生活世界就会在这一时刻成为审美对象，成为生活美。另一方面，生活中最容易让人以审美的眼光去看的事物，是那些与人具有同一性的事物，即美的基本类型中属于美的事物（优美、壮美、典雅）。因此，生活中最大量呈现为美的事物是本身在类型上就与美相契合的事物。而为了让生活世界能更好地使人兴发美感，人对生活世界的创造一定是按美的规律来造型的。这里，形式美法则、艺术美法则、文化美法则都会运用进来。而人为了在生活中更经常地具有美感，对生活世界的营造一定是按照形式美、艺术美、文化美的原则来进行的。可以说，一方面人的美感促使了生活世界的美化，另一方面生活世界的美化又促进着人的美感。这是一个互动的过程，也是一个互美的过程。

从生活美这一角度，可以看到在美的基本类型中三大类（美、悲、喜）的一种新的呈现：一方面，悲和喜中都有在向美的方向转化而成为美（如崇高转化为壮美，怪和丑转化为喜剧性的滑稽）；另一方面，悲和喜的类型，在其没有向美转向的情况下，在美的观照中仍可以成为审美对象，如崇高、恐怖、荒诞、怪、丑，但这不是生活美追求的目标，而是生活美要克服的对象。因此，生活美在美学上的意义和在人文学及社会学上的意义就在于，生活美启示了，与悲和喜相对的美才是美学的核心、目的、归宿。当生活在审美的观照中成为美的时候，人感受到了自己的理想和目的，同时也感受到了美与其他文化形式（认识的、功利的、宗教的）的区别。同时，当生活美在审美的观照中呈现为生活美的时候，会发现形式美、艺术美、文化美的因素往往嵌入在其中，并与生活美契合无间地成为一体，从而在生活美的获得中感悟到形式美、艺术美、文化美的意义。也可以这么说，当一个人对生活世界作审美的观照并获得生活美感的时候，亦是其体会到各类美的统一性的时候，亦是其在通向美本身的时候。

生活美的呈现和定型也同样遵循着第二章讲的美的呈现和定型规律。人在与周围世界的交往中，既是一个认识世界（科学与宗教）的过程，还是一个改变世界（获取与功利）的过程，还是一个美化（审美与愉快）的过程。对于自己生活和劳作于其中的周围事物，这些事物已经在人的实践中被人按事物的本来面貌进行了认识，并按照人的主体需要进行了改造。当人用审美的眼光去看时，这一因人的目的而被认识和因人的需要而改变的事物就呈现为让人愉悦的美感，人产生美感时的生活对象就变成美的对象。在游牧文化中，这就是"天苍苍，野茫茫，风吹草低见牛羊"的牧区生活之美；在农耕文化中，这就是"漠漠水田飞白鹭，荫荫夏木转黄鹂"的农村生活之美；在工业都市中，这就是车水马龙中的街景之美。当人从自己的生活环境之中得到的美感不断地重复，人们就把这种美认为是生活环境中事物本身的性质，生活之美于是被人们公共化、符号化、客观化了。因此，从原始社会的彩陶，到神庙社会的服饰，到轴心时代的民居，到现代社会的都市街道，到全球化时代的室内布置，人类社会的生活之美不断地展开、演化、变异、丰富多彩。生活美与世界美一样，随着人类的实践活动而产生出来，不断扩大。从历史的层级上看，展开为原始时期的生活世界美、神庙时期的生活世界美、轴心时期的生活世界美、现代时期的生活世界美、全球化时期的生活世界美；从文化的分类上看，展开为西方文化的生活世界美、中国文化的生活世界美、印度文化的生活世界美、伊斯兰世界的生活世界美。

在理论上，可以把日常生活之美作为区别于艺术美、文化美、形式美的一个大类。虽然艺术美、文化美、形式美的元素都或存在于生活美之中（比如室内墙上的轴卷画，是居室美的一项元素），或与之有互相交叉之处（比如建筑，可以说既是生活之美，又是艺术之美），但日常生活之美作为美，具有自身特征的体系，还是十分清楚的。日常生活之美，具体来说，可以分为：

人的身体之美（包括自然身体与精神风貌）；

人的服饰之美（包括从头到脚的整个装饰系列）；

人的居室之美（包括居室外观、内部空间、室内装饰、室内物品）；

人的环境之美（如果说，居室之美主要指人的休息空间，那么，环境之美则主要指人的整个活动空间，人的活动空间又包括了个人交往空间、工作空间、公共活动空间等等）。

当代美学中的两大潮流包括日常生活审美化和环境美学，前者主要关系到人的身体之美、服饰之美、居室之美，后者着重指环境之美。从逻辑上说，人的环境之美包括了日常生活审美化，因为人的身体、服饰、居室，都是在环境之中的。可以说，日常生活审美化和环境美学，前者是以日常生活为核心而向外扩展的生活美理论，后者是以一个宏大空间向内细分的生活美理论。从日常生活向外扩展，生活美可以生成出很多类型；从人生于其中的天地大环境进行细分，生活美可以细分出很多的层面。生活美学分类是美学应该进一步研究的问题。

人在自己的历史发展中，从原始部落的村庄，到神庙时代的城市，到游牧文化的草原，到农耕文化的田野，到工业时代的都市，一方面，生活美的领域在不断地扩大；另一方面，以前的生活美又嵌入到后来的生活美之中。在生活美的多方面的展开中，有四个类型是美学中最为关注的，一是人之美，二是人的居室之美，三是自然之美，四是都市之美。在本书中，暂且举第三和第四类型，自然之美和都市之美进行讲解。

第二节　自然美

一、自然美的产生

后期印象画派代表人物保罗·高更有一幅重要的作品《我们从何处来？我们是谁？我们往何处去？》，高更把塔希提岛那未经开发的、充满原始生命力的土地看作是人类的"乐园"，当他面对着塔希提岛上那些未失去原始面貌的大自然风光，面对那些肤色黝黑、体格健壮、充满野性美的土著人时，激动不已，他认为这正是他所追寻的"乐土"。正是自然的力量激发了高更的创作热情，自然和野性的魅力安抚了高更在文明世界迷茫无助的心灵。自然的魅力在高更笔下以一种神秘、浪漫的方式呈现出来，这正好让我们进入关于自然美的思考。

何谓自然美？首先是何谓自然。《现代汉语词典》中对"自然"的解释有三条：一是自然界；二是自由发展，不经人力干预；三是表示理所当然。显然，这里我们的关注点在于自然界，由自然界所界定的自然区别于社会现象的自然，在美学的语境中更具体是指一种与现代人工创造出的存在物相对的非人工的自然存在物。一朵馨香不散的花开在原野上，以它的形状的圆满、颜色的鲜艳、香味的淡雅，引起了你的注意，于是你愿意停住脚步，愿意静静地欣赏。在你目光所及的远处，一座青山秀丽而巍峨，于是你不禁低吟："我见青山多妩媚，料青山见我应如是。"你感到青山姿态美好、可亲可爱，料想青山见到你也应该感同身受。这两件事都呈现了对自然的喜爱之情，在美学上我们可以认为这就是自然美的魅力。那么，接下来我们看什么是自然美。

什么是自然美？简单地说，就是当人与自然事物和自然现象（如日月星辰、山川草木、花鸟鱼虫等）的交往中，感受到了美，在把这美客观化和符号化之后，这些自然现象就呈现为美的自然。然而，自然呈现为美还在于，一方面，它是人在实践中面对自然时感受到美的客观化和符号化；另一方面，人在对自然美进行客观化和符号化的同时，还感受到自然美中蕴含着一种人不能穷尽、不可言说的意义深度。正是这一意义深度，让人面对自然美时，有了一种与面对艺术时同样深切而又与之不同的审美感受。

在现实中，自然美是一种明显的存在，人们对自然的欣赏与依恋丝毫不亚于人们对艺术的热情。但是在理论上，人们需要对自己何以对自然产生美感，并且产生比艺术更复杂、更经常也更深刻的美感做出说明，这是一直以来以艺术研究为主体的美学原理研究中忽略的问题。但是在当代社会，在人类进入生态时代的今天，自然美的存在因为人们对自然美的重新关注而获得了更意味深长的意义。所以，在当今美学原理的建构中，自然美作为一种美的存在形态和非常独特的审美对象，它必然是不可或缺的部分，理应被更好地言说。

二、在美学原理和历史语境中的自然美

（一）美学概论中的自然美

美学概论中的自然美不是一般的自然美欣赏，这需要我们对自然美的讲述符合美学原理整体的框架。美学原理中一般是如何讲述自然美的呢？在美学原理著作中，对审美对象有三层交叠的分类：一是把美划分为社会美、自然美、艺术美（或者更细更复杂地划分为社会美、自然美、艺术美、生活美、人的美、科学美、技术美、劳动美、公共关系美、形式美等），这里面艺术美和形式美往往是要专门讲的。因此，在把美作了这一划分后，往往只讲社会美和自然美。在 1980 年至 2002 年期间出版的中国美学原理242 本著作中，对自然美的论述，原理著作表现出诸多共识。[1] 一般认为自然美是以自然物为对象的美，是指那些经由"人化"而体现"人的本质力量"，为人的感官所感知，并能引起人的精神愉悦的自然现象。自然美必须对人才有意义，自然对于人能成为美是由于它是人类实践活动的结果。一般认为自然美的分类是三类：改造过的自然、未经改造的自然和作为人类象征的自然。自然美的特点一般认为是形式美、不确定性或多面性、象征性、实践性。

从以上美学原理的描述中，可以看到自然美在美学理论中的位置，以及美学原理曾经身处的美学视野和问题视域。在实践美学成为美学思想主

---

[1] 参见刘三平：《美学的惆怅》，44 页，北京，中国社会科学出版社，2007。

流的当代中国美学发展中，自然美会以这样的方式被讲述。自然因为人的存在被感知，因为人的本质力量被体认，其折射人类世界的某种精神特质而被铭记和欣赏，所以，自然美不可能成为美学理论中重要的环节。所以，将现阶段流行的美学体系界定为以艺术为中心的美学体系，恐怕不会引起多大的争议。全部美学问题都可以看作围绕艺术问题而展开，自然美问题往往被作为次一级的问题而被附带提到。对当代中国美学产生深远影响的朱光潜美学体系，就是最典型的以艺术为中心的美学体系。朱光潜有一个非常有名的观点，即"是'美'就不'自然'，只是'自然'就还没有成为'美'"。黑格尔作为西方经典美学的代表，也明确指出艺术美高于自然美。因为自然中没有心灵，没有自觉的理念，没有精神内容，不符合"美是理念的感性显现"。黑格尔说："我们可以肯定地说，艺术美高于自然，因为艺术美是由心灵产生和再生的美，心灵和它的产品比自然和它的现象高多少，艺术美也就比自然美高多少。"①

以上的观点和看法曾经一直是中国现代美学的主潮，也就是说自然美一直处于默默无闻的地位。人们对自然美的感受不在于它是自然，而在于它反映了人类的生活。自然美作为物质实体被消解了，人的主观态度和情趣成了主体。自然由人的感官的分工被抽象化为具体的形式，即比例、对称、节奏、韵律、统一、和谐等等，于是，人们对自然美本身的追问转换成对人何以感到自然美的追问，形象的直觉、通感或移情、心理距离等成了美学的主题。"自然的人化"概念更进一步剥夺了整个自然作为独立存在的资格，一切都因人的物质生产而"人化"了的自然才有可能进入美的领域。人被宣布为艺术与自然的共同创造者，而自然美只是一个粗糙的脚本。用杜夫海纳的话来说就是"仍然是人在向他自己打招呼，而根本不是世界在向人打招呼"②。

在今天，我们凭常识和直觉都可以体会到自然景物能够给人以美感，自然美给人的清新感受，给人的心灵慰藉甚至超过了那些矫揉造作的艺术品。自然并不是因为它被人控制、征服、改造、利用而为人赏识的，而是因为它的野性、陌生化、多样性而备受关注。我们源远流长的古典美学传统也启示我们，自然常常被看作是艺术的最高境界。对自然美的理解，我们不仅不可借助"自然的人化"的思想来解释，而且必须从人类至上的光

① ［德］黑格尔：《美学》，第 1 卷，4 页。
② 彭锋：《美学的意蕴》，159 页，北京，中国人民大学出版社，2000。

环中解脱出来，才有可能接近本真的状态。

囿于艺术活动中的美学，把艺术对现实生活的认识和超越当作美学的基本问题，不仅审美活动作为一种活动的本体被阉割了，人与自然的关系也被置换成了艺术与现实的关系，自然的独立存在被剥夺。

从哲学层面来讲，把人与自然的天然联系切断，把一切美归之于心灵，就意味着人的主体性被无限制地张扬，意味着人失去了它赖以存在的家园，成为无所依靠的漂泊者。人对自然的胜利看起来是理性对感性、自由对必然的胜利，但这同时意味着人将丧失自身的完整性，人将失去生命之根，走向荒诞与虚无。美学原理中一直存在的艺术美传统把美学引向了一条狭隘且迷茫的路，人在"人化"面前不是在慢慢证明自己，而是在慢慢失去自己。我们必须在今天重续与自然的心灵之约，回到我们一直身处其中的感性乐园，让人与自然的统一成为美学的基本问题。

（二）历史语境中的自然美

自然美并不是一个理所当然的命题，自然与人类的交往并不是一直以美的面貌存在。在不同的文化类型和不同的历史阶段，自然美呈现为不同的审美形态。所以，我们以历史为线索分别揭示不同文化的自然美流变。

首先看中国文化中的自然美。中国文化中，自然美的历史发展大致经历了致用、比德、畅神三个阶段。随着社会历史实践的发展，审美逐渐与实用相脱离，审美逐渐成为一种纯粹精神的需要，自然成为人们随身携带的家，抚慰人疲倦的心灵。

在人类发展的早期阶段，致用的审美观不仅适用于我国，也适用于欧洲。"致用"指人类从实用、功利的观点看待自然。在我国新石器时代西安半坡出土的彩陶中，人面鱼纹盆尤其引人注目，人面图案的旁侧，往往画着单只大鱼，或一张网纹。这种带有神秘色彩的人面鱼纹透露出半坡氏族公社的某种原始信仰。对鱼的崇拜中，也包含着对鱼的欣赏。半坡人是基于鱼与自己的物质生活的迫切需要的密切联系，而对它产生一种敬畏、依赖和喜爱。这当然还不足以称为自然美感，但它毕竟是史前人类与自然的真实感情交流。史前人类不脱离自己的生活、生存去表现自然和欣赏自然，表现出"致用"的倾向。

"比德"就是以自然景物的某些特征来比附、象征人的道德情操。"比德"在我国历史上最典型的表现是儒家学说，儒家将做人和做事的道德追求通过自然山水等委婉地表达出来，使看不见摸不着的某种思想观念具有一种具体可感的形式。比如，孔子说："智者乐水，仁者乐山。"在这里，孔子明显发现了山水和人的仁德、智慧之间的隐秘对应关系——大山是稳定不动的，这和仁德的矢志不移具有一致性；水是流动变化的，这和智慧的多变性、灵活性构成了对应。正是在这种对应中，自然界的山水不再那么客观，而成了人的某种品德的象征。这种"比德"的观念与"致用"相比，反映出自然审美中精神性因素的增强和功利性因素的消减。后来的"梅、兰、竹、菊"称为"四君子"，"松、梅、竹"合称为"岁寒三友"，都表达了对某种高洁而坚韧的道德人格的渴慕，也是"比德"观念的体现。

　　与"比德"相比，"畅神"的自然美观念具有更浓烈的美学内涵，凸显了美的精神向度，体现了经典审美情感中无功利、无目的的一面。所谓"畅神"，指自然景物本身的美可以使欣赏者心旷神怡，精神为之一畅，如"望秋云，神飞扬，临春风，思浩荡"。"畅神说"显出了中国古人以虚灵的胸襟、玄学的意味体会自然，建立起一片空明的美的意境。这时候人对自然的爱与欣赏不是以社会人生去比附，而是让山水的本来状貌触动心灵，山水自然的存在方式与欣赏者澄明的心境之间获得了莫大的契合。王羲之《兰亭集序》说："仰观宇宙之大，俯察品类之盛，所以游目骋怀，足以极视听之娱，信可乐也"，表现了人们在山水之间如入画境，酣畅忘我的趣味。中国古人对自然的欣赏，《世说新语》有许多记载。如：

　　　　顾长康从会稽还，人问山川之美，顾云："千岩竞秀，万壑争流，草木蒙笼其上，若云兴霞蔚"。（《言语》）

这几句话不是后来五代北宋荆浩、关仝、董源、巨然等山水画境界的绝妙写照吗？中国伟大的山水画意境，已蕴涵于他们对自然美的发现中。"畅神"这个词最早出现在晋宋画家宗炳的《画山水序》中，这是中国美学史上最早讨论山水画的一篇文章。宗炳"好山水，爱远游"，晚年感叹"老病将至，名山恐难遍睹，唯当澄怀观道，卧以游之"，于是，将所画之山水，悬于室中，"抚琴动操，欲令众山皆响"。宗炳通过欣赏自然山水获得澄清空明的胸怀，在自然山水中见出宇宙的生命，充满玄远幽深的哲学意味。"畅神"的自然审美强调了自然与人之间的默契融合，"相看两不厌，唯有敬亭山"（李白），更是反映了人与自然的相亲相依。中国古代的山水诗人和山水画家以艺术的方式，不断表达着这种人与自然的深深眷恋。陶渊明历来受到盛赞的名句"采菊东篱下，悠然见南山。山气日夕佳，飞鸟相与还"、"平畴交远风，良苗亦怀新"，谢灵运的名句"明月照积雪"、"池塘生春草"、"野旷沙岸净"等也都包含着他们对自然的细心观察和深切体验。

中国文人与自然山水的默契融合，留给中国文化源远流长的自然美审美传统，自然山水成为人们心灵的慰藉和相濡以沫的生活旅伴。"可使食无肉，不可使居无竹"，就是古人非常质朴的自然宣言。自然美历经的致用、比德、畅神阶段，就是中国文化自然审美逐渐走向自觉的过程。中国文化中的天人合一、神与物游的哲学传统也从根本上成为人与自然关系密切的表征。古代诗文、水墨山水、音乐作品等中国古代的艺术品以形象生动、耐人寻味的方式成为自然美呈现的范本。在此基础上书写的中国文化史、中国美学史，甚至中国哲学史中，自然的审美意义和存在价值都得到特别的重视，而这一切都是我们今天重新审视自然、追问自然、感受自然的背景。

其次看西方文化中的自然美。一般而言，西方文化有两个源头，一个是古希腊文化，一个是希伯来文化。前者形成了西方哲学史上的人本主义精神传统，后者形成了神本主义的传统。虽然这两种文化在西方文化史上常常以互补的方式存在，但是在对待自然的问题上，他们却表达了共同的敌视。西方文化自古希腊始，人类自我中心意识就已有效确立。

荷马史诗《奥德修纪》中写尤利西斯带领他的部下艰难的返乡历程，尤利西斯在大海中受到了狂风巨浪及各种各样妖魔的威胁，历尽千辛万苦才返回到自己的家乡。可以认为诗人荷马为尤利西斯设定的返乡之路实际上是一个关于人类如何走向胜利的寓言，也就是说只有征服蛮荒的、充满杀机的自然，人类才能找回自己的主体性，才能回到自己的家园。

在以上帝为中心的神本主义精神传统中，自然更没有自己的位置。在一个基督徒眼中，自然是远离上帝的蛮荒之所，是人类受苦受难的流放地。亚当和夏娃被逐出伊甸园后，他们就走向了苦难、漫长的旅程。柏拉图作为西方哲学史的著名开场人物之一，他的智慧光彩照人，西方两千多年的哲学史都是他的注脚。柏拉图的"理念"说，把美的起源归于理念，一切现实的、感性具体的存在包括自然都只是理念的摹本，和真理有着相当的距离。重视理念世界，重视天堂世界，感性的自然被蔑视和忽略。希腊文化以人的价值否定自然，希伯来文化以神的世界否定自然，出发点虽不同，但在否定自然美上却异口同声。西方柏克、康德将高山大海作为与人敌对的崇高客体，是因为其与未知自然相连；在黑格尔的眼中，美丽的阿尔卑斯山被称作一望无际的死气沉沉的大土堆，美丽的星辰被看成天空明亮的伤疤，所以自然属于绝对理念的低级阶段而被摒于美学之外。

自然在中西方不同的文化中有着不同的历史境遇，当然也随着历史的发展和人类与世界交往的增加而慢慢发生着转变。比如在西方文化传统中，自然长期是需要人征服的对象，到了近代以后，他们才开始用爱欲代替征服欲，将自然作为美的对象来欣赏，作为与人平等的生命存在来爱护。这些可以从19世纪早中期浪漫主义诗人、19世纪后期印象派画家的作品中寻到踪迹。而中国文化正好相反，人与自然合一一直是中国文化主流的精神传统，只是到了近代以后，随着现代化成为压倒一切的任务，自然才由与人亲和的对象转化为人征服的对象。自然美在中西方的不同历史境遇和不同发展轨迹，使得东西方关于自然审美判断表现出巨大的差异。当然，在以生态和谐为表征的今天，中西方终于在生态与自然的问题上达成了共识，所以，在关注生态的时代研究自然美的问题会有新的讲述方式和新的理解方式。

最后看生态时代的自然美。伴随方兴未艾的环境运动，自然审美已成为当今人们新的审美时尚，与此相应，自然美学、生态美学也成为当今美学的热门话题。艺术固然是美学需要处理的一种典型，但是在备受自然环境恶化、人与自然关系紧张、人类的生存和可持续发展受到自然的限制等残酷现实的打击之后，人们开始将审美热情逐渐倾注于自然环境。基于此，美学势必要做出相应的调整。所以，近20年来生态美学的兴起就可看作对这种审美趣味转向的积极回应。

生态美学是从审美角度来确立人与自然的关系，从而达到保护生态的目的。为什么要从审美角度来确立人与自然的关系？因为只有审美关系才是自由的关系。在人与自然的审美关系中，自然不再是被征服、索取的对象，而成为欣赏与热爱的对象，自然有生命、情感，我们只能爱护它、尊重它，而不能敌视破坏它。人与自然的审美关系何以可能，如果需要一个哲学解释的话，生态美学的哲学基础只能是主体间性，只有主体间性哲学才能为生态时代的自然审美提供一个坚固的哲学依靠。主体间性美学把人与自然的审美关系看作是主体间性关系，是"我"与"你"的关系，是一种有生命的关系，是本真的存在的实现。这样就从根本上消除了人与自然的对立。传统的实践美学作为主体性哲学把自然美的源头归于人，肯定了人的主体地位，但这却导致了人与自然关系的紧张，人最终丧失自由。而在主体间性的哲学视野下考量自然美，人便重回到自己所离开的自然的怀抱。有鉴于此，张世英先生的《哲学导论》[①] 中提到，人与世界的关系进入了第三个阶段，即后主客关系的天人合一阶段。在这里，恰恰符合我们与自然关系的重构，我们原本与自然一体，后来我们分开了，但同时我们也迷失了自己，今天人类重新认识到了自然的意义，走进了生态时代，于是我们与自然的关系在分离之后，重新合一，重新回到物我合一、天人合一的境界。

在生态时代谈论自然美，当然要谈到在英美美学界十分流行的"肯定美学"，这实际上是为了建立起一种新的符合生态时代的美感模式。"古德洛维奇将肯定美学的主要观点表述为两个相互关联的命题：（A）自然中的所有东西具有全面的肯定的审美价值。（B）自然物所具有的全面的肯定的审美价值是不可比较和不可分级的。"[②] 肯定美学要求我们超越一切价值判断，以纯审美的眼光接近自然，将自然纯粹看作自然。肯定美学家们反对任何对自然的估价行为，认为所有的自然物都同样具有不可比较的审美价值。

对于传统美学来说，全面肯定自然物同等地具备审美价值，等于取消了在自然物中进行审美判断，等于在某种意义上取消传统美学。其实不然，我们要看到美学意义上的对于"美"的界定，按照康德的经典表述，是一种不受功利、概念、目的束缚的美，是将日常状态下的功利、概念、目的全部还原之后，用一种纯真、好奇的眼光来看世界所发现的美。这里根本不存在价值评判和通俗意义上的美丑之分，并且美学的感性学源头，也呈现出审美是感性、感觉体验的经典意义。自然美在生态时代的意义正在于它可以促使我们放弃对日常意义上美丑的执著，而进入美的存在的本然状态。

人本来就是自然，与自然原本就是统一的。大自然孕育了人类，人类对自然存在着依赖关系。人从自然走出来，最终落叶归根，还要回到自然中去，可以说大自然是人类的起点和归宿，是人类的永恒故乡。这种关系犹如血缘关系一样，近似本能性，也可以说是一种本源性的和谐。人走出自然之后，通过欣赏自然美，不断地回忆、保持、加深、扩展人与自然的这种本源性的和谐。人在社会的错综复杂的关系中被异化之后，可以在自然中重新获得感性生命的完整。

生态时代的自然美呼唤美学学人发生观念上的更新。此时，自然美不

---

① 张世英：《哲学导论》，北京，北京大学出版社，2002。
② 彭锋：《美学的意蕴》，164 页。

再是人的美的映现，而是生命之美，是自然界的有机生命体自身的美；自然美不只是具有形式美的意义，它是内容与形式的统一；自然美是自我决定、自我完成的，这种绝对自由的本性意味着它可以代表美的最高理想。人与自然的对话是主体与主体的邂逅，人类可以理解、解释自然，可以守护自然，可以尽可能按照生态规律来建造自然。当然，最重要的是人还要懂得敬畏自然。

三、自然美在当今的基本类型

如今我们处在一个新的时代，在一个新的哲学和美学视野中思考自然美的问题。自然不仅表现为现在依然存在的高山大海、森林荒野、大漠草原、农业田野，更表现为一种城市绿色。城市的园林化逐渐被人们重视，人们身处钢筋水泥的"丛林"，却向往一望无际的绿色和清新纯净的空气，所以，思考自然美在全球化时代的新形态就必须考虑到三个层次：第一个层次是天然自然，这一部分自然保持了自然的原初形态；第二个层次是城市绿色，只有在绿色的、园林化的城市里，人们才能感觉到居住的美感，才能体会到人与自然的交融；第三个层次是旅游景观，只有在旅游中，城市人才能感觉到自然的丰富多样，才能体会到"会当凌绝顶，一览众山小"的豪迈和昂扬。

我们关于自然美的论述先从城市绿色开始。

（一）城市绿色

关于城市绿色，也可用城市环境这个比较广义的词语来替代。因为，在对城市生活的想象中，在人们解决了温饱问题之后，在高楼林立、烟囱高耸的工业时代理想实现之后，人们越来越关注居住环境问题，越来越关注城市美化问题。因为，我们在城市的生活从某种意义上割裂了我们与自然的原始关联。我们从商店购买生活用品，我们不需要在田间耕作，不需要浇水施肥，我们看不到植物的播种、发芽、开花、结果；我们在柏油马路上行走，或者使用各种交通工具进行每天的工作生活，我们闻不到新鲜泥土的气息，我们体会不到风吹麦浪的金黄；在高楼大厦的缝隙中，我们甚至看不到夕阳缓缓落下，旭日冉冉升起。于是，我们开始一点一点地向自然靠近，在房前屋后，在街道的两侧，在巨大的十字路口，我们种草、种花、种树，引来活水，形成小溪；或者把水引向高空，形成喷泉，让我们的城市生活也充满了鸟语、花香、小河潺潺、水花飞溅的自然气象。我们不断地追逐自然、制造自然，只为了让人类不离自然母亲过于遥远。

绿色作为广大自然美的一个分支，虽然指涉自然对象，但这里的自然明显以人为中心，以人的宜居体现其价值，城市绿色环绕在人的生活环境周围，建立另一个人为的生存之境。所以，从城市绿色这个角度看自然美，自然就不是自我独立的审美形态，也不是不受干扰、不受限制的审美领域，而必须依托于人的判断，由人的感受来评判其价值。作为审美者的城市人群不是隐身的他者，而是人与自然关系中显在的主体。城市绿色关注的不仅是自然本身的价值，而是它对人类的有益性或者有害性。也就是说，所谓城市绿色是人类所规划的自然，是彻底为人存在的美，具有鲜明的目的性。

城市绿色成为自然审美的分支，就在于人们在城市中渴望呈现宛在山林的梦想，人们希望开门见山，低头见水，听到风吹落叶的声音，闻到枝头花朵的清香。而人们在城市的公园、动物园、植物园、街心花园、小区花园中获得了接近自然的机会，城市绿色既是功能性的更是审美性的。既可以改善城市的居住环境、净化空气，又可以培养城市人群相应的审美素养和审美情趣。

都市在繁华之中需要更多的宁静，绿色中的城市已成为当代城市的永恒追求。人对自然的呼唤、对自然的渴望永远不会停止，因为人类来自自然，并永远面对着家园的方向深情地凝望。

（二）旅游景观

关于旅游景观作为自然美的一部分，它的意义就在于它是人类理想自然状态的呈现。旅游景观的确立，就需要它有着不同寻常的外在形象，并且这一形象自然形成。而一处旅游景观的脱颖而出，还有赖于一些机构和权威人士的认可，甚至还有着星级评定的标准。这种面貌呈现的旅游景观就预示着有一个隐形的他者存在，即为了理论探讨的需要而暂时隐身的审美者。"景"意味着对象只有映现在审美者眼中，它才成为景。波涛汹涌的大海，在都市人看来简直美不胜收，而在海边打鱼的人看来，它就是谋生之地。"观"意味着这种形象的呈现期待审美者的参与，使价值在"观"中得到确认。旅游景观作为当代商业化运作的一个环节，它不是"美者自美"，而是必须"因人而彰"，否则它就只能是我们讨论的下一个层次：天然自然。

从这个角度看旅游景观，它对自然的理解就不是关注自然的本真状态，而是关注审美感受中的自然表象。它的成立离不开人的参与，它缺乏自然原初的寂寞和独立的意味，而是不断地向人生成，向美生成。由此可见，旅游景观中人的意味不可缺少，人在与自然的交往中确立自然的价值。不过，与城市绿色相比，旅游景观依靠自然的赋予，它的审美解说需要人的参与，由人类发现其所拥有的壮美或优美、典雅或崇高，自然形式的意义压倒了内容的意义。一切审美对象诉诸我们的感官，通过我们的视觉、嗅觉、触觉等去感受。我们收获雄、奇、险、秀、幽、旷等审美概括的字眼，从而达到对天地自然之美的诗意化提升。

虽然在人生命的历史上，旅游只是一个片段或一个插曲，但是旅游景观之所以具有永恒的审美意义，就在于这是人与自然亲近的最好契机。"诗意的栖居"是人类永远的乡愁，于是每一次自我身心放逐在这风景秀美的地方，生命的存在就更加靠近它本真的存在方式，即使刹那也希望变成永恒。

（三）天然自然

天然自然概念的提出，建立在人对自然物性重新认识的基础上，它暂时搁置了作为审美主体存在的人的重要性，对自然物本身的美给以充分的肯定。也就是说，天然自然审美的前提在于自然美作为一种自我完成的审美形态，它首先是"美者自美"，而不是等待人化才成其为美。

当代生态文化视野中的天然自然具有独特的个性。这种自然不是死寂的无生命的存在，而是有生命、有表情的自我独立的存在。生态学意义上的天然自然不是一种需要人单向度去"审"的美，而是具有自我开显、自我涌现、自我绽放的主动性质。天然自然呈现了自然的生命之美。"木末芙蓉花，山中发红萼。涧户寂无人，纷纷开且落"（王维）就是物性的自由与活力的体现。在我们人类无法到达的领域，有一些花儿开了又落了，它们以自然的方式度过自己的生命历程，悄无声息，但有着生命自我的尊严与高贵。

天然自然不需要假借人类的设计和培养，不需要人类的发现和规划，天然自然存在着、发展着，也不断被人化着，向非自然的状态过渡。但是，天然自然不需要人去估定它的价值，不需要人去干扰它的存在。山在那里，对人就是一种无言的支撑。天然自然存在着，对人类就是一种家园的象征。天空的辽远、大地的广袤是天然自然的背景；山林的葱茏、大漠的寂静、雷电的狞厉、月夜的柔情构成了天然自然的表情。它们引领人类一次次蓦然回首，回归人与自然本源性的和谐。

城市绿色、旅游景观、天然自然同属于自然美的范畴，并且它们代表了人对自然进行审美观照的三个维度：天然自然以真为美、旅游景观以美自身为美、城市绿色以善为美。它们分别强调了自然美的真、自然美的象和自然美的用，代表了以知性重解自然、以情感观照自然、以人力创造自然的三种方式。这三个维度其实共同构成了自然审美的全方位体验，偏废一面和偏重一面都会造成自然审美的缺失，尤其在城市化、工业化不可避免的今天，这三个方面的自然审美共同构成了人与自然关系的圆满。

四、自然美举例

关于自然美的研究，我们曾经更多地把关注的目光放在优美的自然景象上，而对蛮荒且原生态的天然自然关注较少，下面准备着重探讨天然自然这一概念，并对这一领域的审美意蕴做出探讨。

（一）什么是天然自然

我们提出天然自然这一自然美的分支，就是要通过它与非天然自然的比较来见出它的独特之处。既然公共性的自然美，可以初步分为城市中的园林景观和绿化区域、农村里的田野山林、风景区的自然山水、没有人工痕迹的荒野山水和原始森林等，那么，进一步细分，我们会发现没有人工痕迹的荒野山水和原始森林与其他自然类型有很大的差异。与前者相比，它更像一位不着脂粉的少女，一朵不知名的野花，静静地成长、静静地盛开、静静地吐露芬芳。

城市园林需要设计师和园艺师的精心管理，城市绿化需要各种计划和制度，风景区的山水虽然更多来自自然的赏赐，但是，为了吸引旅游者，也为了旅游者观赏的便利，风景区就一定要对自然景致加以人工改造。因此，常常呈现出古典和现代、喧闹与静寂杂糅的状态。风景区除了提供风景，还必须讲求效益来生存，所以风景区不免充满了商业氛围。在这些公共性的自然面前，我们人类日复一日地生活、生产和休闲，却忽略了对天然自然的欣赏，我们习惯了对人工化自然的玩赏，却错过了这种没有任何人工痕迹的自然，而它们更接近自然的本来意义——本性的自然。

严格来说，自然景象是由地球的气候和天气、地质和地貌、水文和水域、植物和动物、岩石和土壤等因素构成的。这些因素在地球上各个区域的分布、组合各不相同，就出现了千差万别的自然景象、自然风光。日月星辰、风雪雨露、花草树木、江河湖海、山石峰谷，展示出大自然的无穷魅力。但是由于人类的参与其间，许多看来属于自然的事物已经变得不那么自然了，这也就是我们刻意要做出区别的。与城市绿化、乡村田野、旅游景区等不同，我们这里的天然自然是纯然天成的、没有人类痕迹的自然的原貌。这既包括与人文景观相连的天文景观，如日月星辰、风云雷雨等，也包括与人文景观相连但独立的自然，如沙漠、大海、原始森林等。

首先，我们看到的是与人文景观相连的天文景观，例如日月星辰、风

云雷雨等。"大漠孤烟直，长河落日圆"①、"日出江花红胜火，春来江水绿
如蓝"②，这是日落和日出的不同景观。"年年今夜，月华如练，长是人千
里"③，这是月光下的企盼和怅惘。"雨横风狂三月暮，门掩黄昏，无计留
春住。泪眼问花花不语，乱红飞过秋千去"④，这是风雨交加之下，人们的
泪眼和忧愁。我们把日月星辰、风雨雷电当作与人文景观有关的天文景观，
并不是说这些景观不能独立于人类社会而存在，而在于我们对这些景观的
观赏是从人文的角度出发，是透过人的目光，所进行的一种审美的欣赏，
既没有科学的目的，也没有实用的考虑。天文景观本来属于一种宇宙运行
的客观展示，但是它们作为无声无息的自然却与人们的日常生活息息相关，
沉默地提醒人们自然的信息，宽容地接纳人类所赋予的爱恨悲喜。寻常时，
它们是人类生活的无声背景；冲动时，它们承载人类的种种心绪。人文是
指人类社会的各种文化现象，人文景观也就是反映这些现象的景观，与此
相连的天文景观由于人的介入，获得了更多的人文意义，同时也获得了本
真意义的某种呈现方式。雨的意义似乎主要不在于湿润和灌溉，而在于
"随风潜入夜，润物细无声"的优美，在于"昨夜雨疏风骤，浓睡不消残
酒"的相思缠绵。天文景观与人文景观相连，因而成了"有意味的形式"，
成了宜喜宜悲的天然载体。如果说"自然界是人无机的身体"已经提示了
自然与人的亲密关系的话，那么自然界是人心灵的家园就更好地体现了人
与自然和谐共生的美好图景。所以，当我们时时体会到身边自然的脉动时，
当我们能够与星星对话，能够与月亮交朋友时，我们就更加接近了审美化
的生存。

其次，我们看到的是与人文景观相连但独立的自然，例如沙漠、大海、
原始森林等。当我们把荒原、沙漠、大海、原始森林作为与人文景观相连
但独立的天然景观来看待时，我们意在指出它们与我们之间的关系与风雨
雷电和日月星辰来比相对疏远，相对陌生。我们的生命离不开阳光雨露，
离不开阴晴圆缺，离不开雨雪的滋润，但是相对来说，我们的生活可以远
离沙漠、原始森林、荒原、大海等自然景观。所以，它们可以与我们的人
文景观相连但保持距离上独立的状态。也许正因为它们的独立，它们才留

---

① 〔唐〕王维：《使至塞上》。
② 〔唐〕白居易：《忆江南》。
③ 〔宋〕范仲淹：《御街行》。
④ 〔宋〕欧阳修：《蝶恋花》。

给人们神秘、辽远、空旷和圣洁的感觉，才让人们对身边的自然美景习焉不察，而向往不知名的远方。这些独立的自然是自然中的一个特殊环境，它具体可以指涉一切人烟稀少、人迹罕至的地理区域，比如一望无际的草原、戈壁、雪野、荒岛等，它们以其空间的无限广延性展示出震撼人心的美，并因为它给人的精神提供了一个自由驰骋的区域而具有了浓重的象征意义。雪野、荒漠等的美和一般的天然自然的美有巨大区别。这主要在于前者偏于崇高，而后者偏于优美。面对荒原，人们会感到恐惧，这种恐惧是对经过想象和幻想加工过的未知和敌对力量的恐惧，它使人感到自身渺小，但是由于这种恐惧与人保持了一段距离，人处于安全地带，仿佛危险而实际上没有危险，因此会在人心中唤起无所畏惧和抵抗的决心，并且把这种辽远、空落容纳在自己的心灵中，从而感到前所未有的孤独、悲壮、冷峻和旷达，从而能够出世和内省，能够摆脱掉精神世界中不能避免的种种沉重，释怀曾经的种种困扰和烦忧，获得一种内心的崇高感。

在中国人的心中，这种面对辽远与寂寞的感觉会自然而然转化为"乐"，一种充满乐观精神的壮美和豪迈。"高山仰止，景行行止"，用现代汉语来说就是："巍巍的高山，我们抬头仰望，充满阳光的大道，我们沿着它前进。"这种"乐"既来自"比德"，即人从山水那里感受到人的精神，又来自"澄怀味道"，从山水自然中总是感到生生不已的道的存在。即使面对灰暗、模糊和空无，仍旧不改其乐，这反而接近了道的最高境界。《老子》说"道之为物，惟恍惟惚"。张怀瓘《法书要录》说："道心唯微，探索幽远"，"临不测之水，使人神清，登万仞之岩，自然意远"。不管是荒原，还是大海、沙漠，中国人并不把它看作孤立绝缘的意象来看待，而是流动地看、仰观俯察，实在不行，就坚信"欲穷千里目，更上一层楼"。这样，再高的山、再远的水、所有未知的所在都弥漫了流动感、空灵感和道心。我们会在龚贤的《千岩万壑图》中感到这种峰回路转，这是自然界无声的乐曲在悄悄奏响，从"云深不知处"到"小桥、流水、人家"，有限和无限仿佛一首乐曲的不同声部在同时奏响。

（二）人与天然自然的交往方式

我们与自然的交往就像和朋友一样，有的朋友近在咫尺，有的又远在天涯；我们与朋友的见面有时是约会在先，有时是突然邂逅，不同状态的见面，我们会有不同的感受。

（1）经常地相遇

我们与天文景观会经常相遇。通常说来，对于日月星辰、风云雨雪这些天文景观来说，我们会有一些莫名的心灵感应，并且逐渐被文化被习惯积淀下来。比如，晴空万里和人内心的喜气洋洋对应，狂风暴雨和人的不幸遭遇相对应。但是，也有另外的情况，我们也时常会对自然的体验充满了个性化和神秘感。某种情绪不知从何涌起，也不知为何结束。炎炎烈日之下，我们未尝不曾体会内心的寒冷；面对狂风冷雨，我们未尝不曾感觉内心的快慰。所以，人与自然的交往遵循一个特殊的晴雨表或情绪表。

> 若夫淫雨霏霏，连月不开；阴风怒号，浊浪排空……则有去国怀乡，忧谗畏讥，满目萧然，感极而悲者矣……至若春和景明，波澜不惊；上下天光，一碧万顷……则有心旷神怡，宠辱皆忘，把酒临风，其喜洋洋者矣。（范仲淹《岳阳楼记》）

淫雨、阴风、浊浪、薄暮，令人满目萧然、感极而悲；无风无浪、长烟一空、月明星稀，令人心旷神怡、把酒言欢、对酒当歌。当自然变换它的面孔时，习见的美景变得陌生了。因为我们总是在一种文化氛围中出生、成长和成熟，所以，这个文化带给我们的心理暗示是我们无法抛弃的文化背景。中国文化传统中的"天人合一"观念，让我们的心情随自然界的阴晴而变化。"月有阴晴圆缺，人有悲欢离合"，似乎是自然而然的事，所以才会特别注意在每一个月圆的时候倍感离别的哀伤，似乎月圆之时人的天各一方尤显得违背天理和人道。所以才会有"东边日出西边雨，道是无晴（情）却有晴（情）"中巧妙的谐音表达，才会有"昔我往矣，杨柳依依；今我来思，雨雪霏霏"的对比和象征。

　　月亮作为一种富于诗意的天文景观，经常成为人们注目的对象。古来文人的诸多寂寞，也常常说给月亮听。月亮时而是朋友，"举杯邀明月，对影成三人"；月亮时而是观众，"海上升明月，天涯共此时"；月亮有时很无奈，"醉不成欢惨将别，别时茫茫江浸月"。张若虚的《春江花月夜》似乎写尽了月亮的妩媚和风情，写尽了人们对月亮的怀想和思恋，"春江潮水连海平，海上明月共潮生。滟滟随波千万里，何处春江无月明"，月亮如此宁静、如此柔情、如此宽容，能够承受普天下所有离人的欢颜和期待。月亮如此清高、如此寂寞、如此残酷，冷眼旁观世间的悲欢离合，似乎所有的忧愁，都能在"举头望明月"的瞬间，从心头涌起、弥漫开来，融化在月华如练之中。我们终于明白，中国人时间观念中阴历的根深蒂固是因为，我们的生命虽然日复一日在阳光灿烂中匆匆划过，但是只有在月明星稀的

143

时候才真正思考生命的原初意义：我们从哪里来，我们到哪里去？月亮，你这个全知全能的神灵，你能说出这一切的究竟吗？难道你的沉默就是所有的回答吗？月亮对人生的记录是隐忍的，也是刻骨铭心的。所以，才有"江畔何人初见月，江月何年初照人。人生代代无穷已，江月年年只相似"这样对人生的哲学探讨，当我们感觉一切都无法琢磨和把握的时候，月亮让我们感到了某种永恒。

我们承认天然自然带给我们的是带有文化约定色彩的审美情绪，我们深知在如此的文化氛围之中，我们一而再、再而三地感受到它们的美，美就与此物有了一种固定联系。加之，众多的文化遗产中都对这种美反复论述，所以，这种美、这种情绪、面对此物该有的心理状态，就成了这一文化中人们深植心中的背景。这种美被符号化在这一天然客体上，以至于没有人可以否认它的美，美就这样建立了起来。但是，美既可以如此被建构、被约定俗成，也必然面临被解构的危险，同一客体在不同的文化氛围中，可以被染上不同的情感色彩。在不同人的心中，也可能成为不同心理情状的写照。这并不影响主流审美风尚的存在和传播，但是这种另类声音的存在却给了世界更丰富的感受和更奇异的景观。"四月是最残忍的一个月/荒地上长着丁香/把回忆和欲望掺合在一起/又让春雨催促那些迟钝的根芽……"（艾略特《荒原》）

我们且不去申说《荒原》在文学史的意义，但是有一点必须指出：在艾略特看来，这种凌乱、晦涩的诗风正是对现代无序、混乱的社会和文明的最好表达方式。我们的文明涵容着如此巨大的多样性和复杂性，而这种多样性和复杂性，作用于精细的感受力，必然会产生多样和复杂的结果。所以，在诗中，我们传统文化中定位的四月，正是大好春光、万物复苏、生机勃勃的季节，而在诗人眼中四月却异常残忍，丁香发芽复苏，同时复苏的却是回忆和欲望，复苏的是绝望和哀伤。诗人反而留恋冬天，冬天表面上是寒冷的季节，但是有雪的覆盖，让人回避痛苦的记忆和丑恶的现实。我们习惯上赋予春天、春雨、冬天、冬雪的意义在这里被消解了，代之以诗人个人化的、有所指向的特定意义。

我们必须承认，天然自然在审美中容易具有多元化的色彩。不同的时空下我们同是仰望繁星，但是会有不同的感受。当我们怀着孩童的梦幻，回忆着幸福的往事，我们会用心聆听夜空的星星，倾听那五亿只小铃铛的清脆响声；当我们被不愉快所困扰，我们感到天上的星星似乎也跟着伤心起来，晶莹的小铃铛也变成了滴滴泪珠。美既在约定俗成中存在，也在解构中被重新赋予意义。天然自然既在文化中被定型化为某种情绪，也在生活中被不断重新解释为另外的情绪。天然自然由于它与人类的亲密接触，似乎有了更多的可塑性。

（2）突然地相遇

我们与天文景观之外的天然自然常常是突然相遇，例如我们从四面八方，长途跋涉去接近森林、荒漠、大海等。现代人日常生活的刻板与疲惫使人们对休闲娱乐有更多的渴望，于是常常会争取更多的机会去接近自然，在自然中重新寻觅生命的活力和美丽。这就是我们对自然的主动接纳。

现代工业文明创造出了无数的奇迹，却没有创造出一个让现代人的灵魂能够栖息的精神家园，现代人的精神漂泊之感充斥于整个社会，人与自然的疏离、人与人的疏离，甚至人与超自然的神灵的疏离都使得"纵有千种风情，更与何人说"。所以，远离自然的现代人特别向往那"行到水穷处，坐看云起时"的悠闲和宁静。自然山水似乎是让人们休歇身心的最好选择。从人类的起源看，人本来源于荒原、森林或旷野，离开自然之后，人就像一个球被高高抛起，但是它终究还要落到地面上。并且球抛得越高，地球的引力越大，回归大地的力越强。所以，现代人总是满怀乡愁的冲动，这种乡愁不是简单的故乡之思、家园之爱，而是一种文化理念，一种具有文化意义的生存模式，一种锲而不舍的对精神家园的朝圣。"相看两不厌，唯有敬亭山"，这是我们对自然的乡愁，就像绿叶对根的思念。戴望舒曾这样写道："在浮动的白云间，在苍茫的青天上，寻求自己灵魂的家园：那里，我是可以安稳地睡眠。"我们就这样从世界的每个角落出发，去看山，去看海，尤其去往那人迹罕至的地方。相比于旅游景区，天然自然可能更加寂静，更加空阔，人越发感到自己的渺小和孤独无依，被自然的坦荡、辽远、轰鸣所震慑，于是越容易放下曾经满腹的困扰，任由自然之风、自然之光的涤荡。抬头仰望苍穹，低头俯察无限延伸的大地，都容易使人产生对自身命运的无限悲悯，对外界空间世界的无限迷茫，于是，灵魂处于极度自由的状态。人们在此时可能感觉既思绪万千又一片空白，什么才值得追求？什么才需要执著？好像此时此刻，什么都不重要，什么都不必想，只要沉醉，只要忘情，这是一种"无"的境界，也是一种"游"的境界。但这种"无"并不是没有，而是进入了与天地自然一同呼吸吐纳的境界，与风儿一起飞翔，与白云一起流连，与山川互相凝望，"我见青山多妩媚，料青山见我应如是。情与貌，略相似"。此时，我们不知自己在哪里，因为我们在美之中。

天然自然这些不需要人工加工和设计的风景，因为它们过于自然化，我们可能日日与它们擦肩而过，却意识不到它们的存在。所以有些天然风景虽然近在咫尺，却不被注意，我们总是在被动接纳时感到震惊，引起联想。"生活中不是缺少美，而是缺少发现"，某种意义上是针对天然自然而说的。更多的时候，我们不是主动地去接触它们，而是"蓦然回首"，才惊见它们的魅力。"尽日寻春不见春，芒鞋踏遍陇头云。归来笑拈梅花嗅，春在枝头已十分。"① 不管你是否曾寻觅春的足迹，不管你是否在每一个新芽的萌发中、每一声春雷的炸响中去体会春天，我们都曾蓦然感受到春的到来。一抬头，树叶开始疯长，气温渐渐回升，就像我们在一朵梅花中体会春天一样。我们常常会突然之间发现原来我们身边竟存在如此的美。日本17世纪一位伟大的自然诗人松尾芭蕉曾写过一首俳句："当我细细看/啊，一棵荠花/开在篱墙边！"这很像是松尾芭蕉在一条乡村小道上散步，突然发现了篱墙上的一朵小花，于是他感到惊喜和感动，领悟到了某种生命的意义，于是写成了这首优美而含义悠远的俳句。诗人华兹华斯曾经说过："一朵微小的花对于我可以唤起不能用眼泪表达的那样深的思想。"或许，我们日常的生活和工作过于循规蹈矩，所以常常处于审美疲劳的状态，才会在惊讶的瞬间感到从没有过的美，才会如陶渊明一样"采菊东篱下，悠然见南山"。其实南山不远，远离的是我们的审美之心；"悠然"虽然是不经意的遥望，但却是对生命的最好抚慰。

（三）天然自然的特征因和审美因

天然自然，无论是天文现象还是自然景观，都以它们固有的样子，千百年来存在于我们的生活中。它们基本不被人类的力量所改变，或者说，人类探索的脚步还无暇和无力顾及它们的存在。所以，一方面，它们显示出与人敌对的一面，给人类的生产和生活造成伤害，例如突然的暴风雨、沙漠化的侵蚀、海啸等自然现象；另一方面，这些自然现象因为与人类社会保持了相当一段时空距离，它们的存在、发生、发展变化对人还充满了神秘色彩。深邃的夜空、浩瀚的星河、一望无际的荒原似乎让人们无法想象它们的边界，无法想象它们的过去、现在和未来。因此，常常对它们做出各种超自然力的幻想，从而心生敬畏。另外，这些自然现象因为存在的本真状态，反而成为人们回归自然的精神寄托，它们被人类赋予多方面的

---

① ［宋］罗大经：《鹤林玉露》中载某尼悟道诗。

意义，并且常常可以阐发出感人至深的形而上思考。首先，天然自然不时突出与人敌对的一面，令人类恐慌。人类可能越来越意识到，人并不是世界的主人，人对自然的索取并不是无限的，自然界随时会用自己的方式对人类做出回应。这包括两个方面，一是自然界突然的灾害，二是由于人类的不合理行为造成的自然灾害。虽然后者越来越引起人们的重视，但是，这里我们把关注的目光放在前一方面。在今天生活中，我们常常会耳闻目睹许多灾害性的自然现象。"在渤海湾/铅云低垂着挽联的地方/有我七十二名兄弟/在春天每年必经的路上/波涛和残冬合谋/阻断了七十二个人的呼吸。"（舒婷《风暴过去之后》）

这首诗是舒婷为纪念"渤海二号"钻井船遇难的七十二名同志而写的。这是海上风暴造成的一场痛心的灾难。在灾难面前，我们不可避免地感到恐惧，但是这种恐惧中也包含了对自然界的敬畏。谁是世界的主人？这本身就是一个假问题，我们与自然之间需要追问的不是谁战胜谁的问题，而是应该如何和谐共处的问题。印度尼西亚的海啸造成了成千上万人的伤亡，巨大的财产损失，这一切就在转瞬之间发生了。对于天然自然来说，这也许只是它的一次轻轻挥手，对我们却是重重一击。这些都是令人恐惧的现象。

其次，天然自然不时突出与无限未知观念相连的一面。天然自然的辽阔、深邃，甚至黑暗、荒芜使它具有神秘感的同时，还获得了神圣的宗教意义。在这里我们的视野不受任何局限，我们很难去猜测视力无法达到的地方存在着什么，也很难想象天空中是否飘荡有神灵。在这样的背景之下，神灵、上帝等一些与无限未知观念相连的概念就会随之在人们的头脑中产生出来。

关于荒野与人的宗教情感的隐秘关系，可以从一些宗教典籍中找到丰富的材料论证。《圣经》中就曾多次写到基督教的圣徒在旷野或荒野里从事宗教活动的场面，例如约翰在犹太的旷野里传道，耶稣被圣灵引到旷野等。印度文化充满深邃的灵魂关怀，一个男子的理想生活内容之一就是隐居森林深处，过隐居生活，进行宗教冥想。另外，伊斯兰教的先知穆罕默德的悟道历程也是这样。在创立伊斯兰教之初，他来到麦加以北约九英里的希拉山洞，白天在这里祈祷深思，晚上在周围的沙漠独自漫步，星空和荒原使他迷惑而战栗，在这种迷茫的情感和自然力的震撼之下，他眼前出现了真主的幻象和声音。

中国或许少一点宗教精神，但是中国文化中却不缺少对于无限和未知的思考，只是这种思考转化成了一种对生命和时运的积极把握，没有引出上帝、真主等超自然的神，而是坚持天道循环的观念，为生命寻找和谐的解答。"静而与阴同德，动而与阳同波"。不管是"会当凌绝顶，一览众山小"，还是"无边落木萧萧下，不尽长江滚滚来"，中国文化笃信即使处在荒凉、高远的所在，依旧能够"山重水复疑无路，柳暗花明又一村"。另外，天然自然因为未被人改变而显出多方面的深意。询问天然自然的意义应该是一个永不疲倦的话题，因为，月亮在你我的眼中从来就不是相同的色彩，大海波涛翻滚，带走的也是各种各样的哀愁。天然自然常常能引发人思考生命的哲学意义。当我们伫立风中，夕阳西下，"日暮乡关何处是，烟波江上使人愁"；当我们登台远望，"前不见古人，后不见来者"；当我们分别在萧瑟的秋天，"夕阳西下，断肠人在天涯"。

有谁能说清楚，诗人为什么突然落泪、突然柔肠寸断，面对自然，就像面对历史、面对未来，景物如斯，此间苦苦挣扎的是人这脆弱的生灵。人在自然之中，但人也随时会被自然抛弃，不变的只有这天、这地，甚至这路边的一花、一草。有限的如何能认识这无限，有限的生命如何能不感时伤怀，所以，当生命在此刻警醒，当思考在此刻生根，留下的也只有"怆然"和"泣下"。但是这种脆弱和无助并不是退缩和逃避，反而代表了一种勇敢和坚强。当我们知道我们终有一天要告别这大自然，走上不归路，我们仍要满含热泪地坚信我们存在的意义，坚信自然天道的生生不息，坚持"海内存知己，天涯若比邻"。于是，关于人生的哲学思考，就在这高台、这古道、这歧路、这西风中慢慢产生出来。

（四）天然自然让人类重新思考人、文化、自然、宇宙的关系

我们热爱天然自然，不仅因为我们的生活离不开阳光雨露，也不仅因为，疲惫时我们渴望有一块清静的所在去放松心情。而很大程度上在于，当我们越来越领略了天然自然的丰富营养之后，它却离我们越来越远了。当我们刚刚开始懂得热爱并保护自然的时候，天然自然已无法保持它天然的本性了。人类的力量使得地球变暖、土地沙漠化，人类无限制的开采使得土地下沉、海水倒灌，工业的污染使得我们的空气和饮用水不再洁净，我们找到的是一片满目疮痍、残缺不全的自然。严格来说，天然自然本身就是一种非常奢侈的界定，人类的活动其实已直接或间接深入到自然的每一寸根须之中。当每一片美的风景被人类发现之后，随之进行的就必然是商业化的运作。所以，不可否认，天然自然的走向有两种可能：一是天然自然保持原状，二是天然自然的人化①。我们常常看到的是第二种情况在发生，天然自然逐渐进入人类的视野，被人类用人类的方式来改变，从而成为非天然的自然。许多风景区都显示出，随着旅游收入的提高，自然环境却在恶化。所以，这种自然人化的命运对自然是莫大的伤害。但是，我们该怎么做呢？该怎样领略它的美，又让它如其所是的存在，就像我们初次见面的样子？这恐怕是一个相当困难的技术问题和社会问题。

其实，应该改变的似乎不应是自然，而应是人类自己。当我们对天然自然的保存和天然自然的人化都无能为力的时候，我们需要做好的只是自己的事——人的自然化。让我们学会和自然以自然的方式交往，从根本上改变对自然的敌对态度，自然是不需要保护的，需要保护的是我们自己。人与世界的和谐，是自然而然地拥有的，是自然或者说造化所规定的。只是由于人类理性的觉醒和不断超越，这种本然的和谐被遗忘掉了。我们需要的不是在日常状态中对自然品头论足，而应该回到本原状态，回到人与自然本然的和谐状态。用什么方式来爱自然，并不是我们人类一厢情愿的事，而是要用自然的方式来爱。而学会这种爱首先要做的就是人的自然化。

人的自然化，既好像是庄子的"逍遥游"的状态，又好像是古人常谈论的"澄怀味道"的境界。但是，这些说法都仿佛是一种乌托邦，我们今天只沉浸在这古典的审美理想中是远远不够的。因为，对于审美来说，或者说针对我们的美育来说，我们需要一个当下的选择。如何让已经理性化、功利化的人类实现自然且诗意的栖居，如何让自然在我们的注视下，依旧保持它最乐意的姿态，我想有三点是需要努力的：首先，环境保护问题不应只看作是技术性的问题，它需要人文学者或哲学家的参与，让哲学家、美学家教会我们去重新理解自然，让我们彻底改变对待自然的态度。自然之美的拯救来自人类审美行为单纯性地恢复，把自然美从各种形式分析和科学数据中解脱出来，恢复自然之美的生命、价值和主体尊严。让自然"复魅"，通过联想、情感的方式接近自然，带着描写、抒情的眼光看待自然，就像浪漫主义诗人曾经吟咏的，就像梭罗的《瓦尔登湖》所激励过我

---

① 这里"自然的人化"与李泽厚等人的思想不同，在李看来，自然不是因为它自身而被人欣赏，而是因为它是人的"产品"而被人欣赏，这实际上取消了自然美的本性。本文意在指出自然并不是因为它被人控制、改造和利用才为人赏识，而是因为它的野性、原始性和陌生性而备受青睐。讨论天然自然的美不能借助李先生的"自然人化"思想。或许我们只有放弃这种"人类中心，理性至上"的思想，才有可能接近真理。

149

们的一样。其次，探索诗意性栖居与技术性栖居的结合点，将诗意的尺度和技术的尺度统一起来。我们要食人间烟火，我们的生存需要自然的宝藏，既从自然索取，又要抚慰自然的创伤。对自然的技术改造应与审美的改造相结合，理性和艺术应在生产、生活中统一起来。最后，加强科学技术和道德伦理的联系。伦理学和美学并肩携手的同时，应该一同参与到科技进步中去。并且应该让科学的需要让位于伦理的需要，我们与自然的关系是主体与主体的关系，我们来自自然，并将重归自然。

第三节　城市美

一、城市美的产生和发展

城市美是构成"社会美"的主体部分。社会是由人组成的，人是社会的存在物，人口集中的"城市"是社会生活的物质载体，是社会存在的基本形式。作为人们生存和活动的场所，城市的物质、实用功能是第一位的，城市美建立在城市物质功能的基础之上。因此，可以说，城市美作为社会美的一种形式，符合社会美的基本规定，即它以实用为基础，区别于以审美为基本目的而创造的"艺术美"。

城市美的存在，符合人类生活方便和舒适的目的。从历史的角度看，城市美的典型形态及演进，和以生产方式为基础的人类生活方式的变迁密切相关。因此，从实质上来说，城市美是以城市的物质功能为基础的。

城市美和城市相伴而生。就是说，有了人口聚居的城市，也就有了对城市的审美。

（一）礼制秩序：古代城市美的精神

在城市产生之初，城市作为人类活动的场所，是直接的审美对象。它是具有审美意味的"故事"发生的背景，比如，在中国有着较高知名度的、姜太公出仕之前在商朝都城镐京做生意的故事就是如此。同时，在古代社会，城市首先是君王寄居的场所，而君王笼罩着的神秘光环以及为保证君王统治的合法性根据特定规制建设的城市，体现了一种秩序之美。"礼制"应该是古代社会背景下城市审美的关键词语。

周礼《考工记》中记载了王城规划的制度：匠人营国，方九里，旁三门。园中九经九纬，经涂九轨。左祖右社，前朝后市。"筑城以卫君，造郭以守民"。在古代中国，城市布局是以宫廷、官署、寺庙为重心，形成了严正而封闭的结构。就连建筑形制、房顶样式也是按照政治等级进行划分，表现出鲜明的政治色彩。这种制度一方面体现着王城的等级观念和政治要求；另一方面也是对城市中各种不同功能地段的划定，从而有秩序地对城市进行布局安排。可以说，这两个方面相得益彰地构成了中国古代城市的审美风貌。

在西方城市中，具有较强代表性的是古罗马。古罗马城市的美，以广泛的商业活动和帝国的功业为基础，呈现了更多的感性色彩：地中海游弋着各地友好交往的船只，过去被群山和荒野阻隔了的大陆，开拓了无数纵横交错的罗马大道，罗马成为向四处辐射的交通网络的中心，"条条道路通向罗马"，罗马城因而呈现出一片空前繁荣的景象。罗马帝国的统治者们一心要把罗马建成举世瞩目的城市，把砖木的罗马变成大理石的罗马，用崇高的语言和格调来歌颂帝国。于是，罗马出现了铜管乐器，以嘹亮的音乐来歌颂帝国的功业；罗马建筑在希腊柱式的基础上运用拱顶，显示着帝国的威严；恺撒时期修建的罗曼努姆广场及屋大维时期修建的奥古斯都广场，就是轴线对称的、封闭的和严整的建筑群体，与古罗马的时代精神完全一致，这种精神把帝国的威严和世俗的享乐有机地结合在一起，使罗马城严整有序、大气豪华。

（二）工商内涵：近代城市美的基调

在古代社会，君王的政治需求造就了城市美；在近代社会，资本主义大工业生产方式以及它所带来的商业文明，则成为近代城市美的根本动力。

英国在 18 世纪末发生工业革命，进入工业化时期。在两三百年时间中，以英国为代表的西欧主要国家连续发生政治、经济、科技、文化方面的重大变革，城市也相应发生变化。铁路通入城市；工厂林立，人口大增；各种新型的生活建筑和公共建筑在城市里出现；道路展宽取直，出现了近代的马路，有了新型的路面；安设了路灯，先是煤气灯，后来换成电灯；城市铺设了上下水管道；有了公共交通，先是马车，后来是有轨马车，再后来是有轨电车和汽车。城市里有了电报局、电话局、邮政局、银行、博物馆、大商场等等。到 19 世纪末，英国伦敦变成了世界上最先进的城市。

在近代城市中，建筑等设施的社会化，提供了为整个社会服务的可能。公共建筑、公用设施和市政工程使城市生活日趋多样化。集中的商业和文化娱乐场所成了城市日常生活的中心。城市及其设施在近代的"公共化"，为社会大众广泛参与城市生活提供了方便；市民的广泛参与，也构成了真正意义上的"城市美"的重要条件。在这种情况下，城市产生了新的审美元素。

从美国近代著名企业家、现代百货商店的发明人约翰·沃纳梅克的业绩，可以看到这种情况。在具备现代文明气息和审美格调的城市出现之前，杂货铺、小卖店、街头艺人等是美国城市的主要景观。当时，年轻的约翰·沃纳梅克看到，随着城市人口的增加、工业用缝纫机的发明、人体测量学的发展，服装的规模化制作成为可能。为了集中销售服装以及其他日用品，沃纳梅克发明了规模、气派、富丽堂皇的百货商店，并通过系列大型的公共关系活动、持续的广告为他的商店做促销。随着沃纳梅克的成功，大型百货商店迅速发展，并成为城市品位的标志，这为商业的进一步繁荣、伴随着商业繁荣的需求和科技发展的支撑而出现的大量城市广告、招贴、店面设计等极富商业文化特色的城市审美，提供了坚实的基础。

或许因为当代城市的商业气息浓厚得使人窒息，从而遮蔽了近代城市商业审美的光彩；或许工业文明的内在价值，体现了一种新的审美精神。近代城市审美，突出现代性的人的力量，凝结为灿烂的工业美学之花，构成近代城市美的重要形式。

烟囱林立，云雾缭绕，在近代工业城市开始形成的时期曾是一派兴旺发达的壮观景象。一位作家写道："西北石油资源的开发，使兰州成为新兴的工业基地，面貌日新月异。70 年代末我重到兰州时，一座高楼烟囱林立，有两百多万人口的现代化都市，已代替了那乡土气息和历史韵味都极其浓厚的破落小城。"[①] 都市的现代化、时代感，是工业文明的产物。

形成于 20 世纪初的未来主义文艺流派，是工业文明的审美符号。他们把机械美和速度美作为美的最高形式，认为一辆疾驰的汽车要比撒摩得拉斯的胜利女神像美得多，他们歌唱电气强烈的光下兵工厂和造船所的夜之颤动，赞美喷烟冒雾的火车站、用煤烟的绳索悬挂于云端的工厂、冒险的邮船、飞机的迅疾飞行。如果说未来主义建构的是工业化极端状态下城市短命的审美之花，那么，20 世纪 20 年代，留学欧洲的宗白华先生，以一个年轻诗人的敏锐感受对这种都市工业型美学姿彩的描述，却使我们感受到这种城市工业型美学的内在魅力：

　　　白天，打开了生命的窗，
　　绿杨丝丝拂着窗槛。

---

① 高尔泰：《寻找家园·走向混沌》，广州，花城出版社，2004。

一层层的屋脊，一行行的烟囱，

成千成万的窗户，成堆成伙的人生。

活动、创造、憧憬、享受。

是电影、是图画、是速度、是转变？

生活的节奏，机器的节奏，

推动着社会的车轮，宇宙的旋律。

白云在青空飘荡，

人群在都会匆忙！

社会不断前进，都会的韵律、力的姿势，不能掩蔽机械的喧嚣和电气的沸腾带来的现代城市生活的骚乱。机械不能代替艺术，机械化也不代表爱情。在工业化造成的生态危机的阴影笼罩之下，城市美发生了重要的转型：从突出现代性的人的力量的工业型美学，转换为注重生态的当代城市之美。

（三）和谐发展：当代城市美的特色

近代城市以工业和商业的发达为特征。工商业的发达，凸显了城市美的现实功利性内容。从审美上来说，它表现为对自然物原有感性形式的改变，并创造出新的、"属人"的感性形式，并把它作为城市的审美标准。这种审美形式是以人和自然的分离、人对自然的攫取为特征的。然而，在任何一种文明形态、审美样式中，对自然的渴望从来都不会消失。当代城市美便呈现为一种生态文明的面貌。林立的电线杆成为风景的解构因素，交织的电线网不再是诗人讴歌的对象，它们成了城市规划和建设中着力"隐匿"的元素。不同于工业化时代的观念，今天，在城市居民区里，只要天际出现一座烟囱的影子，便会破坏整个环境的美。在这种情况下，人们对城市的审美关注从机器的轰鸣、商业的喧嚣，转向了绿色的静谧、艺术的趣味和历史的情调。

当代城市美的面貌，表现为"自然"对"人为"的反拨。在以利润追求为目的的工业化发展到无节制、难控制的情况下，人们发现，工业型美学的精神背离了人和自然和谐发展的基本要求，从而妨碍了人类的幸福，危及到人类的生存。于是，生态城市的观念、建设，成为城市美创造的重要内容，在城市设计上，设计师从生态的角度出发，发现自然环境的特色，并使之成为一个城市美的主框架，在山、湖、河、海中，在生态园林中发掘美的源泉。比如，在我国重庆等有江河的城市，注重保护或修复溪流、江河、岸线、湿地等，创造出自然或近自然的生态空间，建立以江河两岸生态带为核心的生态绿化网络，使生态效应能够渗透到城市腹地，就是生态理念在城市美创造中的表现。又如，河南濮阳在城市工业区和居住区之间安排了绿化林带，城市中每条道路的绿化都选择了一个树种、花种和草种，既有街道的识别作用，又将城市包围在一片绿海之中。

城市生态的意义，既是功能性的，又是审美性的。城市中的自然生态能够平复、弥补由于城市拥挤、现代生活紧张而引起焦灼、浮躁、窒塞的心理；城市花园里的植物昭示着欣欣向荣的生命意识；城市建筑物墙上的蔓萝以其自然生趣打破了钢筋混凝土或砖石的建筑造型的单调感，增加了建筑物的层次感和色彩感；水池山林、植树栽花使城市陡增姿色，具备清新的面貌、健全的生态系统。在这一系统中，生活在城市的人们能够在大自然的阳光、绿地和水流中获得安逸和松弛，感受清新的气息，恢复生命的活力。因此，生态面貌意示当代城市美学和工业美学的差异，是在工业美学精神所体现的机器、电线、力量之下对自然的回归，人类在工业化的摧残（鼓舞）之下对自然的回味。

当代城市美的面貌，还表现为历史与现实的对话。城市的历史，以及作为历史体现的文化、民俗、名胜古迹，凝聚了城市的时间，同时也是时间积蓄的审美财富，它是城市审美网络中的瑰宝。同时，城市还与时代同步，体现时代物质文明和精神文明的成果。第二次世界大战后，在西方国家出现了各大城市人口大量流向郊区的现象，即"郊区化运动"。随着人口的"离心"流动，部分制造业和零售店也都纷纷迁出中心区。为了稳定原有中心区的居民、恢复中心区的繁荣，各国先后进行了城市更新运动。城市更新中出现了大量新的建筑、广场、街道，出现了大批优秀新建筑，从而更新了城市的信心和骄傲，为城市注入现代生活的活力。

因此，城市美既体现了历史文化的厚重，又展现了现代文明的形态。例如，河北省保定市是清朝时期"直隶"首府，直隶总督署和莲池书院都是在清朝建立的，有长达一百七八十年的历史。为了实现历史和现实的对接，在城市建设中使老城弘扬传统特色，体现"历史之韵"、"文化之魂"；使新区彰显现代风貌，展现现代"文明之气"、"生态之灵"，该市老城区的建筑风格，以"明清风貌、灰墙黛瓦、书院衙署、槐柳荷花"为形象定位，按照明清特色设计了老区的商业步行街；而新区则体现现代科技文化的内涵，显示"古城"与时俱进的新面貌。"历史"在现实中焕发了生机，"现实"在历史背景的映衬中彰显出魅力。

当代城市的美的面貌，还表现为艺术和生活的交融。不仅是园林艺术点缀在城市之中，成为亦艺术亦自然的城市景观，艺术馆、博物馆、画廊书院成为亦文化亦艺术的城市的景点，而且每一城市的地标性建筑，既具有一种城市的特色，又成了一种城市的符号。

今天，审美活动已经超出了艺术文学的范围，渗透到大众的日常生活中。艺术活动的场所也从高雅的艺术场馆，深入到大众的日常生活空间。作为一种典型的生活空间形式，城市中的室内装饰、内外设计、装修设计、建筑装饰，在世界范围内方兴未艾。同时，城市公共空间（街道、广场、游园、公园以及各种交壤空间）的艺术化，成为城市审美系统中的重要组成部分。城市公共空间的艺术化与城市的建筑、规划和园林紧密配合，在既整体有序又丰富多彩的城市空间中，用得当的公共环境艺术作品作为城市微观环境设计的内容，美化了城市的生活。英国著名建筑师和城市规划家吉伯德说："我们说城市应是美的，这不是仅仅意味着应该有一些好的公园，高级的公共建筑，而是说城市的整个环境乃至最琐碎的细部都应该是美的。"[①] 公共环境艺术造就了城市细部的美，而城市细部的美则体现了艺术和生活的深入交融。

二、城市美的基本元素

城市美是多种因子综合作用的结果，这些因子包括城市选址、自然景观、规划布局、建筑、交通、园林绿化、基础设施、污染防治、社会秩序、文化教育、雕塑小品、橱窗广告等等。当代城市之美，突出表现在城市的整体形象、标志性建筑景观、街景三个方面。

（一）整体形象

在世界上，不同城市的整体形象是不同的。在中国，北京作为古都，以故宫为核心的中轴线，把古色古香的前门大街、共和国象征的天安门广场、象征中国文化的故宫、富于现代气息的奥林匹克公园，连成南北一线；又以天安门为中心，十里长安街东西横贯，各种风格的现代建筑和各个重要的国家部门，点缀其上，构成了北京城的核心；围绕天安门，一层层的环路，从二环到五环，突出了天安门和故宫的中心。北京城显示了包容古今，面向世界的整体风貌。在美国华盛顿特区作为行政中心的白宫，作为立法中心的国会大厦，作为美国建国纪念和历史纪念的华盛顿纪念碑，形成一个三角形，构成了整个城市的中心景观。国会大厦是文艺复兴风格的

---

① ［英］F. 吉伯德等：《市镇设计》，1页，北京，中国建筑出版社，1983。

穹顶，白宫突出了希腊柱式，华盛顿纪念碑则是古埃及的方尖碑，三大核心建筑，不但在布局上以三角形呈现了权力制衡的现代理念，而且以建筑风格象征了美国文化与西方古代乃至与人类最初文明的历史关联。中国的杭州，一半是碧波如镜的西湖，一半是高楼林立的街市，自然与人文相互依托，照应组合，形成了独特的城市风光。加拿大魁北克城，以一座法国中世纪的古堡为中心，古堡下的古街成了融古代和现代为一体的景色，思古之幽情成为其城市的特色。

城市的不同形象由多个因素决定，包括地理、历史、文化、现实。在城市的四因素中，可以特别突出一方面，如杭州对西湖的突出，魁北克对古堡的突出；也可以包括一切方面，多方面突出而形成一个丰富的整体，如北京城，把平原地理的可广阔展开的因素、文化理念的中轴线观念、历史上的精华——故宫、天坛、颐和园、雍和宫、前门、王府井，把现代的国家观念——天安门体系，把最新的时代元素——国家大剧院、鸟巢、水立方、中央电视台新楼都融为一体，成为了中国现代化理念的总体象征。

对城市因素中诸因素的不同组合、诸因素中某一因素或某几种因素的强调，构成了城市不同特色的审美风貌，而对这些因素本身的内容特色的凸显，也是城市特色和审美风貌的重要方面，如杭州和重庆，都有对地理因素的强调，也都内含有历史和文化因素，但其组合方式是不同的。重庆作为山城，长江和嘉陵江的两水和由两江环绕的山突出了山水本身的自然特点；重庆是巴人古城和抗战旧都，也有历史与文化元素，但其历史、文化因素与自然因素的组合是点缀型的。杭州不但突出了自然的湖，湖中的西湖十景内含着唐宋以来的人文元素，文化和历史元素与西湖本身是完全融为一体的。如果说重庆的魅力在于其各因素的点缀型组合，那么，杭州的迷人就在它各因素的融合型组合。城市的基本因素虽然不过四个，但这四因素本有丰富的内容，这丰富的内容构成了多种多样的组合，形成了各种各样的城市风貌。

（二）标志性建筑景观

城市给人的核心感受，是由标志性建筑来营造的。在华盛顿特区，由白宫、国会大厦、华盛纪念碑形成的三角形景区，是标志性建筑，包含了丰富的地理、文化、历史、现代的理念。在古代北京，从永定门通过前门、故宫、景山到钟鼓楼的中轴线，构成了地标性的建筑景观，内蕴着中国地理、文化、哲学、制度的丰富内容。现代北京，由天安门城楼、人民大会堂、中国历史博物馆—中国革命博物馆、人民英雄纪念碑、前门一道构成的天安门体系，是标志性的建筑景观。天安门体系不但本身显示了连接古今、融会中西的宏大理念，而且天安门城楼在建筑形式上既是天安门体系的一个组成部分，又是故宫的一个组成部分，从而强调了现代中国是建立在一种悠长而厚重的历史基础上的。在杭州，标志性的景观就是西湖和西湖中的桥、岛、亭、廊。在魁北克城，标志性的建筑景观就是那古色古香的古堡。

一个大城市内含了多样的城市元素，具有很细的功能划分，从而标志性的建筑会以层级方式和功能方式进行一种多样性的分布。另一方面，建筑是一个活的躯体，随着时间和历史在不断地演化。因此，城市建筑景观不但呈现一种空间性，而且也呈现一种时间性，时间性景观又凝结在一种现时的空间上，形成了城市标志性建筑景观的多层级、多结构、多方面的美。在北京，新中国成立前期，标志性的天安门体系，与当年的十大建筑中（除了中国革命和中国历史博物馆之外）的中国人民革命军事博物馆、全国农业展览馆、北京火车站、北京工人体育馆、民族文化宫、民族饭店、钓鱼台国宾馆、华侨大厦，形成一种标志性的总体景观，这是当时的新景；还与天坛、颐和园、北海公园、地坛、动物园、北京饭店形成一种总体性景观，这是与历史的关联；还与王府井大街、西单大街、前门大栅栏形成一种标志性的总体景观，这是历史与当代在新中国成立前期的联结。20 世纪 80 年代，在改革开放的建筑浪潮中，形成了"北京 80 年代十大建筑"：北京图书馆、中国国际展览中心 2—5 号馆、中央彩色电影中心、首都机场候机楼、北京国际饭店、大观园、长城馆、中国剧院、中国人民抗日战争纪念馆、地铁东四十条车站。这又在北京的总体景观上进行了一种新的叠加。20 世纪 90 年代，又产生了"北京 90 年代十大建筑"：中央广播电视塔、国家奥林匹克中心及亚运村、北京新世界中心、北京植物园温室、首都图书馆新馆、清华大学图书馆新馆、外语教学与研究出版社办公楼、北京恒基中心、北京新东安市场、北京国际金融大厦，这又在北京的总体景观上进行了新的添加。新世纪之后，在北京的中轴线上，西面紧邻中轴线的人民大会堂旁有国家大剧院，东面离中轴线不远有中央电视台新楼，中轴线顶端有鸟巢和水立方，与古代的故宫、现代的天安门体系，一道形成了新时代的标志性建筑景观。除了这些，还可以从各种视角去展开方方面面的标志性建筑景观。

（三）街景

城市街景，包括街道、广场、店铺以及城市家具，城市家具指街道空间中的小品设施，包括交通功能性小品（如路灯、公交车亭、标识指示牌等）、生活服务性小品（如电话亭、坐椅、信箱、垃圾箱等）、景观艺术性小品（如花坛、喷泉、雕塑、装饰照明等）。城市街景构成了城市中的日常面貌。街，是城市人的交通之道，又是城市人的生活购物之点，还是城市人的休闲之地，无论是有目标地走在路上，还是无目标地在路上走，街景都成了人进行欣赏的对象。人在欣赏街景的同时，由于本身进入街景就作为街景的一个组成部分，成为被欣赏的对象。在这一意义上，街景成为人与人之间的互赏。特别是在旅游成为时尚的时代，街景更是理所当然地成为了审美对象。街景作为审美对象，可以分为人文景观和自然景观。

人文景观主要包括街面的建筑和街头与街中的雕塑。前面讲的北京的故宫—天安门体系，共和国三个时代的十大建筑以及新世纪的四大建筑，都充满了时代的人文精神。这里着重讲讲城市雕塑。世界许多著名的城市雕塑之所以成为所在城市的标志性雕塑，并不是因为它的技巧和造型有多完美，而是因为这些雕塑有很深的文化内涵。例如，布鲁塞尔的《撒尿的男孩》是因为这个雕塑记录了一个令全体布鲁塞尔人感动的故事，凝结着全城人民对这个撒尿小孩子深深的怀念与敬仰之情，承载着这座城市的历史文化。同样，罗马的标志性雕塑是《母狼》，这是因为这个雕塑讲述了罗马城的来历，记载了这座古老城市的文化，为罗马人民永远怀念。这两座雕塑取得成功的原因止是雕塑的设计者把雕塑所在城市的文化内涵巧妙地融入雕塑之中，雕塑自然也就与城市融为了一体，成为了城市的象征。

自然景观在街景中具有多重功用。城市道路的规划常用景观隔离带将快车道与慢车道分隔开来，在人行道与车行道之间有行道树及人行道景观，将行人与车辆分开。同时，在交通岛、立交桥、停车场等处也进行一定方式的绿化。植物的绿色在视觉上给人以柔和而安静的感觉，在路口和转弯的地段，特别是在立体交叉的设计中，常用树木作为诱导视线的标志。城市街道的自然景观，直接影响到城市的面貌和环境质量。如果没有自然景观，人们将看到，一座水泥面和砖墙的房屋、电线杆、路牌、垃圾箱和沥青路，枯燥而单调；车辆在道路上急驶，行人在烈日下奔走；在炎热的夏季，路面和建筑的辐射热把城市变成蒸笼。这样的城市，街道无论怎样宽阔整齐，也难以给人留下愉快的印象。世界上很多著名的城市，由于街道的自然景观，给人留下深刻的印象。如法国巴黎的七叶树，使巴黎的街道庄严美丽；德国柏林的菩提林荫大道因菩提树而得名；日本用垂柳作行道树，曾经有过盛行一时的"银座柳"；澳大利亚首都堪培拉处处是草坪、绿树和花卉，被誉为花园之城；朝鲜首都平壤有著名的千里马大街、琵琶大街，街道两旁的柳树、银杏和奇花异卉争艳吐芳，给平壤的街道镶上了一条条美不胜收的锦带。在我国，南京市内郁郁葱葱的悬铃木行道树和美丽多姿的雪松，给人们留下了深刻印象；长春市的小青杨行道树在早春把整个城市点缀成嫩绿色；北京宽阔的街道两旁，种植的高耸挺拔的毛白杨和苍劲古雅的油松、国槐，使这座有着悠久历史的京城更加庄严雄伟。

街景中专门以"街"作为城市名片的就是步行街。商业步行街最早出现在 20 世纪 60 年代的欧洲，在中国 20 世纪末由北京的王府井步行街的出现和示范而推向全国，成为中国社会转型的一个象征标志。相关统计表明，截至 2005 年，我国县级以上的商业步行街数量已超过 3000 条，步行街的总长度已超过 1800 公里。步行街包含着多方面的内容，它是一个建筑学的有机整体，涉及空间尺度与合围方式、建筑立面、地面铺装、天际线的感知形式以及标志牌的样式、广告的位置、设施小品（亦称城市家具）摆放等基本因素。步行街又是一种新型的公共空间，其区位、在场感、地域特色、人文特性，都应融会进步行街的景观之中。步行街的主调是消费社会中的购物、休闲、观看，从而呈现出一种全球化的城市时尚形象。北京的王府井、上海的南京路、重庆的解放碑等，都成为全国著名的步行街。

三、城市美典型举例

以上海的标志性建筑——东方明珠塔来欣赏中国城市美。当被命名为"东方明珠塔"的上海广播电视塔历时 3 年多（1991 年 7 月 30～1994 年 10 月 1 日）完工，以亚洲第一高度屹立在黄浦江畔的时候，不仅呈现出了一个上海的名片，而且显示了一个意味丰富的中国象征。要理解古代中国，北京的故宫和天坛似一份建筑说明书；要理解现代中国，上海的建筑则如一部文化心灵史。中国的改革开放从深圳开始突破性的试点，在上海达到一个高潮，1990 年的浦东开发，使上海重获中国经济的领头地位。东方明珠选取了亚洲第一高度，不仅是对上海在全国地位的重新确认，而且也是中国动向的一个重要象征。意味深长的是，在深圳作为改革排头兵的年代，没有出现一个典型的建筑象征，而在上海一跃而前的时刻，一个众望所归的建筑符号灿然显出。正如上海 1842 年以来以第一口岸城市显示了中国的现代性时尚，作为新时代象征的东方明珠塔，于 21 世纪即将来临之际，矗立在太平洋边上，显示了一个东方大国的胸怀。

东方明珠塔高 468 米，亚洲第一，与加拿大多伦多电视塔和俄罗斯莫斯科电视塔共为世界最高三塔。用高度来显示一种文化意义，不是中国文化的特色，而是西方文化的强项。中国的建筑多以一种群体性展开来显示一种空间的宏伟，西方的建筑则以一种向上的高度显示一种美学上的崇高。在中世纪，基督教堂的高，成为一城一镇的标志，同时也是中心性象征。随着现代文化在西方兴起，现代建筑也越来越高，而今在每一个现代都市里，摩天大楼所含的现代科技内容大大高于基督教堂，正是现代性胜利的象征。以西方文化为主流的现代文化的全球化，从建筑上来说，就是"高度象征"的全球化。当上海具有了中国现代性的象征地位之后，呈现的同样是一种在高度上与国际时尚共进，上海1843～1895年出现二三层高的建筑；1895～1908年，一批三四层高的建筑出现；1908～1919年，五六层高的建筑涌现；1919～1927年出现十层以上的建筑；1934年建成的国际饭店高达二十四层。高只是一个普遍性的现代尺度，而在高的同时要显示一种中国特色，这就集中在上海外滩的"万国建筑群"上。在仅有三里长的临江线上，矗立着52栋不同风格的高楼大厦：英国式、法国式、西班牙式、希腊式、文艺复兴风格、巴洛克风格、芝加哥学派类型等在这里交错展开；古希腊的柱式、罗马的穹隆、哥特式的尖顶、巴洛克式的廊柱、西班牙式的阳台在这里交相辉映。外滩建筑在历史之手的天作之合下，以一种建筑的方式，既彰显了中国人与时俱进的"东方巴黎"心态，又暗蕴着中国人固有的容纳万有的胸怀。上海外滩也因此成了20世纪前半期上海的城市名片和当时中国现代性的特殊符号。东方明珠塔在世纪之交的出现，不但更换了上海的城市名片，而且更新了中国现代性的符号。

如果说，工具演化是人类演化的一种标志，石器、铜器、铁器、机器、电器，构成了文化演化的不同阶段；那么，在上海，外滩建筑群体现的是机器时代的魅力，而东方明珠塔呈现的则是电器时代的光辉。如果说，媒介演化是人类演化的一种标志，口传、文字、印刷、电子，构成了文化演化的不同阶段；那么，在上海，外滩建筑群闪耀的是印刷时代的光芒，而东方明珠塔凸显的是电子时代的符号。上海外滩以一种视觉上的建筑多样性显示了中国人的容纳万有、力争上游的精神。东方明珠广播电视塔的功能本身，就是集全球信息交流于一塔，中国与世界之间来来往往的信息在视觉上是看不见的，但操纵着全球信息流动的广播电视塔却是有视觉可见性的。这一可见的东方明珠塔，以自己的美学高度，显示了自己所容纳的世界的广度，弘扬了中国人与时俱进、力争上游的精神，而成为时代和时尚的象征。

高高的东方明珠塔，从下而上由塔前广场、塔基、三根直径为9米的擎天立柱、下球体、上球体、太空舱、五个小球、发射天线杆诸部分构成。大小球体的不断重复犹如宇宙的原子结构，让人联想到一个科学的宇宙，而矗立向上的身躯宛若飞船火箭，让人想象到最新的科技前沿。当你在远处观塔时，塔身的上下两个巨型球体显得特别突出，像两颗红色的宝石；再向两旁一看，塔边江上，一边是杨浦大桥，一边是南浦大桥，就像两条巨龙腾江而起，形成二龙戏珠的效果。如果说，第一种仰观让人感到一种火箭的速度象征和太空的浩茫意境，第二种远观让人感到一种龙的飞舞和珠的美丽；那么，我们知道，中国美学讲究远近游目，上下往还，当你的视线由远而近、由下而上又由上而下之时，塔身上 11 个球体，大小不一，错落有致，其视觉结构仿佛从高蓝的天空有韵致地串落到塔下的绿茵草地上，呈现出"大珠小珠落玉盘"的中国式的音乐境界。中国美学认为，"乐，天地之和也"。如果我们把龙的飞舞看成古代文化之道的呈现，把珠的圆润看成古代文化之道的象征，把原子的结构看成现代文化的天体的音乐，把火箭飞船的遨游看成现代性的天人合一的乐章，那么，东方明珠塔则以建筑的形式在演奏着中国式的天人合一的新曲。

中国建筑美学，既讲究以下观上，又要求以上观下。当你在外滩隔江远望，在塔下的广场上近身仰观之后，可入塔内，乘电梯上塔。塔的下球体离地 90 米，内有一个观光廊；塔的上球体离地 263 米，是一专设的观光层；再上，是离地 350 米的太空舱。塔上观下，每上每异，近俯塔下广场，再看江对面的外滩建筑群，最远可见人民广场、南京路、豫园商场，全市景色高低起伏，尽收眼底，还可远望佘山、崇明岛、长江。在塔内，回环移步，仰观俯察，远近游目，中国传统的审美视线在一种最现代的登高形式中得到了合一。"不畏浮云遮望眼，只缘身在最高层"的古代感悟，在东方明珠塔中，会让你突然觉得有了一种现代新意。

东方明珠塔又是中国人在后现代和全球化时代的创造。这塔不仅是广播电视塔，代表了科技文明；还是观光塔，意味着审美情趣；也是生活型的塔，呈现一种时尚。塔内有面积 18000 平方米的商场，经营服装、食品、皮具、金银首饰、工艺美术等，让你有日常购物感；塔内有上海历史博物馆，展示上海近代的历史变迁，让你回望历史；塔底有科幻城、森林之旅、南极之旅、魔幻之旅、迪斯尼剧场、欢乐广场、激光影院、动感影院、探宝车、藏宝洞，让你驰骋想象；下球体内，不但有观光环廊，还有太空梦幻城；上球体内不但有观光平台，还有旋转茶室、餐厅、迪斯科舞厅、钢琴酒吧；太空舱内不但有观光层，还有典雅豪华的会议厅和咖啡座；五个小球中，是环境舒适、情趣别致的 20 套客房。这里呈现出一种后现代的拼贴，而这恰是东方明珠塔作为时尚符号的重要因素，也是我们从这一上海名片中理解中国的不可或缺的内容。

　　东方明珠广播电视塔与外滩的万国建筑群隔江相对，在一种中国人的审美视线里，东方明珠塔把外滩建筑群包容了进来，成为自己的一个组成部分，呈现出了内蕴独特的上海形象，非常耐人寻味。

第五章
美的艺术类型

第一节　美的艺术分类

一、艺术美的产生

艺术美这一提法，从字面意义上分析，大致可以得出两层含义：一是艺术的美；二是艺术与美。其中，第一层含义"艺术的美"，为我们暗示出艺术的内涵并不仅仅只与审美相关；第二层含义"艺术与美"，则突出了艺术与美的相对独立的价值，而这一相对独立的价值对我们从学科性质上厘清艺术学与美学相当必要。正如西方美学传统所显示的那样，一些美学理论往往是在"艺术的"与"美的"之间画上一个等号。然而，这样的认识在现代艺术的发展中正遭受着巨大的挑战。并且，我们可以通过对"艺术"的内涵进行粗略历史回顾来进一步说明，在"艺术的"与"审美的"之间画上一个等号，实际上只能代表 18 世纪以来所形成的一种较为普遍的时代观念。

艺术 art 一词源于拉丁文 ars，而 ars 出自希腊文 τέχνη。[1] 从词源和意义的流变上来看，在古希腊、古罗马、中世纪甚至文艺复兴时期，我们今天所熟识的 art 主要表示技巧以及与技巧相关的作品。"艺术一词的用意，无论是在古代或中世纪，在一般人的心目中，都比它在今天通行的用意来得广泛；它不只包括美术，并且也包括手工艺。绘画是一种与裁缝同等的艺术，不只是技巧性的产物被名之为艺术，举凡生产技巧的本身，规则之精通与专业性之知识，也都被名之为艺术。其结果，不只是绘画或裁缝可以被视作艺术；文法与逻辑也可被视作艺术。因为后者也正是一组规则，一类专技。"[2] 正是由于对技巧和规则的强调，在古希腊，甚至在中世纪，由缪斯赐以灵感成就的诗歌最初反而被排斥在艺术的范畴之外。柏拉图在探讨"美本身"时，就有意地将美（美的理念）与艺术（就艺术的古代意义而言）从等级上作了区分。但这种将诗歌排斥在艺术范畴之外的观点被柏拉图的学生亚里士多德打破。在《诗学》中，亚里士多德为诗歌提供了相当多的规则，从而将诗歌确立为模仿的艺术。从古希腊罗马所强调的艺术的技巧、规则及所推崇的艺术的认识价值来看，艺术最早的形态无疑是

---

① ［波］瓦迪斯瓦夫·塔塔尔凯维奇：《西方六大美学观念史》，13 页，上海，上海译文出版社，2006。

② 同上书，14 页。

颇具工具性和理性色彩的。

直至文艺复兴时期，艺术仍然继承了此前艺术概念的工具性、理性色彩。但同时，由于社会环境的变动、社会分工的变化以及"人性"自觉的逐渐觉醒，绘画、雕刻、诗歌、音乐在古代的"艺术"范畴内越来越多地表现出特殊性和独立性倾向。典型的表现是"美的艺术"（fine art）这个概念逐渐从艺术（art）中独立出来，艺术家身份逐渐从工匠中独立出来，艺术品在世俗社会中逐渐获得高度的社会美誉和投资价值。

18世纪中叶以来，尤其是在18世纪晚期的启蒙时代，随着工艺、科学、美术的分离，历史开始为我们呈现出一个为现代世界所熟识的"艺术"概念。"从美学史角度说，艺术作为一个独立的有特殊意指的概念，据说出现在18世纪法国哲学家巴托的著作中。他从传统的模仿论出发……通过对诗歌、绘画和音乐的比较，他认为这些艺术之间有一些共同的性质，亦即美的艺术特质。"① 几乎与巴托提出"美的艺术"概念（1746）同时，1748年德国哲学家鲍姆加登从希腊语中选择 Aesthetica 这个词来命名了美学。当美学得到正式命名，审美成为一种独立和独特的人类经验，艺术就终于在现代意义中完成了"独立"的文化洗礼，"艺术便是那为其自身立法者"（席勒），绘画、雕刻、音乐、诗歌、舞蹈、建筑、雄辩成为艺术公认的范畴。据此，结合"艺术"和"美学"的学科史来看，艺术与技艺的分离及其独立与"美学"学科的确立之间存在着逻辑的互动性，正是"美的"性质规约了艺术的内涵和外延。同时，正如黑格尔在《美学讲演录》开首的第一句话所表明的那样，美学的"对象就是广大的美的领域，说得精确一点，它的范围就是艺术，或者毋宁说，就是美的艺术"②，结合西方美学强调美与先验精神联系的传统来看，具有强烈精神气质的艺术范畴的独立，为美学学科的确立提供了充分的、能与精神对应的、现实的研究对象。也正是在18世纪的这一研究成果和学科发展的影响下，近两百年以来，"艺术的"就是"美的"成为一个不辨自明的美学常识。

在启蒙的现代性意义上，艺术乃是拥有自律性的、与美相关的，并且在很大程度上仅仅与美相关的存在。然而，在接下来的一个世纪里，与艺术的独立相伴生的，是一个具有现代性意义的由公共美术馆、艺术学院、画廊、艺术商人、艺术杂志、批评家、学者等构成的艺术世界的产生、发

---

① 周宪：《审美现代性批判》，105页，北京，商务印书馆，2005。
② ［德］黑格尔：《美学》，第1卷，3～4页。

展。令人深思的是，19世纪艺术自律的进一步深化竟构成了对18世纪确立起来的艺术与美之间浑然天成关系的挑战。并且，这种来自艺术实践自身的挑战在20世纪进一步深化。摄影、电影等新媒体的出现挑战着艺术的类型边界，各种新的艺术观念、美学理论冲击着艺术的概念内核，甚至艺术独立的合法性再次被质疑。同时，随着19世纪社会进程的推进，艺术的市场化与艺术实践越来越难分难解，因而，艺术的纯美学趣味变得越来越可疑。20世纪中期以后，西方理论界普遍认为透过美去界定艺术是无效的。直到18世纪末才真正成立的通过审美来界定艺术的观念，在当下迅速沦为"传统"的美学观念。在《艺术与美学》、《美学导论》等著作中，迪基发挥了丹托的"艺术界"理论，从对"艺术制度"的考量出发，为艺术制定了一个由"艺术品"、"艺术家"、"公众"、"艺术界"、"艺术界系统"概念群组成的环形定义。在这个定义中，"市场化"的规约取代了"美的"规约。

在中国历史上，《后汉书·伏湛传》是我们目前可见的"艺术"一词的最早出处："永和元年，诏无忌与议郎黄景校定中书五经、诸子百家、艺（蓺）术。"李贤注："艺（蓺）谓书、数、射、御，术谓医、方、卜、筮。"其中，"艺术"实际上分为"艺"和"术"两个词来使用。而在《晋书·艺术传序》、《履斋示儿编·文说·史体因革》中，当"艺术"一词不作明显分拆时，它更偏向于泛指术数方技之意的"术"。在中国典籍中，"艺术"一词也用来特指"经术"，"艺术莫难于古文，自周以来，各自名家者，仅十数人，则其艰可知也"①。

如果要在古代的"艺术"与今天的"艺术"之间寻找一种词源上的联系的话，则作为一个词的"艺"足以代表。"艺"亦作"藝"、"埶"、"秇"、"萟"、"蓺"。《说文解字》中有："周时六艺（藝），盖亦作艺（蓺），儒者之于礼、乐、射、御、书、数，犹农者之树艺（蓺）也"，表明了"艺"是一种可以学习的技艺、才能。三国时魏国的嵇康《琴赋》："良质美手遇今世兮，纷纶翕响冠众艺兮"，虽然此处的"艺"指代了"艺术"、"文学"，但这种指代主要仍是针对艺术技巧而言的。中国古代的"艺"、"艺术"的内涵中，并没有出现特指的"美的"性质。

可以这样说，在中国被卷入以西方文化为中心的现代性进程之前，中国古代的"艺术"一词与我们今天所谓的"艺术"基本上是两个不同的概念。与今天的"艺术"较为对应的是中国古籍中记载的"绘缋之事"、"刻

---

① ［清］方苞：《答申谦居书》。

削之道"、"锦绣文采"等。① 而进一步考察古代中国的典籍，如《诗论》、《书论》、《画论》、《乐论》中，我们不难品味到中国古人所领略到的诗、书、画、乐这些现代意义上的艺术门类之美，但我们找不到一个从美学上能将绘画、书法、音乐、建筑等现代意义上的艺术门类统摄起来的专有名词。进一步深究，能够将这些艺术门类统摄起来的专有名词只有一个，它就是中国文化的最高范畴"道"。而"道"的内涵显然不能简单地等于美。据此，结合现代美学学科范式，我们要在中国古代美学中去考察"艺术美"，必然会呈现为一种现代术语的阐释行为。

如此，通过对艺术内涵的粗略历史梳理，我们不难发现，无论是在古代，还是在艺术的内涵与外延不断遭遇挑战的今天，虽然客观上艺术的发展与美学的研究始终呈现着一种相互促动的态势，但在当下的艺术发展图景中轻率地在"艺术的"与"美的"之间画上一个等号，却反而是对艺术与美的内涵与外延添加的一种人为的限制。

综上，本章"美的艺术类型"提出了"艺术美"这一范畴，意在强调从艺术的维度来探讨美的理论的研究立场。据此，探讨"艺术美"就是从艺术的维度来探讨艺术的审美性，并避免将"艺术的"与"美的"的内涵作简单的含混使用。

二、艺术美的分类

根据波兰美学家塔塔尔凯维奇的考证和总结，古希腊罗马人关于艺术主要有六种分类：一是智者们建立在艺术目标上的分类；二是柏拉图、亚里士多德建立在艺术与实在的关系上的分类；三是盖仑建立在艺术所需的体力上的分类；四是昆提利安建立在艺术的产物上的分类；五是西塞罗建立在艺术价值上的分类；六是普罗提诺建立在精神性上的分类。在这些分类中，艺术的范畴涵盖了建筑、绘画、文法、修辞、逻辑、算术、几何、天文、音乐甚至政治、军事、体育。其中，为我们今天所熟知并确认属于艺术范畴的建筑、绘画、音乐，在上述分类中常常被打散在各个分类层级中，并呈现一种微妙的不平衡状态。例如，绘画在智者们的分类中朝向快感，在柏拉图、亚里士多德那里朝向模仿，在盖仑那里朝向粗俗，在昆提利安那里朝向生产性，在西塞罗那里朝向微末，在普罗提诺那里朝向模仿自然，从当下文化体系、艺术体系出发，这真是一种看起来令人眼花缭乱的界定分布。

---

① 参见《考工记》、《历代名画记》。

虽然今天的艺术发展在不断突破 18 世纪确立的艺术的纯美学趣味神话，但从艺术与美学学科发展的逻辑线索上分析，"艺术美"这一范畴成立的历史和理论前提是 18 世纪以来艺术从技艺、科学中分离以及艺术的独立。事实上，正是在 18 世纪首次出现了从艺术的审美特征出发来确立的艺术形态划分原则。

自 18 世纪中叶以来，技艺、科学与艺术分离的趋势不断加剧。1794 年，查尔斯·巴托用"美的艺术"确立了艺术的界限。巴托列出了七种艺术门类——绘画、雕刻、音乐、诗歌、舞蹈、建筑与雄辩。这种对"美的艺术"的分类，获得了 18 世纪学者的支持，并在 19 世纪赢得了公众的普遍认可。随着"美的艺术"的概念及其系统被建立起来，艺术的内涵与外延被重新确立。但要特别指出的是，尽管巴托列出了艺术的分类，但他将这七种艺术从本质上归于模仿，这无疑是继承了亚里士多德的艺术分类原则。

在这里，我们不妨回顾一下亚里士多德在西方美学史上影响深远的艺术分类原则。亚里士多德认为，一切的艺术都是出于模仿，只不过模仿的媒介、模仿的对象、模仿的方式不同。据此，从模仿的媒介上看，绘画是用颜色来模仿事物，音乐则是用音调来模仿事物；从模仿的对象上看，悲剧模仿的是比一般人好的人，喜剧模仿的是比一般人坏的人；从模仿的方式上看，史诗是通过讲述来模仿，戏剧是通过人物的动作来模仿。从我们今天的学术研究视野来看，亚里士多德的这个艺术分类显然过于粗糙、零散，不足以涵盖和说明所有艺术门类之间的逻辑联系。但亚里士多德在这个分类原则中提出的"模仿"、"媒介"、"对象"、"方式"等关键词却深刻地影响和启示了西方美学史上后来的研究者。

18 世纪末以来，由于"美的艺术"的概念与分类已经深入人心，因此艺术的分类与美的联系变得非常自觉。莱辛在《拉奥孔》中探讨诗与绘画的界限，曾将艺术分为时间艺术和空间艺术、语言艺术和造型艺术。古典美学大师黑格尔，根据美的哲学理念将艺术划分为象征的、古典的和浪漫的。波兰美学家李贝尔特，在 1849 年出版的《美学，或美的科学》一书中，根据美的理想和艺术的存在形态对艺术进行了一个较为细致的分类：一、形式的或视觉的艺术，包括建筑、雕刻、绘画（在空间中）；二、叙述的或听觉的艺术，包括音乐、诗歌、修辞（在时间中）；三、社会的艺术，包括自然的理想化、美感的教育、社会的理想化（在生活中）。19 世纪后半期，艺术还被区分为靠眼睛体验的和靠耳朵体验的；创作的和模仿的；

动态的和静态的；需要演奏的，不需要演奏的；共时的和历时的；激发一定联想的和激发不定联想的；再现的与非再现的；具体的和抽象的等。①

结合 18 世纪以来的艺术分类，我们可以大致提炼出四种有代表性的艺术分类原则：一是从主体感官出发，将艺术划分为视觉艺术、听觉艺术、视听综合艺术；二是从艺术的物质存在方式和审美的物化形态出发，将艺术划分为造型艺术、实用艺术、文学艺术、综合艺术；三是从艺术的存在形态上出发，将艺术划分为时间艺术、空间艺术、时空艺术；四是从艺术与现实的关系出发，划分为再现的艺术、表现的艺术。

面对形形色色的艺术分类，尽管 18 世纪至 19 世纪的大多数艺术分类都自觉地呈现出了美学的趣味，但结合"艺术美"这一主题，我们所需要思考的关键问题是怎样分类的审美性最强。

正如我们所了解的那样，一个艺术作品，即使是为审美的目的而创作出来的，也并不一定必然地成为审美对象。而一个艺术作品要成为一个审美对象，第一步就是作为客体的艺术作品的物质质料能转化、升华为艺术形象。而促成这一转化的关键因素有二：一是艺术作品本身具有的物质质料条件。不同的物质质料会唤起不同的审美感受，所以这是艺术美得以发生的直接物质前提。例如，文学作品的物质质料不可能像绘画或音乐的物质质料一样唤起我们直接的感官审美愉快；二是主体的审美知觉的积极参与。缺乏主体的审美知觉的参与，再伟大的艺术杰作也仅仅只能是一个外在于主体的冰冷的客体，而无法显现出该艺术作品的"艺术美"。据此，我们在对"艺术美"进行分类的时候，主要将艺术的直接物质性存在与艺术审美主体的审美感知结合起来，着重确认艺术本身的直接物质性存在与审美主体性之间的联系，即作为审美主体的人对以一定物质质料存在为直接前提的艺术作品产生了审美的知觉，使得作为物质客体的艺术作品转化为具有审美性的艺术形象。

以艺术的直接物质性存在与艺术审美主体的审美知觉联系为艺术美的分类原则，我们可以将艺术美大致划分为视觉/空间艺术、听觉/音乐艺术、语言艺术和综合艺术四大类。其中，在视觉艺术中我们将主要探讨建筑、雕塑、绘画的审美性；在听觉艺术中，我们将主要探讨音乐的审美性；在语言艺术中，我们将主要探讨文学的审美性；而在综合艺术中，我们将主要探讨戏剧和 20 世纪以来飞速发展的影视艺术的审美性。

---

① ［波］瓦迪斯瓦夫·塔塔尔凯维奇：《西方六大美学观念史》，70～71 页。

第二节　视觉/空间艺术（建筑、雕塑、绘画）

一、视觉/空间艺术总论

视觉/空间艺术，从艺术作品来说，首先的和基本的是具有空间性，其他的性质（如时间）都是通过空间方式来体现的。从这一点来说，它被称为空间艺术。从欣赏主体来说，首先的和基本的是诉诸视觉，其他的性质（听觉、味觉、嗅觉、触觉）都是通过视觉而引导、暗指、启迪出来的。从这一点来说，它被称为视觉艺术。因此，本书将二者的性质合起来称为视觉/空间艺术。视觉/空间艺术，从艺术的总体上说，是通过突出客体的空间性和主体的视觉性而形成的一种艺术类型。视觉/空间艺术最典型的形式是：建筑、雕塑、绘画。视觉/空间艺术美的主要特点有：造型的特点、形式美的特点、表现的特点。

（一）造型的特点

视觉/空间艺术最基本的特征就是空间造型，指艺术家运用一定的物质材料（布、纸、石、木、泥、砖等），按照艺术类型的形式美的规则，塑造出视觉感官直接感受的艺术造型。绘画是用点、线、面、色在二维空间里造型；雕塑则是用泥土、木石、金属在三维空间里塑型；建筑是通过土木、砖石、钢筋水泥等物质来构造居住空间。所谓造型特点，就是指对一种供视觉欣赏的空间形象的塑造，正因为视觉/空间艺术的造型特点，又被称为造型艺术。

（二）形式美的特点

视觉/空间的造型，一定要显出供视觉所感受到的美的空间形式，因此，这一空间形式一定要具有形式美的特点。视觉/空间艺术的形象内容可以是美的、优雅的、崇高的，也可以是丑的、恶的、粗鄙的，如一幅小丑的画、一具恶人的雕塑、一座简陋的草屋。但无论美丑，都要具有造型艺术本身的形式美，讲究点、线、形、色，讲究比例尺度，讲究节奏韵律。正是这一形式美，使得视觉/空间艺术成为审美对象。

（三）表现的特点

视觉/空间艺术在形式或形象的塑造中，寓含了艺术家的个性特征、时代的审美风格、文化的审美特点。这些艺术家、时代、文化的内容在绘画、雕塑、建筑中的体现，构成了造型艺术的表现性。在这一意义上，我们说，吴昌硕的画、齐白石的画、黄宾虹的画、潘天寿的画，都是有表现性的；古希腊雕塑、中世纪建筑、文艺复兴绘画，以至后来的古典主义、浪漫主义、现实主义、现代主义绘画，都是具有表现性的；埃及的金字塔、中国的宫殿、印度的石窟、伊斯兰的清真寺、西方的摩天大楼，都是有表现性的。

二、视觉/空间艺术美的大类：建筑、雕塑、绘画

视觉/空间艺术的基本类型是建筑、绘画、雕塑。下面，分别就这三门艺术论述其审美特点。

（一）建筑

建筑融实用价值和审美价值为一体，在本质上是供人居住和活动的场所，它首先满足的是人的实际需要，但在求实用的同时也体现着人们的审美追求。古罗马建筑师维特鲁威就提出现在仍然适用的建筑的三条基本原则："实用、坚固、美观。"随着人类实践的发展，建筑在实用基础上的审美追求日益受到重视。在一个文化的标志性建筑，如宫殿、陵墓、寺庙之中，精神的要求和审美的要求，以及包含在其中的制度和文化的规训要求，得到了更大的突出。

建筑艺术具有如下一些审美特征：

（1）空间构形。建筑是在天与地之间，用物质技术塑造一个能承载或居住的空间，而这种空间构形可以说是建筑的基本特征，它们构成建筑空间的各要素之间的关系，以及空间本身所具有的形式表现力。也就是说，建筑所构形的外部空间和内部空间必须形成一个整体，人在游走于内部和外部时，都能感受到整个建筑所形成的和谐统一。建筑的根本目的是要用人工营造一个理想的富有象征性的空间，其空间构形既给人提供一个居住的环境，同时也能引领人们进入到其中，观看、感受、理解、领悟空间内部和外部构形，从而进入到整个建筑的文化精神内涵之中。而这与同属于三维空间造型的雕塑是不同的，它的实体造型并不制作一个内部空间以供我们活动，乃至穿越去进行观赏。正如意大利建筑学家布鲁诺·赛维所说，"建筑的特性——使它与所有其他艺术区别开来的特征——就在于它使用的是一种将人包围在内的三维空间'语汇'……建筑则像一座巨大的空心雕刻品，人可以进入其中并在行进中来感受它的效果。"① 正是通过对空间的

---

① ［意］布鲁诺·赛维：《建筑空间论》，转引自《建筑美学》，12 页，昆明，云南人民出版社，1987。

分割和构形，建筑的实体和空间结合在一起，互为条件，相互依存，形成了一个巨大的建筑环境场域，形成一个向心空间，带领每个进入这个场域的观者，感受建筑内部和外部带给人的庄严、神圣和愉悦等各种美的感受。例如南京的中山陵依山而建，把连绵不断的自然山势当作建筑空间的有机组成部分，再加上宽阔绵长的多层台阶，使进入到此建筑中的观者产生雄壮崇高的感觉。

（2）视觉美。建筑的造型必须符合形式美的法则，建筑构形的各要素，如物质空间、外形、色彩、装饰和风格等因素，它们的组合安排必须符合形式美的规则，也就是说要做到统一、均衡、对比、韵律、节奏、和谐等形式美的法则，达到一种视觉上的整体美感。如长城的雄伟磅礴，故宫的壮丽辉煌，国家大剧院的水天圆润一体，悉尼歌剧院那种碧海扬帆的意蕴，都是从形式视觉上感受的。

（3）象征性。建筑由于是建基于物质材料产品上，因此，会受到物质、经济、科学技术的制约。同时，特定的时代、民族和社会的基本形态及心理因素也会对此有影响。但建筑正是通过对物质等因素的驾驭来体现其丰富的象征意味和审美内涵，表现人自身的自由的创造力。正如黑格尔曾说过，"美的建筑……的任务在于对外在无机自然加工，使它与心灵结成血肉因缘，成为符合艺术的外在世界。"① 它不仅体现那个时代的意识形态和美学观念，表现一定时代、一定民族的精神风貌、情感观念和审美理想、审美趣味等。同时，它也是艺术家对建筑功能、对空间、对建筑艺术理念的体现。正如黑格尔所说，"建筑是象征型艺术形式相对应的，它最适宜于实现象征型艺术的原则，因为建筑只能用外在环境中的东西去暗示移植到它里面去的意义。"② 它以直观形象的方式反映出一定的社会意识形态和深刻的历史文化内涵。正如欧洲的哥特式建筑，那高耸入云霄的尖塔，无不表现了中世纪宗教的无上权威，用高塔来表现彼岸世界的伟大，从而吸引凡人忘却现实的苦难，进入到天庭的世界中来。

（二）雕塑

雕塑是直接利用物质材料在三维空间中以雕、塑、刻制作的立体性艺术形象，诉诸人的视觉，给人带来审美感受的艺术。雕塑一般分为圆雕与浮雕，圆雕是指不附着在任何背景上的、可以四面欣赏的、完全立体的一

---

① ［德］黑格尔：《美学》，第 1 卷，105 页。
② 同上书，29 页。

种雕塑；浮雕是在平面上雕出凸起的形象的一种雕塑。雕塑通过不同的媒介材质，如石、木、金属、象牙等，通过自身的技艺的把握，运用各种工具来达到塑造形象、表现思想情感、审美追求的艺术。

雕塑艺术具有如下一些审美特征：

（1）形体的塑造。雕塑最基本的特征就是形体结构的塑造，不管是人像，还是事件，雕塑所借以表达思想的都是形体结构语言的塑造，而这种造型表现单纯而凝练，并且富有整体感和体积感。雕塑形体各部分要紧密联系，互相呼应，做到结构严谨和浑然一体。雕塑正是通过洗练的构图和轮廓构形来显现形体节奏和韵律，表现特定的寓意和象征意味；通过造型体量和体积的变化，以及造型与观赏距离、角度的设置，给人以深刻和恒久的印象，使人获得美感。

（2）表现性。雕塑是静态性、实体性和形象的瞬间性相结合的艺术。它通过选取内容和题材上，最具有概括性、典型性、寓意性的瞬间形象，运用暗示性手法，充分调动欣赏者的想象力，来表达有含义隽永的内容和思想情感，从而获得审美。正如莱辛在《拉奥孔》中所说，"最能产生效果的只能是可以让想象自由活动的那一顷刻了，我们愈看下去，就一定在它里面愈能想象出更多的东西来。"[①] 事实上，一件优秀的雕塑品，在其生动传神的形象凝定于瞬间之时，同时也就将深刻的精神内涵孕育其中。雕塑品之所以能够传世，给人以永恒的精神震撼和美的启迪，不仅在于其扣人心弦的造型，还在于这一形象蕴涵的社会和历史的精神，以及人生的哲理与审美理想。黑格尔曾说过，"在雕刻里感性因素本身所有的表现都同时是心灵因素的表现。"正如历史上那些伟大的雕塑品，如米开朗琪罗的《大卫》、罗丹的《思想者》、《巴尔扎克》等，之所以令无数人的心灵为之震撼，除却精湛的造型外，蕴涵其间的思想力度则是更为重要的因素。

（三）绘画

绘画不像建筑和雕塑在三维空间来塑造形象、表现情感，而是在二维平面中，利用光、色、线、形、空间等造型手段，通过视觉错觉来塑造具有三维空间感的视觉艺术形象，表现艺术家深层的精神内涵。从类型上看，绘画分为以中国画为代表的东方绘画和以油画为代表的西方绘画两大体系，它们各自具有不同的表现形式和审美特点。简单来说：中国画在工具材料上，采用中国特有的毛笔、墨、宣纸、绢帛作画，注重笔墨语言。构图上

---

① ［德］莱辛：《拉奥孔》，18页，北京，人民文学出版社，1979。

不受焦点透视束缚，采用散点透视，构图灵活，打破时空局限。而且，中国画与诗文、书法、篆刻结合，讲求笔墨神韵。油画作为西方最有影响的画种，以油质颜料在布、木板或厚纸板上作画，追求逼真的艺术效果，注重再现和写实，讲究比例、明暗、透视等科学法则。

绘画艺术在审美上具有如下一些特征：（1）形式美。绘画中表现的形象一般具有直观的视觉形式美的特点，绘画表现的空间虽是一个封闭的二维空间，但正是通过线条、构图、光色，艺术家用虚与实对比、韵律等多重手法来构建一个具有绘画形式美的三维视觉空间，此时二维平面中的线条、光、色以及空间虚实对比在绘画形式组合之下，构建出一个生动的、具有意义的指向三维空间的视觉形象。在克莱夫贝尔看来，绘画中线条、色彩的关系和组合，正是可以激起人们审美感情的"有意味的形式"。（2）表现性。绘画形象是一个静止的、凝练的、极具寓意的典型画面。绘画选取生活中具有典型性的某一场景，通过提炼和加工，塑造成一个比现实更有典型性的画面，而其中的场景和绘画元素无不具有表现或象征的含义，从而使这个静止的场景能极大地表现整个事件的全貌，给人启发。

三、视觉艺术美的典型案例

下面就选择视觉艺术中建筑、雕塑和绘画的典型案例，来具体阐述一下作为视觉艺术的特点。

（一）建筑——故宫

故宫，又称紫禁城，是明清两代的皇宫，建于明永乐四年至十八年（1406～1420），是我国保存最完整、成就最高的古建筑群。紫禁城占地72万多平方米，共有宫殿9000多间，主体建筑由外朝和内廷组成：外朝主要由太和殿、中和殿和保和殿组成，是皇帝行使权力、接见群臣和举行隆重典礼的地方；内廷主要由乾清宫、交泰宫和坤宁宫组成，是皇帝居住的地方。它们都是木结构、黄琉璃瓦顶、青白石底座，饰以金碧辉煌的彩画。这些宫殿沿着一条南北向的中轴线排列，并向两旁展开，南北取直，左右对称。这条中轴线不仅贯穿在紫禁城内，而且南达永定门，北到鼓楼、钟楼，贯穿了整个城市，气魄宏伟，规划严整，极为壮观。

紫禁城集中国古代建筑艺术之大成，是中国两千多年专制社会皇权思想的集中体现。与中国历代皇宫一样，故宫的总体规划和建筑形制完全服从并体现了古代宗法礼制的要求，突出了至高无上的帝王权威。

首先，在整个建筑群中，采取众星捧月的方式，突出太和、坤宁等六大殿，在六大殿中，又重点突出太和殿。太和殿在高度上、体量上以及庭院的开阔性方面，都是众殿之最。太和殿，俗称"金銮殿"，是故宫的主殿，是明清两代北京宫城内最高大的建筑，皇朝中任何重大的典礼都在这儿举行。太和殿红墙黄瓦，殿面宽 11 间，进深 5 间，建在高约 2 米的汉白玉台基上，殿内有高大的金漆木柱和精致的蟠龙藻井，气势宏伟，富丽堂皇。为显示皇帝至高无上的权威，太和殿的一切构件，在规格上都力求超越一切。上檐 11 踩斗拱，下檐 9 踩斗拱，两样琉璃瓦屋面，3 米多高的正吻，表现皇帝至尊至贵的气派。

其次，在宫内宫外的空间组合与路线布置上，采取"山重水复"、"千里来龙"的方式。宫殿的设计者将北京全城的中轴线同故宫轴线一以贯之，因此，在进入太和殿之前，首先要经过正阳门，进入一条笔直而宽敞的街道，然后进入更加宽敞的天安门广场。这时，天安门广场的宽阔和天安门城楼的雄伟已足以使人感受到皇帝的"朕即国家"的天威了。带着敬畏走过天安门，经过端门、午门，再经过太和门，才见到金碧辉煌、威武庄严的太和殿。从宽阔的天安门广场到长安街，到天安门与端门之间的狭小空间，再到端门后一段纵深而封闭的空间，再过午门到一片横向的空间，最后过太和门，来到巍峨壮美的太和殿大广场。空间的大小、长短、纵横的调度，腾挪错落，曲尽其妙。经过这种起承转合的安排，整个建筑群以预示、呈现、展开的节奏，到太和殿进入高潮。宫殿的设计者利用独具匠心的空间组合来拖延进入太和殿的时间，使人在进殿前有充分的时间从视觉上和心灵上感受皇帝的无比高贵、无比威严和无比伟大。

再次，总体布局整饬、规则、严谨。宫殿的平面沿着南北轴线，左右对称地展开布局。宫墙四角有四座造型古雅的角楼遥相呼应，四面有四座高大威武的城门互相贯通。宫殿以太和殿为中心，前后左右均有造型大体相似的宫殿群落互相映衬。南北轴线上的建筑，红墙、黄瓦和汉白玉栏杆，色彩绚丽而华贵，渲染出天之骄子的帝王气派。左右两边的建筑，林荫夹道，春色宜人，别有情趣，既烘托了主体建筑，又使整体布局层次分明，富有变化，气势磅礴。

最后，建筑形制隆重，用料考究，室内室外装饰豪华，制作精巧细致。故宫的建筑，无论大殿还是门楼乃至宫墙，尺度都很大；建筑材料，有川滇的优质楠木、安徽太平的陶土；宫中的一石一桥，一柱一表，设计之巧，制作之精，令人叫绝。

故宫集中国宫殿建筑艺术之大成，从中我们不仅能学到传统建筑的精髓，还能感受到传统文化的思维和审美方式。

（二）绘画——《日出·印象》

《日出·印象》是法国画家莫奈（1840—1926）1872 年创作的一幅油画，纵 48 厘米，横 63 厘米，现藏巴黎马蒙达博物馆。这幅画虽然不是莫奈最典型的作品，但它却是印象派画史上的一面旗帜，因为"印象派"这个名称就源于这幅《日出·印象》，该作品也被视为印象派的开端。

1874 年，有一批巴黎的青年艺术家为了反对学院烦琐的教学并挑战传统绘画原则，第一次独立举办了旨在同官方沙龙相抗衡的画展。当时一位名叫路易·勒罗瓦的保守作家参观这个画展后，在一篇评论文章中借莫奈的画题讽刺这些画家是"印象主义画家"，虽然当时不少入展画家对此深感不满，但因为"印象主义"一语道出了这些画家在艺术风格上的某些共同点，而且也正好符合他们的艺术主张，表明他们的作品不同于传统的古典画风，因此，莫奈等一批富有创新精神的青年画家们干脆以此命名，"印象派"名称由此产生。

印象派绘画的特色在于借助光与色的变幻来表现画家在瞬间之际所捕捉到的印象。因为当时的科学发现，人们日常生活中所熟悉的色彩并不是物体本身所固有的，而是光线照射的结果，也就是说，如果没有光线，就没有色彩，白色的太阳光原来是由七色合成，世间不同的事物对光线的反映是不一样的，如果物体吸收不同颜色的光线，就会呈现出不同色彩。自然科学对光线和颜色之间的这种关系的揭示，令莫奈等一批年轻画家找到了新的绘画表现方式，于是他们纷纷离开室内，走到室外大自然中去，去感受光线的神奇魅力，到太阳光下去观察对象，去捕捉光线和色彩的瞬息变化。他们认为从表现光的过程中，就可以找到绘画艺术的一切。

正是在这样的艺术理念下，莫奈创作了这幅《日出·印象》。这幅作品描绘了法国勒阿弗尔港口一个多雾的早晨，但在此画中，他一反古典主义画派的传统方法，不去逼真地再现港口，而是在日光、雾气、水色之中描绘一幅梦幻般的奇妙图画，两只摇曳的小船显得朦胧模糊，船上人影依稀可辨，远处的工厂烟囱、大船上的吊车等若隐若现。莫奈在创作中准确把握了自然界真实的色彩，海水被晨曦染成淡紫色，天空被各种色块晕染成微红色，一轮红日正冲破黎明前的浓雾冉冉升起，表现了画家对日出前转瞬即逝的海港景色的鲜明印象，突出表现了他追求最真实的光效和色彩的艺术理念。

从莫奈的《日出·印象》开始，印象派绘画逐渐受到重视，成为 19 世纪欧洲美术从现实主义向现代主义过渡的一个重要阶段。印象派的意义在于革新了西方绘画的观念，绘画不再只是室内某一具体光源下面对事物的具象写实，而是呈现事物在光与色的照射下的瞬间形象。这样，绘画就从室内走向室外，去捕捉光和色照射在事物上表现出来的色彩斑驳的视觉美感，表现鲜活的自然事物的生命形态，使绘画开始更多借助自身形式、色彩、光影来进行表现，从而使绘画逐渐走向自身的形式的表现之路上。

（三）雕塑——《地狱之门》

《地狱之门》（青铜，高650厘米，1880年始作）是19世纪法国雕塑家罗丹（1840—1917）应法国政府的委托，为即将建立的巴黎装饰艺术馆的两扇大门而创作的一组规模宏大的装饰性雕刻，共有186个各种人物形象。罗丹在构思这件作品时，首先想到的是吉贝尔蒂为佛罗伦萨洗礼堂所作的青铜浮雕大门"天堂之门"。他决定以但丁《神曲·地狱篇》为主题，创作一件人间地狱的雕塑《地狱之门》。它取材于欧洲文艺复兴时期意大利著名诗人但丁的《神曲》中的"地狱篇"，表现了在新旧交替的时代，个人和人类从迷惘和错误中经过苦难和考验，达到真理和圣善的境界。

罗丹为《地狱之门》创作了数不清的各种雕像，这件雕塑整个看去，186个人体雕塑铺天盖地而来，交织在一起，这些雕塑中包括罗丹一些相当著名的作品，如《思想者》、《三个影子》、《吻》、《亚当》、《夏娃》等。整个大门平面上起伏交错着高浮雕和浅浮雕，它们在光线照射下，形成了错综变幻的暗影，使整个大门显得阴森沉郁，充满无法平静的恐怖情绪。

整个作品《地狱之门》分为三层。顶层，最高处是被称为《三个影子》的一组雕刻，这组人像低头垂手而立，非常自然地把观赏者的视线引向它下面的地狱。第二层，即门楣上方的部分。这是地狱的顶端和入口处，一群即将被天使打下地狱的罪人们正在做最后的痛苦挣扎，在他们的中央有一个被称为《思想者》的雕塑，它象征着诗人但丁的坐像，手托着腮陷入沉思。第三层，即《思想者》以下部分。大门的中缝把作品的构图自然切割成左右两半，但内容上仍然是一个整体。它表现许多罪恶的灵魂正在纷纷向地狱坠落，他们绝望而徒劳地哭喊着、挣扎着。这座大门上所有的人都是裸体，罗丹认为只有人体才能最有力地表现出人的思想和情感力度。

《地狱之门》的这些雕塑显示了罗丹敏锐的观察力和高超的技巧。他运用古典主义的手法，将肖像人物表现得栩栩如生，充满个性色彩。但罗丹的雕塑和学院派雕塑有着明显的不同，他的作品更为朴实，没有任何矫饰，雕塑本身没有做过细的加工，都保持了粗糙的捏塑和雕凿的痕迹。罗丹认为这是雕塑所特有的一种形式美，它往往可以造成一种变幻莫测的光影效果，增强人们对雕塑感受的丰富性。可以说，这件作品综合表达了罗丹的哲学观点，他把近代文明罪恶都集中表现在门上面，刻画出为情欲、恐惧、痛苦、理想而争斗并折磨着自己的形象，贯穿着希望、幻灭、死亡和痛苦等种种感情。雕塑造型的不定型、不确定的构图，不一致的大小尺寸以及令人晕眩的方向变化，都是这种心理状况不稳定的象征。

第三节　听觉/时间艺术（音乐）

一、听觉/时间艺术美总论

听觉/时间艺术主要是指音乐，从客体方面讲，音乐是音响在时间中的流动；从主体方面讲，音乐诉诸听觉，因此称为听觉/时间艺术。音乐美，从最一般的意义上来讲，就是能直接唤起人的听觉的审美愉快。通常，对于人的听觉官能来讲，好听与否取决于听觉感官听到的是噪音还是乐音。所谓噪音是指音高和音强的混乱变化，听起来不和谐的声音，是由发音体不规则的振动而产生的。与此相反，乐音则是有一定频率，听起来比较和谐悦耳的声音，是由发音体的有规则的振动而产生的。为什么乐音和噪音在听觉接受上会产生如此大的差别呢？在生理学相关研究的基础上，结合美学理论来看，噪音所引起的大脑的听觉区内相应的区域反应比乐音引起的相应区域的反应大。同时，噪音的不规则振动所形成的无节奏状态与人的生命体的天然节奏——如呼吸的节奏、心跳的节奏是难以合拍的。因此，噪音这种需要耗费更多生命能量的、无规律、无节奏的声音显然难以，甚至无法达成审美状态中的"主客体同构"的和谐状态。传统的古典音乐就一直恪守着乐音与音乐之间的必然联系。然而在现代，由于电子技术的发展——合成器在音乐创作中的广泛运用和各种新的艺术观念的冲击，音响的多元效果得到空前的强调，对于不同声音的追求很多时候超出了乐器发声的范围。以约翰·凯奇的音乐作品《芳坦娜的混搅》为例，这完全是由噪音组成的音乐，"听起来好像一个人在旋转短波收音机的调谐盘，并在不断地收听一个又一个节目。整个乐曲处在可怕的静电干扰中，人们从中不时听到笑声和一条狗的吠叫"[1]。面对这样的作品，我们最自然的听觉反应就是刺耳、难听。收音机的调频干扰在日常生活中

---

① 王岳川、尚水：《后现代主义文化与美学》，357 页，北京，北京大学出版社，1992。

本来就是难以忍受的，现在居然成为音乐作品。噪音成为音乐元素，甚至构成音乐作品本身，这对我们在当下的艺术图景中进行听觉艺术的审美欣赏和审美判断提出了挑战。

既然单纯直接的音响发声无法就听觉艺术审美进行充分的说明，那我们究竟应该如何来认识听觉艺术美呢？

在所有艺术门类中，听觉艺术的审美价值也许是最早被人意识到的。在音乐、文学、雕塑、绘画早期的原始形态中，音乐被首先认为是最神秘的、先验的、最能与人进行直接的精神感应的，也即是离人的物质现实状态最远的一种艺术形态。而从人类发生学的研究角度来看，对音乐的这种精神价值的体验和判断恰恰反映出了人的审美意识和美学思想的萌生。在古希腊，"音乐"和"音乐的"具有双关意义，狭义的"音乐"和"音乐的"指的是属于音响发声的艺术；而广义上，"音乐"和"音乐的"泛指一切"侍奉缪斯"的艺术。这种关于音乐的双关意义，深刻地影响了西方美学史、艺术史对于音乐的体验和认识。自古以来，音乐一方面是与单纯的音响及抽象的音响符号相关，另一方面则通向最神秘的灵感和最深刻的宇宙哲思。音乐之美，不仅需要从音乐的物理属性上进行考察，更需要结合深层的文化心理来进行体悟。事实上，作为文化的人的个体存在，决定了人在许多情况下不可能对纯粹的音响组织形式进行纯粹的感官审美，人的感性在长期的文化实践、审美实践中，往往与负载着一定的文化价值观念、审美价值观念的理性观念相混生。与审美相对应的感性能力，我们称之为"直觉"。"直觉"虽然与概念无涉，但直觉是超越概念的感性能力的升华。当然，正如我们所了解的，从感官的听觉反应到听觉审美直觉的发生时间往往很短，以至于人们常常忽视了这其中可能具有的高级心理活动成分。在这里，我们用一个典型的例子来进一步说明并强调音乐审美性考察与文化心理之间的内在联系，埃尔维斯·普莱列斯（猫王）的音乐在当时备受争议。加拿大卡尔加里的CKKL电台发言人指责普莱列斯的音乐"这是我们所听到的最为堕落的事情之一"，许多电台联名抵制他的音乐。而抵制的根据并不是说普莱列斯制造了噪音，而是因为他的歌声中有着浓浓的黑人味。不仅如此，他还用摇滚的方式嚣张地演绎了圣诞颂歌。这无疑是当时的社会观念、种族道德观念所不能接受的。因此，那些拥有着既定的社会观念、道德观念的人普遍觉得普莱列斯的音乐简直不能入耳。但在今天这个社会观念、种族道德观念都变得更为开放的世界背景下，抛开那些狭隘的种族偏见和宗教观念，全世界的人都可以聆听并欣赏从黑人音乐中发展出来的充满了浓郁韵味的节奏布鲁斯，甚至这种音乐风格还被誉为"灵魂的"呈现。

二、音乐艺术的大类

根据我们此前对于艺术美的分类原则，在我们对听觉/时间艺术美进行分类的时候，我们也应该考虑两大因素：一是听觉艺术本身具有的物质质料条件；二是主体的审美知觉的参与方式。因此，我们在对"听觉/时间艺术美"进行分类考察的时候，从听觉艺术的直接物质性前提与听觉艺术审美主体的审美知觉参与出发，大致可将听觉艺术分为声乐、器乐两大类。

(一) 声乐艺术

听觉艺术，单纯地从听觉性方面来进行分类，即不考虑音乐作品演绎所具有的视觉性，如歌剧、戏剧、音乐 MTV 等，通常被分为声乐、器乐两大类。同时，声乐与器乐的两分实际上也反映了音乐的历史发展逻辑。正如我们所知，最早的音乐无论在中国还是在西方，都是与其他艺术，尤其是文学混生的。所以，诗歌的原始形态从存在性上来讲也应该属于听觉艺术的范畴。在早期的人类文化生活中，音乐固然是需要演奏的，但更普遍的情况是，音乐是唱出来的。事实上，在西方一直到 17 世纪，"交响乐"才终于排除了声乐部分，成为器乐演奏的专有名词。

简单地来理解，声乐艺术就是人的歌唱的艺术。声乐艺术是人类最早的艺术形式。中国有一句成语"绕梁三日"，就出自于对韩娥的歌唱之美的赞叹。《毛诗序》中有："情动于中，而形于言，言之不足，故嗟叹之，嗟叹之不足，故咏歌之"，讲的就是人感于情，形于声的歌唱。此外，《吕氏春秋·初音》中提到的"东音"、"南音"、"西音"、"北音"等，指的就是唱民歌。在西方，古希腊典籍中常常提到的颂歌，既是诗，又是歌。在今天的音乐理论背景下，从声乐艺术的发音性质上可以分为女高音、女中音、女低音以及男高音、男中音、男低音；从声乐艺术的唱法上则可以分为美声唱法、民族唱法、通俗唱法三大类，其中的每一个分类都具有不同的审美特质。但总的来说，声乐艺术的审美性大致表现在以下三个方面：

第一，声音之美。声乐艺术的声音之美主要表现在歌唱者的音色和演唱技巧上。声乐艺术的声音之美，具体可以体现为高音的宽广清朗、低音的浑厚结实、美声唱法的华彩辉煌，等等。

第二，旋律之美。声乐艺术的旋律是通过人的声音来表现的，这就决定了声乐艺术的旋律与器乐艺术的旋律的不同：一方面，人的发声器官在音域、力度、速度、节奏等方面缺乏器乐那种丰富的表现力；另一方面，人的发声器官在人的喜怒哀乐的感情色彩表现方面又优于器乐。对于声乐艺术进行审美，我们所关注的就是歌唱者的音色、技巧是否能够达到与音乐旋律的充分融合，以达到旋律之美与歌唱者审美情感的直接交融。

第三，歌词之美。歌词最基本的性质就是歌唱性和抒情性。对歌词进行审美，我们关注的就是文字与音乐在声韵、节奏等方面的充分融合，有了这样的充分融合，我们才能进入声乐艺术的审美情境、审美意境。历史上，诗与歌、文字与音乐本是密不可分的，我们今天所看到的许多古代诗词往往就是古代的歌词，所以我们可以结合对抒情诗、词的品鉴来理解歌词之美。

以上三个方面是我们对声乐艺术审美性的一个大致归纳，声音之美、旋律之美与歌词之美有机融合的声乐作品，必定是成功的声乐作品。

(二) 器乐艺术

器乐艺术，简单地来理解就是乐器演奏的艺术。器乐艺术的分类比较庞杂，既可以从各门类乐器来进行分类，如钢琴音乐艺术、小提琴音乐艺术等；也可以从曲名、曲式结构、演奏方式等方面来进行分类，分为标题音乐、无标题音乐，室内乐、交响乐，单声音乐、多声音乐（其中合奏乐又可细分为复调乐和主调乐）。

爱德华·汉斯立克在其著作《论音乐的美》一书中充分地肯定了器乐艺术的音乐性："要探索音乐的一般规定，即标志音乐的本质、本性，和确定它的界限、方向的东西，只能以器乐音乐为对象。凡是器乐音乐不可能做的事，也绝不能说音乐能做到。因为只有器乐音乐才是纯粹的、绝对的音乐艺术。"[1] 需要特别指出的是，爱德华·汉斯立克写这段文字的时代背景是艺术自律已经得到充分尊重和肯定的 19 世纪。自 18 世纪末以来，音乐和文学、绘画一样，都呈现出要力证自身独立性的努力。在西方最能代表器乐艺术成就的是交响音乐，因为自 17 世纪以来交响音乐挣脱了声乐的束缚，走上单纯器乐发展道路，并常被称为"纯音乐"。"'纯'，事实上是指，它是一种纯音响——它不依附他物，它的存在价值在于音响自身。这一特性决定了它不具有语义性——它不能表现特定的思想、概念——你可以在交响音乐中感受到'怎么样'，却无法知道'为什么'，所以它呈现的世界是模糊的、不确定的；它没有可供模仿或再现的具体对象，没有表现

---

① [奥] 爱德华·汉斯立克：《论音乐的美——音乐美学的修改刍议》，34～35 页，北京，人民音乐出版社，1980。

视觉性内容的能力，它就是它自身——可以直接感受到的音响。"① 我们暂时先不去琢磨这种"纯"是否能够完全成立，但交响乐在西方器乐艺术发展史上的重要性却给我们带来关于器乐艺术审美性的启发，即器乐艺术的审美性根本就在于其音响之美，而器乐艺术的音响之美大致表现在以下两个方面：

第一，器乐艺术的音响及音响组织形式之美。音乐的音响概念，包含了音高、音强、音长和音色四个基本要素。上述四个要素组织在一起，就会形成音乐基本的节奏、调式、和声、旋律、配器、曲式等。在器乐作品的创作中，四个音响要素的组织并不是一件简单的事情，但从审美的角度来看待器乐艺术的音响组织，这些音响要素基本上以一种具有整体性的音响形象直接呈现在我们面前。正因为如此，在欣赏《拉赫马尼诺夫第二钢琴协奏曲》的时候，我们的审美对象并不是单纯的钢琴音响音色，而是整合了节奏、旋律、独奏和协奏的沉郁的音响密云。

第二，器乐艺术的意蕴之美。既然器乐艺术基本的审美属性在于其音响之美，既然某些器乐艺术并无一个明确的情感主题（如无标题音乐），那么我们如何理解并进入器乐艺术的审美意蕴层面呢？根据爱德华·汉斯立克的理解，器乐艺术的意蕴之美是"它存在于乐音以及乐音的艺术组合中。优美悦耳的音响之音的巧妙关系，它们之间的协调和对抗、追逐和遇合、飞跃和消逝——这些东西以自由的形式呈现在我们直观的心灵面前，并且使我们感到美的愉快"②。结合审美心理的相关理论，我们不难理解，器乐艺术的意蕴之美在于审美主体能够通过音响的组织变化来达到审美的"主客体同构"，从而获得审美主体对生命的审美聆听。

三、听觉艺术美的典型举例

在"听觉艺术美的总论"部分，我们通过对历史上的音乐审美理论的梳理、论述，指出作为文化的人的个体存在决定了在许多情况下人不可能对纯粹的音响组织形式进行一种纯粹的感官审美。因此，在实际的听觉艺术审美发生中，不仅要考察音乐发声的物理特性及相应的感官反应，也要考察和重视听觉审美的深层文化心理。就听觉审美的深层文化心理而言，我们可以结合具体例证，从中西两大文化背景下的听觉审美实践出发，进一步来认识听觉艺术美——大致来看，无论是在声乐艺术，还是在器乐艺

---

① 刘威：《音乐审美（欣赏）教程》，273 页，北京，人民出版社，2007。
② ［奥］爱德华·汉斯立克：《论音乐的美——音乐美学的修改刍议》，49 页。

术方面，中国音乐与西方音乐相比，在形式方面呈现出了"一"与"多"的差别，而在形态特质方面则呈现出了"静"与"动"的差别。

有关学者在研究欧洲多声部音乐的早期发展的同时，提出了这样一个疑问：中国的多声部音乐为什么没有充分的发展。甲骨文及考古文物的发现向我们证实，中国早在商周时代就具备了和声音乐的艺术因子，并且在中国的少数民族音乐中和声音乐也并不鲜见，但是"这些和声的萌芽为什么没有发展为系统的和声语言？聪明的中国人为什么没有想到将纵向的几个声部组织成和弦？为什么当欧洲的多声部音乐飞速发展之时，我们中国的音乐却长期停留在基本上是单音音乐的状态？……历史已经证明，任何一个民族音乐中的多声部音乐因素，只要还没有取得和弦的稳定形态，其多声部因素就基本上无法摆脱随机性、自然性、无序性，从而导致自生自灭的状态，也就很难发展为一种独立的多声部音乐艺术形式。"① 在此基础上，我们可以追问，怎样才能取得稳定的和弦形态呢？很显然，这需要科学化的记谱。正是由于西方认识和重视音乐性质的数的关系，使得他们在世界民族当中拥有最发达的记谱法，而这给西方以复调音乐为基础的合唱，乃至之后的交响乐的发展奠定了坚实的基础。相较西方音乐的发展而言，由于中国古人对音乐物理性质的轻视和对音乐文化功能的过分重视，中国古代的记谱法一向不是很发达，这不仅使得中国古代没有发展起较为复杂的合唱音乐、复调音乐，甚至使得中国古代的音乐作品难以得到有效的传承。中国古琴音乐减字谱无节奏的记谱方法，使得侥幸流传下来的一些古曲面临着打谱的尴尬。中西音乐的审美从源头上有一个共同点就是都信奉音乐的"和谐美"。不同的是，西方音乐的和谐之美是从数的和谐走向精神宇宙的和谐，而中国音乐的和谐之美是分别从礼制的和谐及个人内在精神的"虚静"、"平和"走向"天人合一"的和谐。中西不同的对音乐和谐之美的理解非常充分地反映在中西的器乐艺术发展之中，我们以中国的古琴艺术与西方的交响乐艺术为例来进行一下分析、比较。

（一）中国古琴音乐

古琴，位列"琴棋书画"之首，是中国古典音乐中文化价值最高的一种艺术。从先秦时期开始，无论是宗庙仪式还是个人抒怀，古琴一直存在于中国人的艺术文化生活之中。根据审美实践之途，一方面，古琴实践着

---

① 孙维权：《欧洲多声部音乐的早期发展——兼论中国多声部音乐没有充分发展的原因》，载《黄钟》，2004（1）。

礼乐相行之道——正是在这方面，古琴受到了孔子的大力推崇；另一方面，古琴也实践着文人怡情养性之道。可以说，中国古人的音乐和谐之美的观点在古琴艺术中得到了充分的印证。"琴长三尺六寸六分，象三百六十日也；广六寸，象六合也……前广后狭，象尊卑也。上圆下方，法天地也。五弦宫也，象五行也。大弦者，君也，宽和而温；小弦者，臣也，清廉而不乱。文王武王加二弦，合君臣恩也。宫为君，商为臣，角为民，徵为事，羽为物。"① "云和之琴瑟……冬日至于地上之圆丘奏之。空桑之琴瑟……夏日至于泽上之方丘奏之。龙门之琴瑟……于宗庙之中奏之。"② 可见，古琴从制作到演奏（主要是演奏雅乐）几乎严格地符合礼制，并在此基础上达到以音乐调四海之风的和谐境界。因此，古琴艺术在两汉期间就被中国古人提升到了"琴道"的高度。

"弹琴之法，必须简静……故古之君子，皆因事而制，或怡情以自适，或讽谏以写心，或幽愤以传志。故能专精注神，感动神鬼。"③ "凡鼓琴，必择净室高堂，或升层楼之上，或于林室之间，或登山巅，或游水湄，或观宇中；值二气高明之时，清风明月之夜，焚香静室，坐定，心不外驰，气血和平，方与神合，灵与道合。如不遇知音，宁对清风明月、苍松怪石、巅猿老鹤而鼓耳，是为自得其乐也。"④ 古琴，相对于中国文人的个体性审美来说，是理想人格的精神表征，是个人的"虚静"、"淡泊"与大道自然之"和"。因此，古琴音乐演奏的审美理想是追求极富音乐辩证性的"希声"，认为"琴声淡则益有味"，通过音乐将人引向哲学意义上的静观自在。但由于古琴审美欣赏对于欣赏者的文化素养要求较高，因此，"希声"的审美追求在大多数人听来往往与沉闷无异。古琴曲《平沙落雁》，原名《雁落平沙》，最早在明崇祯七年（1643）《古音正宗琴谱》中出现。此后的三百年间，各个流派、各家琴谱都争相传录，是流传最广、影响最大的琴曲之一。但由于受中国减字谱记谱方式的影响，一首《平沙落雁》在三百年间竟然出现了上百种不同的演奏谱本，其中有的谱本在弦法上的差别非常明显。但从目前最流行的几种谱本来看，《平沙落雁》琴曲在音调和音乐形象上大致相同。

---

① ［汉］蔡邕：《琴操》。

② 《周礼·春官·大司乐》。

③ ［唐］薛易简：《琴诀》。

④ ［明］杨表正：《弹琴杂说》。

目前较为流行的《平沙落雁》琴谱，一般分为七段：

第一段，简淡空远的泛音将一群横江秋雁带入了琴音世界——领头孤雁先落，次又一二、三五……

第二段，泛音止，走手音起，配合左手指法的吟、揉、绰、注，在静极的开场之后，铺陈出大雁或落而不鸣，或落而又鸣的景象。

第三、四、五段，通过中段旋律的有变化的重复、扩展，呈现了雁群此起彼伏、翻飞呼应的活泼场面。在第五段的结束句的最后几个小节，落指于音色较为浑厚的一、二、三弦，右手抡、拨指法连续有力的运用，最后音响止于左手拖出的全曲最低的一个单音。音色、音响在第五段结束句的激烈起伏，犹如众羽击拍丛杂之后一齐竟落。

第六段，于静止中，旋律由徐缓渐转激烈，"既落之雁，托迹未稳，旋又参差飞鸣，或飞或落，或落或鸣，于是一齐飞落。羽声鸣声，哄然满耳，为静境中之闹境，闹境中之静境。"[1]

第七段，结束段，泛音起。群雁已落于沙洲，偶有一二大雁踯躅、鸣叫，但渐渐隐于群雁栖息之境。

琴曲《平沙落雁》，是古琴正调独奏曲目，其演奏音效以单音居多，全曲没有激烈的主题冲撞，音色、音韵简淡清远，犹如一幅山水小品。具体来看，全曲结束句的一串泛音与开始的一串泛音形成了较为严整的呼应。在音效的审美处理上，琴曲重视由丰富的指法演绎出音响的强弱、盈虚变化，其中琴曲中段旋律的重复与变化，颇有《诗经·蒹葭》中溯洄从之又溯游从之的审美情趣。《平沙落雁》通过琴曲前后音效的呼应与中段旋律的重复与变化，给人一种完整、圆润、宁静的音响印象，同时，由简淡细腻又富于变化的音效，引导听众于"审美静观"之中体味雁落平沙这一自然景象背后自然和谐的审美意境。

（二）西方交响乐音乐

交响曲（Symphony）一词来源于希腊文 Symphonia，最初用来指不同的声音同时和谐地发声的意思。在器乐艺术部分，我们提到西方的交响乐素有"纯音乐"之称，这个称号充分说明了西方交响乐在西方音乐发展史上的重要地位，事实上，交响乐也代表着西方器乐音乐的最高成就。

交响乐是由交响乐队演奏的具有套曲因素或套曲结构的较为复杂的乐曲，具有音色丰富和音响变化幅度大的特点。贝多芬 c 小调第五交响曲

---

[1]《萧立礼平沙落雁的分段解题》。

《命运》是西方音乐史上最负盛名、演奏场次最多的交响曲，我们以此作品为例来体会一下西方交响音乐的审美魅力。"命运在敲门"——这一行文字是贝多芬置于第五交响曲的标题语和警语。在这一主题的引领之下，贝多芬展开了气势磅礴的交响音乐之旅。

全曲共分四个乐章：

第一乐章，灿烂的快板，c小调，2/4拍子。奏鸣曲形式。乐章的开始由单簧管与弦乐齐奏出著名的四个音动机，并发展为第一主题，即命运的敲击、敲打。第二主题则是温和的抒情旋律，"五小节威严恐怖的动机呈现后，它的进行十分活跃，相继掀起两次浪潮，而且一次比一次紧张，造成了一种惶惑不安的情绪氛围。接着圆号在大调奏出主导动机的变体，一支歌唱性的抒情旋律出现，这是安谧温暖的第二主题。"① 然而，第一主题的命运敲击再次袭来，营造出了第一乐章矛盾冲突的戏剧性高潮。

第二乐章，稍快的行板，降A大调，3/8拍子。自由变奏曲。第一主题由中提琴和大提琴奏出由民歌改编而来的内蕴着沉静的热情的旋律，而第二主题则是由木管和铜管乐器先后奏出的豪迈的英雄凯旋进行曲。整个乐章从温和抒情逐渐铸炼出积极坚定的精神品质。

第三乐章，快板，c小调，3/4拍子。诙谐曲形式。这一乐章是命运主题变奏的高潮，突出地展现了命运的矛盾冲突，其中大提琴和低音提琴的辗转、跃跃欲试铺陈出命运的阴影，圆号威严的音色旋律象征人性对命运的不屈与征服，二者对比令人印象深刻。随着乐章中部阴沉的小调式转化、升华为开朗的大调，凯旋的欢腾气氛热烈地延续到了最后一个乐章。

第四乐章，快板，C大调，4/4拍子。奏鸣曲形式。在这一乐章中，各种乐器的音色协调一致，以极大的音量奏出伟大辉煌的旋律，展现与命运的斗争中人性的光明伟大胜出。

贝多芬的c小调第五交响曲，以命运主题贯穿全曲，既是一场音响的盛宴，又是一场命运的盛宴，使人在音响的变化与震撼中，随着前三乐章两个主题矛盾斗争的演进，体验命运的跌宕起伏与伟大人性的胜利。整部作品虽然使用了大量的配器与多个调式，但整体结构却鲜明而完整。可以说，贝多芬c小调第五交响曲的器乐表现力，充分反映了西方人寓杂多于统一、寓对立于统一的和谐审美理想。而在这样的审美理想背后，特别值得一提的是西方科学的记谱法。正是由于西方音乐发展与对数的科学研究

---

① 刘威：《音乐审美（欣赏）教程》，282页。

密不可分，面对众多的器乐和复杂的调式，西方音乐家才可能有效地控制音响的平衡与和声的效果，并在这种平衡与和声效果之中持续地展示音响变化的动态之美。

第四节　语言艺术（文学）

一、语言艺术美总论

文学以语言作为直接表现媒介，因此，被称为语言的艺术。无论是将文学比喻为镜子的再现理论，还是将文学比喻为灯的表现论文学观念，都承认语言在文学中的重要性。

（一）为什么说文学是语言的艺术

文学借助语言符号来塑造形象、叙述故事情节、传情达意，构筑虚拟的艺术世界。也就是说，语言是文学的直接承载体，没有语言，文学创作的思维过程就无法展开，构思无法实现。作家从事创作最终总要形成由语言构成的文本。而要读懂文学作品，首先也得面对这种语言的文本，读懂语言所指称的事物。例如小说《红楼梦》描写林黛玉的形象："泪光点点，娇喘微微。娴静似娇花照水，行动如弱柳扶风。心较比干多一窍，病如西子胜三分。"读者只有通过阅读识别了这里的词语，并正确理解按一定语法构成的句子，才能借助日常经验在头脑中复现人物形象。

对"文学是语言的艺术"这一表述，还应该超越那种将语言只理解为思维外壳的传统观点，不能只把语言看作是文学表达的工具，更要把它理解为文学的有机构成部分，甚至在一定程度上把语言看成是文学本身。首先，意义是被语言创造的。英国文学理论家伊格尔顿说："从索绪尔和维特根斯坦直到当代文学理论，20世纪的'语言学革命'的特征即在于承认，意义不仅是某种以语言'表达'或'反映'的东西，意义其实是被语言创造出来的。我们并不是先有意义或经验，然后再着手为之穿上语词。"[①] 其次，语言不仅表达意义，而且本身就是意义的组成部分，在表达意义的同时也使自身显示意义。卡西尔说："欣赏莎士比亚剧作的情节——热衷于《奥赛罗》、《马克白思》或《李尔王》中'剧情细节的安排'，——并不必

---

① ［英］伊格尔顿：《二十世纪西方文学理论》，76页，西安，陕西师范大学出版社，1986。

然意味着一个人理解和感受了莎士比亚的悲剧艺术。没有莎士比亚的语言，没有他的戏剧言词的力量，所有这一切就仍然是十分平淡的。一首诗的内容不可能与它的形式——韵文、音调、韵律——分离开来。这些形式成分并不是复写一个给予的直观的纯粹外在的或技巧的手段，而是艺术直观本身的基本组成部分。"①

（二）文学作为语言艺术的基本特征

（1）塑造艺术形象的间接性

文学是运用语言符号体系来塑造艺术形象的，读者必须先读懂文字，然后凭借自身的生活经验和文学修养，调动积极的联想和想象，才能在头脑中构想出艺术形象来。这就使得文学形象不是直接呈现的，而具有间接性特点。这是文学与其他艺术门类相区别的一个重要特征。其他艺术，都通过塑造可以直接作用于人们感官的具体可感的直观形象，来构建艺术世界。而文学形象的塑造必得借助于语言符号的转化，还要借助联想、想象才能最后完成。因此，文学又被称为想象的艺术。汉乐府《陌上桑》中写罗敷的美貌："行者见罗敷，下担捋髭须。少年见罗敷，脱帽著帩头。耕者忘其犁，锄者忘其锄。来归相怨怒，但坐观罗敷。"诗歌没有从正面写罗敷究竟有多美，而是从侧面描写，引起读者的想象。

文学形象的这种间接性，既是它的缺点，也是它的优点。缺点是它不像其他艺术类型的形象那样直观，后者仅靠感官就可以来感受和初步把握。这使得文学在传播过程中会有较多的语言障碍，不像音乐舞蹈那样有更多的受众。优点是可以通过语言提示的线索和具体情境来激发读者的想象，创造出属于读者自己的艺术形象。语言的间接性给读者提供了更大的想象空间，有更多参与创造的乐趣。例如，鲁迅在《看书琐记》（一）中说："譬如我们看《红楼梦》，从文字上推见了林黛玉这一个人……恐怕会想到剪头发，穿印度绸衫，清瘦，寂寞的摩登女郎；或者别的什么模样，我不能断定。但试去和三四十年前出版的《红楼梦图咏》之类里面的画像比一比罢，一定是截然两样的，那上面所画的，是那时的读者心目中的林黛玉。"为什么不同时代的人们心目中的林黛玉形象不一样呢？因为不同时代的人会依据自己的生活经验去构想林黛玉其人，不同时代的人也会将不同的审美趣味带入到形象的创构过程中，体现出不同于其他时代的特点。

---

① ［德］卡西尔：《人论》，198 页，上海，上海译文出版社，1985。

（2）表现内容的深广性

文学语言超越了直观的局限，具有强大的涵容性，这使得文学有更大的包容性，可以表现更深更广的内容。

第一，选材很少受时空的限制。语言具有很大的表义自由度，能够跨越时空的局限，全方位、多角度地展示广阔而复杂的社会生活。文学语言可以表现天上地下，也可以表现古往今来；可以描绘世界的外观，也可以描绘人物心理；可以回忆过去，也可以展望未来。尤其是西方意识流小说理论兴起后，时空交错、内心独白等艺术手法的运用使这一特点更加突出。当代作家刘震云的小说《故乡相处流传》包含四个部分，分别涉及到的历史和政治大事是：曹操、袁绍之争，朱元璋移民，慈禧下巡和太平天国的失败，以及 1958 年的大炼钢铁和 1960 年的自然灾害。小说运用滑稽反讽的手法展开对历史宏大叙事的戏仿，那些在正史中被严肃书写的大人物和重要事件，在这里则成了戏谑的对象，作者通过这种荒诞手法表达了对历史的深入思考。

第二，文学语言可以深入到人的内心深处，揭示人物丰富复杂的内心世界。小说中人物的内心世界本是不可知的，但文学可以用全知视角越过障碍，表现人物飘忽变幻的意识流动和隐秘的心理，更好地刻画丰满的人物形象。在《红楼梦》第 32 回中，史湘云劝贾宝玉多讲谈仕途经济，宝玉听了大觉逆耳，在袭人劝解时宝玉又转向对林黛玉的评价："林姑娘从来说过这些混账话不曾？要是她也说过这些混账话，我早和她生分了。"这话让刚赶来的黛玉在门外听到了，黛玉的心里不觉又喜又惊，又悲又叹。小说接下来对黛玉的喜惊悲叹做了详细的描述，这一段充分体现了文学语言善于表现人物心理的特点。这种复杂的心理状态是很难通过直观形象来表现的。

第三，表现强烈而深挚的情感。大多数艺术都传达人类的情感体验，只是语言艺术在表现情感方面更加突出，也更深入。大凡优秀的文学作品都包含着作家强烈的情感，传达人物的喜怒哀乐。作品表现的情感越浓，就越具有艺术感染力。在中国的抒情文学中，以情感人的作品极多。如宋代陆游与唐婉的两首《钗头凤》，堪称千古绝唱。

第四，表达深刻的哲理沉思，揭示人类的生存境遇。所有艺术都会传达某种思想主题，文学借助语言媒介更易于传达深刻的思想。因为与其他艺术媒介相比，语言与思维有更多的一致性。中外文学史上，真正优秀的文学作品都在思想上有深入或独到之处，或做宇宙自然之沉思，或感时光之易逝，或叹人生之短暂。卞之琳曾写有一首小诗《断章》：你站在桥上看风景，看风景的人在楼上看你；明月装饰了你的窗子，你装饰了别人的梦。李健吾曾经认为，这首诗寓有无限的悲哀，着重在"装饰"两个字，而诗人自己则着重在"相对"的意义上。从这首诗中，我们既可以领略到悲哀、感伤、飘忽、空寂与凄清的复杂情绪，又能领悟到宇宙万物包括现实人生都是息息相关、互为依存的哲理性思考。

（3）文学语言之美

文学的特点还集中体现在文学语言所具有的美感上。一般认为文学语言有鲜明性、生动性、形象性等特点。这些特点在日常语言中也存在，文学语言更突出的特点在于其音乐性、蕴藉性、陌生化、个性化。

音乐性。汪曾祺说："声音美是语言美很重要的因素。一个有文学修养的人，对文字训练有素的人，是会直接从字上'看'出它的声音的。中国语言因为有'调'，即'四声'，所以特别富于音乐性。"[1] 文学语言的声韵之美，曾引起很多人的注意，清代桐城派的姚鼐等人曾提出"因声以求气"的说法，通过反复吟诵，可以更好地与作者写作时的声气合拍，感受作者于字里行间传达的韵味。文学语言的音乐美体现在节奏、声调、韵律等方面。

蕴藉性。蕴藉又叫含蓄，含蓄就是"意不浅露，语不穷尽，句中有余味，篇中有余意，其妙不外寄言而已"[2]。即不让本意从字面上直接表露出来，而将它蕴涵在言辞的深处或所写的形象里。语言学家索绪尔认为，语言单位是由音响形象和概念两个要素构成的，前者是能指，后者是所指。能指与所指之间并不是必然的对应关系，只是建立在约定俗成的基础上的。科学语言多强调两者之间的确定性联系，力图表达得准确，而文学语言则在能指和所指之间存在着较大的空隙，可以应用隐喻、象征、双关、夸张等多种修辞手法，在具体的情境里增添语义的丰富性，在词的词典意义（本义）之外生发出引申义、比喻义、象征义等多种含义。教育家夏丏尊也曾经说："在语感敏锐的人心里，'赤'不但解做红色，'夜'不但解做昼的反对吧。'田园'不但解做种菜的地方，'春雨'不但解做春天的雨吧。见了'新绿'二字，就会感到希望，自然的化工，少年的气概等等说不尽的旨趣；见了'落叶'二字就会感到无常，寂寥

---

① 汪曾祺：《汪曾祺文集·文论卷》，10页，南京，江苏人民出版社，1993。
② 沈祥龙：《论词随笔》。

等等说不尽的意味。"①

陌生化。语言的陌生化，就是打破常规的语法语序，使语言感觉化、情绪化。日常语言在大量使用过程中已经趋于自动化，有明显的呆滞套板。陌生化是指通过语言的非常规运用进行创新，是创作者突破常规、摆脱俗套、自由挥洒、灵活运用的结果，真正做到了形象生动、贴切传神，真切地表达了作者心中的感受。语言的非常规使用给人们造成了强烈的新奇感，激发了人们的欣赏欲望，也使语言充满活力。

鲜明的个性化语言。在文学写作过程中作者会逐渐形成自己独特的语言风格。一般来说，文学文本是作者的生命体验和情感演绎的物化形式，作为其媒介的语言就不能不带上作者个性和情感的烙印。而且，成就越高的作家，他的语言的个性特征就越明显、越独特。例如，李白的诗几乎满眼都是夸张的语言，如"蜀道之难，难于上青天！……黄鹤之飞尚不得过，猿猱欲度愁攀援。……剑阁峥嵘而崔嵬，一夫当关，万夫莫开"②，"飞流直下三千尺，疑是银河落九天"③，"白发三千丈，缘愁似个长"④，等等。李白创造性地大量运用夸张，无疑给他的诗篇造成了气势磅礴的个人风格特色，表现了他洒脱不羁的气质、傲世独立的人格、豪迈的气概以及激昂的情怀。与李白的豪迈相对，李贺的诗则融入了极为浓郁的伤感意绪和幽僻怪诞的个性特征。他善用"泣"、"啼"等字词来使景物感情化，构成极具悲感色彩的意象群。

二、语言艺术美的大类（诗歌、散文、小说、剧本）

（一）诗歌

诗是文学中的精华。在世界各民族中，诗歌都是文学中最早的文学体裁，在文字形成之前就已经出现了。早期的诗歌是与音乐、舞蹈三位一体的一种混合艺术，后来才与后两者分开，形成各自独立的艺术样式。

中国真正意义上的诗歌应当是《诗经》中的作品。《诗经》是我国最早的诗歌总集，它收录了自西周初期至春秋中期的三百多首诗，当时称为《诗》或《诗三百》，后来被推崇为经典才称为《诗经》。其中成就最高的是

---

① 转引自叶圣陶：《叶圣陶语文教育论集》，267页，北京，教育科学出版社，1980。

② ［唐］李白：《蜀道难》。

③ ［唐］李白：《望庐山瀑布》。

④ ［唐］李白：《秋浦歌》。

国风部分，广泛地反映西周至春秋时期的社会生活状况，是我国现实主义诗歌的源头。而战国时期的伟大诗人屈原创作的楚辞，则开创了浪漫主义诗歌的先河，《离骚》是我国最早的抒情长诗。西方最早的诗歌一般认为是古希腊的《荷马史诗》，包括《伊利亚特》和《奥德赛》两部分。

诗歌可以从不同的角度进行分类。按照所写内容和表现手法，可以分为抒情诗、叙事诗和哲理诗；按照是否押韵，可分为韵体诗与自由体诗。抒情诗虽然也有景物描写和一定的叙事成分，但它并不追求对人物的细致刻画和细节描写，而是注重个人主观情感和思绪的传达，揭示诗人的内心世界。抒情诗多借助景物来抒发情感。如《天净沙·秋思》："枯藤老树昏鸦，小桥流水人家，古道西风瘦马。夕阳西下，断肠人在天涯。"这首小令写的是古典文学中常见的羁旅行役题材，它首先选取了九种意象，不加动词，只是并列在一起，营造一种浓浓的感伤氛围，末两句点明思乡主题。叙事诗常通过描述故事情节来间接反映诗人对现实人生的认识或评价，表达人生的理想和愿望。它也不以描述细节和刻画人物为重点，不是在讲述一个故事，而是要咏唱一个故事。西方各民族有很多史诗属于叙事诗，著名的有《荷马史诗》、《尼伯龙根》等，中国古代叙事诗最有代表性的是《木兰辞》和《孔雀东南飞》，被誉为我国古代诗歌双璧。哲理诗重点在宣示诗人对世界的认识与思考，但也较少直接议论，而是借助景物来形象化地引出哲理。如苏轼的《题西林壁》，写在西林寺的墙上，为参悟佛理之作。韵体诗包括古风和格律诗，中国古代诗歌形式从《诗经》、楚辞、汉乐府以下多有变化，从四言、五言到七言，发展到成熟精致，就有了唐代严格遵守格律的律诗和绝句。唐诗、宋词、元曲被称为中国古诗的三座高峰。西方格律诗主要以十四行诗为代表。自由体诗不同于韵体诗，它在句式长短、行数、音韵方面没有严格的限制和要求。我国从 20 世纪初期新文化运动时开始出现自由体诗，又称新诗，郭沫若的《女神》是第一部新诗集。西方自由体诗以惠特曼的《草叶集》为代表。

诗歌通过诗人强烈的情感和丰富的想象，以凝练的语言营造优美的意境。它的基本特征可以概括为强烈的情感、丰富的想象、凝练的语言和优美的意境。

（二）散文

散文是文学基本体裁之一。我国古代散文范围很宽，所有在韵文、骈文之外的文体都可称为散文，如先秦历史散文、诸子散文。五四以后我国通行四分法，散文成为与诗歌、小说、剧本并列的一种文学体裁。

散文可按照表现手法分为抒情散文、叙事散文和议论散文三种。抒情散文注重表现作者的主观感受和情思，大多运用托物言志或借景抒情的手法，抒发内心复杂微妙的独特感情。朱自清的散文《荷塘月色》，在优美的荷塘与淡淡的月色中偷得片刻清闲，解脱现实中的烦忧。作品从小路写到荷塘，情随景移，逐步展开作者内心的体验和感受。在那样宁静的夜晚，可以尽情享受那片荷香月色，感受悠远的意境，映衬高洁的人生志趣。但作者又无力摆脱现实，感觉"热闹是它们的，我什么也没有"，一怀愁绪又上心头。叙事散文包括报告文学、特写、传记文学、游记等，侧重于叙述事件，多写现实生活中的真人真事，并在记叙中融入作者的主观态度。议论散文主要运用生动形象的语言，借助比喻、反语、归谬等手法，对现实中的尖锐问题或进行鞭辟入里的深入剖析，或做妙趣横生的幽默讽刺，具有逻辑严整的理论说服力。议论性散文以杂文为最常见形式。它具有针砭时弊、振聋发聩的作用，提醒人们对现实人生中的重要问题要给予足够的重视，也要有清醒的认识。

散文的特征可以概括为题材的广泛性、手法的多样性和风格的多样化。散文可选取的题材相当广泛，不受时间和空间的限制，古今中外无所不包，也可大可小，军国大事、领袖人物可入文，一花一草亦可成篇。余秋雨的文化散文，既有剖析清代历史文化变迁的《一个王朝的背影》，也有写水乡韵味的《江南小镇》。散文可以运用多种表现手法，记叙、议论、抒情、描写、说明五种手法都可能使用，只不过在不同的篇章里侧重点不同。抒情散文也多要借助一定的故事框架，而不会直接抒情；叙事散文也不会仅停留于叙事本身，而是要加入许多描写，并在其中融入作者的情感倾向和主观评价；议论性散文总要交代事由，或举出事例以增加说服力。散文的风格也是多种多样的。鲁迅的散文如匕首投枪，具有战斗锋芒；巴金的散文则娓娓道来，婉致深情。

（三）小说

小说是近现代文学中重要的文学体裁，它以虚构的手法叙述故事、塑造人物形象，借以反映社会生活，表达作家对现实人生的情感判断和思想认识。人物、故事情节、环境是构成小说的三个基本要素。

人物是小说最基本的构成要素之一。小说借助语言媒介塑造人物，这使它有更多的自由，既可以写人物的外貌特征、行为举止，也可以写人物的对话，还可以用全知视角深入人物的内心世界，通过心理活动来描写和刻画人物形象，达到对人物性格的深度表现。鲁迅的《阿 Q 正传》塑造了阿 Q 这一独特的人物形象，他具有多个性格侧面。林兴宅曾用系统论方法分析其性格特点，共提出了十对相矛盾的方面。尽管其中有重叠的地方，但也显示出这一人物的复杂性。是否刻画出成功的人物形象，是衡量小说水平高低的一个重要尺度。

情节是小说故事的具体展开。对于绝大多数小说而言，有一个好的故事是十分必要的。人物的性格要在情节的发展中逐步展现出来，作品的主题也要借助情节来深化，跌宕起伏的情节也可以达到引人入胜的效果，对读者产生强烈的吸引力和感染力。小说的情节要曲折生动。如欧·亨利的小说《麦琪的礼物》，一对贫穷的小夫妻为了在圣诞节给对方买一个好的礼物，都卖掉了自己心爱的东西。但是，妻子卖掉的是头发，丈夫买的梳子用不上了；丈夫卖掉的是手表，妻子买的表链用不上了。小说以此写出了生活在社会底层的小人物的辛酸。

小说的情节要真实感人。小说虽然是虚构的，但它的情节必须建立在对生活的深入理解基础上，才能打动读者。如果发现某一处细节不真实，读者的审美情感就会受到伤害。相反，真实感人的细节能够更好地刻画人物性格，它不但说明人物做了什么，还显示了怎样做。现代小说往往还要求情节有一定的象征意味。卡夫卡的《变形记》通过格里高尔由人变成大甲虫的荒诞情节，揭示了西方现代大工业背景下人的异化现象：在生活的重重重压之下，人变成了非人。

环境是人物生活在其中的空间，既有大环境，包括时代背景、社会历史趋势、风俗习惯等，也有小环境，即人物活动于其中的具体环境。环境在小说中的重要性体现在两个方面，一是小说家必须给人物提供一个活动空间；二是他必须通过环境的展示为人物活动提供合理的依据，也就是说，人物的性格是环境塑造的，人物的行为动机也是由特定的环境来推动的。很多优秀的长篇小说都是通过环境描写，真实深刻地反映了广阔的社会生活。

（四）剧本

在影视戏剧中，文学文本以语言作为自己的存在形式。尽管它还不是戏剧表演本身，但因为要用于戏剧表演，也要受到诸多限制。剧作家在创作剧本的时候，不仅要考虑演员的表演和舞台的限制，而且要考虑观众的接受心理。这决定了剧本的如下特点：

第一，必须有强有力的戏剧情境的设置和紧张激烈的冲突。只有把人物间的矛盾冲突尖锐化，才能在有限的时间内促使人物展开行动，形成一系列动作与反动作，从而将剧情推向高潮，从中展示人物的性格、心理。
"没有冲突就没有戏剧"，这已是大家公认的基本原则。

第二，构成戏剧文本主体的戏剧人物语言，即对话、独白、唱词等，
要符合人物的身份、性格、年龄、心理状态等基本特征。

第三，剧本中的戏剧人物语言要承担起推动剧情发展的任务。

第四，剧情场景的设计，在时间、空间方面要适应舞台演出的需要。

三、语言艺术美的典型举例

（一）诗歌艺术美举例

《登高》（杜甫）

风急天高猿啸哀，渚清沙白鸟飞回。

无边落木萧萧下，不尽长江滚滚来。

万里悲秋常作客，百年多病独登台。

艰难苦恨繁霜鬓，潦倒新停浊酒杯。

《登高》一诗是诗人在公元767年农历九月九日重阳节登高而作。当时
杜甫出川，流寓夔州（今四川奉节县），时年56岁，身患多种疾病，衰老
不堪。

首联写俯仰之所见所闻，诗人用凝练的语言一连描绘了六个特写镜头：
急风、高天、哀猿、清渚、白沙、飞鸟，以极富画面感的语句点染环境，
夔州古以猿多著称，巫峡口以风大著名。视线由高处转向江中洲渚，清白
的背景下有回旋低飞的鸟群。"无边落木萧萧下，不尽长江滚滚来"，这两
句历来为人们传诵。诗人登高远望，极目见肃杀而壮阔的长江秋色，无边
无际飘落的秋叶形成了巨幅的秋色图。"萧萧"则写出了满天落叶的声音，
极为真实地传达出落叶充盈天地间的实际感受。"不尽长江滚滚来"一句，
写出了万里长江滚滚而来从脚下奔腾流过的阔大气势。

以上两联都是写景，但此处景语皆为情语，写出了诗人登高望远的悲
秋之意，却又不直接使用"悲秋"二字，而是将这种悲愁之情融会在具体
的画面之中。凄哀的猿啼，滚滚的长江，萧萧的落木，盘旋的飞鸟，冷清
的小渚，也无一不起着渲染环境气氛、烘托诗人情绪的作用。看到秋色无
边，落叶飘零，想到自己已经到了生命的晚秋，不禁感到韶光易逝！而面
对波涛滚滚的不尽长江，诗人又感受到历史长河的永不停息，时间的无穷
无尽衬出个人生命的短暂，更加感觉到壮志未酬的悲哀。这四句的境界非

常壮阔,对人们的触动不限于岁暮的感伤,同时让人想到生命的消逝与有限,宇宙的无穷与永恒。自然风物使得诗人触景生情,引起相应的心理活动与感情变化。而这种心理活动与感情变化,又反过来加深了景物的感情色彩。所以,诗中的景物已是诗人心灵化了的景物。这正是中国诗学理论所强调的情景交融的境界。

颈联由上文写景很自然地过渡到抒情,写出自己身多疾病长期漂泊的艰难处境和秋景萧瑟触景生悲的愁苦心情。"万里悲秋常作客",主要是就空间方面说;"百年多病独登台",是就时间方面说。两句承上启下,点出全诗主旨。在结构上,则层层递进,步步转折,包含着极其丰富的内容。宋代学者罗大经在其《鹤林玉露》中分析此联:"万里,地之远也;悲秋,时之惨凄也;作客,羁旅也;常作客,久旅也;百年,暮齿也;多病,衰疾也;台,高迥处也;独登台,无亲朋也;十四字之间含有八意,而对偶又极精确。"登台是重阳节的一种习俗,离家在外作客登台,已有游子思乡之意,加上万里漂泊,百年多病,则孤零悲苦之情便得到更进一层的表现。由于采用了这种层层递进的顿挫笔法,蕴藏在诗人内心深处的沉郁悲抑的感情便更深刻有力地表达出来了。诗中反映的虽是诗人的个人遭遇,但却反映出战乱时代广大人民漂泊无依的苦难。

尾联则与颈联紧密衔接,因果相承。那"艰难苦恨"四字,蕴涵着极为丰富的内涵:有忧国忧民的情志,有半生漂泊的愁苦,也有晚境凄凉的哀叹,可以说诗人是既忧国忧民,又忧身。国家的多灾多难,连年不断的战乱,使得杜甫空有一身本领和济世抱负,却无法施展,以至老来两鬓斑白。如此悲情却无处排解,因老病而断酒,借酒消愁都不可能了。

这首诗在形式上颇为人称道。一般律诗要求中间两联对偶,这首诗却四联均对仗工整,且有句中对,"天高"对"风急","渚清"对"沙白"。在结构上,三四句分承一二句,"霜鬓"则对应"落木",一为人生之暮,一为自然景物之暮;"浊酒"对应"长江",看江水远逝,正应以酒消愁,却只能停杯不饮。胡应麟《诗薮》称赞此诗"通章章法、句法、字法,前无昔人,后无来学","自当为古今七言律第一"。

(二)小说艺术美举例

法国作家司汤达的《红与黑》是19世纪欧洲批判现实主义文学的奠基作品。小说围绕主人公于连·索黑尔个人奋斗的经历与最终失败,尤其是通过对他的两次爱情的描写,广泛地展现了19世纪前30年间法国社会的风俗人情,强烈地抨击了复辟王朝时期贵族的反动、教会的黑暗和资产阶级新贵的卑鄙庸俗。因此，小说虽以于连的爱情生活作为主线，但它不是爱情小说，而是一部政治性很强的小说。

司汤达是善于通过爱情来反映重大社会问题的文学大师。于连的两次爱情都与时代风云紧密相连，充斥了与爱情无关的东西。他为了证明自己的勇敢而去握雷纳尔夫人的手、夜里爬玛蒂尔德的窗，为了"战胜"市长和收容所所长以及巴黎上流社会的青年而先后对两个女人做出"爱"的样子。他对德·雷纳尔夫人后来的确也产生了真正的感情，但最开始是出于小市民对权贵的报复心理。因此，于连第一次占有德·雷纳尔夫人得手的时候，他感到的并不是爱情的幸福，而是拿破仑式的野心的胜利，是狂欢和喜悦，是报复心理的满足。于连对玛蒂尔德小姐的爱情则纯属政治上的角逐。他认为与玛蒂尔德结婚可以进入上流社会，因此不惜去骗取她的爱情。

但是，于连的两次爱情最终还是失败了。于连终究不是统治阶级圈子里的人，那个阶级绝不会容忍于连那样的人实现其宏愿。他成为了权力斗争的牺牲品。

《红与黑》在人物性格的塑造、结构安排和心理描写上都有突出的成就。在人物塑造方面，小说采用了个性化手法，刻画了于连这个个人奋斗者的经典形象，使这一人物与最初的原型有了本质的飞跃。其他人物也写得各有特色。同是与于连有恋情的两个女人身上，我们看到，由于年龄、地位、处境的不同所造成的性格差异，有三个孩子的夫人，她的爱情是在对封建和宗教观念的恐惧、挣扎中度过的；而浪漫、任性的小姐，她大胆、疯狂，反复无常，追求的是不同寻常的爱情。

在结构上，小说以于连一生的仕途、爱情为发展线索，重点描写了他在维里埃小城、省城、巴黎和监狱四个场景，形成了主干明显、疏密得当的结构。而且，《红与黑》已摆脱了纯粹按照时间延续来安排情节的格局，向着"空间"长篇小说过渡，显示出作者对"传统情节"的藐视和对作品"内在节奏"的重视。

《红与黑》的主要艺术魅力，还在于其杰出的心理描写。因为在《红与黑》中卓越的心理描写，司汤达被评论家称为"现代小说之父"。他着重刻画的不是客观环境，而是人物内心活动的细致和逼真，作者常常三言两语就把人物行动、周围环境交代过去，而对人物内心的活动则不惜笔墨，爱情心理描写更是丝丝入扣，细致入微。对德·雷纳尔夫人堕入情网时的那种喜悦、痛苦、忏悔而又不甘放弃的复杂心理的描写，为人所称道。

第五节　综合艺术（戏剧、电影、电视）

一、综合艺术总论

如果说建筑、雕塑、绘画主要通过作用于人的视觉感官而产生美感、音乐主要通过作用于听觉感官而获得美的享受、文学主要通过语言而让人产生无限遐想的话，那么，以戏剧、电影、电视为代表的综合艺术则是同时作用于人的眼睛、耳朵等感官和大脑的知性功能，从而实现一种集各种感官与知性于一体的综合性美感的艺术类型。正如黑格尔所说："戏剧无论在内容上还是在形式上都要形成最完美的整体，所以应该看作诗乃至一般艺术的最高层。"① 当黑格尔说这番话时，影视艺术还没诞生。我们完全可以认为，以戏剧、电影、电视为代表的综合艺术正是"诗乃至一般艺术的最高层"。

这种综合性表现在模仿媒介的综合性上。在《诗学》中，亚里士多德曾提出以"模仿所用的媒介不同，所取的对象不同，所采的方式不同"来区分艺术类型②，其中模仿的媒介成为最重要的区分标志。从这个角度来看，所谓综合艺术便是以多种模仿媒介创造集视觉、听觉和语言为一体的艺术形象来实现艺术目的的艺术类型。如戏剧的主要呈现形式是舞台上演员的表演，还融合了导演、文学、绘画、舞蹈、音乐等艺术形式以及声光电等技术手段。影视艺术也是一样，正如弗雷里赫所说："电影可以说是发生在其他艺术的交叉点上。电影同绘画和雕塑的相近在于视觉形象的直接感染力；同音乐的相近在于电影能通过各种音响而构成的和谐的节奏感；同文学的相近在于电影通过情节反映现实世界的一切关系；同戏剧的关系在于演员的艺术。因此，我们把电影看作综合的艺术。"他进一步分析认为，"电影以其各种不同的特性接近戏剧，又接近绘画，也接近文学；电影包容这些艺术的共性，而同时又表明它们全部的差异。它们中间的任何一种都不能由电影来代替，因为电影只是把它们的对立的物质结合起来，这里说的正是综合艺术，而不是拼凑艺术。"③

戏剧、影视艺术的综合性集中体现为"以一为主，兼顾其他"的特点。

---

① ［德］黑格尔：《美学》，第 3 卷下，240 页。

② ［古希腊］亚里士多德：《诗学》，3 页，北京，人民文学出版社，1962。

③ ［苏］弗雷里赫：《银幕的剧作》，18 页，北京，中国电影出版社，1962。

尽管戏剧和影视都力图全面调动起观众的视听感官和知觉意识，但是彼此间的差异还是相当明显的。戏剧以演员的舞台表演为中心，强烈的现场感确立了戏剧有别于其他艺术门类的特点。正因为如此，舞台构成了观众观看戏剧的主要场域，演员的表演成为戏剧情节展开的主要媒介，而舞台的背景以及声光电等技术则成为主要的补充形式。中国的戏曲表演动作的象征性甚至可以完全忽略掉真正环境和背景的存在，一兵二卒千军万马，三五步百里行程，连滚带爬翻山越岭，所有这一切全靠演员一举手、一投足、一个眼神来体现，这与欧洲古典主义戏剧对布景真实性的追求完全不一样。欧洲古典主义戏剧特别强调制造一个真实的表演环境的重要性，强调表演与布景间的内在关系，提出从剧本的规定情境到表演的时空变幻都必须严格遵守"时间一致、地点一致、情节一致"的"三一律"。正因为如此，所以当中国人最早接触西方戏剧时，会倍感新奇，他们津津乐道西洋剧院建筑之华美，称其"规模壮阔逾于王宫"，慨叹西方戏剧布景之逼真，"令观者若身临其境，疑非人间"①。影视艺术与戏剧不同，它的主要呈现方式是影像流和声音流的结合而营造的一种真实感。影像流作用于人的视觉，通过放映机和镜头实现观众观看的视点与导演拍摄的视点相重合的认同机制，观众便随着镜头的移动而实现视点的灵活移动（这与戏剧舞台和观众位置的固定性所导致的视点的唯一性完全不同）；声音流作用于人的听觉，影视中的配音机制非常复杂，不仅有自然声音的实录，更多的则是通过道具模拟的音响，其中还伴随着配合剧情情绪的音乐，而更重要的则是人物的对白（在默片时代，人物的语言以及声响往往用字幕的形式呈现，可以视为对声音的想象性呈现）。

二、综合艺术的大类

（一）戏剧

戏剧从原始的民歌、舞蹈、诗三位一体的艺术活动发展而来，欧洲的戏剧是从诗剧开始的，后来出现了以对话为主的话剧和以歌唱为表现形式的歌剧。中国最早的戏剧形式是汉代的"百戏"，宋元以后出现了以歌唱、宾白和舞蹈结合在一起的杂剧。正如王国维所说，"戏曲者，谓之歌舞演故事也。"② 戏剧样式的东西方萌芽发展的情况表明，艺术的综合性趋势从人

---

① 田本相主编：《中国话剧》，3～4页，北京，文化艺术出版社，1999。

② 王国维：《戏曲考原》，参见《王国维戏曲论文集》，201页，北京，中国戏曲出版社，1957。

类文明的初期即已开始出现，戏剧便是人类最早也是发展时间最长的综合艺术样式。

作为西方戏剧的起源，古希腊戏剧传统起源于祭奠酒神狄奥尼索斯的宗教活动，亚里士多德在《诗学》中也指出，古希腊悲剧的诞生早于羊人剧和喜剧，是由颂扬狄奥尼索斯的酒神赞美诗演变而来。公元前600年，诗人阿利翁将之发展为一种由歌队吟唱的具有叙事性的艺术样式；公元前534年，雅典的特斯庇斯开始扮演角色；随后，在"悲剧之父"埃斯库勒斯的戏剧中开始出现两个人来扮演角色，戏剧正式诞生。欧洲14世纪至15世纪的文艺复兴时期是西方戏剧发展史的第二个繁荣期，出现了以莎士比亚、琼森、鲁埃达等为代表的戏剧作家。在经历了17世纪的古典主义时期、18世纪的启蒙主义时期、19世纪的浪漫主义和现实主义时期、20世纪的现代主义和后现代主义时期之后，戏剧的表现形式获得了极大的丰富和发展，并对新兴的综合艺术（电影、电视）产生了很大的影响。

戏剧艺术以舞台表演为核心，它必须要具备剧场（舞台、观众席等）这一基本的要素。尽管几千年的发展使戏剧剧场发生了翻天覆地的变化，但是古希腊剧场已具备了基本的要素。古希腊的剧场一般是露天的，由乐池（或主厅、摆池）、景屋和观众席三部分组成，乐池往往位于建筑的中央，是演员表演和歌队吟唱的地方；景屋是乐池后的矩形建筑，相当于现在的后台；环绕在乐池周围的坡形结构就是观众席。著名的古希腊埃皮达罗斯圆形剧场拥有特别的声学效果，即使是在60米开外的最后一排观众席上，都能够听清楚站在露天舞台中间的演员的声音，这种复杂声学物理机制令现代的科学家为之着迷。

戏剧性是戏剧最突出的审美特征。一般而言，戏剧性是由戏剧动作和戏剧冲突构成的。戏剧是由演员所扮演的人物通过肢体、语言等动作所表现出来的行动所构成的。在亚里士多德的《诗学》中，他将悲剧定义为"是对于一个严肃、完整、有一定长度的行动的模仿"，在他所区分的悲剧六成分（即情节、性格、言词、思想、形象与歌曲）中，指出"最重要的是情节，即事件的安排"，甚至认为，"悲剧中没有行动，则不成为悲剧，但没有'性格'，仍然不失为悲剧"①。亚氏的"行动"观在戏剧理论中被具体化为"戏剧动作"。如法国剧作家贝克在谈"戏剧的元素"时指出，戏剧性可以通过三种方式表现出来：剧中的动作、人物性格描写、剧中人物

----

① ［古希腊］亚里士多德：《诗学》，19、21页。

的语言，或者二者或者三者的结合，而"动作"最为重要。美国戏剧理论家劳逊也认为，"动作性是戏剧性的基础"。那么，这种"戏剧动作"如何体现呢？一方面是情节的精心编排，即亚里士多德所说的"发现"与"突转"；另一方面则需要基于人物性格、心理、动机等所形成的"戏剧冲突"。这也就是狄德罗所说的，"戏剧情境要强有力，要使情境和人物性格发生冲突，让人物利益相互冲突。"① 劳逊则进一步强调，"戏剧的基本特点是社会性冲突——人与人之间、个人与集体之间、集体与集体之间、个人或集体与社会或自然力量之间的冲突；在冲突中自觉意志被运用来实现某些特定的，可以理解的目标，它所具有的强度应足以导使冲突到达危机的顶点。"②

（二）电影

电影被视为唯一可以考证到诞生日期的艺术门类。1895 年 12 月 28 日，当法国巴黎的首批电影观众看到路易·卢米埃尔兄弟拍摄的《火车进站》时，纷纷夺路而逃。1905 年，中国第一部影片《定军山》诞生，这一事件颇具寓言性地将电影与戏剧这一传统艺术形式联系了起来，以致长期以来给人以电影是对现实生活真实再现的印象。

什么是电影？主要有三种基本看法：

第一种是技术论，认为电影是用每秒钟摄录一定画格的运转速度，将被摄对象的运动拍摄在条形的胶片上，然后把若干段胶片剪辑组接起来，通过放映机以拍摄时的同样运转速度依次连续地投映于银幕造成活动影像的技术。与其他艺术形式相比，电影是严格意义上的现代科学技术的产物。透视法使画家能够创造出三维空间的影像，却不能表现影像的运动，而电影却可以通过运动的影像制造逼真的幻觉，从而使人们获得一种全新的感知世界的经验。尽管人类对"光学理论"的探讨可以追溯到中国汉武帝时代的"灯影戏"，但支撑电影的视觉滞留技术、摄影术和放映术却直到 19 世纪才最后完成。此后，电影从默片到有声电影，从黑白片到彩色片，从平面电影到立体电影、宽银幕电影，以至最近的数字电影，其背后都有着高新科技的贡献。

---

① ［法］狄德罗：《论戏剧体诗》，引自朱光潜：《西方美学史》，264 页，北京，人民文学出版社，1984。

② ［美］约翰·霍华德·劳逊：《戏剧与电影的剧作理论与技巧》，213 页，北京，中国电影出版社，1989。

第二种是艺术论，认为电影是以银幕上的画面与声音为媒介，在运动的时间和空间里创造形象叙事、达意、娱情的一门综合性艺术。在短短百年的历史中，电影在艺术性方面获得了突飞猛进的发展，出现了一大批电影艺术家，致力于电影视觉语言和表现力的创新，致力于对现实世界和内心感受的艺术化表现，致力于创造超乎想象力的视觉盛宴。在电影艺术史上，英国的"布赖顿学派"可谓世界电影史上最早的一个电影流派，而法国的"艺术电影运动"也紧随其后。一战以后，欧洲的先锋电影强势崛起，创造了印象主义、超现实主义、表现主义、现实主义电影风格。苏联的"蒙太奇学派"可谓独树一帜。20世纪三四十年代以后，美国的好莱坞电影大力发展了适合大众消费的类型电影。二战以后，意大利的新现实主义电影、法国的"新浪潮"和"左岸派"，以及美国的"新好莱坞电影"呈现出更为丰富的面貌。

第三种是产业论，认为电影是以摄影技术、放映技术、大众传播媒介为载体，从影片制作、电影营销（发行）到电影消费（影片放映及其他延伸产品的销售）的一项以娱乐文化消费为目的的文化产业。作为一种高风险高利润的行业，电影成为最具代表性的文化产业。为降低风险、减少成本，好莱坞电影将电影制作设计成类似工厂流水线作业的流程，形成以"制片厂制度"为核心的有着细密分工合作的团队。作为产业，美国电影出口一直持续上升，有统计数字表明，好莱坞电影占目前世界电影份额的92.3％，以2000年为例，美国的放映商以5.39美元的平均票价，利用全美37000多块银幕，从14.2亿人次的观众口袋里掏出了76.6亿美元，年产值达400亿美元以上。

电影从其技术本质而言，其实是一种由放映机播放的活动影像（当然，随着数字时代的到来，电影的载体也发生了重要的变化，但其活动影像的性质并没有改变）。正如沃尔卡皮奇所说，电影的特点在于记录和创造，而其"重点是在于发展一个富有视觉动力学的语言，而且它是独立于文学和戏剧传统之外的"[①]。在一部电影中，幻觉构成元素主要有活动影像、色彩、声音等。1902年，埃德温·鲍特拍摄的《一个美国消防队员的生活》成为真正意义上电影叙事的开端，并以次年的《火车大劫案》确立了其电影叙事的典范意义，它通过画面内部信息的组织和镜头之间的切换，创造

---

① ［南斯拉夫］柯·沃尔卡皮奇：《走向真正的电影》，参见《周传基教授影视讲座》，http：//www.zhouchuanji.com/show.php？blockid=1&articleid=12。

性地发展出了电影叙事的流畅性和连贯性。而格里菲斯的《一个国家的诞生》则出色地发挥了电影艺术的分镜头和剪辑的表现力，运用不同景别、多变的角度、机位和移动摄影等方法，采取"化"、"圈入圈出"、"淡入淡出"、"闪回"等技巧实现了电影叙事革命性的创造。作为电影表现的重要手段，镜头的移动已是司空见惯的事情，电影摄像已经发展出一整套包括推、拉、摇、移、跟、升、降、俯、仰、甩、悬、空、切、综、短、长，以及反打、变焦拍摄、主观拍摄等复杂而灵活的拍摄方法。电影叙事性的成功极大激发起电影对叙述一个故事的浓厚兴趣，并在 20 世纪三四十年代经好莱坞电影的发展而演化成类型电影。

在电影叙事中，剪辑或"蒙太奇"是其最为重要的表现手段。电影剪辑是影片图像与声音素材的分解与组合，即将所拍摄的大量素材，经过选择取舍、分解组接，最终完成一个连贯流畅、意义明确、主题鲜明并有艺术感染力的电影作品。剪辑艺术是从美国导演格里菲斯开始创立的，他首先采用分镜头拍摄，然后再把这些镜头组接起来。在相当长时期内，剪辑都是导演的工作，但随着剪辑工艺日趋复杂，出现了专门的电影剪辑师。从影片素材到一部完整的电影作品，在剪辑上往往要经过初剪、复剪、精剪乃至综合剪等几个步骤。剪辑的基本功能是为了保证镜头转换的流畅，脉络清晰，但是随着电影艺术的发展，特别是各种电影创作潮流的涌现，剪辑日益风格化、艺术化，日益成为导演表达思想感情的重要手段。剪辑的另一个风格化的名称是"蒙太奇"（montage），前者侧重于强调电影制作的工序，而后者则是体现电影艺术性的重要手段。蒙太奇原为装配、剪切的意思，是指将一系列在不同地点、从不同距离和角度、以不同方法拍摄的镜头排列组合起来。它大致可分为"叙事蒙太奇"与"表现蒙太奇"。前者主要以展现事件为宗旨，一般的平行剪接、交叉剪接（又称为平行蒙太奇、交叉蒙太奇）都属于此类。"表现蒙太奇"则是为加强艺术表现与情绪感染力，通过"不相关"镜头的相连或内容上的相互对照而产生原本不具有的新内涵。

（三）电视

电视是各种电视片、电视节目的总称。与电影一样，电视也是基于现代视觉媒介技术而产生的新的艺术样式。1877 年，法国构想出人类最初的电视发射系统；1929 年，英国首次播出无声电视，并于第二年开播有声电视；1936 年以后，英、法、美、苏联等陆续建立起电视发射和接收系统；1940 年美国制成第一台彩色电视机。60 年代以后，第三代电视，即多路传播电视诞生，大大提高了频道的利用率。随后，卫星传播技术的运用、闭路、专用、加密，大屏幕、微型、超薄、多画面电视机，网络电视、手机电视的出现使电视日益普及，并便捷地渗透到百姓的日常生活之中。

在当代文化的"视觉转向"中，电视的普及及其所带来的大众文化消费行为从阅读到视觉的转向，一直成为人文学者深切忧虑的问题。如施拉姆所说的，"二十世纪七十年代和八十年代出生的儿童，甚至于未满一岁就会熟悉显像管上发生的活动，不管他们是否懂得这种现象的含义……直到他们学会读书以前，电子媒介在他们的生活经历中占据着主导的地位。"即使是成年人，观看电视的时间也相当长，据统计，"每年在二千五百小时以上，相当于一百多个整天，包括醒着或者睡觉。一个人在这样的情况下生活十年，等于有整整三年是在看电视。"① 电视所引发的"以趣为先"的娱乐化逻辑甚至达到了"娱乐至死"的地步。尽管电视往往与电影有很大的相似性，以至于人们往往约简为"影视"来表达，但是电视与电影相比有自己的一些特点。比如说，电视屏幕比电影银幕要小，视野也相对较窄，因此在形象的清晰度上较低（这种局限随着大屏幕电视和高清电视机的出现得到了改进，但差距仍然很大）；再比如说，电视被视为"家用媒介"，与电影的观赏环境和审美氛围很不一样，为了更好吸引观众的注意力，重情节、讲趣味的特点在电视剧中得到了强化；再比如说，电视还具有其他艺术门类都不具有的最为重要的特点，就是它的及时性、现场感，正如鲍列夫所说的，"电视的一个重要审美特点是'叙述此时此刻的事件'，直接播放采访的现场，把观众带进此时此刻正在发生的历史事件之中。这一事件只有明天才能搬上银幕，后天才能成为文学、戏剧和绘画的主题。"②

三、综合艺术美的典型举例

下面，我们就以《罗拉快跑》这部电影为例，展开对综合艺术之美的分析。

（一）"看电影"

在《罗拉快跑》中，前两分钟的引子是一个不容忽视的组成部分，它承担着从影片内部与观众签订观看契约的功能。影片形式首先出的是字幕："我们不放弃探索。探索的终点将是它的起点。让我们重新认识探索吧。——艾略特"。"游戏之后也就是进行游戏之前。——S. 荷伯格"。它

① ［美］施拉姆等：《传播学概论》，166~167 页，北京，新华出版社，1984。
② ［苏］鲍列夫：《美学》，451 页，北京，中国文联出版公司，1986。

已用语言明确表明，本片是一场游戏，是一部探索电影。字幕之后，镜头推向时钟，然后进入时空隧道。制作者将钟表做成一个尖牙利齿的小怪兽，一方面暗示岁月无情的寓意，另一方面显示出制作者追求热闹、刺激、"好玩"的"游戏心态"。接着，镜头推近钟表，出现钟表挂摆的大特写，然后镜头沿着钟表表挂的金属杆上升，表针快速旋转。最后，画面上升到表盘上方的小怪兽，镜头从小怪兽的嘴里推入，影像全黑，进入时空隧道。在时空隧道内，出现了十字路口和黑压压的众多的人，人们步履匆匆，如同过客。在十字路口人潮中，影片中几位次要人物相继出现：女职员、推车妇人、偷车男孩、梅耶叔叔。在这个背景下，出现了一段思辨性的旁白："我们是谁？我们何往？人是什么？"然后，镜头速度逐渐正常，停止在银行警卫身上。银行警卫踢起一个足球，并宣布游戏（电影）正式开始。随着足球的高高升起，下面十字路口匆匆的行人组成影片的片名字幕。

（二）电影的影像与声音

《罗拉快跑》中，支撑整部影片的就是罗拉的奔跑，从房间到楼梯，从小巷到大街，电影的镜头绝大多数都落在了奔跑着的罗拉身上。从某种意义上说，奔跑着的罗拉就是关于电影的隐喻，电影就是不断"奔跑"着的活动影像，"运动"就是电影艺术最为重要的元素。

《罗拉快跑》突出了红、黄、黑、白这几种色彩，从而在色彩上就与现实生活区别开来。红色是运动、暴力的颜色，也是爱情、浪漫的颜色，也象征着不安与危机。罗拉的头发、家里红色的电话、偷车男孩的红色上衣、红色的急救车等构成了影片不断闪现的色彩。黄色也是一种能够引人注意的颜色，影片中轻轨列车的车厢、罗拉奔跑中部分墙面的色彩就是黄色的。而构成影片主体背景色彩的却是黑白（包括灰色），这是一种静止而略显陈旧的色彩，一种世俗的颜色。如曼尼的上衣、曼尼打的电话、父亲的服装、母亲的衣服、修女的衣服、银行警卫的衣服、挂钟、盲妇人的眼镜和帽子等，暗示着这是一个令人乏味的世界。在曼尼叙述丢钱的过程中，这一段落的色调分彩色片和黑白片两部分，彩色部分表现现实，黑白片表现丢钱的过程，两者交替，让观众区分回忆与现实。伴随着罗拉的奔跑的并不是现实生活的嘈杂，除了人物对白和必要的声响之外，充斥于观众耳膜的是电子摇滚音乐，有节奏的鼓点和金属乐器的声响取代了罗拉奔跑时的喘息和心跳，却更好地配合了罗拉的心情和感受，既渲染了气氛，也加快了节奏。

（三）电影的叙事及其拆解

在《罗拉快跑》中，这种对故事的把握走向了对电影叙事自身的质疑。

从主人公来说，罗拉其实是游戏中常用的人名。许多著名的电脑游戏人物都是以罗拉作为女性角色的名字的。前不久，在一部由电脑游戏改编的电影《古墓丽影》中，影片的女主角也叫罗拉；现在世界互联网上的头号电脑模拟新闻主持人的名字也是罗拉。这一点正好与电影开头处所暗示的"游戏"性质非常吻合。也就是说，《罗拉快跑》与其说是要按现实生活逻辑来叙述一个故事，倒不如说是按照游戏逻辑来建构起情节的主干。事实也是这样。当曼尼告诉罗拉，如果 20 分钟之内拿不到 10 万马克他便会小命不保的时候，这其实是启动了"美女救爱人"游戏的开关。

以游戏逻辑，而不是以现实生活逻辑来展开故事，这是《罗拉快跑》叙事的根本特点。由此才不难理解，当罗拉没借到钱，于是和曼尼一起抢超市，结果罗拉被警方击毙之时，她能够"力挽狂澜"，重新回到接听电话的起点，再次启动奔跑借钱的情节按钮了。构成《罗拉快跑》情节主干的是罗拉的三次奔跑：第一次，罗拉没借到钱，与曼尼抢超市，结果罗拉被击毙；第二次，罗拉在银行抢到钱，不料曼尼被急救车撞死；第三次，罗拉在赌场赢钱，曼尼也找回丢失的钱，两人成为富翁。在这种不断重复，直至胜利的游戏模式中，电影《罗拉快跑》成为一部闯关型的电脑游戏的电影版。

值得注意的是，罗拉的每一次奔跑都是合情合理的。如果我们将三次奔跑独立地抽取出来，它们其实都是符合因果律的现实主义短片。也就是说，尽管《罗拉快跑》在整体风格上呈现出荒诞不经的特点，但就其具体每一部分而言，却又是严格按照现实生活的逻辑来推进的，观众也正是借此真实性，才能与罗拉"同呼吸共命运"，从而保持继续观看的耐心。同时，还有一个重要现象值得特别注意，在罗拉的三次奔跑中，电影叙事时间与现实生活时间保持了严整的一致性——20 分钟。在一般电影叙事中，叙事时间往往与现实时间是有错位的，要么"观古今于须臾"，要么"此恨绵绵无绝期"，而《罗拉快跑》却恪守了现实时间对故事的要求，这在电影中是极少见的。

其实，无论是现实逻辑还是游戏逻辑，只要其采取某种方式在"讲述"一个故事，并能持久地吸引观众的注意力，电影叙事的目的也就达到了。正如赫尔曼所说的，"当电影由一种纪录性写实呈现，演进为以某种特定叙事方式展示故事，从而引起人们的推想、悬念和惊奇时，电影成为严格意义上的艺术。"① 在《罗拉快跑》的每一次奔跑中，其情节构成严格按照因果关系统一协调人物、场景和空间的运动，并按线性叙事的特点讲述一个发生在 20 分钟之内的故事。在这个故事中，以罗拉借钱为主线，同时穿插曼尼、父亲及其他人物的相关情况作为补充，并以"最后一分钟营救"（尽管前两个奔跑故事是以"最后一分钟意外"作为结局的）或大团圆式的结尾来完成这个故事的叙述。这些特点完全符合好莱坞电影的叙事风格。

但从总体上讲，这三个故事却是对好莱坞式电影叙事的拆解：首先，游戏逻辑克服了现实逻辑对自然时间线性特点的依附，不断再生、重来的逆转支撑了整部电影的发展。其次，在每一次奔跑过程中总体的因果关系演进中，偶然性却异乎寻常地被凸显了出来。第一次奔跑中罗拉被警察的枪"意外"走火毙命，第二次奔跑中曼尼也是被急救车"意外"撞死；第三次的偶然性更大，罗拉在赌场几声尖叫居然让她赚取了 10 万马克。更有意思的是，在罗拉奔跑过程中，她无意中碰到的路边行人也因时间的误差而导致不同的命运！最后，在电影叙事中，好莱坞式电影叙事总是要千方百计给观众制造"真实"的幻觉，但《罗拉快跑》却时刻在拿"真实性"开涮，最典型的例子就是在罗拉每次开始奔跑下楼梯时，会自然而然地由罗拉母亲电视机中播放的动画片将镜头推进，使动漫画面与罗拉奔跑情节合二为一；而当罗拉在奔跑之中，身边了无生机的墙壁、街道会时不时跳出鲜亮的色彩（如黄色的地铁列车）刺激观众的眼球。从电影史的角度来看，无论是法国"新浪潮"、意大利新现实主义，还是新德国电影，都在致力于电影叙事方式的创新。他们有的把视角关注到人物的内心精神世界，而淡化现实的故事情节（如克日什托夫·基耶斯洛夫斯基的《红·白·蓝》三部曲）；有的使用便携式摄影录音设备，强化实景和外景拍摄，以使观众忽视对影像及其与电影媒介之间关系的注意（如张艺谋的《秋菊打官司》）；还有的故意采取极端化的电影手法叙事，如镜头的反常规跳接，即使在一些不需要剪辑的地方，镜头仍然不断地推进拉出、交叉剪辑、闪回闪现和跳接（如戈达尔的《筋疲力尽》）。

在电影叙事分析中，还有一个问题值得追问，那就是意义。无论是爱情、理想，还是命运，电影在叙事中总在给观众传达关于意义的信息。对于观众来说，"看一个有意义的故事"和"看一个有意思的故事"同样重要。在《罗拉快跑》中，我们也可以从中读出不少的意义。比如说关于爱

---

① ［美］戴维·赫尔曼：《新叙事学》，210 页，北京，北京大学出版社，2002。

情和女权主义。同样是爱情的营救，过去的电影往往反映英雄救美女，而《罗拉快跑》却成了"美女救爱人"。女性在拼命地奔跑，而男性却在电话亭里没完没了地打电话；男人只能等待厄运的降临，而女人却在向命运抗争，甚至有能力令时空倒转。在电影中，大多数男性都成为被调侃的对象：罗拉的父亲是个窝囊废，在家怕老婆，在公司怕情人，当罗拉用枪逼着他去取钱时，他也无可奈何；银行里的男职员，在时空隧道里也成为女职员性虐待的对象。而女性则显现出"超能力"，罗拉自不用说，甚至在电话亭外的盲妇人，都仿佛有通天的能力似的，为有眼睛的男人（曼尼）指出了流浪汉，从而救了他的命。不过，对于电影叙事意义的解读更多地取决于观众个人的观看方式。正如接受美学理论所主张的"一千个读者就有一千个哈姆雷特"一样，对于电影的解读同样是仁者见仁，智者见智的。

第六章
美的文化类型

第一节　美的文化分类

一、人类与文化类型

迪格尔印第安人有句箴言：开始，上帝就给了每个民族一只陶杯，从这杯中，人们饮入了他们的生活。人类自产生以来，从石器开始，就有了自己的文化。人以工具为基础，以地理为依托，开创出自己的生存方式，形成了自己独特的文化。放眼全球，上下历史，不同地域的各种人发展出了不同的文化。人生活在一定的文化之中，成为文化之人，文化的类型决定了人的性格。如果说，美是人的一种表现形式，那么，文化的类型就决定了美的类型，不同的文化有不同的美。本尼迪克特曾说："在文化中我们也应该设想出这样一个巨大的弧，上面排列着或是由于人的年龄圈，或是由于环境，或是由于人的各种各样的活动所形成的各式各样的可能的旨趣。"① 这段话讲的就是不同的文化类型具有不同的审美观念，也就是文化类型中美的多样性。

在人类的整个历史中，文化类型呈现为一个多重的层级。首先展现为一种文化不同质的层级划分，从工具上看，有石器、铜器、铁器、机器、电器的进展；从观念上看，有一种从巫术、宗教、哲学、科学形态成为文化主流的进展。这两个方面构成了文化基型的大类。以此为基础，可以把人类的文化分为四类：原始文化，以石器为工具，以巫术为观念；高级文化，以金属为工具，以宗教为观念；轴心文化，以铁器为工具，以哲学为观念；现代文化，以机器为工具，有了科学的观念。这四种文化有一个大致的先后次序，但又是交错进行的，当西方文化已经进入现代类型的时候，在很多地方还停留在原始类型之中。因此，在四种文化次第出现的时候，四种文化在全球的广大空间中又是同时交错在一起的，形成一种复杂的共时状态。正是这种多类型的共存，使人类文化从开始到今天一直呈现出一种丰富的多样性。在人类文化的多样性上，呈现出美的多样性。

文化类型一方面有一种进化的阶梯，由此显出一种由低级到高级的序列；另一方面，每一类型又有其他类型所不能代替的独特性，正是这一独特性，让每一类型都显得宝贵，特别是在以西方文化为主流的全球化时代，

---

① ［美］露丝·本尼迪克特：《文化模式》，26 页，北京，三联书店，1988。

一方面让人类取得巨大的成就，另一方面给人类带来了巨大的灾难，对文化类型多样性的思考，显得尤为重要。下面，我们就以四大类型为主线，来展示文化类型的多样性的美。

二、文化类型的总体图景

（一）原始文化之美

从200万年前到7000年前，地球的四周都呈现为原始文化。原始文化之美是人类审美意识的表现形态之一。它主要围绕着石器工具和巫术仪式两种活动得以呈现。

原始文化是在物质生产活动过程中产生的[①]，最初的人类审美意识和人类文化之美正蕴涵在这种劳动之中。为适应劳动的需要，人类在劳动工具（石器、玉器等）的制造和改进中，形式美感得以产生。在劳动号子的"邪许"之声、"断竹，续竹，飞土，逐肉"（《弹歌》）的生产经验再现中，原始诗歌得以产生。在生产活动和战争操练中（"舞"通"武"），原始舞蹈得以产生。可以说，劳动实践产生美，既是原始文化之美的一个特征，又是人类美感产生的一个历史与逻辑的起点。

人类在用简单工具进行劳动而从自然中开辟自己的生存形式的同时，也用观念理解周围的自然，同时也理解着自身，以及理解着结合自身与自然为一体的宇宙。这种观念就表现为一种后来人类学家用"巫术"这一概念所概括的精神活动和观念制度。原始时期的巫术，不是在宗教产生以后蜕为支流的一种巫术，而是以图腾观念为主体的一种对世界的理解体系。在这种浓厚的巫术文化氛围中，人的建筑（如坛台）、器物（彩陶）、仪式中的歌舞，这些在后世看来是艺术的东西，当时作为一种综合性观念形态的因素，出现在文化各种场合。一方面，这些物（器物）与事（仪式活动）为后来的艺术的出现提供了物质基础；另一方面，这些物与事在当时的观念中本身又为美的产生提供了观念基础，并且以一种审美形式呈现在原始文化的生活之中，形成了原始文化特有的美。原始文化中的彩陶、玉器、青铜、建筑、舞蹈、绘画、雕塑，以一种特有的形式闪现着自己独特的美的光辉。

---

① 艺术起源学说：关于艺术的起源，目前学界存在着多种观点，有模仿说、生物本能说、游戏说、巫术说和劳动说等。因为艺术的历史发生是很复杂的，我们应该坚持一种多元的艺术起源观。不过从根源上来说，劳动无疑在其中起到了一个基点作用。

（二）高级文化之美

从公元前 4000 年到公元前 700 年为高级文化时期。这一时期的文化主要表现在文明国家的出现，包括中东的美索不达米亚①和埃及、南亚的印度、中国商朝、美洲的奥尔梅克②以及时间稍后的玛雅等文明。在高级文化中，出现了国家、宗教、青铜、文字等因子。特别是国家与宗教紧密结合在一起，国家权力首先被制度化为宗教，统治者或是居于神位，或是接近于神。这种浓郁的宗教氛围使得宗教活动成为这些文明古国的主要文化形式。由此，高级文化的艺术形式也主要围绕着显示神和统治者的权威而展开。高级文化时期的城市、宫殿、神庙、陵墓、青铜器等都打上了神权的烙印。

对于埃及文化来说，主神崇拜和永生信仰造就了埃及艺术的独特之美。古埃及是个政教合一的国家，埃及人承认多种神灵的存在，但又只选择其中主要的一种来作为他们尊崇和信仰的对象。随着各种信仰对象的浮沉，最终太阳神"瑞"成为古埃及全民尊奉的最高神。同时，古埃及还认为灵魂是客观存在的，而且灵魂不死。对于埃及人来说，现世的生命与永恒的来生相比，只不过是一个短暂的插曲，所以他们竭尽所能在王陵墓地上下工夫。这种宗教文化造就了埃及独特的艺术和审美特质。埃及艺术"以大为美"、"以光为美"，源于太阳神的巨大和光芒。埃及艺术以"静穆"为美，则源自永恒生命、灵魂不死的永生观念。同样，埃及的绘画和雕塑一般都讲究形象表现的准确性，目的也是要尽可能把每一事物清晰完整地保留下来，为其永生信仰服务。

而玛雅文化则具有双重性，既有原始的美，又闪烁着智慧的光芒。玛雅文化由一个组织严密的祭司集团（包括天文星象家、数学家、先知预言家和精通仪式者）掌握和诠释，正是这一祭祀集团赋予了玛雅神秘的神灵信仰和高度精密的天文数学混杂的文化特色。玛雅是个信仰神灵的民族，各种各样的神灵无所不在。浓厚的神灵信仰环境造就了玛雅艺术的神圣怪异。玛雅人善于把夸张的平面图案的抽象表现与体形凸显的具像写实手法

---

① 美索不达米亚文明：意为"两河之间的地方"。底格里斯和幼发拉底两河流域古代文明，是人类历史上最古老的文明之一。美索不达米亚文明由苏美尔、阿卡德、古巴比伦、亚述等文明相继组成。其中苏美尔的神庙，阿卡德、古巴比伦的雕刻，亚述的浮雕都是其文明成就的代表。

② 奥尔梅克文明：存在于 3000 多年前的墨西哥湾沿海地区，后来神秘消失，被普遍认为是中美洲文明的始祖，对玛雅和阿兹特克文明都有影响。"奥尔梅克巨石头像"是奥尔梅克文化中最闻名于世的艺术品。

结合起来，形成一种神秘怪异的艺术形态。同时，玛雅人的天文知识也是极为丰富的。天象对玛雅日常生活乃至艺术都产生了重大影响。最让人匪夷所思的是，玛雅人还把看得见却摸不着的天文历法现象物化为地理，用人工建筑把这些天象物理化、固定化。玛雅的城市多是按照天象来设计的，规模宏大，结构严谨。丈量的精确性、定位的相互呼应都显示了玛雅人卓越的数学天才。玛雅还建了用以标明春分、秋分、夏至、冬至的建筑群，更是令人惊绝。

（三）轴心文化之美和现代文化之美

从公元前 700 年到公元 17 世纪为轴心文化时期。这一时期的文化主要表现在各大文化出现了一个超越突破时期，即轴心时代。雅斯贝尔斯认为在公元前 700 年到公元前 200 年，在古希腊、以色列、印度和中国几乎同时出现了伟大的思想家，他们都对人类关切的问题提出了独到看法。古希腊有荷马和悲剧作家，出现了苏格拉底、柏拉图、亚里士多德；中国出现了众多的思想流派，出现了老子和孔子；印度出现了《奥义书》和释迦牟尼；伊朗出现了查拉图斯特拉；巴勒斯坦出现了预言家；以色列有犹太教的先知们等。轴心时代文化的超越突破形成两大延续至今的文化成果：一是世俗的哲学伦理思想，二是以人类的救赎或来世的幸福为目的的宗教。成功进行了文化突破的古文明，确立的一个个文化的特殊类型沿传至今，形成了今天西方、印度、中国、伊斯兰等不同的文化类型。而那些没有实现超越突破的古文明，如巴比伦文明、埃及文明、玛雅文明等，则停留在高级文化阶段，成为了文化的化石而没有沿传到现代社会。这些轴心文化和高级文化一起构成了多姿多彩的文化和审美景观。

从公元 17 世纪至今为现代文化时期。这一时期的文化主要表现在形成了一个统一世界史和现代性的全球文化。随着西方现代文化的兴盛、扩张，分散的世界史被纳入一个统一的世界史，全球其他文化类型都面临着如何建构自身的现代文化的问题。不管是主动的文化接纳还是被动的文化殖民，现代性的全球文化问题都是在西方文化的影响下形成的。崇尚理性的西方文化本身就是现代文化的主导。现代文化率先在西方文化中产生，而在西方文化的源头，从古希腊开始的文化本就内蕴着更多的与现代文化相契合的因子，如希腊城邦的民主制、罗马的法律体系、亚里士多德的形式逻辑，等等。这些因素在现代社会兴起时，在文艺复兴的科学实验、英国经验主义、法国理性主义中，因现代科学和现代哲学的产生而得到了一种质的提高。但由于在西方文化中，古与今有一种贯通性，因此，在论述以西方文化为代表的现代文化时，特别是对西方文化作一种美学的把握时，可以把西方文化作为一个整体来看待。

从轴心文化到现代文化，西方文化则更强地表现为一种动态性。这种动态性体现为不同哲学观念、艺术形式的更替性。不过，我们透过流变的现象层面进入本质层面看的话，西方文化不断流变的只是各种观念变化而已，其文化追求的母题和内在的思维机制并没有发生多大的变化。"追寻本原"和"天人二分"的两项对立模式是西方文化主题和思维机制。逻各斯中心主义一直制约着西方文化的整个历程，西方哲学史从形而上的层面不过就是意义中心的不断重复、替代、变形和置换的过程。实体/虚空、理念世界/可感世界、灵魂/肉体、理性/意志、物自体/现象、意识/潜意识、存在/存在者、意义/符号等成对术语展示的就是逻各斯中心主义的基本内涵。柏拉图《理想国》中列举的日式隐喻和洞穴比喻，就是一种在场形而上学的典范。逻各斯是西方文化类型中的一个最为重要的概念。这种对理性的追求直接影响了西方的艺术形式。虽然现代西方艺术对理性进行了反动，非理性开始大行其道，这固然表现了西方艺术的创新特质以及世界史下西方文化在非西方文化影响下的一种自我调适能力，但即使在现代西方艺术中，我们仍然能看出理性至上和两项对立模式的传统根基。这就是解构主义斗士德里达要从文字入手去彻底推翻那套逻各斯中心主义的缘由。所以，从文化类型上来说，逻各斯仍不啻为西方文化的一个焦点。从现代性以来，西方文化一直主导着现代文化的发展。不过，随着各民族国家经济文化势力的提升、理论话语权的扩大、主体间性以及对话理论等的深入人心，全球文化的走向（文化一体论、文化多元论、文化冲突论）开始成为备受关注的话题。其中，文化多元论得到了越来越多有识之士的认同，其主要的观点是：不管全球化怎样扩张，世界文化不会因此同一化单一化。在这种理论背景下，言说类文化中美的多样性就成为美学和美育不可或缺的一部分。因此，西方、中国、印度、埃及、伊斯兰、玛雅（亨廷顿在《文明的冲突》中认为目前世界上有 7 种或 8 种文明，即中华文明、日本文明、印度文明、伊斯兰文明、西方的基督教文明、东正教文明、拉美文明，还有可能存在的非洲文明）等都有不同的美的观念和艺术形式，我们不能以一种单一的标准去衡量。只有理解了不同文化模式下的哲学、宗教等文化观念，才能真正理解这些文化模式下美的观念和艺术形式的多样性。

美的文化类型本应选取对人类文化具有重要影响的诸文化类型，从四大文化中选取具有典型意义的文化类型，如在原始文化中，应按狩猎、游牧、农业三种类型，再考虑到地理分布，各选一个文化来论述；在高级文化中，应按文化类型和地理分布，特别是对那些已经消失在历史中的文化类型，如埃及、巴比伦、卡尔特、玛雅等文化予以介绍；在轴心文化中，基于同样的因素，应选中国、印度、伊斯兰、拜占庭等文化来介绍；在现代文化中，除了对西方进行介绍外，还应对各主要文化，包括中国、印度、俄罗斯、日本等文化，在现代进程中建立的现代型文化进行介绍；从而呈现一个真正多样性的美的世界。但是由于篇幅的限制，在这一章着重选了三个重要轴心文化，西方、中国、印度来进行专章的介绍。希望通过这三个文化之美的介绍，可以收到举三反多的效果。

第二节　中国文化中的美

中国文化中的美是什么样的，它以一种什么样的方式呈现出来呢？这里首先涉及中国文化本身的样态，其次涉及这种文化形态对中国人的审美创造和审美鉴赏的型构，即决定了中国人审美创造方式、审美理想模式、审美鉴赏心理等等的具体生成。

中国文化源远流长，像一颗灿烂的明星闪耀于世界文化的天空中。中国文化像其他文化一样都要解决宇宙、自然、社会、家庭、人生等等的基本问题。但是，中国文化解决的方式又区别于其他文化，中国文化最为本质的核心从哲学观念上讲就是"道"。正如西方文化的"逻各斯"、印度文化的"梵"、伊斯兰文化的"真主"和其他各文化的主神，"道"是中国文化的根本，是中国宇宙的根本。"道"，从字形来讲是道路，是人行其上的道路，又是人们体悟天道宇宙规律的途径。"道"字本身体现的是人察"道"、体"道"、悟"道"、行"道"的方式，以及体"道"之人最终与道合一的境界追求。中国知"道"就是人在与天地相参之中，即在天人合一中完成。道是道路，四通八达，井然有序。人们沿着道路行走，顺着道路前行，就会通达顺利，因此，道是一种法则和规律的具体体现。按照中国的整体直观思维，道是规律本身，是通向规律之道，是规律的具体运行。在这三层含义的合一上，道就是宇宙的根本规律。

道路是井然有序，有其规则，在这一意义上，道就是理。

道从本原上说，是天道，正如《易》主要来自以日月为代表的天体运行。天体运行是有轨道的，从而天道是有规律的。"道可道，非常道"①，这一不可道的永恒之道要用可道的语言来表达，就是无："天下万物皆生于有，有生于无。"② 无不是没有，而是不可尽道；不是不可认识，而是不可拘于某一固定的认识。人行道上只是一种现象描述，人行道中的意义（人知有道，能够行于道上，是为了某一目的而行在道上）却非现象所能完全表达出来。因此，当说道即无的时候，道所包含的一种深邃的形而上的意蕴就表达出来了，人行道上的一种宇宙意义就呈现出来了。

道是天道，天体运行虽然有其明显的轨道，但它的本质功能却不是通过可见可测的轨道来认识的，而是通过一种不可见的天地人的感应表现出来的。决定这种天地人感应的同一性东西就是"气"。气不可见而可感。天有规律的运动具体表现为春夏秋冬，再具体表现为 24 个节气，大地随四季和节气的变化而变幻色彩，人随着季节的变化而有心理情感的变化，所谓"气之动物，物之感人"。在中国文化中，气乃宇宙的根本，宇宙空间充满着气，气化流行，衍生万物，气之凝聚形成实体，实体之气散而物亡，又复归于宇宙流行之气，事物的兴亡盛衰，就在于气盛、气衰、气变，所谓"通天下一气"③。有了气，中国特色才得到真正的体现；有了气，中国的"无"，才不是西方式的空无一物的虚无，而是不可见而可感的本质；也正是有了气，中国的理才不是西方的逻辑，而是成了"有理便有气"（朱熹）的气韵生动的东西。

道与无、气、理相连，基本上形成了中国之道的特点。道是宇宙的根本；无是对道的难以言说的一种表达；气，指出了中国之道的根本特点；理，是道的具体可见性、规律性、逻辑性的体现。当中国人说无的时候，即对宇宙有了一种整体性的把握，又表达了人在这种把握中的有限性。一方面是在一种有限中对无限的把握；另一方面是在有限无限的矛盾中强调了对整体的把握。无作为中国之道的形而上表达，不同于西方的实体性的"有"（Being），也不同于伊斯兰似无而实有的"真主"，还不同于印度虽空而实的"梵"。中国的"无"与"气"相连。气既是本体，又以具体形式体现出来，谁都能感受，谁都能体验。气把有限与无限、已知与未知、现象与本质、部分与整体做了一个整体的把握。中国宇宙的整体性具体而生动

---

① 《老子·一章》。

② 《老子·四十章》。

③ 《庄子·知北游》。

地体现在气的整体性、运动性和规律性之中。

道、无、气、理是中国宇宙的根本，同时也是中国美学的精神。中国文化认为，道是一切事物的根本，存在于宇宙万事万物之中，但是事物本身的形质并不等于道，只有将心灵与形质之内的意蕴——道吻合，道才得以关照。下面我们从中国文化视野中的中国之人、中国之艺、中国之自然三个方面来讨论中国文化类型中的美。

一、中国人物之美

中国文化的根本是气，气分阴阳，阴阳与五行相合，衍化万物。在中国文化中，天为乾、地为坤，男为阳、女为阴，男主外、女主内。由此，中国文化对男女身体的要求也体现了出来。在中国文化的要求下，女性总是以一种阴柔之美的方式来呈现，而男人却是以一种阳刚之气的方式来展现。比如《诗经》中的"美人"，只是用"窈窕淑女"、"有女如玉"、"静女其姝，静女其娈"、"宛如清扬"、"颜如舜英"、"手如柔荑，肤如凝脂，领如蝤蛴，齿如瓠犀，螓首蛾眉"等句子来摄取美人的整体神采；"巧笑倩兮，美目盼兮"，着重表现的是一种整体的阴柔之美的精神面貌、仪态气韵。而对男性的身体的描绘，在魏晋时，人们欣赏的形象是"潇洒俊逸"、"超然玄远"、"气韵生动"、"丰神飘洒"、"神采奕奕"，不滞于物的"风姿神貌"。比如，形容夏侯太初是"朗朗如日月之入怀"，李安国是"颓唐如玉山之将崩"，而嵇康则是"萧萧肃肃，爽朗清举"，王右军是"飘如游云，矫如惊龙"，叹形貌是"濯濯如春月柳"，赞风采是"神姿高彻，如瑶林琼树，自然是风尘外物"。总之，这里一个共同的特点就是着重呈现男性的一种整体的阳刚之气的精神风貌、气度神采。

宋元以来的文学作品中，身体形象开始进入了一个细腻白描的阶段，人物的身体形象获得了前所未有的、不厌其烦的反复描写和渲染，人物的眼睛、头发、鼻子、颈项、嘴巴、手指、皮肤、脸、腰、脚、身体形态、穿着打扮等等都得到了细致的关注。按照正常的逻辑，身体形象在此时应该有一个符合生活现实的特点，呈现出千差万别的多样性来。但是仔细阅读，加以综合归类，就可以发现这样一个规律：这一时期的女人的身体形象都被描绘成天生丽质，所谓"粉香腻玉"、"樱桃小口"、"云鬓乌鬓"、"眉弯远山"、"眼横秋水"、"体若凝脂"、"腰如弱柳"、"芙蓉面、冰雪肌"、"香脸桃腮"、"姿容闲雅，性如兰蕙"、"闭月羞花，沉鱼落雁"、"月宫仙子"等等词语，无一不是刻画女性的风情万种、国色天香、烟笼芍药、带雨梨花、倾城倾国的阴柔之美。在主要是男人英雄驰骋的《水浒传》里，潘金莲是美貌无双："眉似初春柳叶，长含雨恨云愁；脸如三月桃花，暗藏风情月意。纤腰袅娜，拘束的燕懒莺慵；檀口轻盈，勾引得蜂狂蝶乱。玉貌妖娆花解语，芳容窈窕玉生香"，被描绘得柔性十足；就是那讨人厌的阎婆惜，其外貌也描绘成人见人爱的美人："花容袅娜，玉质娉婷。鬓横一片乌云，眉扫半弯新月。金莲窄窄，湘裙微露不胜情；玉笋纤纤，翠袖半笼无限意。星眼浑如点漆，酥胸真似截肪。金屋美人离玉苑，蕊珠仙子下尘寰。"即使是"巾帼英雄"，武功了得的扈三娘，其外貌身体也同样描绘成一个温柔标致的"纤纤玉女"："玉雪肌肤，芙蓉模样，有天然标格。玉手纤纤，双持宝刃。眼溜秋波，万种妖娆堪摘。"其他，如《西厢记》中的崔莺莺，《金瓶梅》中的春梅、李瓶儿，《封神演义》中的妲己、胡喜媚，甚至《红楼梦》中的黛玉和众姐妹们，无一不是"娇滴滴"百千娇媚的"弱柳"（其中林黛玉就被着重刻画为："娴静时如娇花照水，行动处似弱柳扶风"）。总之，都是惹人爱怜，无一不是"湘陵妃子、玉殿嫦娥"，千般袅娜，万般旖旎的阴柔之美。

而男人的身体形象，无论从穿着打扮还是其精神面貌，都强调其男性不同凡响的"阳刚之美"。所谓的"面圆耳大"、"唇阔口方"、"浓眉大眼"、"虎体熊腰"、"豹头猿臂"、"威风凛凛"、"气宇轩昂"等等，无一不是英雄豪气，几乎千篇一律。比如《三国演义》中，男人动不动就是"身长八尺"，个个孔武有力，高大威猛，雄姿英发。写刘备："生得身长七尺五寸，两耳垂肩，双手过膝，目能自顾其耳，面如冠玉，唇若涂脂"，颇为神奇。讲关羽则是："身长九尺，髯长二尺，面如重枣，唇若涂脂，丹凤眼，卧蚕眉，相貌堂堂，威风凛凛。"描写张飞则是："身长八尺，豹头环眼，燕颔虎须，声若巨雷，势如奔马。"其中的英雄人物个个"形貌异常"：无论是"马中赤兔，人中吕布"，还是"阔面重颐，威风凛凛"的赵云，"身长九尺，虎体狼腰，豹头猿臂"的华雄，"身长八尺，面如重枣"的魏延，"方颐大口，碧眼紫髯"的孙权，"广额阔面，虎体熊腰"的孙坚，就书生气质的诸葛亮也是"身长八尺，气宇轩昂"。《水浒传》中男人的身体形象自然也毫不逊色。比如人所皆知的鲁智深，"生得面圆耳大，鼻直口方。身长八尺，腰围十阔"，这是何等英武。武松则更是英姿勃发："身躯凛凛，相貌堂堂。一双眼光射寒星，两弯眉浑如刷漆。胸脯横阔，有万夫难敌之威风。"而《金瓶梅》中的武松也同样是："雄躯凛凛，七尺以上身材；阔面棱棱，二十四五年纪。双眸直竖，远望处犹如两点明星；两手握来，近觑时好似一双铁锤。脚尖飞起，深山虎豹失精魂；拳手落时，穷谷熊罴皆丧魄。"这是何等气震山河的豪杰。

为什么会出现这种特征化、类型化、一眼即知的区别其性别的"身体"？答曰：中国文化使然。一方面，文学作品创作者受这种文化的影响，有意识或者无意识地创作这种"身体"；另一方面，文学作品的接受者也乐意接受这种类型的"身体"。以至于后来曹雪芹创造了贾宝玉这样一个"面如桃瓣，目若秋波"式的男人，就让人们感觉贾宝玉不像个男人，就像我们在日常生活中遇到婆婆妈妈的男人就骂他不像个男人一样。中国文化中的女人应该是娇弱温柔的身体形象，而男人应该是气度不凡、挺拔威武、阳刚之气的身体形象，这种相对比较稳定的普遍模式，是中国文化背景中关于女人和男人的"集体无意识"。尤其是儒家文化对中国男人的要求，更主要的是对男人的心灵（精神、气质、理想、事业）要求，所谓君子要正心、诚意、修身、齐家、治国、平天下。男子汉大丈夫，不要在意外在的身体之美，更重要的是要注意内在的身心修养。道家文化对人的要求，主要的也是精神气质与风范。《庄子》中所推重的不是一般的圣人，而是能与天地宇宙精神相往来的"真人、神人、至人"。

二、中国自然之美

中国文化中的"自然"，是气的宇宙中的自然，它是天地宇宙和合而生，阴阳二气和合而成。人生的最高境界就在于"静而与阴同德，动而与阳同波"。即通过"听之以气"的途径达到真人、神人、至人、圣人的境界："至人无己，神人无功，圣人无名。"中国文化中的自然既是人们生存的基础，更是人们生存的范式，还是人们创造文化和艺术的法则。《周易》云："河出图，洛出书，圣人则之。"《周易·系辞》说："古者牺氏之王天下也，仰则观象于天，俯则观法于地，观鸟兽之文与地之宜，近取诸身，远取诸物，于是始作八卦。以通神明之德，以类万物之情。"自然是古人创造文化的师法对象，同样也是艺术创造的法则。唐代画家张璪说："外师造化，中得心源"[1]，明代画家王履说："吾师心，心师目，目师华山。"[2] 正因为自然是中国艺术师法的对象和原则，所以中国艺术世界有很大一部分是自然世界，山水、花鸟充斥着诗坛画苑，居室总是连接着庭园，门窗要求面对着自然佳景。

---

① ［唐］张彦远：《历代名画记》引。

② 《华山图序》。

孔子说："智者乐水，仁者乐山，智者动，仁者静，智者乐，仁者寿。"①《荀子·宥坐》解释说："孔子观于东流之水，子贡问于孔子曰：'君子之所见大水必观焉者，是何？'孔子曰：'夫水，偏与诸生而无为也，似德；其流也埤下，裾拘必循其理，似义；其洸洸乎不尽，似道。若有决行之，其应佚若声响，其赴百仞之谷不惧，似勇；主量必平，似法；盈不求概，似正；淖约微达，似察；以出以入，以就鲜絜，似善化；其万折也不必东，似志；是故君子见大水必观焉。'"这段话就是著名的文艺比德说，其实这里更为深入地说明了人的社会品德和人类社会的法则与大水（即宇宙自然）的内在一致性。《庄子·秋水》说海："夫千里之远，不足以举其大，千仞之高，不足以极其深，禹之时十年九涝，而水弗为加溢，汤之时八年七旱，而水不为加损，夫不为顷久推移，不以多少进退者，此亦东海之大乐也。"这里"海"是无形的"道"的体现，更是人类行道的法则。所有这些，本质上都是将山水看作可以对话交流的对象，看作人生实践的法则和理想境界。

当然更为深入的是，在中国文化中，人本就是自然的一部分，人只有面对自然，回归自然才能得到一种怡然自得的佳境。这也是为什么中国诗歌当中总是出现人与自然的对话与交流。"我见青山多妩媚，料青山见我应如是。""相看两不厌，唯有敬亭山。"

万物由一气化生，万物的生长都要经过气聚散盈虚的过程，刚柔相推，阴阳相荡。同时，万物由一气所化，一本万殊，万殊归一，差别之物均由一气统属，因而这同根同生的殊相均是相通的，互为关联，相互影响。此所谓"万物一气相生，万物同气相连"。因此，在中国文化中，人与自然宇宙是一个有机的整体，应和谐相处，最终必然通向本体的方向。宇宙自然不是一个机械的死板的物质系统，而是一个"气化流行，生生不息"的充满生机活力的生命系统。《周易·系辞传》说："天地之大德曰生"，"生生之谓易"，宇宙生命鲜茂蓬勃，流动不息。正因为自然界的万物都是气之所生，都充满着生命的气息，所以才有"山川竞秀，万壑争流，草木葱茏其上，若云兴霞蔚"②。宇宙自然中有丰富和无限的鲜活生命充塞其间，因而，才能在无言的静默中向人类展示其盎然的生机和无尽的活力。而正因为人也是气之所生，"人禀气而生，含气而长"（王充语）。"人之生，气之

①《论语·雍也》。
②［南朝］刘义庆：《世说新语·言语》引顾恺之语。

聚也。"① 所以在这个浑然自足的本体世界中，人的生命与宇宙自然万物的生命在本质上是一样的，在结构上是相合的，人也是宇宙自然界的一部分。这样，人与自然就不是一种相互依存、相互对待的关系，而是一种气息相通，主客同构，心物共生、共感、共振，生命和谐相融的关系。《世说新语》载简文帝说："会心处不必在远，翳然林水，便自有濠濮间想也。觉鸟兽禽鱼自来亲人。"在这里，就不存在西方审美文化中那种主客体的分裂对峙，也不存在人对宇宙自然感到的恐怖和压抑，以及由此产生的痛苦与抗争意识，宇宙自然是人们可亲、可游、可居、可意会的精神家园。宗白华先生说："中国人不是像浮士德追求着无限，乃是在一丘一壑一花一鸟中发现了无限，表现了无限，所以他的态度是悠然意远而怡然自足的。"②

也正因为这样，中国文化中的"自然"是不断流动变化的。同一山、同一水，春、夏、秋、冬，旦、午、暮、夜，不断变化着形象、色彩、韵味。"山，春夏看如此，秋冬看又如此，所谓四时之景不同也；山，朝看如此，暮看又如此，阴晴看又如此，所谓朝暮之变态不同也。山，近看如此，远数里看又如此，每远每异，所谓山形步步移也；山，正面如此，侧面也如此，背面又如此，每看每异，所谓山形面面看也。"③ 故中国的艺术家"终日只在荒山乱石，丛木深筱中坐，意态忽忽，人不测其为何。以每往泖中通海处，看急流轰浪，虽风雨骤至，水怪悲诧而不顾"。李日华《论画》记黄公望常"卜居于终南太华岩隙林麓之间，而览其烟云惨淡，风月阴霁难状之景，默与神遇，一寄与笔端之间"④。宗炳更是一生游览无数名山大川，充满着对大自然的热爱，自称"余眷恋庐、衡，契阔荆、巫，不知老之将至"。晚年走不动了，就"凡所有游履，皆图之于室"，"抚琴动操，欲令众山皆响"，把山水看成有情感、有生命、可与之进行亲近、沟通、对话与交流的对象。宇宙自然生机尽发，浩荡不竭；审美心灵映射万象，神会于物，体悟到宇宙生命的至大至微，从而实现人与自然生命间的感通呼应，流衍互润，对话交流。这时，审美主体不是作为万物的主宰者，更不是作为宇宙秩序的赋予者面对宇宙自然，而是作为生命的一个分子投入宇宙之气的大化运行的生命之流中，以直觉的方式"听之以气"，去逼近自由生命

---

① 《庄子·知北游》。

② 宗白华：《美学散步》，125 页，上海，上海人民出版社，1981。

③ ［宋］郭熙：《林泉高致》。

④ 参见《宣和画谱》。

的气韵律动，并且把不同情景不同际遇下生命颤动的深层结构和全部幅动蕴涵在审美的感发中，不假思索，不借抽象概念，不凭心智的刻意活动，而是自然自发的相应和，使万物万象万事万态质样俱真地自由兴发，自由呈现。

三、中国艺术之美

诗学家说："诗者，天地之心也"；乐理家讲："乐者，天地之和也"；画论家道："以一管之笔，拟太虚之体"。以上都强调，艺术从根本上讲要表现的是宇宙的精神。中国之道是"无"，中国艺术最大的特点就是对"无"的重视。文学上强调通过含蓄有余味来表现"无字处皆有其意"（王夫之）的境界；绘画上重视空白的处理，"虚实相生，无画处皆成妙境"（笪重光）；书法追求"潜虚半腹"、"计白当黑"、"实处之妙皆因虚处而生"（蒋和）；建筑上讲"透风漏目"，从房屋的门窗和亭台楼榭的空格获得自然的动景，感悟宇宙的情韵，"唯因此亭无一物，坐观万景得天全"（苏轼）。中国之道重"气"，所以"气"就成为了艺术作品的生命。文学上讲"文以气为主"（曹丕）、"气盛则句之长短与声之高下皆宜"（韩愈）；书法上要求"梭梭凛凛、常有生气"（萧衍）；音乐上呈出"泠泠然满弦皆生气氤氲"（徐上瀛）；绘画六法，以"气韵生动"为第一。

书法只有在极少数文化中才成为举足轻重的美，然而，只有在中国文化中才呈现出人之美与宇宙之美的和谐统一。因此，书法可以作为中国文化类型中美的典范。用笔写字，书法是一种最简单的线的组合。线，在中国书法中，用毛笔蘸墨写出，就有了浓淡、干湿、肥瘦、丰瘠、粗细、疾徐等的丰富变化。这是中国线条的特色。中国宇宙是一个气的宇宙，与气的宇宙最相契合的是线的艺术。书法的线之流动犹如天地之间气之流行。气的聚散流行而成物，线之流动而成字，书法之线的世界与宇宙之气的世界有了一个相似的同构。中国艺术，文学、绘画、音乐、建筑等，都含有线的意味，但只有绘画和书法，将中国艺术中的线之美的特色很好地传达出来。书法简单而虚灵，更接近于宇宙的本体意味。中国哲学的最高境界是无味之大味、希声之大音、无形之大象、无言之至言，这正好与形简神丰的书法同韵味。它最能用书法来体现，又最能从书法去体会。中国的字，点、横、竖、挑、撇、捺，形态多样，且点有大小，横分长短，竖可粗细，撇区啄掠，因而字字自成一个独体，一字可写成不同的形态。人以气为主，以气作文，文如其人，以气写字，字如其人，人禀天地之气而生，字之美即宇宙天地之美。书法的构成本身就契合了中国宇宙的构成。纸为白，字为黑，一阴一阳；纸白为无，字黑为有，有无相成；纸白为虚，字黑为实，虚实相生。宇宙以气之流动而成，书法以线之流动而成，宇宙一大书法，书法一小宇宙。从中国书法中可见出中国文化中的美的一些特点：

第一，是一种独特的线的艺术。这线表现的是宇宙之气，因而自身变化丰富。

第二，是一种独特的色彩的艺术。中国的色彩系统，由气的无色，到阴阳的黑白二色，到青、赤、黄、白、黑五色，再到百色千彩。书法的黑白二色，即体现了色彩的基色，直接与宇宙的基本元素阴阳相连。

第三，是一种独特的空间结构，一种气化流行于其中的有无相成、虚实相生的空间。书法的线的流动的美，从书法的书写法则中更能鲜明呈现。中国书法有五种字体：篆、隶、楷、行、草，行书和草书很容易感受书法之线与宇宙之线的联系，篆、隶、楷皆一笔一画，但线的流动之姿仍同构着气的生化之韵。

中国绘画，无论是以彩墨画为主体的精巧的宫廷绘画，以水墨画为主体的抒情达意的文人画，以彩色壁画为主的解释宗教内容的宗教绘画，还是与表现市民性的小说故事内容相连的市民版画和负载下层民众愿望的年画，一个最显著的特征，就是没有西方式的焦点透视空间，而是多用散点透视。在描绘具体场面或一隅山水的画中，也可以感到视点的明显移动。在大型山水画，如某山全景，某水全貌，画中的物象似乎随意列置，使人仿佛感到了画中视阈的不断移动，仿佛画外有人在行走。五代后梁画家荆浩的山水名作《匡庐图》是一幅全景式的绢本水墨画，将崇山峻岭、飞瀑流泉、屋宇庭院、行人小船都巧妙地组织在一个完整的画面里，构图错落有致，视点变化丰富。又如，北宋画家张择端的著名风俗画长卷《清明上河图》，就是以散点透视的方法呈现了汴河两岸数十里的繁华景象。

中国的绘画，从顾恺之的《女史箴图》到吴道子的《送子天王图》，从高其佩的《钟馗图》到黄筌、徐熙的花鸟画，从郑思肖的《墨兰》到李方膺的《墨花册页》，如此等等，人们看到的是一片没有背景的空白，人物花鸟并无安置的定点，好像就在一片虚空之中，这虚空不是西方的虚空，而是充满着中国式的宇宙的灵气。这"空"，就是书法中的空白，人物花鸟，犹如书法中的黑字。只是抽象的字转换成了具体的人、物、花、鸟，其阴阳虚实的关系依然。

在郓寿平的《落花游鱼图》中，看不到水，审美之人却能感觉到满幅都是水；在曾鲸的《张子卿像》中，背景什么也没有，但审美的人却能感到什么都有。中国讲书画同源，书画一律，就是讲的由毛笔构成的线的艺术。绘画六法中最重要的两条，一是气韵生动，二是骨法用笔。中国画中充满宇宙灵气的活的形象，就是由浓淡枯湿变化无穷的线构成的。与书法一样，画中线的流动同构于宇宙中气的飞扬，线是中国画的生命，也是中国画美的根本。中国画就是各种线的呈美飞扬，当中国画用浓淡枯湿的线呈现出人、物、花、鸟、山、水的时候，画中的形象表现了完全中国式的美。用生命之线画出气韵生动的画，同时也反映了一颗气韵生动的心，体现一个气韵生动的世界和宇宙。

中国画，笔形成内容丰富的线，墨形成内容丰富的色，"墨分五彩"即由淡到浓，由湿到枯的清、淡、重、浓、焦。墨的层次又正好表现了光在物体上的明暗作用。这样，一种绘画的奇迹出现了，中国画在散点游目的画中表现出了极为丰富的光的明暗效果。中国画墨的层次效果不能按照西方科学的光来理解，而是要按照中国宇宙之气来欣赏，光是表面的物态，气才是天地万物的根本。笔与墨一道构成了中国绘画的色彩意蕴。笔墨的千变万化，笔墨的万千样态，构成了中国视觉的特殊美感，构成了一个笔意墨趣的世界。

笔墨构成了中国画的实体，这个实体是在一片虚空中呈现的，构成了画面的虚实关系。中国画从构图的角度排一个系列，荆（浩）、关（仝）、范（宽）的全景山水是一个极端，他们写中国北方的雄伟山水，几乎塞满了整个画面。马（远）、夏（圭）是另一个极端。夏圭山水画，只画山水的一半，人称"夏半边"；马远的山水画，只画山水的一角，人号"马一角"，留下大量的空白。从中国画自身来说，各有各的美。荆、关、范类型的画，如汉代大赋，如颜真卿的楷书，包容万有，堂堂正正，有阳刚之气；马、夏类型的画，似晋人的行书，似唐人的绝句，笔才一二，象已应焉，笔不周而意已周，充满着画外之意。就世界各文化的比较而言，后一类型构成了理解中国之美的切入点。面对一幅充满着空白的中国绘画，启发了人们的思考：只有一个以气来看待虚空的文化，才能对空白有"无画处皆成妙境"（笪重光）的体悟。气的宇宙和虚实相生是中国之美最重要之点。

气的宇宙和这个宇宙中的景象，只有仰观俯察、远近游目才能把握和体悟。太极图的S形，既是中国宇宙的运行规律，也是中国人的审美视线。《周易》讲伏羲成八卦以通神明而王天下，就是通过"仰则观象于天，俯则观法于地……近取诸身，远取诸物"而达到的。中国绘画同样也要求这种远、近、俯、仰的游目。郭熙《林泉高致》说，山水画要"可行、可望、可居、可游"，就是用游目形成一个具有中国宇宙节奏的空间。沈周的《庐山高图》既有近山的平远，又有由山下而仰山巅的高远，还有自山巅而望山后的深远。但从近山到山巅 S 形而上，从山巅至远山又由高而低。一方面树形与山形曲折而上，由近而远，由俯而仰；另一方面山涧流瀑又曲折而下，由远而近，由仰而俯。游目使中国画按照自己认为最正确的方式"以一管之笔，拟太虚之体"（王微《叙画》），使画家避免了在一个固定视点上的局限，从而可以用文化的宇宙法则和能够体会这宇宙法则的心灵去组织对象，表现自己想要表现的任何对象。

中国之美，除了形象本身的独特之外，还在于，对形象本身的理解是按照一整套事物与事物之间以一种符号方式组织联系起来的模式进行的。我们可以通过中国文化的象征性建筑——紫禁城这一典型来理解中国之美的深层模式。

	色彩	味道	声音	季节	方位	位置	情感	内脏	道德	神	帝
木	青	酸	角	春	东	左	怒	肝	仁	句芒	太皥
火	赤	苦	徵	夏	南	上	喜	心	礼	祝融	炎黄
土	黄	甘	宫	长夏	中	中	思	脾	信	后土	黄帝
金	白	辛	商	秋	西	下	忧	肺	义	蓐收	少皥
水	黑	咸	羽	冬	北	右	恐	肾	智	玄冥	颛顼

上面的五行联系表，横着读就是今天人们熟知的各学科分类，颜色、味道、方位等等，纵向系列分类就是中国古代人认为事物的内在联系，只有具备了中国文化的人才能理解。

紫禁城是按照阴阳五行的联系来建立的。按照阴阳学说，南阳北阴，景运门、乾清门、隆宗门形成的一条东西中轴线将宫区分为南北两区，外朝在南，属阳，内寝在北，属阴。外朝前三殿，太和殿在最前，面阔十一间，深开五间，是皇帝登基以及举行各种大朝会典和大型仪式之地，为阳中之阳（太阳）；保和殿在最后，面阔九间，是举行殿试和宴会之处，为阳中之阴（少阳）；中和殿在中，面阔五间，是皇帝在太和殿行礼时的休息处，是阴阳之和，为中阳（阳明）。内廷三宫，乾清宫最前，坤宁宫最后，皆面阔九间，是皇帝和皇后正式起居之室。乾清宫取名自乾卦，《象传》云："至哉乾元，万物之始，乃统天"，《象传》云："天行健，君子以自强不息"，此宫是阴中之阳（厥阴）；坤宁宫名取自坤卦，《象传》云："至哉坤元，万物滋生，乃顺承天"，《象传》云："地势坤，君子以厚德载物"，此宫是阴中之阴（太阴）；两宫之间的交泰宫，取名于泰卦，意味着天地交泰，阴阳和平，此宫是中阴（少阴）。

按照阴阳学说，东阳西阴，从午门到神武门形成一条南北中轴线，把宫城分为东西两区。东方是日出之所，属阳，太子住东区，南三所为太子宫室，文华殿原为太子讲学之所；西方是月出之处，属阴，皇后和宫妃居住的寿安宫、寿康宫、慈宁宫都在西区。东即左，西即右，男左女右，阳左阴右，宫廷朝事大典百官排列，文臣在左，武将在右，因此太和门两旁，文华殿在左即东区，武英殿在右即西区；太和殿丹陛上，左陈日晷以司天，定天文历法，右置嘉量以司地，定制度量衡。同理，内城之南，左边是太庙法阳象天，右边社稷坛法阴象地；天安门外，吏部、户部、礼部在左，都察院、刑部、大理寺在右。

从五行学说讲，东不但是日出处，而且属于木，主春、生、文、仁等。因此，紫禁城内东区有万春亭、文华殿、体仁阁等；城门有朝阳门、建国门（生）、安定门（仁）；城外有日坛。西，不但是月出处，而且属金，主秋、收、武、义等。因此，紫禁城内西区有千秋亭、英武殿、宏义阁等；城门有阜成门（收）、宣武门、德胜门（义）；城外有月坛。天南地北，南面是天，属火，主夏、礼等。因此，南面有太庙、社稷坛，有天安门、正阳门、永定门，城南有天坛；北面是地，属水，主冬，有玄（神）武门、地安门，城北有地坛。紫禁城的色彩也是按照五行学说的理论依据来规划的。主色是红与黄，宫墙和殿柱用红色，红色属火，在南，天朝之色，火，又喻光明正大。屋顶用黄色，黄属土，属中央，皇帝居中，皇城为天下之中。在红黄主色之内，又要把紫禁城的五行的丰富性显示出来，皇宫东部屋顶用绿色，东属木，属春，绿色。皇城北部的天一门，墙色用黑，北方属水，属东，黑色。单体建筑，其设计也参考阴阳五行的基本理论。藏书的文渊阁，是黑瓦黑墙，黑为水，以克火，利藏书。

气、阴阳、五行构成了朝廷体系的内在基础，紫禁城的空间结构、感性形式只有与中国文化内在联系结合起来时，中国之美才能真正得以体现。还有，正是因为中国文化气分阴阳，故中国审美形态也大致分为两种：阳刚之美和阴柔之美。清代沈宗骞论画时说："挟风雨雷霆之势，具神工鬼斧之奇，语其坚则千夫不易，论其锐则七札可穿……如剑绣土花，中含坚质，鼎色翠碧，外耀光华，此能尽笔之刚德也。……柔如绕指，软若兜罗，欲断还连，似轻而重……尽笔之柔德。"① 明显地将中国书画的线条美区分为两种类型：阳刚美——"坚则千夫不易，锐则七札可穿，如剑绣土花，中含坚质，鼎色翠碧，外耀光华，尽笔之刚德"；阴柔美——"柔如绕指，软若兜罗，欲断还连，似轻而重……尽笔之柔德"。论画如此，论文亦如此。清初魏禧在《文灊叙》一文中也说文有阳刚之美和阴柔之美，且指出了二者的美感特征："阴阳互乘，有交错之义，故其遭也而文生焉。然其势有强弱，故其遭也有轻重，而文有大小。洪波巨浪，山立而汹涌者，遭之重者也。沧涟漪，皱蹙而密理者，遭轻者也。重者人惊而快之，发豪士之气，有鞭笞四海之心。轻者人乐而玩之，有遗世自得之慕，要为阴阳自然之动。"这显然是受"气分阴阳"的哲学思想影响而提出的文分阳刚与阴柔两种形态以及二者的审美效应的观点。

气分阴阳，阴阳二气虽具不同的特征，却又彼此相互联系，相互依存，互相激荡，互相补充。故中国文化、中国美学中的阳刚与阴柔也是彼此联系，互相补充，而非完全割裂。说得具体一点，即阳刚之美刚健遒劲，而刚中有柔；阴柔之美柔婉妩媚，而柔中有刚，二者兼容而不偏废。"阴阳刚柔并行而不容偏废，有其一端而绝亡其一，刚者至于偾强而拂戾，柔者至于颓废而暗幽，则必无与于文者矣。然古君子称为文章之至，虽兼具二者之用，亦不能无所偏优于其间……文之雄伟而劲直者，必贵于温深而徐婉。温深徐婉之才，不易得也；然尤其难得者，必在乎天下之雄才也。"②

第三节　西方文化之美

一、西方文化之美的特征

西方文化认为什么样的形象是美的呢？黑格尔说，美的理想体现在古希腊的雕塑上。希腊雕塑受到了当时和后代的一致推崇，确实是西方美的经典，也包含了西方之美的秘密。让我们先看两座有代表性的希腊雕塑：《维纳斯》和《掷铁饼者》，并由此进入对西方模式的讨论。

第一，西方之人。《维纳斯》是神，《掷铁饼者》是人。神，维纳斯，是按照最美的人的形象来塑造的。在希腊的世间女性雕塑中，你看不出与

---

① 《芥舟学画编卷二·山水用笔》。
② 《海愚诗钞序》。

各种女神雕塑有什么区别。人类的运动员也具有了神般的美姿，他与宇宙的主神宙斯、太阳神阿波罗的雕塑具有一样的风采。因此可知，希腊雕塑呈现的是西方之人。人就是神，神就是人。希腊艺术普遍呈现出了神与人的互通和同形同性。这区别于其他文化雕塑中对神与人之间，神与神之间和人与人之间的等级区别。美不依靠一些神性符号，如头上的动物、手中的武器、座下或身旁的猛兽，而是靠人的肉体本身。各个文化都靠服饰来区别人的等级尊卑，印度佛教雕塑也可以是裸体的，但它有一套身体特征来区别佛陀、菩萨、罗汉的等级。只有古希腊，人因展示自己的天生丽质而美。普罗泰戈拉的名言"人是万物的尺度"以高傲的方式显示了人的西方特性，俄狄浦斯倔强地反抗神谕以悲剧的方式显示了人的西方特性，希腊雕塑则以人体美的方式显示了人的西方特性。从人本身来显示和欣赏人的美，是西方文化写人的模式。一部西方文学史，一方面，对人的描写，从命运、到性格、到社会、到心理、到无意识，一步步深入；另一方面，写神话、写上帝、写传奇、写宫廷、写社会、写现实、写外星人，都是为了写出西方式的人。

第二，美的比例。希腊雕塑具有最明确的三维空间存在，这区别于很多文化中雕塑的平面倾向。平面风格的雕塑意味着雕塑与背景的一体性，而三维空间中的雕塑意味着雕塑与背景的可脱离性，这暗喻了西方式的人的主题。但是，希腊雕塑的三维空间性更主要的是具有精确的人体比例，这区别于其他文化雕塑的夸张、变形、写意。印度雕塑在三维性、生动性、肉体美呈现等方面都最接近希腊雕塑，但没有严格精确的比例。精确比例是西方的科学、哲学、宗教的美学表现。柏拉图学院门口的大牌"非懂几何学者莫入"是精确比例的文化基础。在科学精神中，美首先是一种精确比例。古希腊雕塑《持矛者》是毕达哥拉斯学派关于人体比例的无声样板，达·芬奇的人体图是标准的西方人体比例图，指出了人体各个比例细则。精确比例之美，不仅是雕塑的，也是建筑的。以柱式为代表的古希腊建筑与人体遵循的是同一美的比例，用哲学的话来说，就是数的和谐原则，它是各门艺术的基本法则，音乐、戏剧、绘画，也是宇宙天体的法则。数的规律使西方人成为科学的人，正如其使西方的哲学和宗教成为科学式的哲学和宗教，也使西方的美成为数的比例的美。

第三，焦点审美。美的比例是从人的眼中来看的，而且是从人站在一个理想的定点来看的。这样的定点是人眼视阈的张开点，即焦点。亚里士多德说："一个美的事物——一个活东西或由某些部分组成之物——不但它的各部分应有一定的安排，而且它的体积也应有一定大小：因为美要依靠体积与安排，一个非常小的活东西不能美，因为我们的观察处于不可感知的时间内，以致模糊不清；一个非常大的活东西，例如一个万里长的活东西，也不能美，因为不能一览而尽，看不出它的整一性。"① 希腊雕塑就是遵从的人的焦点审美法则。《掷铁饼者》采取了运动员正要抛掷而还未抛掷出去的一瞬间，这是西方造型艺术很强调的"具有包蕴性的一瞬间"。从一般艺术法则上说，它留下了极大的想象余地，造就了艺术的象外之象，韵外之致。从西方之美来看，它突出了一种排斥时间的空间，雕塑本是不动的，是时间的凝固，但作为艺术又应该突破不动的局限，西方造型艺术就是在承认排斥时间的不动的基础上，去创造动的效果，表现出最具有意味的不动之动。要排斥时间使雕塑不动，正是为了强调比例。虽然与其他文化不同，西方的雕塑是真正的三维，可以让人环绕巡视，但它不是强调"环"和"巡"的流动，而是把"环视"分解为一个一个的定点，你在每一个定点去看，希腊雕塑都有正确的比例。

第四，存在与虚空。焦点审美，意味着一个固定点，人在一个固定点，能更好地看清一些东西，但同时又看不清另一些东西。一个定点使人对看见的看得更清楚，对看不见的更模糊。存在与虚空是古希腊的一对重要概念，从德谟克利特到亚里士多德、伊壁鸠鲁、卢克莱修，将之看成是宇宙的基本方式：独立存在的全部自然，是由于两种东西组成，即物体和虚空，物体在虚空里面运动往来。②

存在与虚空的截然对立，同时也就是已知与未知的截然对立（这里已经蕴涵西方直线进化的历史观），还是此岸与彼岸的对立（这里已经蕴涵了基督教宇宙观）。在虚空中存在，是西方文化中人的主题的重要方面，同样也是西方美的重要特征。存在与虚空的对立在雕塑中要经过一番推理方能见出，在悲剧中则直观昭然，"人是万物的尺度"是对存在和已知的自信，俄狄蒲斯反抗不了命运是对未知的洞悉。人面兽身的司芬克斯出以人为谜底的谜语给路人猜：早上四只脚，中午两只脚，晚上三只脚。猜不着就一口吃掉。人，天天都在做人，却不知道什么是人，该吃。俄狄蒲斯猜出来了：这是人。婴孩时期，人不能站立，用两手双脚在地上爬，是四只脚；长成以后，年轻力壮，是两只脚；老年力衰，用拐杖帮助，是三只脚。司

---

① ［古希腊］亚里士多德、贺拉斯：《诗学·诗艺》，25～26 页。
② 北京大学哲学系编译：《古希腊罗马哲学》，391 页，北京，商务印书馆，1961。

芬克斯自以为人不知道什么是人，而人（俄狄蒲斯）却知道自己是人，司芬克斯只有自我了断，跳崖而亡。俄狄蒲斯自以为知道什么是人，但却杀父娶母而不自知。杀父娶母是俄狄蒲斯注定的命运，他自以为可以逃脱命运而实际上无论他怎么努力也未能逃掉这一悲剧命运。当他明白真相之后，刺瞎双眼，离家去国。俄狄蒲斯悲剧不仅显示了存在与虚空、已知与未知的宇宙－历史结构，也表现了人在这一宇宙－历史中的特性：抗争精神与承担勇气。从悲剧的抗争可以引出西方的另一重要法则。

第五，对立斗争。还是回到造型艺术上，美的比例和焦点审美是西方造型艺术的基本法则，其核心是和谐，这反映了以毕达哥拉斯为代表的和谐观。这只是古希腊和谐思想的一部分，古希腊和谐思想的另一部分由赫拉克利特代表：和谐是对立面之间的斗争。这是西方文化一个极为重要的不同于其他文化的思想。它包含三个内容：一、对立面的斗争是事物发展、社会发展、历史发展的内在动力，因此西方最讲究"斗争"；二、划分对立面的方式是几何学式的，清楚分明，这与中国的阴阳二分大不相同；三、斗争构成和谐整体，因此，这整体是因内在矛盾双方的力量变化而不断变化的。希腊悲剧讲的是对立双方的斗争，中世纪讲的是灵与肉的斗争，近代社会霍布斯讲人与人像狼一样，然后在斗争中形成明确的个人权利和义务的社会契约。达尔文用对立斗争来讲自然界的和谐：物竞天择，适者生存。黑格尔把对立的斗争看成是宇宙发展的根本规律。对立斗争构成了西方的直线历史观和宇宙观。

以上五条，其核心是和谐。和谐是西方文化的理想，也是西方美学的理想，但西方的美的和谐，与其他文化不同。一、是人在一个存在与虚空的宇宙中的和谐。二、焦点构成了人在存在与虚空宇宙的审美视角。三、他所看到的美是具有几何意味和美的比例的形式；决定美以这种比例形成这种形式是在于形式后面的对立面的斗争；对立面的斗争推动着一种形式向另一种形式转化。

简言之，西方的事物、社会、历史都可以从内容、形式二分，形式即美的比例，内容即对立面的斗争。这就是西方的和谐。它既包含着静观，即焦点的美的形式；也包含动态，一种美的形式转变为另一种美的形式。虚空构成了西方人和西方历史的直线性和无限性，是对立斗争的无限性，也是直线发展的无限性。

二、西方文化的艺术之美

下面用西方模式对西方美的一些主要类型进行解释，同时在解释中进一步丰富西方模式的内涵。

挺立高耸的基督教堂是西方文化的独创，教堂是一种与希腊神庙不同的美的比例。以垂直块面为基形，以顶部三角为特征的哥特教堂给人升腾向上、直趋苍天的感受，是基督教天人分离、对立而后合一的生动体现。这里，存在与虚空明显地变成此岸与彼岸。西方科学和理性的最大特点就是它的明晰性，对已知的认识越科学明晰，对未知的感受也越深刻沉重。宗教是科学的必然伴随。科学的已知和未知转化为宗教的此岸与彼岸，教堂作为彼岸世界在此岸世界的象征，形成了独特的美的比例。每一教堂的外观，都是美的比例的生动体现，都是一首指向上天的音乐，都是由形式美呈现的神的天音。而这一效果，又是以一个人站立地上的焦点而设置的。教堂外观因与人的体量和尺度的悬殊比例，而产生了人体的渺小和神体（教堂）的崇高；而教堂对人的提升感因渺小的人固定于一点的焦点审美的仰望，而得到了最大的强化。教堂由一个厚实的墙面围成一个封闭的空间，明示了对世俗的界线，门里是神的世界，门外是世俗世界，彼岸与此岸在这里得到了象征而又切实的体现。走进教堂看起来是一种最普通的行为，其实已经包含了一种心理的、哲学的、宗教的指认。教堂的墙更主要的是宗教功能，因此，教堂虽然有窗户，但不用作世俗房间的通风功能，它是不开的，拒绝现世，窗用彩色的镶嵌玻璃，朝里画的是宗教题材玻璃彩画。它是透光的，人从外看，窗类似墙，人在里面，窗显现天上的照耀，彩色的宗教画在阳光下给教堂里的信徒以奇幻绚丽的图景和感受。教堂内巨大的拱形空间，使人置身一个升腾向上的氛围，它是教堂外观的一种重复和强化。巨大使人感到自身的渺小，而且是人置身于其中的渺小。从中，可以完全体会出人置身于教堂巨大空间中的渺小感，而教堂内壁和柱又以其向上升腾的形式感染和激起人的宗教情怀。教堂的正中是钉在十字架上的基督的受难像。基督为人类的过失受难死去，以最震撼心灵的形象唤起人的原罪感受，反思我之在世的一切不洁的行为和思想。对立斗争在教堂里就是此岸与彼岸的斗争，就是灵与肉的冲突。教堂，从外到内，每一种形式，无不体现着建筑空间的比例的美，而其美的比例又无不是按宗教的教化功能来予以组织。正像基督教，特别是在中世纪神学大家托马斯·阿奎那那里，以严密的逻辑形式表现出来。教堂从外到里，既是一个精妙的形式美的空间，又是一个无形地进行着对立斗争的心灵净化空间。而对空间形式的感受和心灵的净化，又是在移动着的每一个定点的焦点观看感受中实现的。基督教堂形成了一个给世人震撼、净化、沉思的独特建筑空间。

绘画在文艺复兴时期成为最重要的艺术门类。焦点审美是从古希腊开始的，但它成为特定的绘画方式，即焦点透视画法，却是文艺复兴的产物。有了透视画法，西方绘画的特色才算正式确立。透视画法在15世纪是整个造型艺术的主题，布鲁内莱斯基把透视画法形成规律，进行示范，这种方式能把空间物体按科学定则表现于纸上。而达·芬奇对人体骨骼肌肉和视觉与客体关系作科学研究，使绘画在当时成为经典学科。透视画法显示出的是，人站在一点上，客观世界会呈现为一个近大远小的三维空间，最主要的是，这近大远小是按科学的比例给出的。焦点透视给人体和物体在画面上以本质上的平等性和科学上的客观性。其他文化绘画（包括西方中世纪绘画）以人物和事物的重要性来决定其在画面上的大小，这种观念被否定了，对重要人物事物的强调必须在形象平等的基础上以其他艺术方式（如构图安排、色彩明暗）来表现。达·芬奇《最后的晚餐》和库尔贝《画室》对西画应当怎样突出中心人物给了经典表现。中国唐代著名人物画家阎立本《步辇图》为了突出唐太宗，不但把他画在左边众人物的中间，而且把他画得比所有人物都大，使人一见就知。而《最后的晚餐》是焦点透视画，不能把基督画得比其他人物大，达·芬奇就采用了其他方式，一、把基督放在画面的中间，12门徒分两边四组，或以表情或以手势指向基督，面部背向基督的人，也或是通过自己的手，或是通过其他人物，回到基督身上。这样，观者的视线，一开始就在正中的基督上，在分别细观其他人物时，最后也总会回到基督身上。二、房间后面的窗和天花板正好在基督的身后构成一种放射线，一方面使画面上部的视线都集中在基督身上；另一方面放射线形成一种光环般的效果，犹如各种宗教画圣者头上的光圈，使基督显得比他本身更大。焦点透视不但给出了人体、物体与空间的一种科学的视觉关系，而且肯定了人与科学几何空间的哲学意义。焦点透视定位了人与空间，由此，光与色彩的科学关系呈现出来，这一点对于西方模式来说尤为重要。世界上所有的绘画都是平面色彩，只有西方的油画把人与物色彩的丰富性展现了出来，它画出的不仅是本色，而且是同一色彩在光的影响下产生的丰富细腻变化以及不同色彩在光的照射下的相互影响。色来源于光，绘画丰富的色彩关联到一种宇宙的观念。在最后的层次上，《圣经》说："上帝说要有光，于是就有了光。"在已成的现象上，光源于太阳，是一种大自然的音乐。对人而言，光是实验室里科学研究的对象。西方文化形成了从三原色到光谱七色，到百彩千色的西方色彩体系。人通过科学去接近自然与上帝。正如希腊雕塑以比例和谐的人体美呈现了一种在理性基础上的感性观照，文艺复兴绘画以精确生动的形体和色彩展现了一种在理性和科学的光照下对现世感性世界的肯定和玩味。从达·芬奇为代表的文艺复兴绘画、以伦勃朗为代表的荷兰画派、以安格尔为代表的古典主义绘画、以德拉克洛瓦为代表的浪漫主义绘画、以库尔贝为代表的现实主义绘画、以莫奈为代表的印象派绘画，我们看到了在焦点透视下极丰富极灿烂的色彩的音乐、色彩的舞蹈、色彩的意蕴。可以说，光与色，是焦点的深入展开，它构成了西方模式的最光辉的特色。

焦点透视形成了西方人取景框式的审美视线。在这样的审视下，一、客体的美的比例呈现出来；二、客体的三维立体深度呈现出来；三、客体的丰富的色彩明暗变化呈现出来。在这三点之中，怎样设置一幅画好像仅是一个绘画行为，例如在文艺复兴时期的画家中，"一派认为，绘画是一个舞台，它具备三个要素：环境（以建筑或风景为背景）、环境中的人物排列以及对中心人物的突出。另一派认为，绘画在本质上是一个五彩缤纷的、精心设计的'场景'，里面的人物形象都装扮得华丽典雅。"① 但绘画其实是一个文化行为。客体形成的是一种西方所认为的方式：形，以几何美的方式被突出；色，以最多彩的样式呈现出来，一色自身明暗层次的细微变化，色与色的奇妙的相互影响；客与背景的关系，可独立可移动的立体深度；画框式的有限呈现，既造就了在有限中的典型化追求，又使得在有限中含无限的意境。文艺复兴以来的绘画史显示出来的，不仅是美的比例的形式演变史，也不仅是色彩搭配的结构演变史，还是一个用形和色去组织和反映特定的对立面斗争的审美观念史。

交响乐是近代西方的一种重要的音乐形式，也是其他文化所未曾有过的而最能代表西方的艺术形式之一。交响乐的独特性在于两点：一、它发挥和丰富了从古希腊以来的"音乐——数学——宇宙"一体的思想；二、它代表了一种近代哲学思考和现世精神。先讲第一点。对音乐中数学关系的崇敬使西乐在音程、和声、配器方面得到了极为丰富的发展，从而也使器乐在西方音乐中成为主流。音乐的和谐来自于数，数的和谐是宇宙之美的根本。只有具备了音乐的和谐就是数的和谐，数的和谐就是宇宙的和谐这一信念，器乐才能摆脱印度式的舞的宇宙象征，才能离开中国式的肉声的心灵传达模式，而独具普遍和宇宙意味。在交响乐里，以数的和谐为基

① ［意］弗拉维奥·孔蒂：《文艺复兴艺术鉴赏》，47页，北京，北京大学出版社，1988。

础的器乐集音程、和声、配器为一体发展到了一个高峰，既使人感到数的科学精确性力量，又使人感到数的美感魅力，还使人感到一种深邃的宇宙精神。再讲第二点，交响乐创造了最庞大的管弦乐队，包括木管组（长笛、短笛、双簧管、单簧管、大管、英国管、低音黑管、低音大管等）、铜管组（圆号、小号、长号、大号、短号、低音长号等）、打击乐组（定音鼓、排钟、铝板钟琴、钢片琴、木琴、小鼓、大鼓、三角铁、响板钹、铃鼓、锣、钢琴、竖琴等）、弦乐组（小提琴、中提琴、大提琴、低音提琴）。其人员配置一般都在一百人以上，多的可达几百人。现代社会在西方兴起的标志是工业化，在交响乐的组织中，让人感到了一种工业化一般的专职分工、协同运作、科学管理、宏伟表现。交响曲作为大型的器乐套曲，在形式上具有史诗般的宏伟，社会般的多样，心灵般的丰富，哲学般的深沉，现代性的昂扬与激情。近代哲学，特别是在德国，表现为一个个明晰辩证的思想体系。交响曲的四大乐章结构，快板、慢板、快板或稍快、终曲，同样的明晰、辩证、丰富、昂扬、宏伟。作为近代思想代表的黑格尔哲学，其结构是正、反、合，其核心是矛盾对立统一。交响曲的第一乐章是三大部分，呈示部、展开部、再现部。呈示部一开始就是主部主题，然后是副部主题，这两个不在同一调性上的主题形成对比，构成以后音乐发展的基础。展开部，通过转调、模进、分裂等多种手段展开呈示部的各主题，再现部是呈示部的重现。这不就是黑格尔哲学所想要反映和表现出的那种时代和文化精神吗！

交响乐的配器、对位、和声完全可以使人感到油画的效果。这里特别需要从和声讲，和声使人把乐音看作不是人声特点的独立单元，而是相互依存并按照一定空间关系排列的多音组合，和声要求音符的编排既顾及时间顺序，又要考虑空间的相对距离。在这一意义上，可以说，和声本就是一个空间概念，它根据空间活动采取相应的空间形式。在交响乐中，以和声为主的整体音响给人带来的，就是一种类似于大型油画的三维立体感和由这种立体感带来的细致的明暗变化。我们可以感到绘画上的美的比例，多种乐器的配合，其旋律、节奏、节拍、速度、力度、音区、音色等等的交织、变化、组合，我们可以感到绘画中丰富细腻的色彩景象。

从 19 世纪中期萌起、20 世纪鼎盛的现代艺术，初看起来是古典艺术的全盘否定和重开新途：绘画上以散点透视代替焦点透视，音乐上以无调性音乐取代了调性音乐，文学上以非全知叙事者换取了全知叙事者。细而察之，现代艺术又是古典艺术合乎逻辑的发展，它是以西方文化为主流的统一世界史的反映。从形式上看，现代艺术显出了西方艺术向各非西方文化艺术的一种趋同；从内容上看，它是对西方理性发展到极致的反思，同时又是对理性的进一步深入。它是西方用理性思考直线彻底走下去之后陷入的困境和惶惑，它是对科技和社会高度发展下人的存在处境的新思考，它是对现代社会高扬人对自然的胜利而造成人自身环境的大破坏而发出的悲哀，它集中体现了西方文化与非西方文化的对立，和由西方文化成为世界主流文化而来的人与自然对立的全球化，这二重矛盾所呈出的时代心灵。现代艺术形形色色，表现主义、存在主义、超现实主义、达达主义、立方主义、黑色幽默、荒诞派、抽象派、行动派、构成派等，都可以从勋伯格无调性的 12 音体系技法中的尖锐、刺激、不安的音调中，感到卡夫卡作品中的人物 K 在不同小说中的荒诞境遇，听到蒙克绘画《呐喊》中那个枯瘦而惊惶的人发出的尖叫。

在古典的调性音乐中有一个主音，不论和声组织多么复杂，曲式发展多么曲折，旋律变化多么巨大，总会回到主音上，形成一个圆满。而勋伯格的无调性音乐，则失去了回到主音的召唤，它向一切的可能开放，同时也陷入了面对一切可能的迷惘。从勋伯格的著名作品，为比利时诗人吉罗的 21 首短诗谱的乐曲《月亮附体的丑角》，可以显出这一双重意蕴。该曲由一个朗诵者和一个器乐演奏家组成的小乐队演出，朗诵不是用自然的声调，而是以极丰富的音高变化和严格控制节奏的高度风格化的声调进行，效果凄厉而搅动人心。乐器部分也甚为古怪，没有一般意义上的旋律，没有主题，但乐句的每一核心都以精通而熟练的对位手法加以发展；所有的和声都是刺耳的，各个调被强迫结成怨恨的"婚姻"。音乐与诗意互得神韵，不妨以其中一首诗为例来看看：

> 夜间惨白的月亮
> 悬在黑暗的长空
> 你那十足疯狂的颜面
> 像一首陌生的乐曲使我心醉
>
> 无处诉说的哀怨
> 和心底的渴望，夺去了你的生命
> 你，夜间惨白的月亮
> 悬在黑暗的长空

陶醉了的情人，奔向他的所爱

欣赏你那闪烁的光束

你那无力的、痛苦的生命

你，夜间惨白的月亮

——第七首《苍白的月亮》

在古典小说中有一个全知的叙述者，无论故事的情节有多曲折，人物有多众多，心理有多复杂，全在叙述者的掌握之中，我们只管带着期待，随着惊喜和意外，听"他"娓娓道来。在现代文学中，叙述者或者等于人物，或者小于人物。在叙述者等于人物时，"他"并不知道自己的命运，也不知道未来的发展，人物知道多少，叙述者就知道多少，未来不是命定的，也不是用逻辑可以预推的，而是未定的、开放的，同样也是诡谲的、恐怖的、堪虑的。叙述者小于人物时，"他"不但不知道故事的前景、未来的发展，更主要的是不知道人物的全部过去和现在，人物有外貌，但叙述者却不知道他的心理；有行动，但叙述者却不知道他的动机。当叙述等于人物时，文学给人的是对未来的荒诞感；当叙述者小于人物时，文学给人的是当下的荒诞感。

在古典绘画中有一个焦点，无论空间多么巨大，物体怎样众多，色彩如何斑斓、变化、细微，都是从这一个焦点中看出的，都在这一焦点的掌握之中，这个焦点就有些类似于上帝的视点。在现代绘画中，失去了焦点，画中的人物可以变形，变成畸形，像康定斯基的《圣者》，变成几何形；如毕加索的《格尔尼卡》，变成乱形；似杜桑的《走下楼梯的裸人》，变成抽象线与点的无形。画中的空间摆脱了焦点透视的控制可以任意组合：马蒂斯的《奢华2号》中的三个人，每人的大小，不是按空间而是按平面构图需要而安排的；格罗茨的《单恋的男人》中，人、兽、物虽有远近大小，每一实体都是从不同的角度呈出的，甚至一把椅子是从两种以上的角度去看的，从而呈现为一种空间的混乱。恩斯特的《茨堡的河流》空间虽有深度，但凝固了，河中虽有动感，也凝固了。现代绘画中的空间，千奇百怪，自由而又荒诞。失去了焦点的统帅，画中的因素可以任意组合：达利《内战的预感》是有形人体被肢解后用肉体各部分进行的夸张的任意组合；米罗《这天的苏醒》的抽象的点与线按照一种审美直觉进行的乱而不乱，不乱而乱的任意组合；马尔克的《有牛和骆驼的风景》是色彩和块面的任意组合。

现代西方艺术仿佛失去了焦点，但其实有一个焦点。因为无焦点来自于有焦点，当创作者坚决地、故意地不用焦点方式去表现的时候，它是用一个有焦点的审美之心去进行无焦点的审视的。当然，西方文化这么做有很多很多原因，这些原因在审美上，都凝结为一个简单的观念，即在现代形式中表现出的存在的荒诞感。它的直接原因是全球化的矛盾，而它的文化基础却是实体与虚空的对立，它的核心就在于无焦点中的有焦点。

第四节　印度文化的美

一、文化结构与美学思想

印度民族在漫长的历史发展演进中，逐渐形成了独特的文化结构和文化体系。印度文化结构最明显的民族标记在于它的多元性和多样统一性，究其原因，大约有以下几个方面：

首先，从自然条件来说，印度次大陆地形极其复杂，它北枕"世界屋脊"喜马拉雅山脉，东邻孟加拉湾，南濒印度洋，西接阿拉伯海，中有德干高原，恒河、印度河南北流通，腹地沙漠与沿海平原里应外合。这种复杂的地理环境，促成了印度民族生产方式的多样性，并由此形成了不同的宗教信仰、哲学思想和艺术风格。另一方面，印度气候以炎热潮湿为主，而又变化多端，一年之内可分为夏、雨、秋、霜、寒、春六个季节。印度人斋戒、沐浴、邻居、森林哲学、出世思想等莫不与气候的炎热有关。正是在这个意义上，尼赫鲁将印度文化称为"炎土文化"[①]。同时，多变的气候对于印度民族形成沉思冥想的习惯和某些宗教习俗，有一定的推动作用。

其次，复杂的种族与多样的宗教信仰。印度素有"人种博物馆"之称，在幅员辽阔的印度土地上居住着达罗毗荼人、雅利安人、比尔人、蒙大人、廓尔喀人、布提亚人、卡西人等等。不同的种族因高山、沙漠、河流等天然阻隔被分割成大大小小的社会单元，这些社会单元彼此相对独立，较少往来，这便造就了印度民族内部宗教信仰的多样性和差异性。

最后，异质文化的混杂。印度是一个多灾多难的民族，历史上曾多次遭受外族的入侵。公元前4世纪，马其顿国王亚历山大一世率希腊军东征

[①] ［印度］尼赫鲁：《印度的发现》，65 页，北京，世界知识出版社，1956。

到达印度河流域；8世纪初，阿拉伯伊斯兰教徒大规模涌入印度；以后蒙古人、葡萄牙人、西班牙人、荷兰人、英国人等接踵而来；直到近代，外族入侵依然频仍。每一次外族入侵，都带来了异质的文化，于是，在印度主体文化中不可避免地要植入希腊文化、阿拉伯文化、西方基督教文化等血脉，印度文化也就在本土与异域的冲撞与融合中不断丰富和发展。

印度美学是融合了多种民族美学思想的统一的美学体系。一方面，印度美学思想和艺术自远古以来相对稳定地发展着；另一方面，由于历史上不间断的外族入侵带来的猛烈的文化冲击和挑战，迫使它不断地吸纳外族的美学和艺术思想，在不断的刺激与冲突、不断的吸纳与接受中融合成多样化的统一的美学和艺术体系。在这个多样化统一的美学和艺术体系中，总有着某些思想因素以规律性的方式表现出来，这些因素在美学思想的不断变化之中起着不变的或相对稳定的作用，它们制约着印度美学的发展、变化。这些因素就是显出印度美学的特质性的东西，这些特征可以归纳为以下几个方面：

（一）美是和谐

"美是和谐"并非是印度美学的独特思想。古代东方和西方的思想家们也都对这一命题做出了有力的论证，许多艺术家也在实践中对此进行了大量的有益的探索。"美是和谐"这一命题之所以是印度美学的特征，不在于这一命题本身，而在于其背后潜在的思想。印度美学思想所强调的"美是和谐"的命题的独特性在于：它所追求的和谐是无差别、无冲突的和谐，或者说，这种和谐中包含着现象的（幻象的）暂时的差别与冲突。梵作为世界的本原、本体，是一切生命存在的终极原因，其本性"乃为彼一"，它包容了宇宙万物，所以它是无差别的同一。从逻辑上讲，梵作为本体或"绝对"，是不存在美或丑、善或恶的区分的。因为一切现象界的差异、冲突都在梵的最高层面上消解了，合和为一了，梵的本性就是"一"、"全"、"静谧"、"如如不动"。印度思想所宣扬的最高的人生境界是"梵我同一"。因此，在美学上就必然要追求"和谐"，必然要以"和谐"为美。可见，印度美学思想的"美是和谐"的命题有着深厚的哲学思想根基，与西方美学的"和谐"观有着本质区别。

（二）从有限中达到无限

从有限中达到无限，是印度美学思想的又一重要特征。农耕生产和生活方式使印度人对自然事物和自然现象特别敏感，他们对大自然的存在方式、运动变化规律以及合目的性的功能感到既熟悉又陌生，既惊讶又困惑。

这就激起了他们对神秘而不可知的"无限"的奥秘的探索热情与兴趣，他们总想通过看得见的有限事物去领悟、去把握"无限"的对象的本质。如被称作"印度之魂"的《奥义书》认为，美是在有限的生命形式中显现梵性的无限性和真理性。"就美是在有限的生命形式中显现梵性的无限性而言，是指梵作为'无限'而无处不在，因此现象界的大小万物也都具有显现梵性的条件。"①

（三）浓厚的原始思维特征

原始思维同审美思维有着发生学意义上的血缘关系，它们在思维方式上有着重叠和相似之处。原始的万物有灵观衍生出"生命一体化"和"同情观"。在这个思维基础上，通过原始人的实践活动，形成了原始人类经验性的认知方式特点，以及他们在思想交流、情感表现方面的几个具体的思维特点。就经验性认知的思维特点而言，有互渗性（同情观）、情感性、意会性、直觉性；就思想交流和情感表现的思维特点而言，有具体性、象征性和完整性。印度的原始宗教和原始世界观中有着浓厚的原始思维成分。这种思维方式以"集体无意识"的方式延续下来，形成印度思维的特点，并对印度美学和艺术产生深刻影响，导致印度美学的经验性与超验性并存、非理性和理性并存的状态，使印度美学从关注有限走向追求无限，使印度艺术从表现可言说的东西走向表现不可言说的东西，从表现现实性走向表现心灵的超验性。

二、印度文化的艺术之美

作为世界文明发祥地之一的印度，在数千年的历史发展进程中，创造了辉煌灿烂的文学艺术，以其鲜明的民族特色，对世界文明的发展做出了卓越的贡献。印度的文学艺术是印度民族精神的体现，我们正是通过文学、雕塑、建筑、绘画、音乐和舞蹈等具体的艺术样式来了解印度文化、印度美学的多样统一的特性，领悟作为印度文学艺术底蕴的深邃奥秘的哲学与宗教思想，进而从整体上把握印度民族独特的思维方式及其宇宙观、世界观和人生观。

（一）文学

印度的文学源远流长，其中最古老的文学作品是宗教诗歌体文献总集吠陀经，"吠陀"是梵文 Vedad 的音译，其意为"明"，即知识。吠陀经主要包括四部经典，即《梨俱吠陀》、《娑摩吠陀》、《夜柔吠陀》和《阿达婆

---

① 邱紫华：《东方美学史》，下卷，699 页，北京，商务印书馆，2003。

吠陀》，其中《梨俱吠陀》最为重要，共 1070 首诗，内容是在祭祀仪礼上赞美诸神的颂诗。除此之外，吠陀经还包括《梵书》、《森林书》和《奥义书》等，其中《奥义书》是吠陀文献中最具有丰富性和深刻性的宗教哲学著作。吠陀经涉及古代印度社会生活的各个方面，是公元前 1500～前 1000年五六百年间印度社会的百科全书，因而是了解和研究古代印度社会的重要文献。

吠陀时代之后，印度出现了历史上影响最大的两部史诗，即《摩诃婆罗多》和《罗摩衍那》。前者是一部约十万行的庞大的叙事长诗，相当于《荷马史诗》的八倍，曾被认为是世界上最长的古诗；后者则讲述了罗摩与妻子悉多的悲欢离合的爱情故事。这一时期还出现了享誉世界的诗人和剧作家加梨陀娑，其代表作是七幕诗剧《沙恭达罗》，是对忠贞不渝的爱情的热情礼赞。

印度文学如一条生生不息的河。在近现代史上，印度最伟大的文学大师罗宾德拉纳特·泰戈尔（1861—1941）横空出世，是亚洲文学星空中耀眼的星辰，也是世界文学中不可多得的巨匠之一。他为后世留下了 50 多部诗集、12 部长篇小说、100 余篇短篇小说、20 多种剧作、2000 多首歌曲和2500 多幅画，还有很多游记、书简和论文。泰戈尔的作品是印度宗教哲学思想的诗性阐释，是印度文化精神的感性显现。1913 年，泰戈尔以他的代表诗作《吉檀迦利》荣获诺贝尔文学奖，为印度文学，也为东方文学赢得了殊誉。

（二）建筑、雕塑、绘画

印度是中国人心目中的"西方极乐世界"，这个善于造神、人神共舞的国度，也创造了一个又一个艺术神话。印度造型艺术的悠久历史和所取得的辉煌成就，无不令举世瞩目。印度造型艺术的重要样式为建筑、雕塑和绘画，其中建筑是主体，雕塑和绘画附属于建筑，起装饰作用。

建筑。印度建筑有着多样的形式，主要包括：城堡、城市、城墙、庙宇、民居、军事塔楼、池塘和园林等。就现存的建筑形式来说，最具代表性的有：石柱、印度塔（窣堵波）、石窟、印度教神庙、伊斯兰风格的陵墓等。

石柱。现存的石柱以阿育王石柱为代表。阿育王石柱是在波斯圆柱的基础上，从佛教的信仰中获得灵感，采取印度传统的象征手法，以各种佛教的象征物来构造圆柱，宣示佛教的教义。柱顶形式所寓含的向往和平的、非暴力的、宽容仁慈的佛教理念以及对强盛的生命力的崇拜心理，是印度民族精神的标志。因此，柱顶的形象成为独立后印度国家的国旗图案。

印度塔（梵文 Stupas，汉译为"窣堵波"）。窣堵波梵文原意是"骨灰堆"。窣堵波是古代印度人火葬后埋葬骨灰的土丘，其形状为一个底部为圆形的实心的半球形的高大建筑，这半球形土堆梵文名叫"安达"（Anda），其含义为"卵"。窣堵波属于墓葬建筑，但佛教的窣堵波更主要的是起着纪念碑的作用。佛陀寂灭后，各地方的罗阇将舍利（佛陀遗骨，或说遗骨中的一种结晶体——作者）分作八份，当作圣物埋葬，在其上建筑窣堵波。残存至今的窣堵波中，位于印度西部的达摩罗吉诃窣堵波（建于前298～前232年）最古老，但已破损；其次是位于现今中央邦萨德纳县城以南的巴尔胡特的窣堵波（约建于前150年）和位于中央邦首府博帕尔附近的山奇大窣堵波（约建于前3～前1世纪），这是现存印度佛教最具有代表性的建筑。山奇大窣堵波以塔门雕刻闻名于世，巴尔胡特窣堵波则以围栏浮雕著称。

石窟。从阿育王时代起，佛教徒为了远离红尘静心修炼，便在荒山野岭中开掘洞窟，建立神殿和寺院。从公元前3世纪到公元前1世纪，各派教徒开凿了1200多个石窟，挖掘洞窟的工作持续了千年之久。石窟建筑是古代印度建筑的典范形式之一。在石窟建筑形式上，现存最早的是洛马斯里和苏德玛两个石窟；最具代表性的是位于德干西部的卡尔利（梵文 Karle）石窟、阿旃砣（梵文 Ajanta）石窟和埃罗拉石窟，它们是古代印度佛教和印度教艺术的卓越代表。

印度教神庙建筑。早期印度教神庙是从佛教寺庙的形式中获得灵感的，后来才根据自己的宗教理念独立创造发展。例如，山奇的佛教建筑群都是经过周密的计算而设计的，其运用的数字比例与具有神秘意义的宇宙基数有关。事实上，一座印度寺庙就是一个微观宇宙，或是一个按比例缩小的宇宙结构的复制。同时，它也是神的居所，比世间任何统治者的宫廷更大、更辉煌。它的装饰的基本特点来源于世间砖瓦、土木等结构的建筑，这种结构变化丰富。过梁与屋顶层层叠起，仿佛无穷无尽。这种基本的建筑形式不断重复，有时整个立面层层上升，以表现神的巨大。

伊斯兰风格的陵墓。早期莫卧尔时期的建筑实践主要服务于陵墓和少数富丽堂皇的宫殿。著名的陵墓有舍尔沙陵墓、胡马雍陵墓、阿克巴陵墓、伊蒂马德·乌德·道拉陵墓等。在建筑陵墓和宫殿的艺术实践中，印度文化的多样化统一的特点又一次表现在建筑艺术上，泰姬陵就是代表。这座陵墓是莫卧尔王朝第五代国王沙·贾汗（1592—1666）为他的爱妻蒙泰姬·玛哈尔（1593—1631）建造的。陵墓建造在四条交叉的水渠构成的大型花园中，人们必须通过水渠才能够接近泰姬陵，这象征着《古兰经》中描述的天堂的位置——天堂周围流淌着四条河流。泰姬陵内部装饰的豪华和工艺的精致是令人惊叹的，它代表了印度—伊斯兰艺术的最高水平。相比较其他著名的陵墓建筑，泰姬陵以它简洁的线条、明快的色泽、强烈的对称感，以及所呈现出来的多样化统一的和谐、空灵的美感而超越了其他同类建筑，成为印度建筑的经典之作。

雕刻。印度雕刻艺术源远流长。早期印度雕刻的创造者，审美观上是自然主义的，以自然事物为审美对象和模仿对象；手法上是写实主义的，尤其是动物形象的写实如真的风格，这在后来阿育王石柱上的动物雕刻中得到再现。值得一提的是，三面带角的人头像是非写实的，这是原始思维的"超常的功能往往以超常的数量叠加在一起加以表现的"思维特征的反映。这种源于自然事物的、又结合着自由的想象而创作的意象性形象，在往后的历史中逐渐成为印度雕刻的主流。印度雕刻以浮雕为主要形式，以女性人体美为最主要的表现对象，在不同的历史发展时期呈现出不同的风格特征。最能反映印度雕刻艺术成就和特色的当属佛教雕刻。

印度教雕刻发达于公元 400 年。那时佛教的雕刻已进入了装饰性较强的"矫饰主义阶段"，佛陀和菩萨身上已装饰了华贵的珠宝，头顶后的"背光"已是雕缋满眼。印度教雕刻在承接佛教雕刻风格的同时，在装饰性和造型方面更加发扬光大。印度教雕刻的特征可以归纳为三个方面：第一，形象的多样性、象征内涵的多重性和强烈的动感；第二，多肢多头的意象性形象；第三，印度教雕刻具有突出的装饰性。

绘画。印度古代绘画多姿多彩，有阿旃陀壁画、细密画、拉吉普特派绘画等等，它们各具特色，各领风骚，共同组成了印度古代绘画的绚丽长卷。

阿旃陀壁画的基本画法是以线造型，色彩基本上是平涂，某些重要部位如菩萨的脸、鼻梁、肩膀、手臂等凸起部位采用高光晕染，轮廓附近则用阴影来增强形体的立体感和质感。阿旃陀石窟绘画的经典之作是第 1 号窟中的一幅创作于公元 7 世纪的《持莲花的菩萨像》。这幅巨大的壁画整体和谐，人物形态优美。画中的菩萨以"三道弯"的姿态站立着；双目低垂向下凝视，似处于沉思之中，神情娴静，心境空灵。其面部呈现出典型的古典主义的造型特征：眉毛弯曲似一张弓，眼似莲花瓣，肩膀和两臂弯曲像大象的鼻子，嘴唇如同频婆罗果——"红、润、软"；右手持一朵盛开的莲花，左手自然地垂至大腿上；头上戴着金饰头冠，颈上和胸部都佩戴着镶嵌有蓝宝石的珍珠项链，这些华美的装饰使人物显得富丽堂皇、雍容华贵。雷奈·格鲁塞认为："这画像在世界美术中应占一席地位，而可与罗马教皇礼拜堂中的庄严的天主下凡像，或如《最后的晚餐》中的基督并列。"①

细密画最能代表印度—波斯伊斯兰艺术特点。与此同时，印度古典风格的绘画传统依然存在，并以喜马拉雅和西部山区的拉吉普特画派为代表。它们同莫卧尔艺术互相影响，成为印度近代艺术的高峰。

莫卧尔时期的绘画画面都很小巧。就画种而言，莫卧尔绘画有许多为历史和编年史书所作的插图、花鸟动物画及肖像画等。但莫卧尔绘画主要是人像画，莫卧尔历代的肖像画集合在一起可以组成一个长长的画廊。画中的人身上都穿着豪华的衣服，带着耀眼的珠宝、富丽的腰带、贵重的羽饰；画像以细腻的笔触、造型的精巧和生动的侧面轮廓表现出了人物的种族、个性和内心精神的特征。在风景画上，莫卧尔细密画改变了伊朗绘画那种繁花似锦的背景，而代之以辽阔的自然景象，如子夜的星空、落日的霞光、宽阔的地平线等，使人感受到宇宙天地的苍茫浩瀚。

印度传统绘画以拉吉普特派为代表。拉吉普特派绘画的特点首先在于它是大众化的艺术，它的题材总是与大众的宗教信仰和审美趣味有关，大多是印度传统的民族诗歌、史诗、黑天赞歌、湿婆赞歌、印度恋爱诗歌等。因此，它们有着深厚的人情味和强烈的神秘主义、寂静主义的色彩，有着直露的色情表现和温柔的田园牧歌气氛，这些题材不断激起艺术家的创作灵感。与此相联系，拉吉普特绘画还喜好表现平民的日常生活的场景：妇女做家务和孩子亲切相依的画面，工匠工作情景，市场景象，大路上的人群等，这些题材充满了人性。如《克里希纳藏起牧女们的面纱》、《克里希纳与牧女们在满月之夜一起沐浴》、《放风筝的女子》、《秋千》等。这些作品是典型的线描画，线条柔和流畅，人物比例适度，色彩鲜艳而柔和，但环境和风景的表现依然是意象性的，而非自然写实的。拉吉普特绘画还与音乐有内在的联系，它被人称为"音乐的绘画"。

（三）音乐与舞蹈

印度音乐与舞蹈源远流长，至少有 3000 年历史。印度古代的音乐和舞蹈是浑然一体的活动，哪里有音乐，哪里就有舞蹈。

---

① ［法］雷奈·格鲁塞：《东方的文明》，上卷，282 页，北京，中华书局，1999。

音乐。印度音乐的历史起源可以追溯到文明出现的早期，以后的宗教仪式中大量的咏唱既有利于人们对经典的记忆，又丰富了音乐的旋律。在漫长的历史中，印度音乐形成了多样性统一的特点。可以说，印度文化的多样性特征、印度艺术同宗教千丝万缕的联系、印度艺术与原始思维的密切联系等特点也都在音乐的美学特点中体现出来。印度音乐具有以下五个主要的美学特征：

第一，印度音乐具有多样化统一的特征。由于印度各地区、各民族、各部族的音乐的差异性，民间音乐和宫廷—贵族音乐的不同风格以及不同的发音方式等，使得这些多样化的音乐要素和风格统一在"印度音乐风格"的旗帜下，形成了既不同于西方音乐，又不同于东亚、西亚音乐的独特的"印度音乐"。

第二，印度音乐具有鲜明的象征性特点。印度音乐理论所竭力要说明的，不是音乐本身的规律或方法，而是为了证明某种哲理或解说某种真理。如《长阿含弊宿经》中，就有一个运用音乐演奏的事例来说明佛教哲学关于事物的真理是"和合而成"的道理，其目的不是解说音乐本身，而是借引喻取譬来说明佛教哲理。这则故事旨在说明美和美感是人与贝螺两者因缘和合而成的道理，并不在于讲解音乐本身的理论。调式和旋律只是某种具有象征意味的符号而已。

第三，印度音乐是大众化的实用性音乐。印度音乐起源于古代人类为了生存而进行的实践活动中，原始宗教的巫术活动、祈祷仪式、民间节日庆典等则是音乐主要的表现场所。在这些活动中，诗与歌、音乐与舞蹈都在宗教仪式中融为一体，都是表达生存意愿和宗教理念的方式。这些活动原本都是群众性、大众性的狂欢化活动。人们在这些活动中，既是表演者，又是欣赏者，音乐舞蹈是印度人生活内容的一部分。从印度古代音乐的传播方式看，其传承方式本身就是全民性的、大众化的。

第四，印度音乐有独特的调式、旋律和强烈的节奏。在音乐中，"乐音"纳达（Nada）按音频的高低被分成了不同的组。从某一个乐音开始，到这个乐音的再次出现为一组，由于每组的高低不同，每组被赋予了不同的名称。处在低音区的叫作"曼德拉"（Mandra），处在中音区的叫作"玛德雅"（Madhya），处在高音区的叫作"塔拉"（Tara）。

印度音乐中的拉格是一种旋律结构，每种拉格都有其自己的特有的音阶、音程及较固定的旋律段落，以表现特指的情感类型。其次，拉格近似于由调式而产生的基本音阶或音调体系，由此而发展出它的旋律系统。可以说，拉格是特定的调式功能和旋律框架结合在一起的音乐结构模式，因而具有特定的情感色彩。由于每种拉格表达不同的情感色彩，不同的拉格就产生出不同的、特定的音乐的情味。这大概是拉格在印度音乐中具有优先地位的原因。

印度音乐的音阶、音律也是十分丰富和特别的：有五声音阶、七声音阶，还有类似阿拉伯音乐的增二度音阶等等。印度音乐的旋律总是被赋予某种象征含义，这种旋律特色被认为是体现了宇宙与大自然生命不断变化的韵律和节奏，象征着宇宙的"创生、维持、毁灭"的生命周期。正因为音乐的旋律与宗教哲学理念有如此密切的关系，所以，千百年来，印度音乐的旋律得到了最充分的发展。

第五，印度音乐具有强烈的装饰性色彩。

舞蹈。印度舞蹈要求肉体的动作、姿态、姿势要与内心的情感完美地融合，使之产生出一种绝妙的情味。大凡节日庆典、结婚、人的出生、乔迁新居、播种、收获等都以舞蹈来欢庆生活中的种种喜悦，舞蹈是宗教仪式和生活内容的不可或缺的部分。在《梨俱吠陀》中就有人们以舞蹈来取悦于神的诗句；从早期佛教到中世纪印度教的雕刻和壁画中就可以看到大量的舞蹈造型艺术。在南印度的西当巴朗（Cidambaram）舞王湿婆神殿的墙壁上，就刻有122幅健舞的姿势，它们相当于古代的舞谱，是南印度舞蹈所制定的标准动作或规范。印度教的三大神之一湿婆就被人们尊崇为"舞蹈之王"，他在舞蹈过程中来创造或毁灭世界，湿婆各种形态的舞姿造型的雕像至今都极为普遍。在古梵文的典籍中，有著名的婆罗多著的《舞论》，它是专门探讨戏剧的结构和舞蹈表演中的表情与韵律的著作。印度舞蹈有两个突出的美学特点：

其一，宗教的象征性。印度神庙中的舞蹈雕刻是凝固的姿态艺术。但在古代，印度寺庙里确实存在过在宗教仪式中专门用来取悦神的舞蹈女，她们是最早的舞蹈艺术家。在古代的宗教仪式中，诗与歌、歌与舞蹈融为一体。因此，舞蹈同诗、歌一样是宗教崇拜的神圣的形式。这些舞蹈不仅仅是为了展露美丽的肉体和迷人的姿态，更主要是模仿神的创造世界与毁灭世界的过程，模仿神的神奇的动态和优美的身姿，模仿宇宙生命的颤动和生命的节奏韵律。在这种舞蹈中，舞蹈者身体的每一个动作、手、臂、腿、脚、身肢、眼神都要表达出特定的神性的象征性的含义。可以说，印度舞蹈把人的肉体动态之美表现得淋漓尽致，使人的肢体成为最美和最自由的形式，尤其是双手的无穷变化，使它们成为肉体的花朵。这种丰富的、多种多样的肢体语言，不仅超越了人类对有声语言的依赖，而且其表达能力甚至可以不借助音乐、诗歌而传情达意。正因此，导致了印度舞蹈语汇的象征性、含蓄性，使其更具有情味、滋味，更富于言外之意。

其二，叙事性。印度舞蹈产生于民众的生活中，发展于宗教活动中，这就决定了印度舞蹈所表现的主题与题材的叙事性特点。印度舞蹈表现的题材大多数为神话、传说中的经典故事或其中的片断。大史诗《罗摩衍那》、《摩诃婆罗多》以及黑天的爱情故事是印度舞蹈取之不尽的题材。史诗曲折的充满情味的故事情节也就决定了舞蹈表演的叙事性特点。

印度艺术具有自己的特点。"几千年来，全民族执著追求灵肉双美的人生理想；这是一个由象征和意象来表达超验存在的美学体系；它力图描述不能描述的东西，力图表现不能表现的东西；在他们看来，美从来就是主观的体验和感受，美是在有限中达到无限的愉悦。"① 印度的文学艺术是印度美学思想的具体体现，其特点主要表现在以下几个方面：

第一，普遍的象征性。象征性是印度文艺的最显著特点。印度的文学艺术在很大程度上是宗教信仰和哲学思想的象征和隐喻，力图以具体的形象来图解某种抽象的理念，以有形的事物来表现超验的存在和无形的宇宙生命的幻象。

第二，独特的装饰性。印度雕刻、绘画就其原初的功能来看，就是作为建筑的装饰。如印度教雕刻在作品的结构和形式上都追求富丽而繁缛的审美趣味，如《天降恒河》总体结构上，给人以密密麻麻、细微而繁缛的感觉。几乎在所有壁画和雕刻中的男女人物都佩戴着华美的珠宝饰物，一个个打扮得漂漂亮亮，鲜活华丽。在印度音乐中，出现了纷繁复杂的装饰音，装饰音又始终伴随着旋律的发展。由滑音、装饰音、装饰乐句形成的音色几乎相当于西方复调音乐中的另一旋律，这种装饰音装饰手段已发展为印度音乐一种独特的技巧体系。

第三，浓厚的宗教色彩。印度文学艺术为宗教服务的性质是十分明显的。印度的古代文学，从吠陀经到最大的两部史诗《摩诃婆罗多》和《罗摩衍那》，本来就都是宗教经典。大量的佛教文学即是佛教思想体现的文学创作，那些传说故事、人物传记等，都是围绕佛教来展开描述的；建筑中的阿育王石柱、印度塔（"窣堵波"）等都与宗教相关；雕刻中，佛教雕刻

---

① 邱紫华：《东方美学史》，下卷，599 页。

和印度教雕刻占据大宗；印度古代绘画的奇葩——阿旃陀壁画，如《持莲花的菩萨像》、《天女头像》等都是宗教主题的杰作。因此，托马斯·门罗指出："印度艺术皆为宗教性的，无论其表面有多么世俗化，其中也存在着神的象征意义。"①

第四，灵肉双重的审美追求。日本文化史家武田丰四郎指出："古代印度文化，既非唯心的，也非唯物的，以灵肉双美为目标而发达者。然则印度不可仅看作是神灵的国家，也不可看作是肉欲的国家。……印度人是把现实生活作为达到理想生活的过程而十分认识其意义和价值。印度民族是在坚定追求人生四宝之时，印度文化精神物质两方面都达到完善的状态。"② 灵肉二元的人生观对于印度民族的人生实践有重大的影响，它促成了印度人民既珍视现实生活、享受现实生活乐趣，又力图超越现实、获得解脱并达到永恒的生活目标。印度美学思想和艺术表现是同这种人生观密切联系、交织纠缠在一起的，懂得了这一点，就把握住了印度美学思想和艺术的命脉。印度文学艺术一方面表现人的精神的丰富性，又毫无禁忌地展示肉体的美和纵欲的狂欢，灵与肉成为印度艺术腾飞的两翼。

---

① ［美］托马斯·门罗：《东方美学》，60 页，北京，中国人民大学出版社，1993。
② ［日］武田丰四郎：《古代印度文化》，39～40 页，北京，商务印书馆，1936。

第七章　形式美

第一节　形式美的意义

人面对审美对象，感受到美感，进而思考什么东西让对象显出美，一个明显可感的特征就是事物的形式。世界上的任何事物都是由形、色、声、味构成的形式特征，这些形式特征是事物让人产生美感、从而使事物成为美的一个重要组成方面，甚至被认为是事物之美的基础。

在西方美学史上，从纯形式寻找美的根源和奥秘形成了形式美的理论。在古希腊，毕达哥拉斯学派就开始从事物的形式着手来研究美，力求寻到"最美的线形"和"最美的比例"。这个学派最早发现了"黄金分割率"以及关于人体、雕刻、绘画和音乐等比例关系，并从宇宙的"数的本质"而来的"数理关系"予以解释，由此形成普遍适用的形式美的规则。柏拉图认为："真正的快感来自所谓美的颜色，美的形式，它们之中有很大一部分来自气味和声音，总之，它们来自这样一类事物：在缺乏这类事物时，我们并不感到缺乏，也不感到什么痛苦，但是它们的出现却使感官感到满足，引起快感。"① 文艺复兴时期，达·芬奇提出："美感完全建立在各部分之间神圣的比例关系上。"而人体各部分比例关系是最美的，"人体的神圣比例表现在：（1）人体各部分和身高成简单整数比，各部分之间也成简单整数比。（2）人体可以形成对称的几何图形。"② 他认为，人体的比例关系是绘画、雕塑和建筑中和谐美的基础。18 世纪英国艺术理论家荷加斯提出"蛇行线"是最美的线形，"它迫使眼睛以一种爱动的天性去追逐它们，这个过程给予意识的满足使这种形式堪称为最美"。在康德的美学中，审美判断的对象最初是作为"形式"呈现出来的，在继续深入研究时，他才考虑"形式"的象征性质，或者，有意蕴的性质。但即使在这个时候，他还在怀疑"意蕴"是否是外在于美感的。所以人们都记得他的著名论断："当我们觉知一定对象的表象时，这表象中合目的性的单纯形式，那个我们判定为不依赖概念而具有普遍传达性的愉快，就构成鉴赏判断的规定根据。"③ "美，它的判定只以一单纯形式的合目的性，即一无目的的合目的性为根据的；那就是说，是完全不系于善的概念，因为后者是以一客观的合目的性，

---

① ［古希腊］柏拉图：《文艺对话集》，298 页，北京，人民文学出版社，1963。

② ［意］达·芬奇：《芬奇论绘画》，134 页，北京，人民美术出版社，1979。

③ ［德］康德：《判断力批判》，上卷，59 页，北京，商务印书馆，1965。

即一对象对于一目的的关系为前提。"① 赫尔巴特认为美存在于声音、颜色、线条、思维和意志的关系之中，认为这种纯粹形式的关系并不是感性的，而是一种由单纯的形式关系所构成的表象，在这些关系中就寓有原始的快感或不快感。"在他看来，纯形式——正是针对它，做出了客观的单称判断——就在于单纯地呈现出来、完全同环境脱离开来的关系，而且仅仅在于这种关系。这些关系就是'审美上的基本关系'，列举这些关系乃是美学科学的任务。"② 而他的后继者齐美尔曼试图揭露在共存的观念中引起快感和不快感的基本形式并运用它们来确定自然界和艺术中的美。"一切材料，只要是同质的，也就是说能够进入形式之中，就惟有通过某些形式才能给人以快感或不快感。美学所研究的正是这些形式。因此，美学并不是一种经验科学，而是一种先验科学。"③ 而主张自下而上进行美学研究的费希纳，甚至专门用几何形式进行实验，来检验各种孤立的形式在无偏见的鉴赏力面前的实际悦人性。音乐美学家汉斯立克说："'美'是没有什么目的的，因为美仅仅是形式，这个形式要看它的内容怎样，它可以用于各种不同的目的，但它本身并没有其他的目的，只有它自己是目的。观看美的事物可能使观看者发生愉快的情感，但是这些情感是与美的事物本身，就其本身而论，并没有什么关系。"④ "音乐美是一种独特的只为音乐所特有的美。这是一种不依附、不需要外来内容的美，它存在于乐音，以及乐音的艺术组合中。优美悦耳的音响之间的巧妙关系，它们之间的协调和对抗、追逐和遇合、飞跃和消逝，——这些东西以自由的形式呈现在我们直观的心灵面前，并且使我们感到美的愉快。"⑤ 英国著名艺术评论家克莱夫·贝尔完全从形式美角度提出"有意味的形式"的观点。他说："在各个不同的作品中，线条、色彩，以某种特殊方式组成某种形式或形式间的关系，激起我们的审美感情。这种线、色的关系和组合，这些审美地感人的形式，我称之为有意味的形式。"⑥ 20 世纪以来，西方形式美学对形式美提出了各种新的看法，有的从心理学角度谈形式美，有的从形式美构成因素与结构

---

① ［德］康德：《判断力批判》，上卷，164 页。
② ［英］鲍桑葵：《美学史》，330 页，桂林，广西师范大学出版社，2001。
③ ［捷］齐美尔曼：《作为形式科学的一般美学》，转引自鲍桑葵：《美学史》，337 页。
④ ［奥］爱德华·汉斯立克：《论音乐的美》，17 页。
⑤ 同上书，49 页。
⑥ ［英］克莱夫·贝尔：《艺术》，4 页，北京，中国文联出版公司，1984。

方式谈形式美，有的从艺术的本质角度谈形式美，有的从符号角度谈形式美，分别体现为语言形式、原型形式、结构形式、格式塔形式、符号形式等不同的方面。这些学派的形式理论，主要集中在四个方面：

第一，将形式作为客体范畴的重要代表流派是英美新批评、俄国形式主义以及结构主义。尽管新批评和俄国形式主义在强调形式的本质时各有侧重，但它们都关心语言的形式构成，关心语言作为一种形式构成的独立自主性；而结构主义的所谓"结构"作为一个形式范畴，存在于一种超验的关系模式之中，它既是摆脱了偶然性与随意性的永恒之物，同时它又存在于共时的水平关系和历时的垂直关系的对立之中，是事物背后看不见的"网"，不以人们的意志为转移。

第二，将形式作为主体范畴的代表流派为原型批评。荣格、弗莱揭示了原型与形式之间的关系，在主体的集体无意识中昭示形式的本义。从一定意义上说，形式或原型，在原型批评流派看来就是人类意识的共相，现实和艺术中呈现出来的形式美，只是这一共相的外化。

第三，同样从心理学出发来探究艺术形式问题，格式塔心理学则凭借对视觉思维的考察建立了非心非物、非主非客的形式领域。从分析形状、形式、完形三个概念的内涵入手，阿恩海姆认为，视觉本身具有"思维能力"，形状不是客体（或作为刺激物的客体）本身的性质，而是一种与完形并生的、具有自己完整组织结构的格式塔。这里的"形"已超出一般所谓的"外部形象"的意义，因为，作为实体性存在在人的视觉中的反映，那不脱离形状而存在的形式其实也代表着人们的视知觉所秉有的独特的抽象能力。

第四，主客交融或亦主亦客的方面，主要体现在卡西尔和朗格的符号学美学中。卡西尔在其符号形式哲学中肯定了人具有赋予形式的力量。他说："艺术王国是一个纯粹形式的王国。它并不是一个由单纯的颜色、声音和可以感触到的性质构成的世界，而是一个由形状与图案，旋律与节奏构成的世界。从某种意义上可以说一切艺术都是语言，但它们又只是特定意义的语言。它们不是文字符号的语言，而是直觉符号的语言。假如一个人不懂得这些直觉符号，不能感觉到颜色、形状、空间形式、图案、和声与旋律的生命，那么他就同艺术作品无缘，这样，他不仅被剥夺了审美快感，而且还失去了接近实在的一个最深刻方面的机会。"① 朗格秉承了卡西尔的

① ［德］卡西尔：《语言与神话》，167页，北京，三联书店，1988。

思想，对艺术符号及其形式特性作了更具体的阐述，认为符号在最初就具有将经验构造成某种形象的东西的功用。她在《情感与形式》中提出"美是有表现力的形式"①，艺术是人类情感的符号形式的创造。

在其他文化中也有丰富的形式美理论。中国古人曾说：世界上的颜色不过五（青、赤、黄、白、黑），但五色的变化组合可以产生千万种不同的色彩；世界上的声音不过五（宫、商、角、徵、羽），但五音的变化组合可以呈现出千万种不同音乐；世界上的味道不过五（咸、酸、甘、辛、苦），但五味的组合变化可以烹调出千万种美味佳肴。这一归纳强调了形式美在美学上具有根本性的意义。在印度，颜色既与审美客体的类型相关，又与审美主体的心理类型相关，还与作为宇宙本质之代表的神灵相关，如下表：

色	紫	白	灰	红	橙	黑	蓝	黄
味	艳情味	滑稽味	悲悯味	暴戾味	英勇味	恐怖味	厌恶味	奇异味
情	爱	笑	悲	怒	勇	惧	厌	惊
神	毗湿奴（保护之神）	婆罗摩特（侍奉湿婆的小神）	阎摩神（死神）	楼陀罗（凶神）	因陀罗（天神之王）	时神（死神）	湿婆（毁灭之神）	梵天（创造之神）

在印度美学中，审美类型是用"味"这一概念来表达的。总之，自古以来，在各大文化中，形式美都构成了一个重要的美学话语。世界进入现代以来，特别是在全球化的浪潮中，生活的审美化和生产的设计化使得生活设计和产品设计变成一种设计美学，而形式美成为设计美学中的重要原理。

形式为何被人感知为美的？换句话说，形式具有审美意义的缘由或形式美从何而来？对此，鲍桑葵的回答是："一般来说，不管是什么东西，究竟是由于什么原因可以给人以快感或不快感，也就是说，究竟是由于什么原因，可以单单作为形式，给人以快感或不快感，又凭哪一种形式，可以给人以快感或不快感，这既不能由眼睛决定，也不能由耳朵决定，也根本不能由经验决定，而只能由思维决定。因为，为了这个目的，我们需要追问一下：一般来说，什么形式，也就是说，哪一种知觉（不管是对什么的知觉）的'集合体'是可能的；而这个问题我们是可以决定的，不需要首

---

① ［美］苏珊·朗格：《情感与形式》，460页，北京，中国社会科学出版社，1986。

先去考虑内容的具体性质，即耳朵听到的声音和眼睛得到的色彩感觉中所给定的、存在于集合体中的知觉（或'观念'）的具体性质。'为了这一目的，只要对有内容（质量）和有确定的活力（数量）的心灵观念形成概念就够了。'"① 而张法在《美学导论》一书中对此问题的回答——"是因为人与对象在本质上的同一。本质，这里的意思是，人与对象在宇宙学层面上的同一性"② ——则更为明晰。一定的形式规律之所以能够成为美的规律，是与人的生理结构、与主体内在的特定的文化心理结构以及与人的长期的社会生产实践分不开的。在长期的生产生活实践中，人与宇宙之间建构起一种极其微妙的感应关系。某些自然形式之所以转化为美的形式，因为在客观上它们是有机体生命活动的体现，其生命活动所展示的形式运动和形式结构，与人类生命活动展示的形式运动与形式结构具有某种客观的相似相通之处，于是相互发生感应。当客观事物的生命活动的形式结构与外部特征（如均衡、节奏、和谐、多样统一等形式）与人的生活活动的生理结构与文化心理结构互相一致，即事物的形式运动与材料组合的规律符合人的生命活动的心理、生理规律时，就会引起人的审美愉快，唤起适当的情感体验。而人的生理心理结构本身也是不断发展的。人的感官随着人类历史发展而不断进化。五官感觉从生理器官逐渐变为"以社会的方式形成的社会的器官"（马克思语），从看东西的眼睛变成能感受形式美的眼睛，听声音的耳朵变为能感受音乐的耳朵。人的审美心理建构，实际上是人类在创造物质文明的同时，所创造出来的内在的精神文明的一部分。

因此，抽象形式美规律的形成，归根到底是人类长期生产劳动、社会实践的结果，即人从掌握自然的形式升华到对美的形式的把握，是人对实践中种种创造性手段的"形式模式"的掌握和观照。人们在长期社会实践过程中，具有某些形式特点的事物对人的生活生产有益、有利、有用，多少年多少代被人们所熟悉、所习惯、所掌握、所运用，这些事物的一定的自然属性，如色彩、线条，一定的自然生长规律，如节奏、均衡等形式特点，当然也被人们注重、吸收。这些事物的社会内容与它的直观形态相统一，逐渐地在它们的实用价值上又增加了审美价值，以致发展到内容消融到形式之中，人们只注意到事物的形式而不计较它的内容，只观照它的形

---

① ［英］鲍桑葵：《美学史》，337 页。
② 张法：《美学导论》，218 页。

式意味而不考虑它的实用目的了。①

一言以蔽之，形式美规律与人的生理心理结构相对应，根源于人与对象在宇宙学层面上的同一性。

形式美可以分为两个方面，基本元素（形、色、声）和基本结构（对称、均衡、比例、节奏）。形式美的基本元素和基本结构，存在于一切审美对象之中，基本元素是基本的物质性存在，基本结构是基本的结构性存在。前者是纯物质性，后者则是把前者组织成为一个整体。因此二者可以分开来讲。

第二节　形式美的基本元素

按理，构成事物的基本元素同时也是构成作为美的事物的基本元素，如在中国古代文化中和印度文化中，构成事物的基本元素，形、色、声、味、嗅、触，同时也是构成审美对象的基本元素。然而在西方文化中，自古希腊以来，只有与视听相关的形、色、声被看成是审美对象的基本元素，而味、嗅、触是非审美的元素。到了现代，在自然主义美学的理论中，味、嗅、触才进入了审美对象之中，但并没有成为美学主流。因此，一个在西方美学为主导的美学原理中，形式美的基本元素仍是以形、色、声为主的。如何把中国古代文化和印度文化中的味、嗅、触的理论纳入美学原理中，如何把在日常生活审美化和生产设计美学化的过程中日益增多的关于味、嗅、触的审美经验纳入到美学原理中来，仍在一个过程之中。因此，本书的形式美基本元素也仍以形、色、声为主。

一、形

在基本元素中，形是视知觉能感受到的最基本的东西。在不同的文化中，形由何来是与其宇宙观相联系的，因而形之理论也不尽相同。西方文化的宇宙是一个实体的宇宙，宇宙由物质实体的原子或精神实体的上帝而来。毕达哥拉斯的宇宙实体由数的原则统治，柏拉图的上帝是位几何学家，因此，数学（即几何学）原则占了主导地位。形的基本理论是在数学之美的原则下，由点、线、面、体而成。中国文化的宇宙是一个气的宇宙，万

① 杨成寅主编：《美学范畴概论》，150～152 页，杭州，浙江美术学院出版社，1991。

物由气而生。世界的基本因素，可以由点线而形成，但这点、线，不是数学的几何的，而具有气的生命性质，表现为书法和绘画中的点和线。陈绎曾《翰林要诀》中说，"点之变化无穷……有偃、仰、向、背、飞、伏、立等势，柳叶、鼠矢、蹲鸱、粟子等形。"中国画中，画树也有不同的点：个字点、介字点、尖头点、垂头点、平点点、仰头点、大混点、小混点、竖混点、柏叶点、榆叶点、椿树点、梅花点、杉叶点、竹叶点、鼠足点等三十多种；画苔有各种各样的点：扁点、圆点、竖点、斜点、飞点、嵌宝点、朱砂点、石绿点、细笔偏点、中锋散笔点等。这些点都是具有浓、淡、枯、湿的效果，都具有气的生命情调。印度文化的宇宙是一个梵的宇宙，梵既可是空又可是神。作为前者，空具体生成为宇宙的四大基本元素：地、水、火、风；作为后者，宇宙的主神梵天、毗湿奴、湿婆，都可以化身为各种具体的神与人。因此，在印度文化中，形式美的基本元素里，点和线是不重要的，而形才是重要的。在印度文化的佛塔中，五个构成部分正是五个基本的形：塔基之形，其元素是正方形，为地；再上的塔身宝瓶之形，其元素是圆形，为水；再上的相轮，其元素是三角，为火；再上的塔刹，其元素是半圆，为风；塔刹的顶部，其元素仍为圆，为空。由于西方美学是美学的主流，而由西方文化而来的现代化的社会文化结构是以西方文化为主体的，从而西方文化型的理论在生产过程（工业设计）、生活结构（城市建筑和室内布置）中占主流地位。因此，对形的讲授，以西方美学为主。

二、点

点是形体要素中最基本的元素，它在空间上起标明位置的作用。让我们先来看一个小故事。据说，古希腊哲人芝诺问他的学生，"一支射出去的箭是动的还是不动的？"学生回答说当然是动的。

"在每个人的眼里它都是动的。可是，这支箭在每一个瞬间都有它的位置吗？"

"有的，老师。"

"在这一瞬间里，它占据的空间和它的体积是一样的吗？"

"是的，这一瞬间，箭有确定的位置，并且占据着和自身体积一样大小的空间。"

"那么，在这一瞬间，这支箭是动的，还是不动的？"

"不动的，老师。"

"这一瞬间是不动的，那么其他瞬间呢？"

"也是不动的，老师。"

"那么，射出去的箭是不动的。"

射出去的箭，看似急速飞行，其实可以分解成一个个连续的点，箭在每一个点上都是不动的。这和《庄子·天下》中惠施所说"飞鸟之景，未尝动也"颇有异曲同工之妙。我们姑且不去讨论其中包含的深刻哲理，也不去理会其论述是否合理。从这个例子，我们可以看出，世间事物，其动其静，都从点开始，亦由点构成。正是由于点的不断积累，才构成了整体的形式，体现美感。线是点的延伸，反之，点是线的分解。几何学中的点，是没有大小、形状的抽象概念，即康定斯基所说的肉眼看不见的、非物质的存在。但是，在形式美中，点有大小、形状，是艺术的开始。弹琴时的第一个音符、书法的起笔、绘画时的第一个落点、建筑的每一个砖块，都是一个点。

点也体现了人与对象的视觉关系。天上星星自地球观之，不过一点而已；路上行人车辆，自高处观之，如蝼蚁之点。这主要视距离远近而定，如一圆形物体，远看为点，近看则为面。在可视图形中，一个点有收敛集中的效果，成为画面的焦点，像万绿丛中一点红似的，把视线全吸收过来。这个点会把事物的本质强调出来，比如哥特建筑锋利的塔尖、中国建筑中的飞檐的断点。也正唯如此，在造型艺术和表演艺术中，都强调中心人物或画龙点睛之处，应放在聚光点上，使之成为观众视觉的中心。我们欣赏或观看事物，从一个点开始，中国之仰观俯察，西方之散点透视，然后视线游走，达到这个画面的中心焦点。但是，达到这个焦点尚不够。事物之存在、游走，在于其与引力的平衡，平衡的关键在事物的重心，决定事物平衡的重心，构成事物的中心。中心点的不同决定了事物的不同面貌、不同姿态、不同精神、不同韵致。中心点是灵气所结，是客体的精神所在。我们对于事物的欣赏和观看，从某个点始，到焦点，最后达中心点。正是由点开始，事物生成为事物，反过来，正是由已成的事物，可以还原为最初的点。在美学上，审美对象是由点构成的，从点开始，审美就有了自己的基础。因此，艺术上，艺术家对点非常重视。

三、线

线是点移动的轨迹。几何学上的线是没有宽窄的抽象的点的连续，但在可感的视觉艺术中，线却是一种有宽度的长面。图案中的线和面并没有严格的区别，只是从具体的视觉效果上可以分别它们是线还是面。形体的轮廓是由线来表示的。在构成形式美的诸要素中，线的要素占有特殊的地位。这可以从这样一个事实得到证明，即那些形式美占有突出地位的艺术中，诸如在建筑、雕塑、绘画、装饰等造型艺术中，线的运用往往是最普遍、最基本的艺术手段。在现实生活中，物体不同的面相交而形成线。人们从实物的轮廓、不同面的折角中抽象出线条来，成为造型艺术的重要语汇。

线一般分为三大类，即直线、曲线、折线。它们的审美特性各不相同，具有各自的表现力。直线表示力量、稳定、生气、刚强，给人一种力的感受；曲线表示优美、柔和、流畅等特性，给人以一种运动感；至于折线，由于它一般表现为事物运动过程中的转折、升降、倾斜、进退，因而往往给人一种方向感。

各种线的有规律的组合，可以带有明显的感情意味。如垂直线给人以稳定感和均衡感，表示严肃、庄重；水平线表示安宁、静穆；斜线与兴奋、迅速、骚乱、不稳定相联系，具有明显的运动感。至于在整幅构图中，由于过渡线条和连续线条所形成的轮廓线，对于艺术构图也不可忽视。同样，线有粗细、长短、曲直、虚实、断续、光洁与粗糙等各种形态，可以使人的心理产生快慢、刚柔、滞滑、利钝、顿挫、节奏等不同的情感反应。直线一般的表情效果是刚毅、挺拔、坚强、单纯，常用来象征男人的性格。在直线中，粗直线有厚重、强壮之感，细直线有明快、敏锐之感。而直线中的水平线，是其他一切线的基础，它给人以起始、平静、安稳、庄重的感受。还有，垂直线有正直、倔强、上升、刚强的感受。斜线则给人一种紧张、兴奋、突破、动势和即将倾倒的感受。曲线一般的表情效果是柔和、轻盈、优雅、流畅，常用来象征女人的性格。其中几何曲线有理智的明快之感，抛物线有流动的速度之感，双曲线有对称的美的流动之感，自由曲线有奔放和丰富之感。英国画家威廉·贺迦斯指出，波状线比任何线条"都更能创造美"，可以称之为"美的线条"。蛇形线"灵活生动，同时朝着不同的方向旋绕，能使眼睛得到满足，引导眼睛追逐其无限的多样性"，可以称之为"富于吸引力的线条"①。无论是中国的线画，还是西方的素描，都离不开曲线的运用这一基本技法。因而，曲线美在一般线条美中具有特殊的审美意义和价值。折线实际上是直线的转折，兼有直线和斜线的性质，由于它一般表现为运动过程中的起伏、升降、进退和倾斜，所以往往给人一种动态感、方向感和灵巧感。

当然，在客观世界中，线在形体上的实际表现形态是千差万别、变化

① ［英］威廉·贺迦斯：《美的分析》，44～45 页，北京，人民美术出版社，1984。

258

多端的，简单地用直线、曲线、折线来概括会显得十分贫乏。我们可以说，在客观世界中，线的表现力量是无穷的。我们可以看到，即使同样是曲线，由于其曲率不同，给人的感受也不同。阿恩海姆在《艺术与视知觉》中，曾经对不同曲率的曲线做过详细的分析，他在该书中写道："如果我们拿两种曲线——一种是圆形的一部分，另一种是抛物线的一部分——进行比较，就会发现，从圆形中取出的那条曲线看上去比较僵硬，而从抛物线中取出的那条曲线看上去就比较柔和。"① 他认为，这两种曲线之所以给人以不同的审美感受，是由于圆形具有一种不变的曲率，而抛物线的曲率则是变化的。实践证明，在构成形式美的形体元素中，曲线所表示的柔美，因其曲率的不同变化，给人的感受确实是千差万别的。例如，其曲率同样是按照一定规则变化着的螺旋形线和波纹线（呈 S 形），由于其变化规则不同，给人的审美感受也就不同：前者看上去比较呆板，后者看上去则比较灵活。有些曲线的曲率并无一定的规则，但由于体现了自然物体的生命和变化，也被人们认为是美的，甚至被认为比具有固定曲率的线条更美。中国的陶瓷造型，基本上是一条线的运动（对称的另一条线，只是原线条的反向）；建筑、家具、日用器皿的设计，不外是一条线的曲折行进。各种物质产品的造型设计，都是靠一条线的往返，这条线就是所谓的造型的基准线。它的流动、起伏、波折、停顿、平行、垂直、倾向等，往往决定产品的基本结构和风貌。实践证明，任何一种造型都离不开构图，而构图又都离不开线条。中国的书法是典型的线的艺术。这线，是用软的毛笔蘸墨写出，有浓淡、干湿、肥瘦、丰瘠、粗细、疾徐的丰富变化。线之流动犹如天地间气之流行。流动的线组成的书法世界，和天地之间的气形成的世界有了一个相似的同构。比起文学、绘画、建筑来，书法更简单，又更虚灵。"为书之体须入其形，若坐若行，若飞若动，若往若来，若卧若起，若愁若喜，若虫食木叶，若利剑长戈，若强弓硬矢，若水火，若云雾，若日月，纵横有所象者，谓之书。"② 王羲之说："点画之间皆有意"，书法单靠线条的运动可以表达书家的情志。"情之喜怒哀乐，各有分数：喜则气和而字舒，怒则气粗而字险，哀则气郁而字敛，乐则气平而字丽。情有轻重，则字之敛

---

① ［美］鲁道夫·阿恩海姆：《艺术与视知觉》，235 页，成都，四川人民出版社，1998。

② ［汉］蔡邕：《笔论》。

舒险丽，亦有深浅，变化无穷。"① 我国绘画艺术历来重线条，利用线条造型和传情成为我国绘画的优良传统。我国现代国画家潘天寿说过："画者，画也。即以线条为界，而成其画也。"② 这里所说的后一个"画"，指笔画，亦即线条。他认为笔画线条是绘画的骨架，也可以说是基础。绘画主要利用线条的审美特性，进行各种构图，如平行垂直构图、平行水平构图、平行斜线构图、对角线构图、十字架构图、S形构图、起伏线构图、楔形构图、三角形构图、辐射线构图、螺旋形构图、圆形构图等，以取得不同的审美效果。中国人物画中服饰纹褶的描绘，往往以飘洒、流畅的线条突出人物的精神气韵。不同的线条特色构成各个画家各自的风格特点。从唐代线画大师吴道子的"吴带当风"，可以想见其线条的自然、飘逸、流动。这种笔法以抽象的手法，充分发挥了线条的魅力。北齐时曹国画家曹仲达，以西域画风描绘人物，号称"曹衣出水"。这是一种使服饰线纹垂直贴附于肉体，以显示出人体自然轮廓的绘画技法，属中国线画受外域影响而产生的一种独特画风。还有顾恺之的"春蚕吐丝"和陆探微的"刚劲线条"对线条的不同运用。西方绘画、雕塑的人体曲线，根据人体的动作和姿态，其曲率呈现出一种无定形的状态，因而是一种不规则的曲线。但是，正是由这种曲线构成的轮廓线，显示了肉体的自然凹凸起伏，使人感受到生命的活力。"建筑风格的变化就是以线为中心。希腊建筑多用直线，罗马建筑多用弧线，'哥特式'建筑多用相交成交角的斜线，这是最显著的例子。"③总之，线条的美是一切造型美的基础。

四、形

形分为面和体，两者在美学中可以合在一起。在几何学中，点成线，线成面，面成体。

如果说，在物体造型方面，线的功能主要是用来表现物体的轮廓及外形的装饰（如图案），那么，面的功能则主要是用来表现物体的形状。一切形中有三个是最基本的，即人们通常所说的三原形——圆、正方形、三角

---

① 上海书画出版社编：《现代书法论文选》，176 页，上海，上海书画出版社，1980。

② 潘天寿：《听天阁画谈笔录》，参见汪流主编：《艺术特征论》，22 页，北京，文化艺术出版社，1984。

③ 朱光潜：《近代实验美学》，参见《朱光潜文集》，卷一，279 页，上海，上海文艺出版社，1982。

形，一般指的就是物体的平面图形。人们感知某一物体的形状，除根据其周围的轮廓线之外，主要是依据我们所能直接观察到的面。人们区别不同的桌子，往往说这是方桌，那是圆桌，这种区分所依据的就是面的不同形状。这就是为什么平时我们在描绘物体形状时，离不开方形、圆形、三角形、菱形、梯形等概念的原因。

不同形状的面，同样能给人以不同的视觉效果和心理反映。三角形有立、倒、斜三种形态，每种形态对人的心理产生不同的影响，人们对之也会有不同的感应。立三角具有稳定感，倒三角让人觉得危险，有倾危感，斜三角则会产生运动或方向感等。方形或由方形演化而来的图形，一般给人以方正、平实、刚强、安稳的感觉，所谓"方者矩形，其势也自安"①，方形给人一种刚性美。在建筑中，方形和三角形一样，是稳定于大地的。当然两者又有不同，方形是象征大地的，代表一种现实理性的态度，所以，希腊建筑和中国建筑以方形为主。三角形指向天空，比如在埃及金字塔和哥特式建筑中，三角形在其中发挥着天体音乐的作用，表明强烈的天空渴望。此外，方形之刚性美和圆形之柔性美交错使用，可以起到刚柔相济、相得益彰之妙。一般来说，圆形或由圆形演变而来的图形，给人的感觉是柔软、温和、充实、富有弹性，因而是一种柔性美，且有一种自我运动之势，即所谓"圆者规体，其势也自转"②。古希腊毕达哥拉斯学派认为："一切立体图形中最美的是球形，一切平面图形中最美的是圆形。"③ 因为圆形比其他形体包含更大的空间，更多的容量，所以一般的容器通常都制成圆形。在造型艺术如雕塑、绘画、建筑中，圆形运用很普遍，比如伊斯兰清真寺的圆顶。舞蹈的基本动作就是一个又一个的圆。舞蹈家一举手，一投足，都是在空中画着一条又一条柔美的圆弧线。圆形是美的，但有人认为椭圆比圆更美，这大概是因为椭圆在整一中又稍有变化，比之圆形更富于动态，因而给人带来更多的审美快感的缘故。

而体是点线面的一种有机组合。作为形式美要素的体，同面的关系最为密切。人们观察一个物体，直接作用于视觉的是面；但是，人们凭借不同角度和方位的观察，或凭借以往的经验（例如观察一个球形，直接见到的只是球的正面，而球的背面则是凭经验意识到的），却可以感知或确定整

---

① ［梁］刘勰：《文心雕龙·定势》。

② 同上。

③ 北京大学哲学系编译：《古希腊罗马哲学》，36 页。

个物体的形状。因此，事物的体所给予人的视觉效果和心理反应大致上和面是相似的。方体、球体、锥体即相当于方形、圆形、三角形，只是体给予人的感觉比面更强烈、更具体、更确定。

五、色

色彩是视觉感官所能感知的空间性的美。各种物体因吸收和反射光量程度的不同，而呈现出十分复杂的色彩现象。红、黄、蓝是三种基本色（俗称三原色），由这三种基本色可以调配出各种各样的色彩来：

红色＋黄色＝橙色

黄色＋蓝色＝绿色

蓝色＋红色＝紫色

把这些颜色不断调配，可以不断产生出深浅各异的色彩，比如黄加绿等于黄绿色，紫加红得到紫红色。不同的文化和民族对色彩的感受和偏好各有不同，有各自的色彩体系和色彩理论，比如中国文化中黑白二色，印度文化中以白、蓝、黄、红为原色。

色彩对人的生理、心理能产生特有的视觉效果，不同的色彩往往给人以不同的冷暖、轻重、宽窄、大小、厚薄、距离和运动等感受。就冷暖来说，红、橙、黄色具有温暖、热烈的感觉效果，称为暖色；蓝、紫、绿色具有寒冷、冷静的感觉效果，称为冷色。所以，儿童游乐场的色调以红、黄色为主，教室、办公室的墙壁则宜刷成淡蓝色或浅绿色。就轻重来说，黑、红、橙色给人以重的感觉，白、绿、蓝色给人以轻的感觉。同一种颜色，深色的使人感到重，浅色的使人感到轻。同等重量的箱子，黑色的总是让人觉得重一些；同样款式的衣服，蓝色就让人觉得清爽，就是这个道理。就宽窄论，深颜色给人以狭小的感觉，浅颜色给人以宽大的感觉。法国国旗上的蓝、白、红三条色带，原本是宽窄一样，可总让人觉得蓝色带太宽。于是，人们把红色带的面积放宽，把蓝色的面积缩小，蓝、白、红之比为 $30：33：37$，看上去就匀称了。一般说来，深颜色使人感到大、厚、近，浅颜色使人感到小、薄、远，在绘画中就经常利用色彩与体感的关系，产生不同的视觉效果。还有，黄色的圆圈会显示出从中心向外部扩张的运动，这种运动很明显地向着观看者的位置靠近；而蓝色的圆圈则会造成向中心收缩的运动，则会造成一种向心运动，其运动方向是背离观看者的。人们在产品设计、包装设计和商品广告上就经常自觉不自觉地运用这些色彩的感觉效果。

色彩之所以具有审美特性，首先它能给人以一种特殊的视觉效果。色彩是人们辨认客观事物的重要依据，人们根据不同的色彩把各种物体区别开来，并获得有关这些物体的信息。据研究，人的机体对无彩色和有彩色的辨别种类在二百万种到八百万种之间。这对于我们辨识物体是不可缺少的。白纸上写白字，虽有形而不能辨识。可见人对色彩的辨识是认识世界的重要条件。信号灯、指示标志等，就是靠某些特殊的色彩来起到传递信息的作用的，如交通路口的红绿灯、红色的消防车、绿色的邮车等。光的明暗处理，能给人以一种形体感；如果这种处理再加上色彩，则效果更佳。绘画运用色彩来突出事物的形体特征。

色彩具有表情性，能够向我们传达出一定的情感意味，使得人们在观看这种色彩时，往往产生不同的情绪。但这并不是说色彩本身含有某种感情，而是说，色彩的刺激能使人产生某种生理的或心理的反应，从而影响人的情感或情绪，即色彩的感情效果。歌德曾把色彩划分为积极的（或主动的）和消极的（被动的）两类。主动的色彩使人产生一种积极的、富有生命力的和努力进取的情感态度，比如黄、红、黄红等；而被动的色彩则适合于表现不安的、温柔的和向往的情绪，如蓝、绿等。

形式美的构成要素中，事物的形体也可以传递物体情况和感情意味等信息。和色彩比较起来，在向人提供物体信息情况方面，形体比色彩更为有效，但在传递感情信息，即表情方面，形体则远远不如色彩强烈。就如阿恩海姆所说："表情作用，色彩胜过形状一筹，那落日的余晖以及地中海的碧蓝色彩所传达的表情，恐怕是任何确定的形状也望尘莫及的。"① 红色之热烈而兴奋，黄色之明朗而欢乐，蓝色之抑郁而悲哀，绿色之平静而稳定，这些色彩的反射，像强光一样吸引着人们的视线，最容易打动我们的心。色彩的这种强烈的表情性，是它的审美特性的本质所在。

此外，长期形成的文化传统、历史积淀会使人们对色彩的感受具有某种共同性，红色在中国被认为是大喜之色，蓝色在西方被认为是忧郁之色，无论中西方，绿色都代表了宁静和安逸。当然，色彩的表情性在于激起人的某种生理或心理反应，那么，人们对色彩的感受当然会有主动性，即色彩的情感意味会因为个人的性格、气质而不同。

对于感受色彩的主体来说，色彩的表情性也不仅仅是一种纯粹的生理或心理反应，还是一种历史地形成的社会心理反应。对于处于一定文化环境中的人来说，一定的色彩一般都带有某种观念性的象征意义，甚至成为

---

① ［美］鲁道夫·阿恩海姆：《艺术与视知觉》，455 页。

某种符号。换句话说，由于历史文化的传统习惯，某种色彩与某种特定内容形成较为固定的联系，可以使色彩获得一定的象征意义，这就是色彩的象征性。同样为红色，在中西方就具有不一样的象征意义，从而产生不一样的审美效果。在中国，红与庆典联系，意味着大喜之事；与血联系，意味着不怕牺牲，象征着革命；而在西方，据说耶稣的血是红葡萄酒色的，所以红色象征着圣餐和祭奠。在西方的红色系统中，深红色意味着嫉妒和暴虐，被认为是恶魔的象征；而粉红色则象征着健康等。当然，不论东西方，红色用于交通信号，则意味着危险，表示禁止通行。比如黄色，在中国过去是帝王之色，象征皇权和高贵；但在西方基督教看来，黄色是犹大衣服的颜色，因而在欧美是最下等的色。再比如在中国古代，朱是大红色，被认为是正色，紫乃杂色，朱是正义的化身，而紫则代表着邪恶。孔子在《论语·阳货》中说"恶紫之夺朱"，就是说讨厌以邪胜正。但是在古希腊的神话故事中，紫色是非常高贵的颜色，是君王或神祇所用的颜色。蓝色在西方是幸福色，又是绝望的颜色，"蓝色的音乐"就是悲伤的音乐。其余如白色象征叛逆，黑色象征罪恶等，则是世界普遍流行的。

我国自古以来还有色彩象征方位之说，往往给色彩蒙上一层神秘的外衣，用来表示某种"天命"、"礼制"的观念。青、赤、白、黑、黄，被认为是代表东、南、西、北、中和木、火、金、水、土的五方正色。古代还以不同色彩的服饰来表示人的尊卑贵贱。当然，等级制度表现在人的吃穿用度的各个方面，衣服的色彩只是其中的一个侧面。黄色是专属帝王之色，除皇帝外，任何人不得穿着黄色服装，否则是僭越。在京剧脸谱中，色彩被赋予象征人物性格的特定意义：红脸代表忠义，黄脸象征勇敢而残暴，蓝脸表刚强，白脸奸诈、阴险，黑脸憨直刚正，绿脸显示草莽英雄本色，金脸银脸则是神怪的象征等。

当然，色彩之所以具有表情性和象征性特点，原因是复杂的，至今还难以得出科学的结论。但是，一般认为，色彩的表情性同人们由色彩引发的联想有关。一方面，色彩的表情性，包括色彩的兴奋与沉静、暖与冷、前进与后退、活泼与忧郁、华丽与朴素等意味，通常是同有关色彩的联想分不开的。不同的人面对一定的颜色，虽可能产生各有特点的联想，但却也会有着明显的共同性。例如，红色使人想起火和血，因而带有热烈、兴奋的情绪；黄色使人想起灿烂的阳光，所以感到明朗和温暖；蓝色使人想起天空和海洋，因而带有平和、宁静的情绪；绿色使人联想到绿色的植物，产生生机盎然、欣欣向荣的感受；白色使人想起雪，带有纯洁、凉爽的意味；黑色使人想起夜，笼罩一切的夜，会有阴郁、严肃甚至令人恐怖的感受；等等。而另一方面，色彩的象征性又与人的文化传统、生活习惯有重要的关系。色的联想和习惯，是在人的实践中积累而成的。

总之，色彩所特有的视觉（心理）效果，它所具有的表情性和象征性特点，使它在引起人的形式美感方面，起着极其重要的作用。故而马克思说："色彩的感觉是一般美感中最大众化的形式。"

六、声

点、线、面、体构成的形是与视觉相连的。声是与听觉相连的。事物不但有形体，还有声音，声音构成物体之美的重要组成部分。中国先秦时期，庄子也把声音分为三类：一是人籁，包括人声和乐器之声；二是地籁，由地上事物的助力而产生的声音；三是天籁，由天地运行而来的自然之声。古希腊，毕达哥拉斯把声音分为三类，一是乐器的声音，二是人体的声音，三是宇宙的声音。乐器之声构成专门的艺术。人体的声音，既有艺术，即歌声，也有非艺术，如人的说话和身体本身的自然音响。而这些非艺术的声音也是审美的，当说话带有音乐响的时候，当走路发出有节奏和韵律的声音的时候，当静静地倾听自己身体的运行或倾听他人身体的运行的时候，一种人体的天籁之音会把人带到一种天人合一的境界（天体音乐）。天体音乐或天籁，是一种来自天地运转的自然之声。天籁包括天上星辰的自然之声，地上山水的自然之音。在庄子那里，人籁不如天籁，因此中国声音境界的极致是《老子》中讲的"大音希声"。宗炳对着山水画抚琴，"欲令众山皆响"，是要去体会那山水之中本就含有的自然天音。在印度文化里，文字是宇宙的声音，比如 OM（嗡）是宇宙原始生命力量的根本音，它是三上音节 A（阿）、U（乌）、M（莽）的合一。在印度教里，这三个音节代表宇宙循环三阶段——创造、保存、毁灭——组成的大圆；在佛教里，这三个音节代表佛的法身、报身、化身，三身佛构成的也是宇宙世间的大圆。在密宗那里，身、语、意的统一是修行的重要方面，正是在这统一里，声音渗透到了整个心灵、整个身体、整个世界。在西方的宗教性歌剧里，同样显出了声音、人神、宇宙的统一：

我们，通过我们的歌声

让天体甜蜜地转动

在这幸福的一天

离开天景

去歌唱那更大的奇迹
一个美丽的精灵和一个标志的面容

　　总而言之，声音无论在世间，还是在宇宙，也无论听之可闻其声的
"有"之境，还是听之不闻其声的"无"之境，都是宇宙万物的基本元素，
也是审美的基本元素。从万物的声音中感受到宇宙的内在同一，既是宇宙
规律的基础，也是美学规律的基础。据说毕达哥拉斯路过一个铁匠铺，听
到打铁的声音，突然发现除了一个音之外其他的音都是和谐的，通过思考，
这位大哲学家也是大美学家发现了音乐的规律：

　　　　锤子所产生的音乐上的音程正好等同于锤子重量的比例。换
　　句话说，六英磅的锤子和十二英磅的锤子，有一个 1：2 的比率，
　　创造出一个完美的八度音。八磅的锤子和十二磅的锤子有一个
　　2：3 的比率，创造一个大调五音程；而九英磅的锤子和十二磅的
　　锤子，带有的比例是 3：4，生产一个完美的四度音阶。①

　　这里，形式美的重要原则——比例，显示了出来。比例的希腊词之一
是逻各斯（λóγos），这个词的含义还有理性、逻辑、思想、词，而在《约
翰福音》中，逻各斯就是上帝。当毕达哥拉斯从声音中发现音乐的规律、
音乐中的比例的时候，声的规律在与宇宙规律联系起来的同时，也在一种
数学原则上与形和色联系了起来。面对宇宙，毕达哥拉斯作了如下的音乐
排列：从地球到月亮是一个全音程；从月亮到水星是一个半音程；从水星
到金星是另一个半音程；从金星到太阳是一个小调三度音阶，等于三个半
音程；太阳到火星是一个全音程；火星到木星是一个半音程；木星到土星
是一个半音程；而从土星到固定的星体是另一个小调三度音阶。把数的规
律作一总体的总结，可以看到：

　　　　世界的原则是一。从一产生了一个不定的二，就一来说，它
　　是因，从一和不定的二产生数字中产生点；从点产生线；从线产
　　生平面图形；从平面产生立体图形；从立体图形产生有感知的

<hr/>

① ［美］米杰·詹姆斯：《天体的音乐》，32 页，长春，吉林人民出版社，2003。

物体。①

17世纪，弗拉德在《大宇宙的历史》里，以一个神圣的单弦琴来形象地总结他的宇宙学。一个包含了两个八度音阶的毕达哥拉斯的和音被分为全部的基本和谐音程，每一音程描述一个宇宙音素。流程从低G开始，这是地球；上升到C，上帝在这里出现；又上升到高G，这是上天的最高处。整个和音的两个八度音阶代表了宇宙和谐的"宇宙音乐"。

在美学理论中，音乐理论在各文化里作了较深展现和研究，但音响本身，特别是宇宙本身的声音和天地间万物的声音，还没有被系统地研究。

第三节　形式美的结构原理

形式美的基本结构主要有：对称与均衡，比例与尺度，主从结构，节奏与韵律，多样统一。

一、对称与均衡

形式美的结构法则之一是对称与均衡。自然物质材料形式因素各部分之间的合规律的排列组合法则，主要有对称、均衡。但要较好地理解对称与均衡，我们先得说说最简单的形式规律整齐一律，因为在某种意义上，对称和均衡是对整齐一律的丰富和多样化。

构成形式美的感性质料，以一致的方式不断重复，这是最简单的形式规律即整齐一律。主要表现在同一颜色、声音、形状不断地重复，没有差异。比如色彩中的某一单色，蔚蓝的天空，碧蓝的湖面，清澈的泉水，明亮的阳光等。整齐一律的特点之一，是一种单纯到不见明显差异和对立的因素，一种整齐的美。比如，部队的游行行列，士兵的身材、服装、敬礼动作都很一致，加上每个士兵都精神高度集中，就自然有一种非常整齐的美，很庄严。整齐一律的另一个特点就是反复，同一种形式连续出现，爱尔兰的著名踢踏舞《大河之恋》，舞者整齐地重复着一个动作，发出同一种声音，产生一种非常震撼的美感。反复也是属于"整齐"的范畴，"反复"是就局部的连续再现来说的，但就各个局部所构成的整体看仍属整齐的美。如各种二方连续的花边纹饰。齐一、反复能给人以秩序感。在反复中还能

---

① ［美］米杰•詹姆斯：《天体的音乐》，36页。

体现一定的节奏感。

但是，整齐一律虽然可以体现一种整齐划一、统一的秩序，但是它也显得单调呆板。这时如果在其中加入其他的色彩、声音或形状，则构成差异。"如果只是形式一致，同一定性的重复，那就还不能组成平衡对称，要有平衡对称，就须有大小、地位、形状、颜色、音调之类定性方面的差异，这些差异还要以一致的方式结合起来。只有这种把彼此不一致的定性结合为一致的形式，才能产生平衡对称。"①

所谓对称，是指以一条线为中轴，将两个以上相同、相似的事物加以对偶性的排列组合。对称有左右对称、上下对称和辐射对称三种。左右对称是基本的，上下对称是左右对称的横倒，辐射对称是以经过中心点的直线为中轴的许多个左右对称的组合。

对称是同一和差异的结合。黑格尔指出："一致性与不一致性相结合，差异闯进这种单纯的同一里来破坏它，于是就产生平衡对称。"② 对称是大部分生物形体结构的普遍形式。身体确实在于各部分之间的比例对称，人体的眼、耳、鼻孔、手、脚都是左右对称的。就是植物的叶脉，也无不是左右有规则的排列。一切生物的常态几乎都是对称的，这体现了生命的正常发育。只有残疾者和畸形者的形体是不对称的，这会让人产生一种不愉快的感觉。

对称具有较安静、稳定的特征。人类早期的石器造型，表明当时从实用的需要出发已掌握了对称的形式。后来出土的大量史前的彩陶和青铜器，它们上面所刻印的图案都是对称分布的。建筑艺术也十分讲究对称，如北京紫禁城大殿东西两厢的平房，四座角楼，大殿的雕梁画栋、丹柱玉栏，天安门前的华表、金水桥，以及各建筑物内部的细部构造、图案、装饰等，都是对称的。对称还可以衬托中心地位，如天安门两侧对称的建筑，可以衬托天安门的中心地位，从而给人以匀称、整齐、庄严、静穆的审美感受。

均衡是指左右或上下在形式上虽不一定对称，但在质量上是均等的，而不致产生轻重失衡、大小不当之感。均衡可分为天平式、杆秤式、跷跷板式三种。和对称比较起来，均衡更富于变化，比较自由，可以说是对称的一种变体。对称是一种静态平衡，均衡则是一种动态平衡。打个直观的比方，有人把对称比作天平秤，两边相等；把均衡比作常用秤，一头挂锤，一头挂物，形体位置可以不等，但仍然是平衡的。维持这种平衡的力量叫

---

① ［德］黑格尔：《美学》，第 1 卷，174 页。

② 同上书，174 页。

作"内在的力"，并且使均衡在静中倾向于动。如盆景五针松，左侧松枝略低并向外延伸，右侧松枝略高，左右松枝虽不同型，在量上却很接近，给人以均衡感。

均衡作为一种形式美的法则，被广泛应用到各种艺术形式中。中国传统绘画，往往一幅画上只有一花或一草或一鸟，留下大片空白，但其中自有内在的力的平衡，所以显得很和谐。宋代马远和夏圭，总是画山水的一部分，所谓马一角、夏半边。但马、夏却能通过这些有限的部分，传达表现出无限的深意，具有更多的意味。中国画的构图，不仅有形体之间、色彩之间的均衡，还有画面上所有形象与画中背景的虚空之间构成的均衡。在音乐中，乐曲各乐章、各段之间，在分量上要注意匀称适宜；跳舞时，舞蹈动作更要求均衡，不均衡甚至不能成步。建筑设计为求变化而突破对称的格局，就不能不顾到均衡，否则就会陷入形式上的失稳状态，使人看了很不舒服。

应该注意的是，均衡对称绝不是量上的绝对等同，而是有"差异"的，只要大体相当、相应、均等就可以了。一片树叶不可能绝对对称，花瓣、人体的双眼、双耳、四肢，或者一副担子，都不能说绝对一致，丝毫不差，只能是大致相当。但是又不能失去一致，如果完全失去一致，那么也就不成其为对称均衡。所以，一致、相等仍然是平衡对称的基础，整齐一律仍然在对称均衡中起主要作用。"整齐一律与对称均衡主要地限于数量大小的定性，以及这种定性在不一致的事物中的一致性和秩序。"① 所以，整齐一律基于量的单纯的一致，对称均衡则是在差异中见出一致。因此，对称均衡除了像整齐一律一样包含着秩序、稳定的意味之外，又克服了整齐一律那种单调呆板的缺陷，具有一定的灵活性。

二、比例与尺度

比例是物体的局部与局部之间，或部分与整体之间，在大小、长短、粗细等方面的数量关系。南朝戴颙年轻时跟他的父亲——南朝著名雕塑家戴逵学塑造佛像，精通人体的造型、比例。一次，"宋太子铸丈六金像于瓦棺寺，像成而恨面瘦，工人不能理，及迎颙问之。曰：'非面瘦，乃臂胛肥。'即屡减臂胛，像乃相称，时人服其精思。"② 这里所说的形象的肥瘦，也就是宽窄的比例。为什么面部本来不瘦，而使人感觉瘦呢？是由于臂胛

---

① ［德］黑格尔：《美学》，第 1 卷，175 页。

② ［唐］张彦远：《历代名画记》。

过宽，相形之下面部才显得瘦。经过修改，把臂胛宽度削减，各部分的比例就合适了。所以，人体各部分之间的比例关系，不仅影响整体形象，同时在局部之间也相互影响。又如宋玉写东家之子之美，"东家之子，增之一分则太长，减之一分则太短；着粉则太白，施朱则太赤"。东家之子的美，就在于美妙的身体比例和适度的修饰打扮。

凡是处于正常状态的物体，各部分之间的比例关系都是合乎常规的。严重的比例失调就会出现畸形，而畸形在形式上是丑的。人们很早以来就一直在寻找美的比例关系，古希腊毕达哥拉斯学派提出的黄金分割率是人们最常见的一种合理的比例关系。所谓"黄金分割"，又叫"中外分割"，就是将一条线分成两部分，较长的那一段与较短的那一段的比等于全线与较长一段的比，或者说较长一段的平方等于全线乘较短一段。列为公式是 $a:b=(a+b):a$。数学家经过运算得出结论，较长一段与较短一段之比为 1.68:1，大致近似 5:3 或 8:5。黄金分割比例被广泛应用于建筑、工艺、雕塑、绘画、音乐、摄影等艺术中，甚至有人分析许多著名的音乐作品，发现乐曲高潮的出现大多和黄金分割点接近。

诚然，黄金分割具有普遍性，符合黄金分割率的比例是美的，西方人由此出发来确立自己的美的信条，但是，我们不能把黄金分割率绝对化。例如饭桌，可以是圆的、方的，却不宜制成符合黄金分割率的矩形；剧院的大门，往往在宽度上超过它的高度。总之，对于物质产品的生产，其比例关系应以实用目的为前提，不应任意用某一比例来取代其他美的比例。而且，在同一场合，过多采用黄金分割率的比例，会使人觉得单调、呆板。即便采用黄金分割率的比例，在具体运用时，也要讲究变化。

不同的文化有不同的比例方式。我国木工祖传的"周三径一，方五斜七"的口诀，就是制作圆形或方形物件的大致比例。古代山水画有所谓"丈山、尺树、寸马、分人"之说①，人物画有所谓"立七、坐五、盘三半"之说，画人的面部讲究"五配三匀"（"五配"指鼻梁约一眼之位，眼角两鱼尾纹约两眼之位，共成五；"三匀"指两颐约两口之位，共成三），体现了各种景物之间、人体结构以及人体面部结构的合理比例关系。

比例关系存在于世间万物中，而尺度则不然，尺度是主体与对象的关系。尺度包括两个方面，一个是主体尺度，另一个则是主体与客体的比例关系。对象尺度大小，决定了人对对象的感受。过大，人无法把握，产生

---

① ［唐］王维：《山水论》。

崇高感；过小，人可随意把玩，产生优美感。中国园林，叠山理水，莳花种草，亭台楼阁，曲径桥廊，用小园林穷尽自然神韵。这就需要精心安排，在尺度上把握，使各个部分、每个细节都均衡得当。如果哪一个部分过大或者过小，都会破坏整个园林的意境。此外，门、窗、墙、栏杆、踏步、柱廊、山石、花汀、树木等与人的比例尺度不同，也可营造出不同的感受境界。

三、主从结构

自然物质材料的形式因素各部分之间的合规律的排列组合法则，还体现在重点突出，层次分明，即有主从结构。

所谓重点，是指事物的外在因素在排列组合时要突出中心、主次分明，不能搞平均主义，无所侧重。如果主辅不分，各自为政，那就必然会杂乱无章，不伦不类。就人体来说，各部分的主从关系是很清楚的。头居中而高出于躯体各部分，眼、耳、鼻、舌等重要器官皆在头部，而且全身的司令官——大脑，即驻跸在此，指挥着全身各部分的一举一动。

心理学实验表明，人的视觉或听觉在一个时间内只可能抓住一个重点，不可能同时注意几个重点，这就叫作"注意的中心化"。懂得这一审美心理的高明艺术家，在创作时总是用尽心思把人们的注意力集中在最重要之点，而绝不搞喧宾夺主的东西。罗丹在完成《巴尔扎克》的雕像后有意砍去雕像的双手，其目的就是为了将人们的注意力集中到最能揭示人物性格的那充满智慧和无穷创造力的面部表情上去。达·芬奇的《最后的晚餐》把耶稣置于画面的中心，他的十二个门徒，有的关心、爱戴；有的悲哀、愤慨；有的恍惚、惊惶。而这些人物的心理、表情、动作，都向中心人物耶稣倾斜，从而使画面构成主从相依、相互映衬、重心突出、秩序井然的协调统一的整体，有力地表现了作品的主题。

主从结构在区分主次的过程中，实际上形成了一种有层次的审美法则。所以，层次在主从结构的形式美的结构规律中不可忽视。层次体现了有序化。无论是光色的由明到暗、由浓到浅，形体的从大到小、从远到近，声音的从低到高、从弱到强，它们的运动变化都是逐渐发生的、有秩序的。在艺术摄影、绘画、雕塑和工艺品制作中，都强调光色的明暗、浓淡处理要有层次性。如人的面部的光色变化是有层次的，中国水墨画只用墨，但"墨分五彩"，主要是通过干湿、浓淡、疾徐等多种用墨、用笔方法来表现色彩的层次。在建筑艺术中，如北京紫禁城的建筑和各地的陵园、庙堂、园林建筑等，无不是层次分明，秩序井然，从而增添了这些建筑群的形式美。

四、节奏与韵律

自然物质材料的某些形式因素自身的运动变化造成特定的、有规律的排列组合法则，则是节奏与韵律。

客观事物外在形式上有规则的反复就形成节奏；在外在形式的周期性延续层次之间出现间歇，可使节奏更加分明。我们这里所说的节奏，并不只限于声音或音乐艺术，而是泛指形式美中一种普遍性的法则。在客观世界中，无论是颜色、声音、形体和动作，以大体相等的量在等距离的时空重复出现，就会产生节奏。

人体的生理、心理活动也是有节奏的，心脏每分钟大约跳动七十五次，呼吸一次大约四秒钟。人体一切生理机能活动都是有规则的、周期性的。现代科学实验证明，人的体力、情绪、智力也有周期性的变化，体力以二十三天为一周期，情绪以二十八天为一周期，智力以三十三天为一周期，每个周期都有高潮和低潮。人们在劳动中的动作同样是有节奏的，这种节奏符合肌肉一张一弛的运动规律。在日常生活中人们也形成了习惯性的节奏。日作夜眠，一日三餐，起居有序，有劳有逸，就能保持旺盛的精力；反之，就会精神困倦甚至生病。可以说，物质世界的运动变化过程，其有序化的发展都有着自己特有的节奏；而人类的整个生活过程，就是一种有节奏的生命过程。

在自然中存在着节奏，它是客观世界物质运动一种带规律性的表现方式。日出日落，月圆月缺，昼夜交替，四时代序，这是时间变化的节奏；潮涨潮落，山脉蜿蜒，峰谷相间，这是空间变化的节奏。对此，郭沫若有一段很好的描述："本来宇宙间的事物没有一样是没有节奏的：譬如寒往则暑来，暑往则寒来，寒暑相推，四时代序，这便是时令上的节奏；又譬如高而为山陵，低而为溪谷，陵谷相间，岭脉蜿蜒，这便是地壳上的节奏。宇宙内的东西没有一样是死的，就因为都有一种节奏在里面流贯着。做艺术家的人就要在一切死的东西里面看出生命来，一切平板的东西里面看出节奏出来。"[1]

一切艺术形式都离不开节奏。节奏是音乐、舞蹈和诗歌这些最原始也最普遍的三位一体的艺术所共同具有的最基本的要素。舞蹈的节奏主要表现在形体动作上，诗歌的节奏主要表现在音韵（押韵、平仄）上。如果取

---

① 郭沫若：《文艺论集》，229 页，北京，人民文学出版社，1979。

消了音乐、舞蹈和诗歌的节奏，实质上就等于取消了音乐、舞蹈、诗歌本身。同样，节奏感还存在于绘画、建筑、书法等艺术中，如绘画不仅有色彩转换、线条配置的节奏，还表现在形象排列组织的动势上，如《清明上河图》在形象排列上由静到动，由疏到密，便形成一种节奏感。建筑艺术从整体布局到柱窗排列上都有其特有的节奏，梁思成分析建筑中柱窗的排列所体现的节奏感："一柱一窗地排下去，就像柱、窗、柱、窗的2/4的拍子。若是一柱二窗地排列法就有点像柱窗窗、柱窗窗、柱窗窗的圆舞曲。若是一柱三窗排列就是柱窗窗窗、柱窗窗窗的4/4的拍子。"他还分析了北京广安门外的天宁寺塔的结构，从月台、须弥塔、塔身、塔檐、尖顶所形成的节奏感。人们观照审美对象，当对象的节奏符合人体生理、心理的自然节奏时，就会感到愉悦，获得美感；否则，就会影响人的心境，引起不愉快的感觉。

与节奏相联系的是韵律。韵律，一般指诗歌中的声韵和节律，表现为音响运动中抑扬顿挫的谐和流动。韵律是在节奏的基础上形成的，但又比节奏的内涵丰富得多，表现出了一种特有的韵味和情趣。可以说，韵律是一种富有感情色彩的节奏。我国古典诗词押韵、平仄、对仗的音乐美，构成了诗的韵味。所以，鉴赏古典诗词时要反复吟诵，潜心品味，才能于抑扬顿挫、轻重徐疾的音韵语调中去体验诗人思想感情的脉搏，去领悟诗词的"味外之旨"、"韵外之致"。中国传统画也十分讲究韵味。历代画家的线描勾勒，无不下笔有神，气韵生动，一波三折，有起有伏，强调色、线、形的统一和有秩序的排列组合，使画面富有韵律感。在音乐、舞蹈、书法等艺术中，韵律也都是普遍存在的，并作为形式美感的一个重要方面。

五、多样统一

各种基本要素在整体上的排列组合法则，就是多样统一，就是和谐。多样的统一或称和谐、繁多的统一、寓变化于整齐等，这是形式美法则的高级形式，或者说是形式美的总法则。所谓"多样"，是指整体中所包含的各个部分在形式上的区别和差异性，像前面所举的节奏和韵律、对称和均衡、比例、主从结构等，都是构成整体形式美的一个组成部分和侧面，但它们谁也不能取代多样统一这一法则。

所谓"统一"，是指各个部分在形式上的某些共同特征，以及它们之间的某种关联、呼应、衬托、协调的关系，也就是说，各个部分都要服从整体的要求，为整体的和谐、一致服务。在多样的统一中，同中有异，异中求同，寓"多"于"一"，"一"中见"多"。既不能为追求"一"而排斥

"多"，也不能追求"多"而舍弃"一"。而必须把两个对立的方面有机地结合起来，这样才能造成高度的形式美。

多样的统一，其实质是各种基本要素从差异、对立转化为协调、一致的问题。黑格尔对这一问题曾作过深刻的阐述。他说："和谐是从质上见出的差异面的一种关系，而且是这些差异面的一种整体，它是在事物本质中找到它的根据的。"又说："各因素之中的这种协调一致就是和谐。和谐一方面见出本质上的差异面的整体，另一方面也消除了这些差异面的纯然对立，因此它们的互相依存和内在的联系就显现为它们的统一。"① 和谐或多样统一，就是要消除"这些差异面的纯然对立"，而在整体上体现出各种形式因素之间的协调性，以达到"不齐之齐"，"乱中见整"，于不平衡中见平衡，于无秩序中见秩序。

多样统一的法则具体体现了客观事物运动发展过程中对立统一的基本规律。人类生活的世界就是一个"多样的统一"的和谐的整体。从单个的人本身来说，只要是一个正常健康的人，他的整体结构在整体上就是多样统一的。外有四肢躯干、眼耳鼻舌，内有中枢神经、五脏六腑，可谓多样。然而它们又整齐地、有序地构成一个统一的有机体。人体的各个部分在整体结构中都占有一定的地位，在大脑的统一指挥下发挥各自的功能，相互协调配合，表现为生命的存在。人的生命活动本身就要求多样的统一。只有多样而无统一，或只有统一而无多样，都不能使人体成为生命的有机体。这两方面缺少任何一方面，就不能成为自然界和人类社会，也创造不出富有艺术魅力的文艺作品。

多样统一，一般表现为对比与调和这两种基本状态。

对比指的是具有显著差异的形式因素之间的对立统一，即把两种极不相同的东西并列在一起，使人感到鲜明、醒目、振奋、活跃。如色彩的浓与淡、冷与暖，光线的明与暗，线条的粗与细、曲与直，体积的大与小，体质的重与轻，位置的高与低、远与近，声音的长与短、强与弱等，有规律地排列组合，就会相互对照、比较，形成变化，又相互映衬，协调一致。这种对立因素的统一，可收到浓淡适宜、明暗有致、修短合度、大小调谐、强弱相济的相反相成的效果。色彩学上的互补色也是这个道理，如黑与白、红与绿、紫与黄、蓝与橙互为补色。"接天莲叶无穷碧，映日荷花别样红"，"万绿丛中一点红"，就属于红与绿的对比；"黑云翻墨未压山，白雨跳珠乱

---

① [德]黑格尔：《美学》，第 1 卷，180～181 页。

入船",就运用黑白对比加强了意境中的色彩效果。对比色可产生强烈的色对比和色反差,使人感到特别鲜明、醒目,富有动感。当然,还有声音的对比,如"蝉噪林愈静,鸟鸣山更幽";形体大小的对比,如"会当凌绝顶,一览众山小";如此等等。由对立因素的统一造成的形式美,一般属于阳刚之美。

调和是没有显著差异的形式因素之间的对立统一,即把两个相接近的东西相并列。它只有量的区别,是一种简便的调谐,并不构成强烈的对比。如果说,对比是在差异中趋向于"异",那么,调和则是在差异中趋向于"同"。以色彩为例,如红与橙、橙与黄、黄与绿、绿与蓝、蓝与青、青与紫、紫与红都是相似色,在同一色中又有浓淡、深浅的层次变化。这种相似或相近的颜色相互配合,在变化中保持大体一致,就会给人一种融合、宁静的感觉,如北京天坛深蓝色的琉璃瓦和蔚蓝色的天空、四周的绿树配合在一起,其色调就显得非常调和。杜甫诗云"桃花一簇开无主,可爱深红爱浅红"。深红与浅红在一起也属于调和。又如,音乐中利用谐音的原理使两个以上的音按一定规律同时发响,形成和声,给人的感受也是融合、协调的。由非对立因素的统一造成的形式美,一般属于阴柔之美。

总之,无论是对比,或是调和,其本身都要求有变化。在统一中有变化,在变化中求统一,才能显示出多样统一的美来。

第四节　形式美的原型和象征

要在众多的形式美的元素和结构中寻找一种统一性的东西,就形成了原型和象征这两个概念。原型和象征把由形式美构成的千形万状的对象,归结为人类心灵或宇宙本质的最基本的东西,在宇宙统一性和人心统一性上去理解形式美的意义。在中国文化中,《老子》说:"道生一,一生二,二生三,三生万物。"这里由一而来的二和三,就具有原型的意义。在整个中国文化的整体叙事中,又具体化为阴阳五行八卦,以不同的层次把宇宙万物统一起来。在印度文化中,人来源于宇宙,宇宙的基质是地、水、火、风,人体的构成也是地、水、火、风,人与宇宙是同一的。从而实际上宇宙是一个曼陀罗,人体也是个曼陀罗。因此,曼陀罗即是宇宙的象征,又是人体的象征,更是人与宇宙的合一。正像中国的五行有其固定的结构和关系图一样,印度的四因也有自己的固定结构,地、水、火、风,是由下往上的,这是四元素在宇宙中的结构,也是在人体中的结构,也是曼陀罗坛城的结构，还是佛塔的结构。佛塔是一种象征，是涅槃境界、宇宙本体、印度圣山的统一。印度教和佛教都共有的法轮也是一种象征。法轮是圆的，象征宇宙规律，它不但明显地出现在印度教和佛教艺术中，还虚拟地出现在毗湿奴、湿婆、佛陀形象中，如佛陀的说法，就是用手虚拟了一个法轮。西方文化里，在神话学、人类学、考古学、符号学等多学科的交融和多角度的审视中所建构的原型理论，为形式美的原型和象征的探讨提供了理论支撑。

原型，指神话、宗教、梦境、幻想、艺术等中不断重复出现的意象，它源自民族记忆和原始经验的集体无意识。原型作为一种原始意象，具有具象特征，与哲学思维的符号形式——概念范畴有所区别。"原型"概念，可追溯到法国社会学家、人类学家、社会学学科奠基人之一的迪尔凯姆提出的"集体精神"概念。他认为"集体精神"为整个群体所共有，但它并不是来自个人意识的总和，也不是个体在自己的直接经验中取得的，而是社会"强加"给个人的。"集体精神"的存在不依赖个体的存在而存在，当个体死亡时，只要群体还存在，"集体精神"也依然存在。

迪尔凯姆的"集体精神"的思想被法国人类学家列维—布留尔所继承，在《原始思维》一书中他将"集体精神"发展成了"集体表象"概念，用这一概念来指原始世界观中的象征形象。他认为："这些表象在集体中是世代相传，它们在集体中的每个成员身上留下了深刻的烙印，同时根据不同的情况，引起该集体中每个成员对有关客体产生尊敬、恐惧、崇拜等感情。它们的存在不取决于每个人；其所以如此，并非因为集体表象要求以某种不同于构成社会集体的各个体的集体主体为前提，而是因为它们所表现的特征不可能以研究个体本身的途径来得到理解。"并举例说："语言，实在说来，虽然它只存在于操持这种语言的个人的意识中，然而它仍是以集体表象的总和为基础的无可怀疑的社会现实，因为它是把自己强加给这些个体中的每一个；它先于个体，并久于个体而存在。"①

布留尔的"集体表象"思想，到了瑞士心理学家荣格那里，又发展成了"集体无意识"。心灵的每一次外在显现都同时混合着多种影响。首先是清醒的自我的影响；其次是个人以及个人所从属的群体身上那些很少被意识到的情结的影响；再次是来自未被意识到的集体心理的那些无论以什么方式结合在一起的原型动力机制的影响。荣格的集体无意识的原型理论强

---

① ［法］列维—布留尔：《原始思维》，5 页，北京，商务印书馆，1981。

调的正是第三个层面的影响。他说："或多或少属于表层的无意识无疑含有个人特性，我把它称之为'个人无意识'，但这种个人无意识有赖于更深的一层，它并非来源于个人经验，并非从后天中获得，而是先天地存在的。我把这更深的一层定名为集体无意识。"① "选择'集体'一词是因为这部分无意识不是个别的，而是普遍的。它与个性心理相反，具备了所有地方和所有人皆有的大体相似的内容和行为方式。换言之，由于它在所有人身上都是相同的，因此它组成了一种超个性的心理基础，并且普遍地存在于我们每个人身上。"② 它并非由个人获得而是由遗传所保留下来的普遍性精神机能，即由遗传的脑结构所产生的内容。这些就是各种神话般的联想——那些不用历史的传说或迁移，就能够在每一个时代和地方重新发生的动机和意象。简言之，"集体无意识"是指人类自原始社会以来世世代代的普遍性的心理经验的长期积累，是一个保存在整个人类经验之中并不断重复的非个人意象的领域。集体无意识的发现应验了中国的"人同此心、心同此理"的说法。每个人的无意识都是一个考古遗迹或历史博物馆，那里储藏着支配人的生活的人类历史经验。这些经验是作为类的共同经验而不是个体经验被保持在以后的这个类的每个成员身上，因而它是集体无意识。它几乎是永恒的，超越一切时间的变化。人类心理中的这样一种巨大的经验体系作为从原始时代遗传下来的心理功能体系，总是先于意识而存在的，意识不过是无意识的后裔而已。如果说意识是高出水面的一些小岛，个人无意识是由于潮汐才露出来的那些水面下的陆地部分，那么集体无意识就好比是广大无比的海床，具有更为内在和深刻的意义。

荣格在神话、民间文学、人类学研究中，找到了"集体无意识"的可证的实体。在他的早期著作中，这种实体被叫作"原始意象"（"从科学的、因果的角度，原始意象可以被设想为一种记忆蕴藏、一种印痕或记忆痕迹，它来源于同一种经验的无数过程的凝缩。在这方面，它是某些不断发生的心理体验的积淀，并因而是它们的典型的基本形式"③），后来他把集体无意识存在或显现的形式正式命名为"原型"（archetype）（"个人无意识的内容主要由带感情色彩的情结所组成，它们构成了心理生活中个人和私人的

① ［瑞士］荣格：《心理学与文学》，52 页，北京，三联书店，1987。

② 同上书，52～53 页。

③ 李德荣编译：《荣格性格哲学》，19 页，北京，九州出版社，2003。

一面。而集体无意识的内容则是所说的原型"①）。根据荣格的解释，"原型这个词就是柏拉图哲学中的形式"，是"自从远古时代就已存在的普遍意象"，是在人类最原始阶段形成的"种族的记忆"的保留。它使每一个作为个体的人先天就获得一系列的意象和模式，使个体以其原本祖先面临的类似情境所表现的方式去行动。他说："我们有充分的理由认为原型实际上就是本能的无意识形象，如果换句话说，也就是'本能行为的模式'。"② 原型是本能在历史活动的不断激荡中形成的，它隐蔽地存在于我们的无意识之中，在毫无所知的情况下赋予一定的精神内容以明确的形式。只有当原型被激活，它才能从沉睡中苏醒，并表现为活生生的东西。原型不断地从隐匿中复活，并不断重复自己。在无穷无尽的重复中，它也就熔铸到了人的精神结构之中，并支配我们的生活。它在我们的精神结构中并不是以充满意义的形式出现，而是首先以没有意义的形式，或者纯粹的形式出现。当符合某种特定情景的原型复活过来，就会产生一种本能驱力，与一切理性和意志相抗衡。荣格说："我们在无意识中发现了……一些先天固有的直觉形式，也即知觉与领悟的原型。它们是一切心理过程的必不可少的先天要素。正如一个人的本能迫使他进入一种特定的存在模式一样，原型也迫使知觉与领悟进入某些特定的人类范型。"③ 在每一种集体无意识中都存在着大量的原型。同一原型可能细部或名称有些变化，但它的核心意义是基本相同的，符合人类的某种普遍的心理要求。如：在罗得西亚旧石器时代的岩石画中，有一种抽象的图像——圆圈中一个双十字。"这种图像实际在每一种文化中都曾经出现过。今天我们不仅在基督教的教堂内，而且在西藏的寺院里也能够找到它。这就是所谓的太阳轮。而既然它产生于车轮还不曾发明出来的时代，也就不可能起源于任何来自外部世界的经验，而毋宁是某种内在体验的象征。"④ 而在中国广汉的三星堆也出土了一件状若车轮的"太阳轮"。对这件神秘器物的用途和象征，比较一致的看法是"表现太阳崇拜观念的一种装饰器物"。青铜太阳轮形器中间的圆凸形与周围呈放射状的五道芒以及芒外的圆晕圈，是采用双圆圈形式对太阳的形象表现，其表现的是太阳的意象和象征。它是古蜀太阳崇拜观念的产物，是祭祀活

---

① 李德荣编译：《荣格性格哲学》，17 页。
② ［瑞士］荣格：《心理学与文学》，96 页。
③ 李德荣编译：《荣格性格哲学》，17 页。
④ 同上书，22～23 页。

动中用以表现太阳崇拜观念的重要装饰器物。在原始农耕部落中，太阳崇
拜是一种必然现象。这种世界性的太阳图案、太阳纹饰的原型模式保留和
传达着人类普遍心理上继承的信息和意义。

　　荣格通过对神话的广泛研究和临床的治疗经验，揭示了原型和神话
（原型的表现在神话学研究中称为"母题"）以及神话与艺术之间的关系。
基于此，他把原型理论扩展到文艺领域。原型是人类长期心理积淀中未被
直接感知到的集体无意识的显现，因而是作为潜在的无意识进入创作过程
的，但它们又必须得到外化，能够被体验为一种印象式意象。在远古时代
表现为神话现象，然后在不同时代通过无意识激活为艺术形象。这些原型
之所以能够保存下来，在很大程度上得益于文艺这个载体，因为在漫长的
历史进程中，它们不断地以本原的形式反复出现在艺术作品中。在漫长的
历史进程中，这些本原的形式即原型反复出现，致使"一旦原型的情境发
生，我们会突然获得一种不寻常的轻松感，仿佛被一种强大的力量运载或
超度。在这一瞬间，我们不再是个人，而是整个族类，全人类的声音一齐
在我们心中回响。"①

　　在荣格十八卷文集中，有整整五卷是专门研究象征的，可以说，原型
与象征是荣格理论中最重要的两个基本概念。我们通常所说的修辞意义上
的"象征"指借用某种具体的形象的事物暗示特定的人物或事理。象征的
本体意义和象征意义之间本没有必然的联系，但通过象征会使人产生由此
及彼的联想，使抽象的概念具体化、形象化，可使复杂深刻的事理浅显化、
单一化，延伸了所要表达的内蕴。但象征不仅是一种修辞手段，而且还具
有本体的意义。对此，在荣格之前已有不少人提出了各自的看法。黑格尔
认为"象征一般是直接呈现于感性观照的一种现成的外在事物，对这种外
在事物并不直接就它本身来看，而是就它所暗示的一种较广泛较普遍的意
义来看。因此，我们在象征里应该分出两个因素，第一是意义，其次是这
意义的表现。意义就是一种观念或对象，不管它的内容是什么，表现是一
种感性存在或一种形象。"②"象征首先是一种符号。不过在单纯的符号里，
意义和它的表现的联系是一种完全任意构成的拼凑。这里的表现，即感性
事物或形象，很少让人只就它本身来看，而更多地使人想起一种本来外在

---

①　[瑞士] 荣格：《心理学与文学》，121页。
②　[德] 黑格尔：《美学》，第2卷，10页，北京，商务印书馆，1986。

于它的内容意义。"① "在这个意义上象征就不只是一种本身无足轻重的符号，而是一种在外表形状上就已可暗示要表达的那种思想内容的符号。同时，象征所要使人意识到的却不应是它本身那样一个具体的个别事物，而是它所暗示的普遍性的意义。"② 波德莱尔认为，世界本身就是一个象征的森林，在外在的表象和更为真实的神秘的内在方面存在着一种应和的关系。象征是世界的固有特征。象征主义大师梅特林克说："象征是大自然的一种力量，人类精神不能抗拒它的法则。"世界上的万事万物之所以有意义，就在于它们与其背后的"永恒"相应和，或者是个人最内在之隐秘世界的象征。它们只有作为个人隐秘内在或永恒世界的象征才有意义。自然物象是内在世界的表象或象征。

而荣格认为，象征的主要意义在于：通过激发生命唤起想象，它能创造出更为新颖、更具韵味、更富吸引力的境界，并因此把人带入意义更加充实、内容更加丰富的存在。任何新象征的出现都类似于一次新的"启示"，它在一刹那间照亮了人的全部生活，并在某种意义上决定了人的未来命运。③ 依据他的主张，原型之所以能被人的意识思维认知到，是因为它会以象征形式显示。即，象征是原型的外在显现，原型只有通过象征才能表现自己。原型深深隐藏在集体无意识中，对于人们来说是不可知的，但它却始终影响和指导着人的意识和行为。我们只有通过对象征、梦幻、神话、艺术等的分析和解释，才可能或多或少地认识原型，进而了解集体无意识。在德文中，象征含有感觉和意象的意思，所以荣格认为，象征就是一种"有意义的意象"，是促使心理变化的工具。④ 人是住在一个用象征性意义表现的世界。象征可说是一种沟通的力量，在意识与无意识之间搭起一座桥梁，使二者可以调和并融合在一起。通过这个沟通桥梁，象征将一个不可或缺的精神需求实践出来。象征是原始本能驱力的转化。人类"自然的"象征起源于心灵的无意识内容，却试图将本能能量引导到文化价值和精神价值中去，它往往通过文学、艺术以及宗教等来衍化这种生物本能。荣格始终认为，象征或者说象征性活动的作用不仅限于把本能能量从其本来的对象中移植到替换性的对象上，还代表了某种超越性的东西。"象征不

---

① ［德］黑格尔：《美学》，第2卷，10页。

② 同上书，11页。

③ 李德荣编译：《荣格性格哲学》，34～35页。

④ 同上书，53～54页。

是一种用来把人人皆知的东西加以遮蔽的符号。这不是象征的真正含义。相反，它借助于某种东西的相似，力图阐明和揭示某种完全属于未知领域的东西，或者某种尚在形成过程中的东西。"所谓"某种完全属于某种未知领域的东西"或"某种尚在形成过程中的东西"即是埋藏在集体无意识中的原型。① 换言之，原型是象征的基本图形，象征只是原型的图像形状，它是直接由不可知的原型自身的显示来得到意义。原型是人类的心灵倾向，它不会因时空、文化等有所改变，具有普遍性。象征是经由文化传承下来的，所以会因文化不同而有所改变，象征是有特殊性的。但需要注意的是，象征所蕴涵的不是一个固定的意义或定义，如果被固定于一个意义，那就不称为"象征"，而是称为"记号"了。在荣格看来，象征的形成过程是从较为自然的层次向较为超俗的层次转变，这时象征便承担了自然与精神的调停者与中间人的责任。在象征中，在生活的意识经验中，自然与精神不断更新内驱力，逐渐在深层心理领域统一起来，并通过统一的象征表现出来。

荣格界定的集体无意识，实际上是自有史以来沉淀于人类心灵底层的、普遍共同的人类本能和经验遗存。这种遗存既包括了生物学意义上的遗传，也包括了文化历史上的文明的沉积。它们以原型的构成存在着，表现为象征意象。原型作为一切心理反应的普遍形式，普遍见之于神话、宗教、艺术、哲学、科学乃至人类一切文化领域，是心理结构的普遍模式，是领悟的典型模式。每当我们面对普遍一致和反复发生的领悟模式，我们就是在与原型打交道。原型是同一类型的无数经验的心理残迹，每一个原型中都有人类精神和人类命运的碎片，都有着在我们祖先的历史中重复了无数次的欢乐或悲哀的残余。而原型衍生出一系列象征物，形成一套象征体系。通过象征，人们能顺利领悟到原型的隐意。象征就是一种"形象的"经验或一种"在形象中"的经验，暗示了精神自发地用已知意象表达某种相对未知事物的企图。集体无意识从来都不会以理性的语言言说自己，它们只使用象征的语言。所有的原型都是真正的、真实的象征，而我们无论是用符号还是用比喻都不可能把它们彻底翻译出来。正因为它们是含糊暧昧的，充满了半露半显的意义，是意识所不可穷尽的，所以它们才是真正的象征。世界上不同文化、不同时代有着某些相似的原始意象。这些世界性的象征，人类这种反复出现的"集体的梦"揭示了人类远古生活的共同经验。

---

① 李德荣编译：《荣格性格哲学》，55 页。

原型与象征是广大无边的无意识领域通向艺术和审美体验的桥梁，而形式即是一种社会的集体无意识象征。我们的形式美感即是建立在原始的原型和象征模式之上的，本质上表现为原型与象征内容。形式在人类社会实践中经过千百万次重复，对人逐渐形成某种情感色调和社会意义，与人的生理心理机制之间产生一定的情感对应关系，演化为人类表现情感的符号，唤起联想和想象，具有了一定的象征功能，成为一种象征符号系统。

可以说，声音、线条、形状、色彩等形式因素及其组合规律的美，是人类最深刻的内在律动，是人脑和知觉转换上的一种共通特征，为不同文化和不同时代的人们所共有。

参 考 书 目

———— ※ ————

朱光潜：《谈美》，载《朱光潜全集》，第 2 卷，合肥，安徽教育出版社，1987。

宗白华：《美学散步》，上海，上海出版社，1981。

王朝闻：《美学概论》，北京，人民出版社，1981。

李泽厚：《美学四讲》，载《美的历程·华夏美学·美学四讲》，合肥，安徽文艺出版社，1994。

朱光潜：《西方美学史》（上下卷），北京，人民文学出版社，1979。

蒋培坤：《审美活动论纲》，北京，中国人民大学出版社，1988。

叶朗主编：《现代美学体系》，北京，北京大学出版社，1988。

杨春时：《美学》，北京，高等教育出版社，2002。

周宪：《什么是美学》，北京，北京大学出版社，2002。

张法：《美学导论》，北京，中国人民大学出版社，2004。

张法：《中西美学与文化精神》，北京，北京大学出版社，1994。

赵伯乐：《永恒的涅槃》，昆明，云南人民出版社，1999。

黄宝生：《印度古典诗学》，北京，北京大学出版社，1999。

林松：《〈古兰经〉韵译》，北京，中央民族学院出版社，1988。

林松：《古兰经知识宝典》，成都，四川人民出版社，1995。

叶朗主编：《中国历代美学文库》，北京，高等教育出版社，2004。

张法：《中国美学史》，成都，四川人民出版社，2006。

朱良志：《曲院风荷》，合肥，安徽教育出版社，2002。

彭吉象主编：《中国艺术学》，北京，高等教育出版社，1997。

金学智：《书法美学谈》，上海，上海书画出版社，1984。

刘骁纯：《从动物的快感到人的美感》，济南，山东文化出版社，1986。

张晓凌：《中国原始艺术精神》，重庆，重庆出版社，1992。

郑为：《中国彩陶艺术》，上海，上海人民出版社，1985。

张光直：《美术、祭祀与神话》，沈阳，辽宁教育出版社，1988。

马承源：《中国青铜器》，上海，上海古籍出版社，1988。

陈志华：《外国建筑史》，北京，中国建筑工业出版社，1979。

彭一刚：《建筑空间组合论》，北京，中国建筑工业出版社，1983。

杜汝俭等：《园林建筑设计》，北京，中国建筑工业出版社，1986。

李允鉌：《华夏意匠：中国古典建筑设计原理分析》，天津，天津大学出版社，2005。

储椒生、陈樟德：《园林造景说》，上海，上海科学技术出版社，1988。

彭一刚：《中国古典园林分析》，北京，中国建筑工业出版社，1986。

常锐伦：《绘画构图学》，乌鲁木齐，新疆人民出版社，1986。

〔英〕鲍桑葵：《美学史》，北京，商务印书馆，1985。

〔波兰〕符·塔达基维奇：《西方美学概念史》，北京，学苑出版社，1990。

〔古希腊〕柏拉图：《大希庇阿斯载柏拉图文艺对话集》，北京，人民文学出版社，1963。

〔英〕伯克：《崇高与美》，上海，上海三联书店，1990。

〔德〕康德：《判断力批判》（上卷），北京，商务印书馆，1964。

〔德〕黑格尔：《美学》（三卷），北京，商务印书馆，1979。

〔法〕柏格森：《笑——滑稽之研究》，北京，中国戏剧出版社，1980。

〔美〕苏珊·朗格：《情感与形式》，北京，中国社会科学出版社，1983。

〔德〕海德格尔：《诗·语言·思》，郑州，黄河文艺出版社，1989。

〔法〕杜夫海纳：《审美经验现象学》，北京，文化艺术出版社，1996。

〔加〕弗莱：《批评的解剖》，天津，百花文艺出版社，1998。

〔日〕笠原仲二：《古代中国人的美意识》，北京，北京大学出版社，1987。

〔法〕埃马努埃尔·阿纳蒂：《艺术的起源》，北京，中国人民大学出版社，2007。

〔美〕托伯特·哈姆林：《建筑形式美的原则》，北京，中国建筑工业出版社，1982。

〔古罗马〕维特鲁威：《建筑十书》，北京，中国建筑工业出版社，1986。

〔美〕阿恩海姆：《艺术与视知觉》，北京，中国社会科学出版社，1984。

　　［瑞士］约翰内斯·伊顿：《色彩艺术》，上海，上海人民美术出版社，1985。

　　［日］田敢：《色彩美的创造》，长沙，湖南美术出版社，1986。

　　［俄］康定斯基：《论艺术精神》，北京，中国社会科学出版社，1987。

　　［美］杰米·詹姆斯：《天体的音乐》，长春，吉林人民出版社，2003。

　　［美］伦纳德·史莱因：《艺术与物理学》，长春，吉林人民出版社，2001。

　　［美］F. 卡普拉：《物理学之道》，北京，北京出版社，1999。

　　［英］约翰·巴罗：《艺术与宇宙》，上海，上海科学技术出版社，2001。

David Cooper，ed.，*A Companion to Aeasthetics*，Malden：Blackwell Publishers Ltd，1992.

George Dickie，*Introduction to Aesthetics：An Analytic Approach*，Oxford：Oxford University Press，1997.

Herbert Sidney Langfeld，*The Aesthetic Attitude*，New York：Brace & Howe Inc，1920.

Emory Elliott，Louis F. Caton，Jeffrey Rhyne，ed.，*Besthetics in a multicultural Age*，Oxford University Press，2002.

Michael F. Marra tran and，ed.，B *History of Modern Japanese Aesthetics*，University of Hawai' I Press，2001.

Michele Marra，*Modern Japanese Aesthetics*，University of Hawai' I Press，1999.

Kariamu Welsh-Asante，ed.，*The African Aesthetics：keeper of the tradition*，Greenwood Press，Westport，1993.

Kanti Chander Pendey，*Indian Aesthetics（Comparative Aesthetics Vol 1）Seconded*，Chowkhamba Sanskrit Series Office，Varanasi，1959.

Monroe C. Beardsley，*Besthetics：Problems in Philosophy of Criticism*，Hackett Publishing company，Inc，Bombredge，1981.

Carolyn Korsmeyer，ed.，*Besthetics：the Big Problems*，Blackwell Publishers Inc，1998.

Doreen Yarwood，*The Architecture of Urope*，New York：Hastings House Publishers，1974.

W. Tatarkiewicz, A *Histoty of Six Ideas*: *An Essay in Aestheics*, Warsaw University of Warsaw Press, 1980.

Hugh Honour, John Fleming, *The Visual Arts*: *a History*, New York Fleming Honour Ltd, 1993.

J. C. Harle, *The Art and Architecture of the Indian Subcontinent*, New York: Fiking penguin Inc, 1986.

James Hall, *Illustrated dictionary of Symbols in Eastern & western Art*, New York: Harper Collins Publishers Inc, 1994.

Ajit Mookerjee Madhu Khanna, *The Tanireic Way*, London: Thams & Hudson Ltd, 1977.

J. C. Harle, *The Art and Architecture of the Indian subcontinent*, New York: Viking Penguin Inc, 1986.

Christopher Tadgell, *The History of Architecture in India*, London: Architecture Design and Technoloty Press, 1990.

D. K. swearer, *The Buddhist World of Southeast Asia Albany*, State University of New York Press, 1995.

Frank Macshane, *Many Golden Ages*: *Ruins*, *Temples & Monuments of the Orient*, Tokyo: Bharles E. Tuttle Company, 1962.

后 记

北京师范大学出版社杨耕总编辑和饶涛编辑建议我根据目前美学原理研究的进展编一本美学概论。美学原理本来就体系很多，如何形成一个较好的美学原理教材，严格地讲，美学界还处在探索之中。我自己虽然也编写过两本教材，仍然有不少的困惑。这一次也还是一种探索。与我以前编写的两本原理不同的是，加进了艺术美和生活美两个部分，特别是在生活美中，对西方美学正在形成热潮的自然美进行了一些新的探索，并对近年来国内外都开始注意的城市美进行了新的尝试。本书是全国高校的美学、文艺学、艺术学教师集体劳作的结果，具体的写作分工按章节顺序如下：

第一章：张法

第二章：张法

第三章：张法

第四章第一节：宁海林

第四章第二节：刘三平

第四章第三节：贺志朴、王莉莉

第五章第一节：林早

第五章第二节：胡泊

第五章第三节：刘志中

第五章第四节：曾军

第六章第一节：余开亮

第六章第二节：黄柏青

第六章第三节：张法

第六章第四节：陈龙海

第七章第一节：李简瑗

第七章第二节：罗卫平

第七章第三节：罗卫平

第七章第四节：李简瑗

　　各位教师的单位已在书前的扉页中注明。由于是集体编写，全书的学术观点只能做到基本统一，写作风格也不完全一致，美学教材的编写与美学学科本身一样，是一个还需要付出巨大努力的工作。相信各位编写教师会在进一步的教学过程中完善自己，也希望同行专家和广大读者多提意见。

　　本书在约稿和编写中，受到四川外语学院的支持，并被列入四川外语学院的科研规划之中。在此，对四川外语学院领导和校学术委员会对本书编写的支持表示感谢。感谢杨耕总编辑和饶涛编辑的信任，感谢各位同行的通力合作，感谢责任编辑的辛勤付出。